华夏文明传播
研究文库⑨

光荣与梦想：
传播学中国化研究四十年
（1978—2018）

谢清果　等◎著

九州出版社 JIUZHOUPRESS | 全国百佳图书出版单位

图书在版编目（CIP）数据

光荣与梦想 ：传播学中国化研究四十年 ：1978—2018 / 谢清果等著. -- 北京 ：九州出版社，2018.12
ISBN 978-7-5108-7593-9

Ⅰ. ①光… Ⅱ. ①谢… Ⅲ. ①传播学－研究－中国－1978-2018 Ⅳ. ①G206

中国版本图书馆CIP数据核字(2018)第258630号

光荣与梦想：传播学中国化研究四十年（1978—2018）

作　　者	谢清果　等著
出版发行	九州出版社
地　　址	北京市西城区阜外大街甲35号（100037）
发行电话	(010)68992190/3/5/6
网　　址	www.jiuzhoupress.com
电子信箱	jiuzhou@jiuzhoupress.com
印　　刷	北京九州迅驰传媒文化有限公司
开　　本	720毫米×1020毫米　16开
印　　张	22.75
字　　数	360千字
版　　次	2018年11月第1版
印　　次	2018年11月第1次印刷
书　　号	ISBN 978-7-5108-7593-9
定　　价	56.00元

厦门大学人文社会科学“校长基金 · 创新团队”项目“海峡两岸舆论：动力机制及其演化轨迹研究”（编号：20720171005)资助成果

厦门大学传播研究所　　成果

厦门大学华夏文明传播研究中心　　成果

厦门大学

厦门大学哲学社会繁荣计划
2011–2021

总 序

一、文明传播：文明的传播与传播的文明

“文明传播”概念的提出与理论阐释已经成为中国传播学界一个别样的探索方向。从“文明传播”的视角来审视人类文明的发展规律以及背后的传播机制是人类自我反省的必然要求，而文明传播研究的成果从根本上具有指导人类文明航向的意义。

“文明传播”问题的提出源于20世纪90年代中国社会科学院新闻与传播研究所的几位传播学研究者与《人民日报》《光明日报》《北京日报》、中央电视台首都新闻共同发起了声势浩大的“文明工程”运动。得益于“文明工程”运动实施引发了“文明传播”问题的思考，并于2006年12月在北京召开的中国首届“文明论坛”上提出建构“文明传播学”的观点。2007年8月“文明传播的跨学科研究与学科创建”课题作为中国社会科学院资助重点课题获得立项，主要参与者有季燕京、毛峰、王怡红、杨瑞明、张丹、胡河宁、胡翼青、刘明等人。季燕京、毛峰于2007年的《中国社会科学院院报》上发表《以文明传播思想为核心的传播哲学》一文，文章认为：“以文明传播思想为核心的传播哲学认为，信息传播最深刻的起源应当在人类的社会实践——认识结构之中，其最核心的基础和根本问题是社会认识的主体性起源。同时，任何社会认识的主体性都应当是基于社会实践主体性之上的。也就是说，社会实践中的各种利益关系、组织方式以及不同主体所处的社会历史地位，这是社会认识中主客体关系的基础或依据。因此，真正了解社会传播的主客体关系及其主体性问题，包括起源和形成，都应当从社会的利益关系、组织关系、物质条件以及相应的认知模式中寻求答案。”总而言之，文明传播追求的是自觉审视社会整合中通过社会组织方式而实现的利益交换整合和通过社会

传播结构而实现的信息交换的整合，从而形成与当代和谐社会理念相配合的传播文明视域。毛峰则是较早关注文明传播且富有成就的学者，他从研究《帝国与传播》《传播的偏向》入手，提示出伊尼斯的文明传播观："文明在确立、生长、扩张与绵延的过程中会不断遭遇传播问题：政治权力与经济利益是否合理流动分配、文化价值是否被大多数社会成员共享共信，是这一文明能否实现内部整合的基础；而在外部扩张上，文明对自然的开发是否超过自然所能忍受并自我修复的限度、文明是否能合理对待其他文明中的社区与人群，更成为文明生死存亡的关键。文明在传播过程中时常出现的'偏向'与失衡，往往置文明于死地。文明传播的悖论在于：文明在物质、技术以及媒介层面的进步，常常打乱了固有的文明传播秩序，尤其是文化信息的骤然增加与分歧杂乱，使原本共享共信的文明价值被怀疑并否弃，最终使文明成为传播的牺牲品，文明由于传播的偏向而堕入战乱、崩溃等非文明的野蛮状态。"[①] 如此看来，文明传播研究的价值与意义在于自觉维护人类文明永续发展，促进和保障人类生活和谐。毛峰从中国的《论语》中找到防止文明传播异化的指导思想，他认为："孔子提出的救济传播的偏向、失衡与异化的原则是对文明传播活动施以道德指引，使文明传播活动回归其逐渐偏离的自然秩序（道）与社会秩序（德），赋予文明传播牢不可破的道德基础，使文明永葆活力、持久与和谐。"[②] 中华文明上下五千的智慧蕴藏着丰富的文明传播理念。毛峰认为"文明传播的法则是自然生态与人类活动的良性平衡"，中华文明在漫长的历史长河中养成中国的"文明模式"："以儒家思想为中心，辅以道家等先秦思想而形成的中国世界观，确保了中华文明在绵延五千年的悠久岁月中取得独步世界的辉煌成就，其尊崇爱护自然、力行道德教化、追求精神提升、万物和谐的文明模式，在世界其他文明盛衰不定的历史急流中，保障了中华民族的长期统一、稳定、繁荣、与他民族和谐共存等高度可持续性。"[③]

2012 年 11 月，《文明传播的哲学视野》一书作为"文明传播的跨学科研究与学科创建"的结项成果正式出版，"文明传播"理论得以完整呈现。该书分"关于文明传播的基本认识""传播学的反思与中国学派的传播哲学""中

---

① 毛峰：《文明传播的偏向与当代文明的危机——伊尼斯传播哲学中的历史智慧》，《史学理论研究》，2005 年第 2 期。

② 毛峰：《回归道德主义：孔子文明传播思想论析》，《南开学报（哲学社会科学版）》，2005 年第 3 期。

③ 毛峰：《文明传播的秩序——中国人的智慧》. 北京：中国传媒大学出版社，2005 年版，第 13 页、前言第 4 页。

华文明传播的原理探索”“中华商业文明及其传播机制的历史反思”“文明的转型与发展传播理论的反思”“文明跃迁进程中的组织变革与战略理性”六篇共三十四章。该书的问题意识在于“中华文明何以传播承续至今而不中断”“现代传播学为什么不能解释中国历史和现实社会的重大和基础性问题”“文明转型过程中涉及什么样的传播思想、传播结构、重大社会理论和组织方式问题”而“文明传播”概念的基础内涵在于人类在克服人与自然、人与社会、人与自身之间重重矛盾的努力中所达到的历史进度和高度。显然，“文明传播”的目标是和谐，实现和谐传播的方法和途径是对话和反思。其中，“文明传播”作为概念，是“文明的传播”与“传播的文明”的统一。前者强调的是“文明”在传播中生成和发展；后者强调“传播”亦是在“文明”的观照下进行的，传播活动本身也进行着“文明”的洗礼。正所谓“文明通过传播，走向对话语境，达到和谐。传播是表明文明的手段，是显露文明的平台，传播的对话方式是实现和谐社会的有效途径。”①

二、华夏文明传播：华夏传播学的理论特质

“华夏传播”的提法，最早出现在《华夏传播论》一书中。然而书中却未对这一概念做说明。《华夏传播论》最初拟名“中国古代文化传播概论”或“中国传统文化中的传播”，最后正式出版时改为现名。可见，当时“华夏传播”仅作为书名的缩写形式出现，还没有鲜明的概念意识。真正将其作为概念提出的是黄星民教授，他发表《华夏传播研究刍议》一文，清晰地勾勒出“华夏传播”一词使用的脉络，进而分析“华夏”一词的文化意涵——华夏特指古代中国，且内含地理中国和文化中国的褒义。他这样界定“华夏传播研究”：“华夏传播研究是对中国传统社会中的传播活动和传播观念的发掘、整理、研究和扬弃。”这个定义包括三个层面的含义：其一，指出中国传统社会是该研究的范围，即大抵指涉五四运动以前的中国社会。其二，指出“传播活动与传播观念”是该研究的对象。“传播活动”包括传播媒介、传播人物、传播事件、传播制度等以及它们的沿革流变、经验教训和基本规律：“传播观念”指的是关于传播的言论、观点，学说、思想，甚至传播哲学等等。重点

① 杨瑞明，张丹，季燕京，毛峰主编:《文明传播的哲学视野》. 北京：中国社会科学出版社，2012 年版，第 35 页。

在华夏传播思想与传播制度。其三，指出“发掘、整理、研究和扬弃”是该研究的基本指导思想。“发掘、整理”是研究者对华夏传播活动进行客观的描述，是基础。“研究、扬弃”是研究者在发掘、整理的基础上，运用传播学等当代社会科学的研究方法加以验证或阐释，力争从其中找出带规律性的东西，从而把它们提炼成科学的传播理论，用来指导今天的传播实践，丰富和发展世界传播学理论。“研究、扬弃”也可以从批判角度入手，告诫我们如何去避免过去的失误。这样的“华夏传播研究”的价值与意义就十分明显了：学术意义，即熔西方传播科学理论和华夏传播学说精华于一炉，共同解释、指导和总结今天中国的传播实践，形成我国特色的理论范式，形成传播学中国学派；发扬时代色彩，华夏传播研究在华夏文化与信息传播两方面保持着灵动的张力，如此既有助于发扬中华文化的魅力，又有助于培育、探索适合中国国情，能够阐释中国实践的信息传播学说；提供世界启示，华夏技术与传播道德的结合，是中华文明延续的内在原理，这对于世界传播事业的健康发展具有一定启迪意义。①

“华夏传播研究”作为领域已然形成，正像传播学可分为经济传播学等方向，华夏传播研讨华夏传统文化中的传播活动与现象，自然也可以称之为“华夏传播学”。当然，“学”通常被解读为“学说”“理论”，亦有“学科”之意。笔者认为，“华夏传播学”的前提假设是承载五千年文明的中华文化虽然没有用现代传播学话语表达传播学理论，但是已然存在直接或间接用中国话语（无论是文言文，还是白话文）表达的传播学理论却是存在无疑的。如《鬼谷子》的论辩说服理论和张仪、苏秦的说服实践，《韩非子》中的《说难》篇、《吕氏春秋》中的《察传》篇对口语传播的理论提炼，这样的情况不胜枚举。当然，这不是“西学中源”的自吹自擂，而是强调立足中华传统，根植于中国几千年的生活生产实践，延续、传承、创新我们中国传播理论，借助西方的传播学说和方法，重塑可与西方对话，阐释中国实践的华夏传播学。因此，华夏传播学是华夏传播研究的终极指向。我们可以这样表述：“华夏传播学是在对中国传统社会中的传播活动和传播观念进行发掘、整理、研究和扬弃的基础上建构起来的能够阐释和推进中华文明可持续发展的传播机制、机理和思想方法的学说。”这里包含三个含义：其一，以史鉴今，通过开展华夏传播研究，提炼华夏独特的传播理念、传播技艺；其二，华夏传播研究的目标在

① 黄星民：《华夏传播研究刍议》，《新闻与传播研究》，2002 年第 4 期。

于既能解释中国传统社会的传播现象与活动，又能推导中国当代社会实践，实现传播理论的当代创新；其三，着力点在于将复杂的传播现象、传播制度、传播理念通过“由表及里，去粗取精，去伪存真”的功夫，形成一套能够保持自然生态和谐、社会关系和顺、政治运作高效廉洁、民众生活有序安宁、国际关系和平互助的传播思想与传播制度，以指导当下的传播活动，实现与社会组织方式的紧密配合。换句话说，既保证了社会制度安排必需的公平正义，又在合理的传播秩序中保障权力运作过程的公平正义。用今天的话来说，保障公民的“知情权、参与权、表达权、监督权”，需要作为社会公器的传播媒介确切发挥功能，不沦为只当政府的耳目喉舌，而首先充当公民的耳目喉舌。

我们知道中国传统社会中的传播活动、传播制度、传播理念并不是完美无缺的，甚至有时显得有些反动，但从理论上讲，这是实然与应然的矛盾。拿古代士人传承的传播观念来说，其中就有如史家的秉笔直书传统，但在制度化为传播管理控制时，产生了偏差，出现了所谓“刑不上大夫，礼不下庶人”的情景，再等而下之，具体的传播活动和事件上往往是沦为人治，而不是注重法治。华夏传播学的起点在于客观地把握中国传统社会中传播实际（理论与实践两方面），归宿点则在于拨乱反正，将先贤对实现大同世界的诸多构想和探索，经过与世界文明的对话，以中华传统价值观为内核综合创新成适应社会主义实践的传播观念、传播制度和传播活动。这样的学说，才是“秀外慧中”的。

周伟业将华夏传播理论称为东方范式，他以汉语成语、谚语、俗语为例，认为华夏传播理论蕴含着行胜于言的传播取向、一诺千金的传播伦理、“信言不美，美言不信”的语言理论、“防民之口，甚于防川”的舆论警示，表现出以人际传播为核心、既重视语言又怀疑语言、聚合中华文化基因等特征。相对于欧美传播理论，华夏传播理论在文化根源、价值取向和思维方式上具有自己的文化特性：

1. 文化根源

华夏传播学体现以儒家的中庸太和、道家的无为自然和禅宗的缘起性空为核心精神的华夏文化，而经验学派源于实用主义哲学，讲究通过媒介控制，达到社会行为调控的效果；批判学派源于法兰克福学派，侧重于对社会、文化、传播现状的反思和批判。

2. 价值取向

华夏传播学的主旋律是和谐，力求通过传播活动构建内心和谐、人际和睦、天人合一的和谐人生、和谐社会、和谐宇宙。经验学派的价值取向改良社会，关注的是如何和多大程度上调整传播活动以改善当前的社会统治。批判学派价值在于变革社会，着力点在于反思传播过程中的控制合法和合理问题，进而促进传播控制的合法合理。可见，“经验学派和批判学派的总体取向是通过媒介生态的改造来改良社会生态、文化生态；华夏传播理论的总体取向是通过人际关系的协调来实现社会关系的优化”。①

3. 思维方法

华夏传播学以“中庸”（或称为中和、中道）为核心的思维方法是对历史与现实生活智慧不断进行理论提升的结晶，因此，其运思过程就是生活智慧的不断积淀和升华，是经验思维（实用理性）取向。经验学派则讲究科学实证，要求运用问卷调查，社会实验等方式来进行数据分析，因此是科学思维取向。批判学派则是理论反思与现实批判，注重通过人文精神的重塑来实现社会公平正义，因此是批判思维取向。

表达方式和适用范围。华夏传播学的表达方式往往是经验性的话语，如格言警句、成语，适用广泛，不仅适用于古代，也适用于现代，这体现出华夏传播学较擅长解释人际传播现象。经验学派和批判学派的表述方式是学术话语，以概念和理论的形式出现，更适用于大众传播时代，因此能较好地解释现代社会的媒介传播、组织传播。

总而言之，华夏传播学“是一种历史沉淀、文化积累。它不同于为政府、公司提供咨询、服务的实证研究，也不同于批判现代社会弊病、文化工业问题的理论研究，是一种扎根于中华文化的东方范式的传播学理论。它是汉语文化对人类传播规律的深刻领悟，也是华夏文明对世界传播所做出的独特贡献”。②

综上所述，华夏传播学贯通古今，以传统为主，以现实为辅；以现实为导向，以传统为着力点；试图在对华夏传播史与华夏传播理论的双重观照中，寻找传统与现实的逻辑起点，围绕社会运作与信息传播的互动为主线，夯实

① 周伟业：《东方范式：华夏传播理论的内涵、特征与价值——以汉语成语、谚语、俗语为中心的思考》，《南京政治学院学报》，2010 年第 5 期。

② 周伟业：《东方范式：华夏传播理论的内涵、特征与价值——以汉语成语、谚语、俗语为中心的思考》，《南京政治学院学报》，2010 年第 5 期。

中华民族圆“中国梦”的基础。

在此基础上，我们进一步提出“华夏文明传播”观念，不仅仅是将文明传播的视野集中于中国，而且是要聚焦于中国优秀文化传统（即华夏文明），着力挖掘华夏文明中的传播智慧，当然也追求依托华夏文明来与西方传播实践与理论展开对话，鲜明地传播中国好声音，讲好中国好故事，用我们的中庸、天下、和谐、礼乐等观念来阐述华夏传播理论，来解释中国当代社会交往与国际传播背后的理念，从而为中华民族的伟大复兴建构起自己的传播话语体系，让世界理解华夏文明是以追求“天下太平”为己任，她奉行“和而不同”的交流观念，具有极大包容性、开放性和开拓性的优秀品质，世界的和平发展需要华夏文明贡献智慧，华夏文明也乐于与世界分享中国智慧。

《华夏文明传播研究文库》将以研究与传播中华优秀传统文化为宗旨，一方面注重传播华夏文明，从多个维度研究中华文化传统，以增强民族的文化自信与文化自觉，使华夏文明能够薪火相传；另一方面积极阐扬华夏文明的传播智慧，立足中国，放眼世界，以他者为镜鉴，建构华夏文明传播的思想体系，提供可以与西方传播理论对话的中国文本。

主编　谢清果　钟海连

2016 年 2 月 26 日

代序　本土之路三十年

邵培仁　姚锦云

一、从“零”到“一”：华夏传播研究三十年

华夏传播研究起初被称作“从零开始”（余也鲁，郑学檬，1994），[①]如今或许已“从零到一”（吴予敏，2018），[②]逐渐走向成熟。根据笔者掌握的资料来看,“华夏传播”的正式提法最早见于孙旭培主编的《华夏传播论》(1997)。此后是郑学檬主编的《华夏传播研究丛书》(2001）和赵晶晶（J.Z. 爱门森）编译的《当前国际论坛中的华夏传播理念》(2010)，近年又有谢清果《华夏传播学引论》(2017）和潘祥辉《华夏传播新探》(2018）等著作出版。[③]“华夏传播”在论文中的早期提法见于陈世敏的《华夏传播学方法论初探》(2002）和黄星民的《华夏传播研究刍议》(2002)，近期有周伟业的《华夏传播理论的内涵、特征与价值》(2010)，谢清果《华夏传播学勃兴的东方视维、问题意识与方法自觉》(2014)，邵培仁、姚锦云《华夏传播十大观念》(2016)，邵培仁、姚锦云《华夏传播研究的知识逻辑》(2016)，谢清果《2011-2016:

① 余也鲁，郑学檬主编：《从零开始：首届海峡两岸中国传统文化中传的探索座谈会论文集》. 厦门：厦门大学出版社，1994 年版。

② 吴予敏：《从“零”到一：中国传播思想史书写的回顾和展望》，《国际新闻界》，2018 年第 1 期，第 90—108 页。

③ 参见孙旭培主编：《华夏传播论：中国传统文化中的传播》. 北京：人民出版社，1997 年版；[美] 赵晶晶（J.Z. 爱门森）编译：《“和实生物”——当前国际论坛中的华夏传播理念》. 杭州：浙江大学出版社，2010 年版；谢清果：《华夏传播学引论》. 厦门：厦门大学出版社，2017 年版；潘祥辉：《华夏传播新探：一种跨文化比较视角》. 上海：复旦大学出版社，2018 年版。

华夏传播研究的使命、进展及其展望》（2017）等。[①]2013 年，厦门大学传播研究所创办了学术期刊《中华文化与传播研究》（谢清果主编），其发刊词便以《责无旁贷地推进华夏传播研究》为题，并刊登了三篇纪念余也鲁的文章：《余也鲁与厦门大学的华夏传播研究》（编辑部）；孙旭培《行进在华夏传播研究的路上——记我与余也鲁教授的相识相交》；陈培爱《记华夏传播研究的奠基人——余也鲁教授》。该刊还初步统计了《华夏传播研究文献编目》，发现以传统文化为取向的传播研究专著已不下 120 种。[②]2018 年，厦门大学传播研究所又创办了《华夏传播研究》（谢清果主编），并筹划成立全国性的学术组织“华夏传播研究会”。

华夏传播作为一个研究领域，既与传播学“本土化”密切相关，又具有鲜明的传统文化取向。黄星民这样定义“华夏传播研究”：“华夏”最早是汉族先民的自称，后来用它来指称中国，今天则专指古代中国，因而“华夏传播研究”的范围应该限定在古代中国；“华夏传播研究”是对中国传统社会中的传播活动和传播观念的发掘、整理、研究和扬弃。[③] 依照此定义，吴予敏的《无形的网络》（1988）被称为“第一本华夏传播研究专著”。[④] 而作为华夏传播研究的第一部集体成果，则是由余也鲁、郑学檬主编的《从零开始：首届海峡两岸中国传统文化中传的探索座谈会论文集》（1994）。余也鲁说：“从中国的历史中找寻到许多传的理论与实际，用来充实、光大今天传学的领域，……让中国文化里头潜藏的一面，可以在大家的努力耕耘下，得到发扬。”[⑤] 陈培爱认为，余也鲁先生是“华夏传播研究的奠基人”：早在 1978 年，余也鲁就提出“中国的传学可以回溯到数千年”，例如战国时期苏秦张仪的说服术，郑和下西洋的传播技巧等；1982 年 4 月，余也鲁陪同施拉姆来到中

① 参见陈世敏：《华夏传播学方法论初探》，《新闻学研究》，2002 年第 71 期；黄星民：《华夏传播研究刍议》，《新闻与传播研究》，2002 年第 4 期；周伟业：《东方范式：华夏传播理论的内涵、特征与价值——以汉语成语、谚语、俗语为中心的思考》，《南京政治学院学报》，2010 第 5 期；谢清果：《华夏传播学勃兴的东方视维、问题意识与方法自觉》，《中华文化与传播研究》，2014 年第 2 期；邵培仁，姚锦云：《传播理论的胚胎：华夏传播十大观念》，《浙江学刊》，2016 年第 1 期；邵培仁，姚锦云：《为历史辩护：华夏传播研究的知识逻辑》，《社会科学战线》，2016 年第 3 期；谢清果：《2011-2016: 华夏传播研究的使命、进展及其展望》，《国际新闻界》，2017 年第 1 期。

② 参见谢清果：《华夏传播研究文献编目（一）》，《中华文化与传播研究》，2013 年第 1 期。

③ 黄星民：《华夏传播研究刍议》，《新闻与传播研究》，2002 年 04 期，第 80—86 页。

④ 黄星民：《华夏传播研究刍议》，《新闻与传播研究》，2002 年第 4 期。

⑤ 余也鲁：《中国文化与传统中传的理论与实际的探索（代序）》，[美] W. 宣伟伯：《传媒、信息与人》，余也鲁译述 . 北京：中国展望出版社，1983 年版，第 11 页。

国，实现了传播学进入中国的“破冰之旅”，他在复旦大学做报告时首次提出了“中国传播学的研究”，认为从具有悠久历史的中国文化中，一定可以找出不少亮光，帮助我们更清楚地认识人类的“传”的行为。[①]这当然可与施拉姆的观点互通：“我们在西方文化背景中学习科学研究方法与理论的人，看见中国长春的文化，和她悠久的传的艺术传统，总免不了会肃然起敬。我们常想，中国人那种深邃的智慧与洞达，要是有一天能用来帮助西方人了解自己的工艺智识，增深我们在实验方面的体会，该是多末好的事。许多人已注意到现代中国人在传的学问上的认识的深刻与精到，不但反映了悠长的历史传统，且常能推陈出新。”[②]

孙旭培组织编写面向中国古代的《华夏传播论》，就是因为受到了施拉姆此言的感染和鼓舞。他在1993年厦门大学举办研讨会期间，向余也鲁提出了编写设想，“广泛论及中国古代文化中的传的现象”，并得到了对方的欣然赞成。[③]尽管孙旭培在《华夏传播论〈序言〉》中提出：“通过大量挖掘中国文化（包括传统文化和现代文化）中间关于传播方面的财富，促进传播学的发展，最终创造出集东西文化精华之大成的传播学。”[④]但从《华夏传播论》的内容构成来看，“华夏传播”实际上是传统文化取向的：其副标题即“中国传统文化中的传播”，全书二十五章内容几乎都面向中国古代。此后，厦门大学也组织编写了一套《华夏传播研究丛书》（郑学檬主编，2001）。郑学檬提出：“‘传播研究中国化’离不开三个基础工作，这就是引进吸收国外的传播学研究成果，调查研究中国当代的传播现状和发掘光大中国传统文化中潜藏的传播理论。”[⑤]而该丛书的三部专著均指向第三种努力，即“发掘光大中国传统文化中潜藏的传播理论”，分别是郑学檬《传在史中：中国传统社会传播史料选辑》、李国正《汉字解析与信息传播》和黄鸣奋《说服君主：中国古代的讽谏

---

① 陈培爱：《记华夏传播研究的奠基人——余也鲁教授》，《中华文化与传播研究》，2013年第1期，第19—28页。

② 之前的译本为［美］W. 宣伟伯：《传媒、信息与人：传学概论》，余也鲁译述．香港，海天书楼，1983年版。这里引自［美］W. 宣伟伯：《新订本序》，载［美］W. 宣伟伯：《传媒、信息与人：传学概论》，余也鲁译述．北京：中国展望出版社，1985年版，第6页。

③ 孙旭培：《行进在华夏传播研究的路上——记我与余也鲁教授的相识相交》，《中华文化与传播研究》，2013年第1期，第9—13页。

④ 孙旭培主编：《华夏传播论：中国传统文化中的传播》．北京：人民出版社，1997年版，《序言》第1页。

⑤ 郑学檬：《〈华夏传播研究丛书〉总序》，郑学檬：《传在史中：中国传统社会传播史料选辑》．北京：文化艺术出版社，2001年版。

传播》。当然，面向历史也有当下关切，如赵晶晶（J.Z. 爱门森）编译的《“和实生物”——当前国际论坛中的华夏传播理念》（2010），汇集海峡两岸暨香港及海外众多学者的成果，重点论述了“和”“气”等中国传统文化中的传播观念及其现代价值。①

自从第一部华夏传播研究专著《无形的网络》（1988）出版以来，有没有华夏传播理论的进展？恰如汪琪等学者所提出的问题：华人传播理论有没有可能？② 陈国明曾这样回答：“归纳或演绎出普世性的传播理论，并不是不可能之事。”③

二、从传播结构看中国历史：逐渐清晰的“无形的网络”

吴予敏《无形的网络》（1988）被称为“第一本华夏传播研究专著”。④ 陈力丹曾盛赞：“这本书的研究是开创性的，正是它启发我注意到中国古代社会生活传播结构在孔子那里的雏形。”⑤ 陈力丹之所以能受此启发、注意到新的内容，或许是由于该书所体现的问题意识和观察视角，例如“使用口语交流的人将被置于什么样的传播语境里，而他又如何影响着这个语境”的问题意识，⑥ 以及问题意识和观察视角背后的“想象力”。从某种程度上说，好的问题意识就规定了好的观察视角，也决定了能观察到何种结果，但好的问题往往需要具备“想象力”。黄旦认为，将米尔斯“社会学的想象力”运用在历史研究中，就需要理解“结构意义”，对“个人与时代、事件与意义、史料与史”展开想象与勾连。⑦ 正如米尔斯所说，“人们只有将个人的

---

① ［美］赵晶晶（J.Z. 爱门森）编译：《“和实生物”——当前国际论坛中的华夏传播理念》. 杭州：浙江大学出版社，2010 年版。

② 汪琪，沈清松，罗文辉：《华人传播理论：从头打造或逐步融合？》，《新闻学研究》，2002 年第 70 期，第 1—15 页。

③ 陈国明主编：《中华传播理论与原则》. 台北：五南图书出版股份有限公司，2004 年版，前言第 1 页。

④ 黄星民：《华夏传播研究刍议》，《新闻与传播研究》，2002 年第 4 期。

⑤ 陈力丹：《论孔子的传播思想——读吴予敏〈无形的网络——从传播学角度看中国传统文化〉》，《新闻与传播研究》，1995 年第 1 期，第 2—9 页。

⑥ 吴予敏：《无形的网络：从传播学的角度看中国的传统文化》. 北京：国际文化出版公司，1988 年版，第 7 页。

⑦ 黄旦：《历史学的想象力：在事与叙之间》，《史学月刊》，2011 年第 2 期，第 15—19 页。

生活与社会的历史这两者放在一起认识，才能真正理解它们”，[①]“我们在各式各样具体情境中的体验，往往是由结构性的变迁（structural changes）所导致的”。[②]《无形的网络》恰恰有米尔斯“社会学想象力”的神韵，采取“生命、社会、历史”的观察视角。[③]具体来说，该书在“社会组织与传播行为”、“官制演变与信息传达”“社会舆论和社会控制”的论证上，体现了很强的说服力和解释力。由于《无形的网络》采取结构的视角，因而对儒、道、法、墨等各家传播观念的论述不多，不过依然试图在历史脉络与社会结构中把握他们的思想。

《无形的网络》最大的理论贡献，或许是其提出的六种传播结构，分别指向现实世界和理想世界。三种现实传播结构是：同心圆型的“生命（生活）-传播结构”、枝杆型的“社会 - 传播结构”、偏心圆型的“历史 - 传播结构”。[④]同心圆型结构类似于费孝通的差序格局，偏心圆型结构则能解释传统文化遗产和经验传承活动。枝杆型传播结构有助于理解这样的传播活动，即传统中国社会组织和国家机器的内部信息沟通，更注重上下纵向沟通，但横向交流则时常处于被防范、监视、堵塞的境地。[⑤]三种理想传播结构是：并列式的“生活 - 传播结构”、网络型的“社会 - 传播结构”和链式的“历史 - 传播结构”。并列式结构不再是从中心往外推，而是既彼此独立又彼此交叉，链式结构与偏心圆结构有根本区别，前者“以创新为目的实现了对遗产的片面的继承”。[⑥]吴予敏提出，要突破枝杆型结构，就需要有一个既有上下垂直沟通、更有横向水平沟通、可以相互“制衡”的网络型传播结构。当然，“在理想图式、抽象图式和实际运行图式三者之间，常常是有距离的。”[⑦]这个理想图式

---

① [美] C. 赖特·米尔斯：《社会学的想象力》，陈强，张永强译 . 北京：生活·读书·新知三联书店，2005 年版，第 1 页。

② [美] C. 赖特·米尔斯：《社会学的想象力》，陈强，张永强译 . 北京：生活·读书·新知三联书店，2005 年版，第 12 页。

③ 吴予敏：《无形的网络：从传播学的角度看中国的传统文化》. 北京：国际文化出版公司，1988 年版，第 209 页。

④ 吴予敏：《无形的网络：从传播学的角度看中国的传统文化》. 北京：国际文化出版公司，1988 年版，第 210 页。

⑤ 吴予敏：《无形的网络：从传播学的角度看中国的传统文化》. 北京：国际文化出版公司，1988 年版，第 211—212 页。

⑥ 吴予敏：《无形的网络：从传播学的角度看中国的传统文化》. 北京：国际文化出版公司，1988 年版，第 222 页。

⑦ 吴予敏：《无形的网络：从传播学的角度看中国的传统文化》. 北京：国际文化出版公司，1988 年版，第 215—219 页。

既有“通天下之志”（《周易 · 系辞上》）的古风，亦有现代价值。

吴予敏实际上是用传播结构来观察中国文化，这种支配个体生活却又难以捉摸的传播结构，就如同“无形的网络”。在《无形的网络》出版近三十年之后，吴予敏坦言当时只是想把传播作为一种方法来认识中国文化[①]，这种方法其实就是作为视角的传播结构。然而，结构视角并非早期华夏传播研究的主流，更多的研究采用功能视角。这两种视角可追溯到拉斯韦尔《社会传播的结构与功能》（1948）。拉氏“5W”模式是典型的功能视角，[②]但他也关注宏观信息环境和受众注意结构，又能看出其结构视角。[③]余也鲁先生也认为应该两种视角并重，既研究“传通的过程与作用”（功能），也研究“传通的结构与制度”（结构）。[④]但正如“5W”的功能模式更容易被人记住一样，早期华夏传播研究也是“功能”压倒“结构”。功能视角是典型的美国经验学派特色，用吴予敏的话说，它追求的是“中层理论”或“小理论”，“从具体的传播经验现象出发，经过形式化的抽象提炼，形成概念化的公式”，目的是“从中总结出新的理论和规律，充实由西方人已经建构的传播学体系”，共同面对信息时代的挑战。[⑤]相比美国的经验学派，欧洲批判学派更注重结构，吴予敏早年就受到后者的影响。《从零开始》（1994）收录了吴予敏的论文《从“礼治”到“法治”：传的观念》一文，援引哈贝马斯交往理论中“情境界定”的概念，即社会文化母体之中存在的“符号－意义”结构，儒家的礼就类似于这一结构。[⑥]但余也鲁先生并不同意此举，他对吴予敏说“我们和他们是不

① 观点源自2017年11月18日吴予敏在厦门大学举办的“中国新闻史学会中国新闻传播思想史研究会年会”上的大会主题发言。

② 胡翼青：《超越功能主义意识形态：再论传播社会功能研究》，载［美］哈罗德 · 拉斯韦尔：《社会传播的结构与功能》，何道宽译．北京：中国传媒大学出版社，2013年版，第103—108页。

③ 刘海龙：《一篇存在争议的传播学奠基文献》，载［美］哈罗德 · 拉斯韦尔：《社会传播的结构与功能》，何道宽译．北京：中国传媒大学出版社，2013年版，第22—28页。

④ 参见余也鲁：《论探索——回到历史，回到中国》，余也鲁，郑学檬主编：《从零开始：首届海峡两岸中国传统文化中传的探索座谈会论文集》．厦门：厦门大学出版社，1994年版，第4、8页。

⑤ 吴予敏：《从“零”到一：中国传播思想史书写的回顾和展望》，《国际新闻界》，2018年第1期。

⑥ 吴予敏：《从“礼治”到“法治”：传的观念》，载余也鲁，郑学檬主编：《从零开始：首届海峡两岸中国传统文化中传的探索座谈会论文集》．厦门：厦门大学出版社，1994年版，第50—51页。

一样的，一般不引述他们的观点"，"他们"即指欧洲的批判学派。[①]

然而，如果脱离社会结构来理解中国历史与文化是很成问题的。例如苏秦、张仪的说服之术离不开战国战争的社会大结构；从传播技巧的角度谈臣对君的劝谏，也离不开权力结构与社会结构的变化。李金铨（2003）就说："脱离整个时代背景和生活语境，终归是非历史的，片面的。"[②]也正因为个人在结构面前既有主体性亦有"不得已"，因而思想上的"一以贯之"就在现实中就显示出极大的张力。崔炼农在《孔子思想的传播学诠释》（2008）中就说，他试图"从零散的孔子言论中发现其'一以贯之'的逻辑线索，重新建构孔子的思想体系"，"把孔子放回当时的历史背景中去考察，知人而论事"，结果却遇到了"颠覆性资料"，最终放弃了部分章节的写作。[③]

从《从零开始》（1994）到《华夏传播论》（1997）再到《华夏传播研究丛书》（2001），或许由于其重功能轻结构的路径，致使其承载了太多的批评，如"牵强附会""用古代材料为今人的概念加注解""将中国传统经验塞进了西方理论的模子里"等。[④]笔者以为，后来者在反省之余却不必苛责前人，因为那只是囿于时代的"不能"而非"不为"。当年的华夏传播研究者无论是在史学功底还是文献研读能力上都具备高水准，只是当时传播学传入中国不久，研究刚刚起步，华夏传播研究者既无法超越整个"诠释社群"的水平，又要面对"中国传统思想的创造性转化"或"西方理论的本土化"这样的艰深命题，当然困难重重。对今天的华夏传播研究者来说，超越前人是"应有之义"，因为我们占尽天时地利，"既坐拥群书之利"，又有"期刊网搜索、阅读论文之便"，[⑤]更有海外交流机会与英文研读能力。一言以蔽之，正是当年的研究者甘做"人梯"和"靶子"，才能有我们今天的"学术渐进"。

不过，结构视角研究近年来有回归的趋势，至少是结构视角下的功能研

---

① 吴予敏：《从"零"到一：中国传播思想史书写的回顾和展望》，《国际新闻界》，2018年第1期。

② 李金铨：《视点与沟通：中国传媒研究与西方主流学术的对话》，《新闻学研究》，2003年第77期，第1—21页。

③ 崔炼农：《孔子思想的传播学诠释》. 长沙：湖南大学出版社，2008年版，第5、7页。

④ 李金铨：《视点与沟通：中国传媒研究与西方主流学术的对话》，《新闻学研究》，2003年第77期，第1—21页；吴予敏：《中国传播观念史研究的进路与方法》，《新闻与传播研究》，2008年第3期，第33—39页；刘海龙：《传播研究本土化的两个维度》，《现代传播》，2011年第9期，第43—48页。

⑤ 江勇振：《舍我其谁：胡适（第一部）：璞玉成璧，1891-1917》. 北京：新星出版社，2011年版，第6页。

究。以《新闻与传播研究》刊发的论文为例就有：考察特有社会结构中的传播现象，如从大禹时代的社会结构（洪水灾害、社会变革与部落联盟环境）考察说服与征服、谋时与谋势等传播行为（胡河宁，2010）；将制度视为结构，从而考察春秋战国时期的信息流通（王醒，2008），从宋廷防控谣言的制度设计考察宋代政治风险防控（刘大明，2012）；或考察制度结构下的媒介功能，如汉帝国布告的信息功能（黄春平，2010）、檄文的军事传播功能（黄春平，2011），宋代榜的信息传播功能（杨军，2011）；或考察制度结构下特殊媒介的政治功能，如从"神权政治"视角考察商代占卜中的人神沟通行为（巫称喜，2009），从政治视角考察殷周青铜器（潘祥辉，2015）和先秦歌谣（潘祥辉，2017）的政治传播功能等。[①] 这些研究从传播结构的视角观察特定时代的个体以及个体与结构的关系，使得"无形的网络"从模糊逐渐走向清晰，也提供了理解中国文化的另一种视角。

特别是潘祥辉的新著《华夏传播新探》（2018），体现"华夏传播研究的新进展、新前沿、新水准"，其独特的视角"给沉寂一时的华夏传播研究吹入了一股新风"。[②] 孙旭培也认为该书是"质量上乘的著作"，"做出的研究很扎实、很规范"。[③] 潘祥辉在中国古代传播结构的大视野中，发现了三种媒介或媒介化事物的政治传播功能：第一，是青铜器作为一种传播媒介，不仅在形成和传承中华文明的过程中起着重要作用，更具有宣示与合法化政治权力、实践仪式以进行政治沟通的功能；[④] 第二，是先秦歌谣作为一种舆论机制，具备政治表达与品评、舆论监督、"舆情调查"与政治沟通、教化和舆论动员乃

① 参见胡河宁：《大禹治水：中国古代组织传播的前科学叙事》，《新闻与传播研究》，2010 年第 3 期；王醒：《春秋战国时期的新闻传播制度》，《新闻与传播研究》，2008 年第 6 期；刘大明：《试论宋代谣言传播的政治风险防控》，《新闻与传播研究》，2012 年第 1 期；黄春平：《汉代朝政消息的发布——布告》，《新闻与传播研究》，2010 年第 3 期；黄春平：《汉代军事信息的传播——檄文》，《新闻与传播研究》，2011 年第 3 期；杨军：《宋代榜的传播学解读》，《新闻与传播研究》，2011 年第 3 期；巫称喜：《神权政治与商代信息传播》，《新闻与传播研究》，2009 年第 4 期；潘祥辉：《传播史上的青铜时代：殷周青铜器的文化与政治传播功能考》，《新闻与传播研究》，2015 年第 2 期；潘祥辉：《"歌以咏政"：作为舆论机制的先秦歌谣及其政治传播功能》，《新闻与传播研究》，2017 年第 6 期。

② 邵培仁：《一部视野开阔的华夏传播专论——〈华夏传播新探〉序》，载潘祥辉：《华夏传播新探：一种跨文化比较视角》. 上海：复旦大学出版社，2018 年版，序言第 1 页。

③ 孙旭培：《质量上乘 坚持探索 必成大器——〈华夏传播新探〉序》，载潘祥辉：《华夏传播新探：一种跨文化比较视角》. 上海：复旦大学出版社，2018 年版，序言第 1 页。

④ 潘祥辉：《华夏传播新探：一种跨文化比较视角》. 上海：复旦大学出版社，2018 年版，第 56—94 页。

至政治博弈等功能，可以简称为“歌以咏政”；[①]第三，是女性曾经被作为一种媒介，起着政治联姻的政治功能，尤其是在“秦晋之好”这样的政治婚姻中，当然也反映了古代社会对女性的压迫。[②]特别是作者“接着讲”吴予敏在《无形的网络》中提出的古代君主信息控制的问题，发现了秦汉王朝官僚科层制下信息传播的悖论，出现了“传播失灵”的现象，值得现代人反思。[③]

三、从传统观念到传播理论：知识论论证与理论化实践

如果按照“结构 - 功能”的视角来划分，我们既能看到早期华夏传播研究的“功能”倾向，也能发现近年来“结构”视角的回归；如果按照“史 - 论”的传统视角，那么就能发现华夏传播研究是史论结合的。[④]当然，“史 - 论”的二分法只是一种大体的框架，很多著作或多或少都有“论”（思想梳理与述评）的色彩。按照汪琪，沈清松，罗文辉的看法，中国传统文化中没有“现成的、符合社会科学研究定义的理论”，只有理论的“胚胎”。[⑤]如果我们

① 潘祥辉：《华夏传播新探：一种跨文化比较视角》. 上海：复旦大学出版社，2018 年版，第 189—227 页。

② 潘祥辉：《华夏传播新探：一种跨文化比较视角》. 上海：复旦大学出版社，2018 年版，第 141—188 页。

③ 潘祥辉：《华夏传播新探：一种跨文化比较视角》. 上海：复旦大学出版社，2018 年版，第 229—262 页。

④ 一方面，一些著作以论为主、论中有史：如吴予敏：《无形的网络：从传播学的角度看中国的传统文化》（1988），余也鲁，郑学檬主编：《从零开始：首届海峡两岸中国传统文化中的传的探索座谈会论文集》（1994），关绍箕：《中国传播理论》（1994），孙旭培主编：《华夏传播论：中国传统文化中的传播》（1997），李国正：《汉字解析与信息传播》（2001），黄鸣奋：《说服君主：中国古代的讽谏传播》（2001），陈国明主编：《中华传播理论与原则》（2004），陈国明：《中国传播行为研究》（Guo-Ming Chen: Study on Chinese Communication Behaviors, 2010），崔炼农：《孔子思想的传播学诠释》（2008），陈谦：《中国古代政治传播思想研究》（2009），[美] 赵晶晶（J.Z. 爱门森）编译《传播理论的亚洲视维》（2008）、《“和实生物”——当前国际论坛中的华夏传播理念》（2010），仝冠军：《先秦诸子传播思想研究》（2014），白文刚：《中国古代政治传播研究》（2015），谢清果：《和老子学传播——老子的沟通智慧》（2010）、《华夏文明与传播学本土化研究》（2016）、《华夏传播学引论》（2017），潘祥辉：《华夏传播新探》（2018）等。另一方面，一些著作以史为主、史中见论：如李敬一：《中国传播史：先秦两汉卷》（1996）、《中国传播史论》（2003），关绍箕：《中国传播思想史》（2000），周月亮：《中国古代文化传播史》（2000），郑学檬：《传在史中：中国传统社会传播史料选辑》（2001），金冠军，戴元光主编：《中国传播思想史》（2005），郝朴宁等：《中国传播史论》（2005），高卫华：《墨家的文化传播》（2011），刘晓英：《佛教道教传播与中国文化》（2012），巫称喜：《殷商文化传播史稿》（2015）等。

⑤ 汪琪，沈清松，罗文辉：《华人传播理论：从头打造或逐步融合》，《新闻学研究》，2002 年第 70 期。

只能从传统思想中找到传播理论的“胚胎”，那么究竟有哪些胚胎？如何从胚胎走向理论？对此有如下研究和进展：首先从知识论上论证，从观念胚胎到传播理论的路径是否可能；其次是梳理出具体的观念胚胎，并进行“从胚胎到理论”的工作。

（一）知识论论证：从思想到理论何以可能

为什么传统观念能发展为可靠的知识？这是知识论的重大问题，若不解决，华夏传播理论的建构就只能停留于宗教式信仰而非科学命题。我们基本在知识论层面完成了对这一问题的论证。[①] 黄光国已经提供了成功范例，可以从中国人日常生活与传统观念中提取词汇，将它们发展为学术概念。如人情、“报”既是传统典籍中的思想观念，也是日常生活中的观念；而面子、关系虽是日常生活中的词汇，但其背后的观念却依然能在文化典籍中找到依据。黄光国通过将这些传统观念、日常词汇同西方概念对话，成功地建构了“人情与面子”理论。[②] 尽管中国传统思想不等同于日常观念，但两者实际相通，以类似的方式影响着中国人。因为中国思想主张“道在人伦日用中”，有一种强烈的经世致用倾向。

将日常词汇或传统观念发展为学术概念之所以可能，有一个凯瑞式的理由——我们运用这些词汇 / 思想 / 观念才得以理解过去的一切经验形式，并为现在的经验提供形式和调子。“作为‘……的符号’（symbol of）以表现现实；作为‘为……提供符号’（symbol for）则创造了它所表现的现实。”[③] 换言之，我们之所以理解自己的语言，是因为它描述的是我们的生活过程，同时语言又建构了我们的生活过程。[④] 语言的这种特性已经被很多哲学家所揭示，例如海德格尔说“不是我们说语言，而是语言说我们”，[⑤] 马丁 · 布伯说“并非语

---

① 邵培仁，姚锦云：《从思想到理论：论本土传播理论建构的可能性路径》，《浙江社会科学》，2016 年第 1 期，第 99—109 页。

② 黄光国：《人情与面子：中国人的权力游戏》. 北京：中国人民大学出版社，2010 年版，第 2—12 页。

③ ［美］詹姆斯 · W. 凯瑞：《作为文化的传播》，丁未译 . 北京：华夏出版社，2005 年版，第 17 页。

④ 邵培仁、姚锦云：《从思想到理论：论本土传播理论建构的可能性路径》，《浙江社会科学》，2016 年第 1 期，第 99—109 页

⑤ ［美］约翰 · 杜翰姆 · 彼得斯：《对空言说：传播的观念史》，邓建国译 . 上海：上海译文出版社，2017 年版，第 34 页。

言寓于人，而是人栖居于语言”，[①] 伽达默尔也说“我们理解一门语言，乃是因为我们生活于这门语言之中”。[②] 吴予敏在《无形的网络》中也强调，“不是人创造形式，而是形式创造人；不是形式为人服务，而是人服从于形式”。[③] 总之，这些日常词汇或传统观念实际上指向了韦伯所说的“意义之网”，或者说人赖以行动的“释义系统”。[④] 几千年来“统之有宗，会之有元”的中国传统思想，[⑤] 就是中国人“意义之网”的重要构成部分，即使经历了一百多年西方思想的冲击，仍然在“日用而不知”地发挥作用。这些作为“意义之网”的“华夏传播观念”，正是足以发展成传播理论的“胚胎”，对发展“华夏传播理论”至关重要。[⑥]

实际上，很多表述理论的词汇都来源于日常语言。戈夫曼的“拟剧论”就是成功案例，他用舞台表演的词汇（如表演、前台、后台、舞台设置、剧班等）来演绎他的理论，具有很强的解释力。因为这样的观念已经融进了西方人的日常生活中，每个人都在扮演着各种各样的角色，按照一定的规则和社会给定的“面具”“道具”和“剧本”“登台”演出。[⑦] 戈夫曼说，“生活本身就是事件的戏剧性展现”，“并非整个世界都是一个大舞台，但是关键在于，要想具体指出世界在哪些方面不是舞台，却也并非易事”。[⑧] 传播学亦然，很多理论名称就是一个隐喻，如议程设置、第三人效果、枪弹论（皮下注射论）、知识沟、涵化理论、把关人等。最典型的就是凯瑞“传播的仪式观”，认为看新闻就像参加一次弥撒仪式。[⑨] 因此，理论或概念名称如同隐喻的表述，“概

---

① ［德］马丁·布伯：《我与你》，陈维纲译 . 北京：商务印书馆，2015 年版，第 39 页。

② ［德］汉斯 - 格奥尔格·伽达默尔：《诠释学 Ⅰ：真理与方法》，洪汉鼎译 . 北京：商务印书馆，2013 年版，第 541 页。

③ 吴予敏：《无形的网络：从传播学的角度看中国的传统文化》. 北京：国际文化出版公司，1988 年版，第 30 页。

④ 杨中芳：《我的“自我”探索：一个本土研究者的自述》，见杨中芳：《如何理解中国人：文化与个人论文集》. 重庆：重庆大学出版社，2009 年版，第 11 页。

⑤ 钱穆：《从中国历史来看中国民族性及中国文化》. 北京：九州出版社，1998 年版，第 88 页。

⑥ 邵培仁，姚锦云：《传播理论的胚胎：华夏传播十大观念》，《浙江学刊》，2016 年第 1 期。

⑦ 邵培仁：《传播观念断想》，《杭州大学学报》，1997 年第 4 期，第 128—133 页。

⑧ ［美］欧文·戈夫曼：《日常生活中的自我呈现》，冯钢译 . 北京：北京大学出版社，2008 年版，第 58 页。

⑨ ［美］詹姆斯·W. 凯瑞：《作为文化的传播》，丁未译 . 北京：华夏出版社，2005 年版，第 7—8 页。

念是在以隐喻的方式建构”，[①] 它们都用人类从事过的活动或创造过的事物来表示。[②] 吉尔兹的说法颇妙，社会科学理论具有一种象喻性的本质（figurative nature of social theory）。[③]

（二）从观念到概念：哪些“胚胎”能发展为理论

既然传统观念能够发展为理论，那么是否任何传统观念（日常词汇）都是理论的胚胎？总体而言，至少有十对华夏传播的观念胚胎，分别是“阴 - 阳”“和 - 合”“交 - 通”“感 - 应”“中 - 正”“时 - 位”“名 - 实”“言 - 行”“心 - 受”“易 - 简”。[④]

“风草论”或许是目前认可度最高的华夏传播观念，具备“从思想到理论”的潜质。（黄星民，2000；惠萍，2008；仝冠军，2012；邵培仁，姚锦云，2013；邵培仁，姚锦云，2014b；杨小玲，2014；谢清果，陈昱成，2015；邵培仁，姚锦云，2016b；谢清果，2016 等）它源于孔子之言：“君子之德风，小人之德草，草上之风必偃。”（《论语 · 颜渊》）它既可看作传播效果论，[⑤] 也可看作（“君风民草，风行草偃”的“感化”）传播模式，[⑥] 还可看作是人与人（可塑之草与温和之风）良性互动的“理想类型”。[⑦] “风行草偃”的思想核心是“德”的传递，以儒家“德治”的政治理想为基础。其基本命题是：道德的传播始终遵循“自上而下”原则。[⑧] 观念要发展为理论，命题化是途径之一。“风行草偃”就蕴含如下命题：（1）道德的传递总是自上而下的；（2）道德的传递总是从年长者流向年幼者。这样的命题可以简称为“上行下效”和

---

① ［美］乔治 · 莱考夫，马克 · 约翰逊：《我们赖以生存的隐喻》，何文忠译 . 杭州：浙江大学出版社，2015 年版，第 3 页。

② 邵培仁、姚锦云：《为历史辩护：华夏传播研究的知识逻辑》，《社会科学战线》，2016 年第 3 期，第 140—151 页。

③ Gliffod Geertz: *Local Knowledge: Further Essays in Interpretive Anthropology*, Basic Books, Inc., 1983, p.3(introduction).

④ 邵培仁，姚锦云：《传播理论的胚胎：华夏传播十大观念》，《浙江学刊》，2016 年第 1 期。

⑤ 黄星民：《礼乐传播初探》，《新闻与传播研究》，2000 年第 1 期。

⑥ 邵培仁，姚锦云：《传播模式论：〈论语〉的核心传播模式与儒家传播思维》，《浙江大学学报（哲学社会科学版）》，2014 年第 4 期，第 56—75 页。

⑦ 谢清果，陈昱成：《“风草论”：建构中国本土化传播理论的尝试》，《现代传播（中国传媒大学学报）》，2015 年第 9 期，第 59—64 页。

⑧ 邵培仁，姚锦云：《传播模式论：〈论语〉的核心传播模式与儒家传播思维》，《浙江大学学报（哲学社会科学版）》，2014 年第 4 期，第 56—75 页。

“老行幼效”。此即儒家的“模仿律”，但有先后次序。按照《礼记·礼运》对“十义”的阐发，是先父慈，后子孝；先兄良，后弟悌；先夫义，后妇听；先长惠，后幼顺；先君仁，后臣忠。从现实案例来看，在中国语境下，成人（老人）的“反道德”现象比青少年（儿童）的反道德”现象危害更大；社会上层人物的“反道德”现象比下层人物的反道德现象危害更大，即俗称“上梁不正下梁歪”。[①]

“和”或许是另一个被广为接受的华夏传播观念，可作从观念到理论的发展。（陈国明，2008；陈国明，2010；贾文山，2010a；贾文山，2010b；黑森，Rui Shi，2010；霍姆斯，2010；雅各布森，2010；艾特肯，谢德列茨基，2010；邵培仁，姚锦云，2013；邵培仁，姚锦云，2015；邵培仁，姚锦云，2016a；邵培仁，姚锦云，2016d；芮必峰，石庆生，2017 等）“太和”是中国人为人处世的主要准则（陈国明，2008），[②]“致中和”是中国文化中的主流传播价值观（芮必峰，石庆生，2017）。[③]陈国明（2010）提出了有助于跨文化理解的中国传播“和谐”理论，可以从 4 个假设中推出 23 个原理和 23 条定律，涉及三种内部因素（仁、义、礼），三种外部因素（时、位、幾）和三种策略或技巧（关系、面子和权力），这些概念的功能作用和相互联系构成了理想中国人传播活动的整体系统。[④]“和”的观念集中体现为“和实生物”（邵培仁，2004；赵晶晶，2010）。有一系列“和”研究：如对“和”及“和平”范式的分析（贾文山，2010a）；争论过程与中国社会中的和谐及冲突（黑森，Rui Shi，2010）；中国留学生对和谐的强调（霍姆斯，2010）；调解在当代中国农村社会中的功能（贾文山，2010b）；和谐社会、公民社会与媒介（雅各布森，2010）；互联网与传播和谐（艾特肯，谢德列茨基，2010）等。[⑤]

陈国明、萧小穗梳理出了“阴 - 阳”“感 - 应”“时 - 位”的传播观念并将

---

① 邵培仁，姚锦云：《从思想到理论：论本土传播理论建构的可能性路径》，《浙江社会科学》，2016 年第 1 期，第 99—109 页

② Guo-Ming Chen：Bian (Change): A Perpetual Discourse of I Ching，Intercultural Communication Studies，2008（4）：pp7—16.

③ 芮必峰，石庆生：《致中和：中国文化中的主流传播价值观》，《现代传播（中国传媒大学学报）》，2017 年第 2 期，第 27—33 页。

④ 参见陈国明：《有助于跨文化理解的中国传播和谐理论》，见 [美] 赵晶晶（J.Z. 爱门森）编译：《“和实生物”——当前国际论坛中的华夏传播理念》. 杭州：浙江大学出版社，2010 年版，第 19—34 页。

⑤ 参见 [美] 赵晶晶（J.Z. 爱门森）编译：《“和实生物”——当前国际论坛中的华夏传播理念》. 杭州：浙江大学出版社，2010 年版。

其概念化。《易经》作为一套话语体系，有一套自我循环和自我证明的运行机制。[①]《易经》特有的叙事结构（阴阳、六爻和64卦），开启了无限变化的可能性，不仅可以对故事的所有变化保持开放，而且能够创造新的变化。[②]"感-应"体现了中国人对传播能力的理解，有着本体论的源头，体现为宇宙中"阴-阳"二气相互作用的观念。这是一种"有机整体论"，认为部分内在于整体，整体内不同部分之间进行互动的时候，也能够感知整体的状态和需求，并能进行恰当的行动和回应。[③] 这一观点得到了西方学者的肯定回应和探讨，如 Holt（2009；2010）和 Mary Fong（2009）（2010）。[④] 实际上，"阴阳互动"不仅体现中国文化的特殊性，同时还具有普遍性，孤阴不生、独阳不长意味着人类传播是一个整体系统，相互关联、相互依赖、相互交融、相互阐发、相互印证。[⑤] 而且，"感-应"不仅是一种自然的能力，更是一种伦理的能力，即对其他生命和有机整体感受或同情的能力。由于阴阳互动观念把宇宙（包括人类互动）看成一个不断变化的整体，人类社会的所有矛盾就在这种连续变化过程中得以解决，因而可用于解释现实生活情境，如社会中人的互动、[⑥]"华人人际关系发展的模式"等。[⑦]

此外，谢清果等还对中国特色的传播问题进行了研究，包括"我注六

---

① Xiaosui Xiao, "Yijing as a Self-circulating and Self-justified Chinese Cultural Discourse," *Intercultural Communication Studies*, vol.15, no.1, 2006, pp.1—11.

② Xiaosui Xiao, "The Narrative Model of Yijing," *China Media Research*, vol.5, no.3, 2009, pp.102—109. 中文版见：萧小穗：《易经的叙事模式》，徐俪成译，《中国传媒海外报告》2009年第4期，第56—63页。

③ Xiaosui Xiao & Guo-Ming Chen, "Communication competence and moral competence: a Confucian perspective," *Journal of Multicultural Discourses*, vol. 4, no.1, 2009, pp.61—74.

④ 参见 Richard Holt & Hui-ChingChang, "Lessons from I Ching: Reconceiving Intercultural Communication from the Concept of Change," *China Media Research*, vol.5, no.3, 2009, pp.82—93. 中译版见：[德]理查德·霍尔特，张惠晶：《〈易经〉的启示：于变化之概念重构跨文化传播》，康京京译，《中国传媒海外报告》，2010年第3期，第88—98页；Mary Fong, "Developing Self and Communications through the Spiritual Wisdom of the I Ching," *China Media Research*, vol.5, no.3, 2009, pp.110—118；玛丽·冯：《通过〈易经〉的精神智慧发展自我和促进沟通》，黄清译，《中国传媒海外报告》，2010年第3期，第99—103页。

⑤ 陈国明：《关于〈易经〉传播模式》，[美]J. Z. 爱门森译，《中国传媒海外报告》，2011年第1期，第120—128页。

⑥ Guo-Ming Chen, "Bian (Change): A Perpetual Discourse of I Ching," Intercultural Communication Studies, vol.17, no.4, 2008, pp.7—16.

⑦ 陈国明：《易经八卦的人际关系发展模式》，见陈国明主编：《中华传播理论与原则》. 台北：五南图书出版股份有限公司，2004年版，第225页。

经”“六经注我”“心传天下”“以文载道”“秉笔直书”等。[①]第一，对“我注六经”与“六经注我”问题的关注，体现出研究的“内在理路”和很好的问题意识。一方面“我注六经”继承发扬了华夏文化，另一方面“六经注我”根据时代发展创新了华夏文化。如果没有“六经注我”，或许就不会有《易传》、禅宗思想、宋明理学、阳明心学等一座座思想高峰。第二，对符号背后的交往与关系的关注，包括对“夷夏”“家国”“四海”“天下”等观念的研究，实际上是探讨了两大重要传播问题，一是从共同体内部看符号背后的权力与秩序问题，二是从共同体之间看自我与他者的认同问题。第三，“心传天下”“以文载道”“秉笔直书”等观念也从中国历史语境中提取的特殊传播观念，而“仁者无敌”“太上忘情”“慈悲为怀”等以“情”字为特征的传播观念，同样值得研究者关注。[②]

四、三种华夏传播理论观：传播的“接受观”“交往观”与“辩证观”

经过多年的探索，我们也梳理出了“和 - 合”“交 - 通”“心 - 受”等传播观念，提出了“接受主体性”概念，并试图将其发展为“传播的接受观”（a reception view of communication）、“传播的交往观”（an interaction view of communication）与“传播的辩证观”（a dialectic view of communication）理论。

（一）传播的接受观：从“观”“味”“知”到“接受主体性”

“心 - 受”传播观念是中国人独特的“意义之网”，可进一步概念化、理论化。如果说“传 - 受”是传播行为不可或缺的两端的话，那么中国传统传播观念更注重“受”的一端。在信息（意义）的接受方面，中国古人具有很强的“主体性”，体现于“观”“味”“知”的观念中。“观”是细致而优雅的信息接受。在中国传统文化典籍中，人们多用“观”而少用“看”。“观”不论是指观书、赏文，还是指观人、观景，人们都强调要从统一的整体的角度观察和审视事物或对象的多样性和矛盾性。物（事物）、言、意在“观”中溶

① 谢清果：《华夏文明与传播学本土化研究》. 北京：九州出版社，2016 年版。

② 姚锦云：《用“问题意识”观照“内在理路”——评谢清果〈华夏文明与传播学本土化研究〉》，《华夏传播研究》，2018 年第 1 辑，第 265—275 页。

为一体，达到物我融通的境界。“味”讲究言外之意，意外之旨，既不脱离文本，同时又超越文本之外，注重读者接受的主观能动性。“知”是一种更深层次和更高境界的信息和意义接受。“相知”有一定的难度，“知音”则是更高的境界。“观”“味”“知”体现了一种传播主体性意识的东方智慧。①

“观”“味”“知”都体现出中国古人在接受意义时的主体性，但我们很难在西方的传播思想脉络中找到对等的概念，因而将其表述为“接受主体性”(receiving subjectivity)。这个概念源自对中国传统典籍中蕴含的信息（意义）接受观的归纳，也具备足够的抽象度和解释力，能够演绎到儒释道的思想脉络中。例如，庄子、慧能和王阳明，就非常注重接受主体性。他们都认为传播的成败不在于“传”，而在于“受”；“受”的关键是恢复一个本真的精神世界，庄子称其为“真宰”，慧能称其为“本心”，王阳明称其为“良知”。这个本真的精神世界往往是被蒙蔽的，人需要恢复它的本来面目，即“空”的状态，从而达到与“道”相“通”的目的。这需要付诸强大的主体性力量，可称之为“接受主体性”，其背后本真的精神世界，可以称之为“受体”(recipient)。②

我们尝试在“观”“味”“知”观念和“接受主体性”概念的基础上，建构“传播的接受观”（a reception view of communication）理论。其首要问题是，传播不等于“传”，而是“传 - 受之链”，“受”与“传”都是传播过程的重要部分。相对于现代西方传播学“传”的传统，中国人更侧重于“受”的传播观念。一方面，“传播的接受观”是对中国古代传播现实的表征。例如在文人雅士中流行“观”“味”“知”的传播观，庄子、慧能与王阳明等儒释道思想家也倾向于接受中的主体性，可以称之为“接受主体性”(receiving subjectivity)。另一方面，“传播的接受观”能为新的传播现实提供表征，具有一定的解释力。例如很多传播事件会出现始料未及的后果，或许原因多出在“受”的方面，而非仅仅是“传”的方面。“传播的接受观”不仅意味着视角的转换，更意味着立场的转移，使得华夏传播研究转向作为个体的、具体的、能动的受者，而非作为群体的、抽象的、被动的受众。这样的视角有助于呈现一个鲜活的中国古代世界，同时也有助于加深对当下传播问题的

① 邵培仁：《当代传播学视野中的中国传统信息接受观》，《中国传媒报告》，2004 年第 6 期，第 74—82 页。

② 邵培仁，姚锦云：《传播受体论：庄子、慧能与王阳明的“接受主体性”》，《新闻与传播研究》，2014 年第 10 期，第 5—23 页。

理解。[①]

（二）传播的交往观：从华夏交往史到《周易》交往图式

在历史学家看来，人类历史就是一部交往与传播的历史。正如《人类之网》的作者所提出的，“在人类历史上处于中心位置的，是各种相互交往的网络”，它们体现为“把人们彼此连接在一起的一系列的关系”；在这些关系中，“人们彼此交换信息，并且使用这些信息来指导他们下一步的行动”，当然交换还包括技术、物品、发明和观念；“塑造人类历史的，正是这些信息、事物、发明的交换与传播，以及人类对此作出的各种反应”。[②] 实际上，传播概念的内涵是如此丰富，而交往就是其中重要、并且越来越重要的层面。法国传播学者吴尔敦说：“传通越来越不是信息的传递，也很难得分享共同的观点，而更多地意味着协商以及最终的共处。”[③] 黄旦也认为传播可以包含三个层面：“第一，功能层面上的信息传递过程；第二，关系层面上的意义理解和分享；第三，生存层面上的人类日常交往。”[④] 对华夏民族来说，一种重要的传播观念就是“和 - 合”与“交 - 通”，即“和而不同，交而遂通”。

首先，“和 - 合”“交 - 通”观念起源于华夏民族的交往实践中。自新石器时代以来，华夏大地上就存在多个文化系统，几千年来往来不绝，彼此互渗，“和而不同”，“交而遂通”。在思想文化发展上，春秋战国时期经历了百家的内部争鸣，儒道两家脱颖而出；两汉之际佛教传入，兴盛于南北朝，至唐代已成儒释道三教并立之势。经两宋期间进一步互通消融，终于形成宋明理学的儒学新高峰，泽被邻邦。近代西学东渐，遭遇三千年未有之变局，同时涌现现代新儒家等硕果。中华文化之所以“亘古亘今”，绵延不断，就在于有着“和而不同，交而遂通”的品质。一方面，和而不同，既保持自身独立性，亦尊重他者合理性；另一方面，交而遂通，积极对话与沟通，互相学习，互为滋养。简言之，即多元、共存、接纳、欣赏，这正是中华传统文化为今

① 姚锦云，邵培仁：《华夏传播理论建构试探：从“传播的传递观”到“传播的接受观”》，《浙江社会科学》，2018 年第 8 期。

② ［美］约翰·R. 麦克尼尔，威廉·H. 麦克尼尔：《人类之网：鸟瞰世界历史》，王晋新译 . 北京：北京大学出版社，2011 年版，第 4 页。

③ ［法］多米尼克·吴尔敦：《信息不等于传播》，宋嘉宁译 . 北京：中国传媒大学出版社，2012 年版，第 58 页。

④ 黄旦：《问题的“中国”与中国的“问题”——对于中国大陆传播研究“本土化”讨论的思考》，见：黄旦，沈国麟编：《理论与经验——中国传播研究的问题及路径》. 上海：复旦大学出版社，2013 年版，第 55 页。

人、为世界贡献的优秀价值。①

其次，“和而不同，交而遂通”的观念也体现在思想文本中，可以追溯到古老的《周易》。在《周易》看来，传播是不同事物相交、相通、相合的过程，起始于“交”的起点（建立联系），实现于“通”的状态（往来无阻），寄寓于“合”的理想（志同道合）。“交”，是从阴阳之交，推及到生命男女、君臣上下和天下同人之交；“通”，是从“济通致远”，推及到“上下通泰”和“心灵相通”，归结于“通天下之志”；“合”，是从“器盖相合”，推及到“合道”“合德”与“合志”。“交-通-合”意味着，传播是不同心灵的交汇，是交往障碍的消除和心灵的相通，是人与理想世界的价值契合，以及人与人心志的融合。②

从华夏交往史到《周易》交往图式，都体现了自古以来的华夏传播观念；既是对中国古代传播现实的表征，又可以为新的传播现实提供表征，具有一定的解释力，可以发展为“传播的交往观”（an interaction view of communication）理论。

（三）传播的辩证观：先秦“名实－言意”命题群的理论化

自先秦以来，中国思想史上贯穿了“名实”“言意”之辩、“是非”“辩讷”之争，前者涉及符号能否指代意义、意义能否共享的传播问题，后者则涉及交流如何进行、交流障碍能否解决的传播问题。在这些问题上，先秦思想家既提出概念，又提出命题，可与现代学术充分对话。先秦思想家关于“名实”“言意”之辩、“是非”“辩讷”之争的命题极具辩证性，肇始于《老子》，发展于《庄子》，经各学派争论，《荀子》集大成。③经过梳理，我们初步完成了“传播的辩证观”的概念化和命题系统的建立工作，试图发展为“传播的辩证观”理论。

具体而言，总共可归纳出62个辩证传播的命题（包括子命题）。其中，《老子》有6个命题（L）；孔子有1个命题（K）；《墨子》有4个命题（M）；《庄子》有13个命题（Z）；《尹文子》有14个命题（Y）；《公孙龙子》有3

---

① 邵培仁，姚锦云：《和而不同，交而遂通：中华优秀传统文化的当代价值》，《新疆师范大学学报（哲学社会科学版）》，2015年第6期，第52—62页。

② 邵培仁，姚锦云：《天地交而万物通：〈周易〉对人类传播图景的描绘》，《浙江社会科学》，2016年第8期，第70—81页。

③ 邵培仁，姚锦云：《传播辩证论：先秦辩证传播思想及其现代理论转化》，《杭州师范大学学报（社会科学版）》，2014年第2期，第96—111页。

个命题（G）；荀子有 21 个命题（X）。这些命题在总体框架上，体现的是辩证思维；但在各个层次的论证上则逻辑严密。如果忽略各命题提出的年代，并且按照各命题之间的逻辑关系来考察命题系统，那么构成了一幅先秦“传播的辩证观”的理论图谱。在这幅图谱中，时间已经被忽略，作者和著作也被淡化，但各个命题之间的逻辑关系则被重新确立，形成了一个关系紧密、逻辑严密的命题系统，即“传播的辩证观”（a dialectic view of communication）理论图谱。①

“传播的辩证观”的现代价值，并不仅仅在于“正确”发现符号与意义之间的辩证关系以及交流如何“正确”进行，更在于用辩证的思维来把握它们，以辩证的眼光来看待传播。

五、回顾本土之路：从华夏传播研究到华夏传播理论

我们能否建构华夏传播理论？如果从吴予敏《无形的网络》（1988）算起，那么从华夏传播研究到华夏传播理论的本土之路已有三十年。华夏传播理论的“本土之路”有很大进展，体现为两种路径，一是从传播结构考察中国历史，二是将观念胚胎发展为传播理论。对前者而言，人们对作为传播结构的“无形的网络”（吴予敏）理解得越来越深入，涌现出一大批结构视角的研究（胡河宁、刘大明、黄春平、巫称喜、潘祥辉等）；对后者而言，研究者不仅完成了对“从胚胎到理论”路径的知识论论证（邵培仁，姚锦云），还共同梳理出“风草论”（黄星民、邵培仁、谢清果等）、“和”（陈国明、邵培仁、贾文山、芮必峰等）以及“阴 - 阳”“感 - 应”“时 - 位”（陈国明、萧小穗、邵培仁等）“和 - 合”“交 - 通”“心 - 受”“中 - 正”“名 - 实”“言 - 行”“易 - 简”（邵培仁，姚锦云等）等观念和命题胚胎，并开始了概念化、命题化乃至理论化的工作。我们试图建构三种华夏传播理论：“传播的接受观”（a reception view of communication）、“传播的交往观”（an interaction view of communication）与“传播的辩证观”（a dialectic view of communication）理论。（邵培仁，姚锦云）一方面，它们是对中国古代传播现实的表征；另一方面，它们能为新的传播现实提供表征，具有一定的解释力。当然，作为理

① 邵培仁，姚锦云：《传播辩证论：先秦辩证传播思想及其现代理论转化》，《杭州师范大学学报（社会科学版）》，2014 年第 2 期。

论建构的试探，它们尚在成长中，充其量只是理论的雏形。正如李金铨所说："我们离理论华夏还有漫长的道路要走，但至少应该开始添砖加瓦。"[①]

——节选自邵培仁 姚锦云著《华夏传播理论》
浙江大学出版社 2018 年版

① 李金铨：《在地经验，全球视野：国际传播研究的文化性》，《开放时代》，2014 年第 2 期，第 133—150 页。

目　录

下篇　华夏传播研究的专题探讨

上篇　传播学本土化研究的阶段、问题与反思

第一章　绪论

1.1 研究问题缘起

从起步阶段的引进、介绍到日益深入的探索分析，从对西方理论的盲目崇拜到传播学本土化意识的逐渐觉醒，经历了四十年的曲折发展，我国传播学逐渐走向了更加自觉、自主的学术发展之路。

邵培仁曾经提出“古老的传播论，年轻的传播学”，用这句话来形容中国悠久的传播现象研究和新兴的传播理论研究，可以说是非常贴切的。[①] 一方面，传播学本就具有交叉性、边缘性等特征，西方理论体系本身也并不是适用于全人类的普适性理论。另一方面，与我国发展迅速的传播事业相比，传播理论的发展却显得相对滞后，而中国近四十年丰富多彩的传播实践也为理论研究提供了广阔的研究空间。

当前，全球化趋势发展得如火如荼，与之一体两面的本土化问题也变得愈发急切，另一方面，我国传播学界自身的主体性反思，以及网络直播等各类新形态的传播实践倒逼着理论创新，传播学本土化问题在此背景下显得异常迫切，甚至有研究者提出，决定传播学在中国发展命运的根本问题是本土化问题。[②] 传播学本土化究竟是什么，要不要进行传播学本土化以及它如何可能，这一连串的问题已经成为近年来我国传播学界讨论的重点、热点、难点问题之一，传播学界甚至其他学界的诸多学者都参与了这一如火如荼的讨论，但是围绕这一议题的讨论中也伴随着很多不同意见，诸多学者论点各异，使得这一论题呈现百家争鸣的热烈论争态势。

华夏传播研究作为传播学本土化的重要成果聚集地之一，在传播学本土

---

① 邵培仁：《传媒的魅力——邵培仁谈传播学的未来》. 北京：首都经济贸易大学出版社，2014 年版，第 74 页。

② 田中阳：《关于传播学本土化问题的思考》，《湖南师范大学社会科学学报》，2002 年第 2 期，第 75—77 页。

化研究中占据着重要地位，而以厦门大学传播研究所为代表的组织在推动华夏传播研究方面做出了较大努力。一方面，在教学安排层面，厦门大学积极开设《华夏传播概论》《中国传播理论研究》等课程，促进广大学子对中国传播理论的深刻认知；另一方面，在书籍刊物层面，厦门大学传播研究所在2013年开创了《中华文化与传播研究》学刊，至今已连续出版6年，系统整理了诸多华夏传播研究成果，2018年厦门大学研究所又创办了《华夏传播研究》集刊，两大集刊共同发力，力争为国内外从事中国文化与传播研究的同仁，提供一个更为广阔的学术交流平台。[①]

一直以来，“传播学中国化”与“传播学本土化”的关系似乎紧密相关却又含糊不清。黄星民在《华夏传播刍议》中，提出“本土”两字更加偏重于地域概念，带有更加强烈的民族感与文化使命感，认为“本土化”相比“中国化”的提法更加复杂含混。[②]但是汪琪、胡翼青、刘海龙、邵培仁、黄旦、谢清果等学者则更加偏向于使用“传播学本土化”这一字眼，笔者也认为“本土化”相比“中国化”的内涵更加全面深刻一些。首先，“本土化”这一字眼与“全球化”相对，更加能凸显在当今全球化发展迅猛的时代背景下，各个地区对自身文化的学术自觉意识；其次，“本土化”相比“中国化”的内涵更为全面、深刻一些。一方面，不只是我们中国，很多国家可能都需要进行某些社会科学的本土化，通过这种相关探索，除了我们建基于中国自身文化的某些结论外，有些具有共性的结论也许能为其他国家的本土化研究提供启发。另一方面，把一门科学理论“中国化”，好像要把理论禁锢在某个国界、地域范围之内，意涵略显狭隘；最后，我们必须要时刻谨记，这两者的关系本身就是密不可分的，我们进行本土化研究的目标之一，也是为了促进其更好地中国化，运用于中国的传播实践。为了后文概念与行文的统一，本书在文章中一律使用“传播学本土化”这一概念。

1.2 研究价值

从理论层面来说，一方面传播学本土化相关研究在我国已经发展了四十年了，正逐渐成为传播学界的研究热点与难点，并拥有了自己的一定理论根基与成果。另一方面，虽然经历了四十年的发展，但是这一议题在理论研究

① 谢清果：《华夏传播学引论》. 厦门：厦门大学出版社，2017年版，第381页。

② 黄星民：《华夏传播研究刍议》，《新闻与传播研究》，2002年第4期，第80—86页、96页。

方面仍处于迷茫的困境，广大传播学界学者针对这一问题有着诸多不同的看法，甚至形成了许多论争，值此四十周年发展的重大历史时间段，亟须对传播学本土化研究进行系统梳理与总结，对其主要论争进行整体厘清与分析。

从实践层面来看，我国的传播学本土化研究虽然已经有了一定的理论成果，但是相关理论在与我国传播实践的互动方面尚有所欠缺，传播理论对传播活动与传播实践的指导作用没能充分发挥出来，种种问题也需要我们在以后的传播学本土化研究中进行详细探索与多维反思。

因此本篇希望能够通过借鉴吸收前人研究成果的基础上，对传播学本土化众多相关理论成果进行整体梳理，同时结合最新成果，对“传播学本土化”这一议题四十年来的发展进行新一轮的综合分析，一方面对其进行多重分析、追问与反思，促进其沿着正确的方向继续发展。另一方面，也使之具有更强的时代性与系统性。

本篇分为以下几个部分：第一章，绪论，对本书的研究背景、研究价值与研究方法进行简要介绍。第二章，关于“传播学本土化”的研究文献回顾与研究问题的提出，对传播学本土化的相关文献成果进行整体梳理与分析，为后文提供研究思路与具体切入点。第三章，从纵向维度切入，根据不同的历史语境与发展特征，将传播学本土化 1978—2018 这四十年来的理论发展与论争，进行分阶段的系统梳理与总结。第四章，从横向维度入手，将传播学本土化的核心问题分为四个基本范畴，从这四个维度对传播学本土化研究进行新的诠释与整理，什么是传播学本土化，要不要进行传播学本土化，为什么进行传播学本土化，以及如何进行传播学本土化。在此过程中，针对传播学本土化的实现路径问题，我们将全球与地方、西方与中国两个方面的张力作为主要着力点，对其进行详细阐述。第五章，在对前人关于传播学本土化研究的理论成果进行全面整理分析的基础上，对“传播学本土化”提出自己的看法与新的反思。

1.3 研究方法

文献分析法

本篇主要采用文献分析法，对我国四十年来传播学本土化的主要成果进行搜集、鉴别、整理，一方面力图对众多论点进行整体的概括与分析，弄清楚诸多学术大家在传播学本土化方面的核心思想，具体问题与路径偏向；另一方面，对诸多文献中涉及的相关概念、方法、理论进行对比分析，进而查明它们之间的论争、共识与不同思考，从而形成若干完整的主题。希望能够在这种系统整理、分析与研究的基础上，进一步帮助我们形成对传播学本土化研究的全面认识与思考，为我们日后的传播学本土化研究提供一定参考。

第二章 “传播学本土化”四十年研究进展与研究问题的提出

“传播学本土化”这一说法最初是由传播学泰斗施拉姆提出的，而在中国，首先提出“传播学研究中国化”的人，是他的学生——余也鲁。早期的传播学本土化研究在地域上主要集中于港台地区，而 20 世纪 90 年代后，研究主体的范围逐渐扩展到中国大陆与港澳台地区，各种讨论与论争也越发呈现百家争鸣之势。经历了近四十年的发展，我国的传播学本土化研究也有了一定成果，接下来我们以不同时间与主题为维度，对其进行总体梳理与概述。

2.1 从萌发初期到发酵争论期，相关研究逐渐深化，整体趋势表现为多元反思与重新思考

从 1977 年到现在，传播学本土化研究在我国已然经历了四十年的风风雨雨。1977 年，施拉姆访问香港中文大学，首次提出要发掘中国文化中的传播学遗产。[①] 而在我国，首先提出“传播学研究中国化”这一论题的是施拉姆的弟子余也鲁。1978 年，香港中文大学的余也鲁、台湾政治大学的徐佳士等先生积极倡导了于香港和台北两地分别举办了为期一周的会议，会议以“中国文化与传统中的传的理论与实际的探索”为名。传播学本土化从 20 世纪 70 年代末逐渐萌芽，从最开始的萌发初期到逐步的发酵、争论期，再到现今的多元反思阶段，这期间的语境变化值得我们仔细考量。早期的萌发初期伴随着一定的意识形态对抗动机，偏重政治层面，随后的发酵争论期更加注重学术自觉，逐步进入文化层面，随着我国综合国力的上升，现今的传播学本土

---

① 黄旦：《问题的中国与中国的问题——对于中国大陆传播研究本土化讨论的思考》，见黄旦，沈国麟：《理论与经验——中国传播研究的问题及路径》. 上海：复旦大学出版社，2013 年版，第 36 页。

化研究开始注重对传播话语权的争夺，掺杂了一定政治动机。经历了几十年的发展，正值传播学本土化研究四十年的重大时间节点，传播学本土化研究不断深化发展，诸多学者对这一论题开始了多元反思与重新思考。

从1977年开始，我国的传播学本土化研究进入萌发初期，学界通常以1978年郑北谓老师在《外国新闻事业资料》第一期上译介华伦·K.艾吉的两篇论文《公众传播工具概论》和《美国资产阶级新闻学：公众传播》作为开端。这一年刚好与中国改革开放同步。这一阶段的总体时代特征是对西方传播学的引进、介绍，一方面学界对此新兴学科呈现兴奋崇拜、乍惊乍喜的态度，另一方面，围绕传播学一直伴随着强烈的政治意识形态对抗色彩，对传播学呈现既接受又排斥的复杂心态，因此这个阶段的本土化研究略微偏重于政治层面，伴随着一定的意识形态动机。在此阶段，第一届、第二届全国传播学研讨会成为重要标志性事件，1982年的第一次全国传播学研讨会，对西方传播学提出了“系统了解，分析研究，批判吸收，自主创造”的16字方针，1986年的第二次传播学研讨会，进一步明确提出了建立有中国特色的传播学的目标。[①] 众多学者围绕这一论题积极地开展相关研究，参与人群以港台学者为主，其中又以余也鲁、徐佳士、朱力等为主要代表人物，此时主要路径是对中国传统文化中的传播理论和实践进行探索分析，张国良将其称为回到过去的研究取向。[②]

经历了十几年的发展，以1993年的全国第三次传播学研讨会为契机，我国的传播学本土化研究进入新阶段，从偏重政治层面逐步进入文化层面的发酵、争论期，更加注重学术自觉。但是此时的传播学本土化基本概念语义模糊，围绕着其基本定义、实现前提、时机是否成熟以及余也鲁倡导的探索传统文化的研究路径，学界对此产生了很多关注和讨论，各方学者意见纷呈。这个阶段的总体时代特征是对西方传播学的深入评价、分析，经历了对西方传播学的系统引进，学界的自主创新意识日益增强。在此阶段，本土化议题的参与范围逐渐扩展，从港台扩大到内地、香港、台湾、海外华人等更大范围，研究队伍也不断壮大，以国际中华传播学会、中华传播研究协会、中华传播学会、中国传播学会等为代表的各种传播学会组织不断建立，促进传播

---

① 戴元光：《20世纪中国新闻学与传播学——传播学卷》，上海：复旦大学出版社，2001年版，第184—204页。

② 胡翼青：《传播研究本土化路径的迷失——对“西方理论，中国经验”二元框架的历史反思》，《现代传播（中国传媒大学学报）》，2011年第4期，第34—39页。

学研究向前又迈了一大步。[①]除了学会组织的旺盛发展之外，相关会议与专著论述的发展也逐渐展开。这一阶段的主要参与人包括孙旭培、李彬、王怡红、黄星民、邵培仁、祝建华、陈韬文等等，这其中，内地学者的增加是一个明显趋势。值得注意的是，本阶段的本土化不再只是纸上谈兵，开始实践层面的探索，内地传播学界不断进行了一些零星的本土化尝试，基本走的是港台在八九十年代的路，[②]即研究中国传统传播思想与实践，其中以孙旭培的《华夏传播论》为代表。但是此时也初步出现了“融合—创新，建立本土的传播学理论”主张，总体上来说，研究规模、成果逐渐累积，为之后的传播学本土化打下一定基础。

随着我国政治、经济各方面的发展，综合国力不断上升，传播研究本土化的问题变得日益迫切，但这一次的语境有了很大变化，与语境的变化相对应，我国的传播学本土化研究日益深化，开始进入掺杂政治动机的多元反思阶段，诸多学者将传播学本土化视为提升文化软实力，争夺传播话语权的突破口。2008年的第十届全国传播学研讨会成为这一阶段开启的契机，中国传播学者通过这次大会的研讨和反思，更加关切中国的传播现实与问题，寻找本土的传播思想资源，建构中国独特的传播理论体系和研究范式，[③]将传播学本土化研究提升到了新高度。这个阶段的总体时代特征是对西方传播学的多元反思，一方面，经历了三十年的引进介绍，学界对西方传播学已经有了基本的框架认知与理解，另一方面，随着中国国际地位的不断提升，后殖民主义逐渐兴起，传播学界开始寻求更大的话语权，试图打破西方的学术霸权。经历了上一阶段传播学本土化的争论，此时的学界开始趋向多元反思阶段，各大学术名家纷纷针对其提出了自己的建议主张，主要参与人包括黄旦、刘海龙、胡翼青、汪琪、陈韬文、黄星民、谢清果、王海燕、赵雅丽、邵培仁、姚锦云等等。

随着传播学相关研究的不断深化与发展，诸多大家开始从源头上对传播学进行重新思考，如2018年国际新闻界推出的第一期与第二期特刊，诸多大家针对传播学的诸多发展问题进行多元反思。喻国明、刘海龙、潘忠党、胡

① 陈国明：《中华传播理论与原则》．台北：五南出版社，2004年版，第12页。

② 刘海龙：《传播研究本土化的两个维度》，《现代传播（中国传媒大学学报）》，2011年第9期，第43—48页。

③ 王怡红，胡翼青：《中国传播学30年》．北京：中国大百科全书出版社，2010年版，第750页。

翼青、张国良、邵培仁、吴予敏、陈卫星、吴飞、单波、邱林川、龙强、吴飞、张涛甫等诸多学者都参与了这场讨论，其中反思、主体性、多元、重构等字眼成为关键词，“反思”这一字眼在这些文章的标题中更是被提到 9 次之多。喻国明在文章中明确指明，传播学研究在我国已经有了一定的积累，再加上新技术的不断发展，我国的传播学研究走向了理论创新与范式创新的路口，并且进一步强调实践是学术理论创新的逻辑起点与最高检验标准。[①] 这种种迹象表明，伴随着传播学相关研究的不断深化与发展，对传播学的反思与重新思考已经成为学界逐渐形成的共识。

2.2 传播学学科化进程与本土化研究相互影响，几代学者着力于西方传播学的系统整理，对本土化研究开展探索与反思

要想对传播学本土化研究进行深入理解，我们需要对我国传播学的基本发展历程有着基本认知，在此我们以学科化这一重要角度切入，将我国传播学发展分为两个阶段，其中以 1997 年传播学学科地位的官方确立为分界线，1978—1997 年是我国传播学的前学科化阶段，而 1998 年至今是我国传播学的学科化阶段。[②] 胡翼青认为在我国传播学的前学科化阶段，传播学知识积累极其匮乏，此时关于本土化研究的提出与讨论似乎都过于超前了，他还进一步指出当我国传播学并未真正学科化之时，我们对传播学的认识与理解都是在西方的学科化框架内，尽管知识增长的速度很快，但是否能真正实现学者们期待的那种传播学本土化，是大可存疑的。[③]

我们对传播学本土化研究的阶段划分是以几次重要会议为分界点，本篇认为本土化研究正式启动原先的设想并且将设想付诸行动，成为文化层面的学术问题，是以 1993 年为重要转折点的，1993 年之后，我国的传播学本土化研究正式成为一个鲜明的学术问题，引起了广泛讨论，也产生了一定学术成果。而在传播学的整体发展方面，1997 年是其学科化的重要分界点。其实传播学整体的学科化进程与传播学本土化研究也是时时刻刻互相影响的。伴随着传播学学科地位的正式确立，支持传播学发展的硬性条件不断提升，研

① 喻国明：《传播学的学术创新：原点、范式与价值准则》，《国际新闻界》，2018 年第 2 期，第 109—117 页。

② 胡翼青，张婧妍：《中国传播学四十年：基于学科化进程的反思》，《国际新闻界》，2018 年第 1 期，第 72—89 页。

③ 胡翼青，张婧妍：《中国传播学四十年：基于学科化进程的反思》，《国际新闻界》，2018 年第 1 期，第 72—89 页。

究队伍与人才储备不断壮大，有利于促进本土化研究的相关发展，其中一个显著表现就是学界对西方传播学的系统引进与介绍，接下来我们对此进行简要阐述。

传播学本土化研究的基础条件之一就是对西方传播学的系统吸收与学习，因此几代传播学者一直以来坚持对西方传播学的系统整理与全面学习，并且不断地对我国传播学本土化研究的可能性与可行性开展探索与反思。在传播学还未学科化的20世纪80年代，此时传播学还未确立学科地位，用于研究的人力物力相对匮乏，主要人物以新华社的李启，社科院新闻所的徐耀魁、明安香、张黎，人民大学的张隆栋、林珊，复旦大学的郑北渭、居延安，广东的吴文虎，兰州的戴元光，江苏的张学洪等人为代表，[①] 他们着力于对西方传播学进行系统引进介绍与整理分析，有些人已经初步开始了对传播学本土化研究可行性的探索。虽然此时用于研究的人力物力相对匮乏，但是他们的不懈努力为我国日后的传播学发展奠定了大致的基调与格局。[②] 居延安1986年于上海人民出版社出版的《信息·沟通·传播》，邵培仁、戴元光、龚炜1988年于兰州大学出版社出版的《传播学原理与应用》，徐耀魁1990年于辽宁教育出版社出版的《大众传播学》等都是早期对西方传播学进行系统引进介绍的代表性论著。

到了20世纪90年代，在上一代传播学者的努力与坚持下，一批年轻学者不断成长起来，如王怡红、李彬、郭庆光、喻国明、张国良、吴予敏、胡正荣、卜卫、李良荣、陈韬文、陈力丹等都是当时成长起来的专业传播学者，[③] 现今也逐渐成了传播学界的中坚力量。李彬1993年出版的《传播学引论》，张隆栋1993年出版的《大众传播学总论》，张国良1998年出版的《现代大众传播学》，胡正荣1997年出版的《传播学总论》等都是这些学者对西方传播学进行系统介绍、评介分析的代表作。王怡红、李彬在本土化研究的早期争论期，也提出了自己的建设性思考，王怡红将当时的本土化研究现状比喻为空谷，强调与西方传播学的对话是我们传播学本土化研究必须坚持的

① 胡翼青，张婧妍：《中国传播学四十年：基于学科化进程的反思》，《国际新闻界》，2018年第1期，第72—89页。

② 胡翼青，张婧妍：《中国传播学四十年：基于学科化进程的反思》，《国际新闻界》，2018年第1期，第72—89页。

③ 胡翼青，张婧妍：《中国传播学四十年：基于学科化进程的反思》，《国际新闻界》，2018年第1期，第72—89页。

基本立场与关键突破口。[①] 李彬则是对当前的历史语境与本土化研究提法进行全面反思，提出一方面语境的转换可能导致本土化研究的不伦不类，另一方面，以特立独行标举的本土化研究，本质上恰恰显示出西方话语的支配性，最后可能导致无意识的学术盲从，[②] 这一论点深刻地认识到了当前本土化研究的内在问题，在本土化研究早期对"西方理论，中国经验"这一认识论框架提出质疑。现今李彬同样强调对传播学的全面反思，提出不管是美国传播学还是我国传播学都面临危机，需要进行全面反思与重构。[③]

进入 21 世纪，传播学的学科地位已经被官方确立，支持传播学发展的硬性条件不断提升，各大出版社与高校的丛书不断发展，如华夏出版社推出的"传播·文化·社会译丛""高校教材经典译丛·传播学"，中国人民大学出版社推出的"新闻与传播学译丛·国外经典教材系列""当代世界学术名著·新闻学与传播学译丛·大师经典系列"，商务印书馆推出的"文化与传播译丛"，四川大学专门推出的"符号与传媒学"等都对我国的传播学发展与学术研究产生了较大影响力。[④] 随着传播学学科与相关研究的不断发展，一批更年轻的学者不断成长，这其中以刘海龙、胡翼青等人为代表。刘海龙、胡翼青一直以来坚持对西方传播学的系统学习，为我国传播学界引入芝加哥学派的许多新观念。刘海龙近几年陆续发表几篇文章，对我国传播学本土化研究的现状与可行性进行了多重反思，他在文章中将我国传播学本土化研究背后的两对张力概括为：普遍与特殊的张力，应用与理论的张力，通过种种分析，为本土化研究勾勒出了四条行动路径，最后提出我国的传播学本土化研究不应该追求单一标准，而应该提倡多个标准的竞争与对话，强调多个方面的矛盾与张力可以促进我国本土化研究的活力与进步。[⑤] 他还进一步指明我们应该超越所谓的"中心—边缘"，"中国—西方"二元对立模式，强调在多元竞合中促

---

① 王怡红：《对话：走出传播研究本土化的空谷》，《现代传播（北京广播学院学报）》，1995 年第 6 期，第 10—13 页。

② 李彬：《反思：传播研究本土化的困惑》，《现代传播（北京广播学院学报）》，1995 年第 6 期，第 7—9 页。

③ 李彬：《重思中国传播学》，《当代传播》，2015 年第 4 期，第 4—9 页。

④ 胡翼青，张婧妍：《中国传播学 40 年：基于学科化进程的反思》，《国际新闻界》，2018 年第 1 期，第 72—89 页。

⑤ 刘海龙：《传播研究本土化的两个维度》，《现代传播（中国传媒大学学报）》，2011 年第 9 期，第 43—48 页。

进本土化研究发展。[①] 胡翼青则是在2011年的文章中，明确指明现今阻碍我国传播学本土化研究的一大因素是固有的“西方理论，中国经验”式二元对立框架，并且从认识论、方法论层面对这一框架进行了深层分析，提出这一框架不但存在着自身无法克服的认识论悖论，而且对西方理论与中国经验的认识都是非学术化，教条主义的，容易使得本土化研究走向各种误区。最后强调传播学本土化研究应该是一种多元的学术自觉，应该是我们中国学者在与西方对话过程中需要时刻把握的一种自觉批判意识。[②] 黄旦2010年主持编纂了《理论与经验：中国传播研究的问题及路径》，其中收录了众多学术大家对传播学的集中反思与讨论，黄旦本人也在书中发表了文章，对我国传播学本土化研究进行了多个层面的深刻思考，第一，本土化的前提是什么；第二，何为本土；第三，本土化要达到什么目的。[③] 黄旦还对中国的存在要求传播学本土化这一倾向进行了驳斥，提出我们必须从动态的视野，复合多元的视角来全面看待中国文化与本土化研究。另一方面，他引用吉尔兹的“地方性知识”概念，提出可以此作为化解“普遍与特殊”二元对立的突破口。[④]

综合来看，近几十年来，我国的传播学研究不断发展，伴随着传播学学科地位的官方确立，传播学研究人才与学术队伍不断壮大，研究平台也不断升级，学术成果不断增长，[⑤] 研究领域也是全面开花，几代传播学者一代一代，年复一年地坚持着对西方传播学的系统引进整理与分析，有利于促进我国传播学对西方学派的全面吸收与系统反思。与此同时，传播学者的队伍日益专业化、专门化，传播学界对传播学本土化的见解与思考不断深化，诸多学术大家从不同层面对其提出多重反思与全面思考，有利于促进传播学本土化研究的多维度反思与发展。

---

① 刘海龙：《超越二元对立：多元竞合的中国传播研究》，《青年记者》，2014年第16期，第11—12页。

② 胡翼青：《传播研究本土化路径的迷失——对“西方理论，中国经验”二元框架的历史反思》，《现代传播（中国传媒大学学报）》，2011年第4期，第34—39页。

③ 黄旦：《问题的中国与中国的问题——对于中国大陆传播研究本土化讨论的思考》，见黄旦，沈国麟：《理论与经验——中国传播研究的问题及路径》．上海：复旦大学出版社，2013年版，第36页。

④ 黄旦：《问题的中国与中国的问题——对于中国大陆传播研究本土化讨论的思考》，见黄旦，沈国麟：《理论与经验——中国传播研究的问题及路径》．上海：复旦大学出版社，2013年版，第50页。

⑤ 胡翼青，张婧妍：《中国传播学40年：基于学科化进程的反思》，《国际新闻界》，2018年第1期，第72—89页。

2.3 对"传播学本土化"基本问题的认知争议较大，尚需厘清

纵观"传播学本土化"研究这几十年的发展，从 1977 年的首次提出，到现今百家争鸣的多元态势，这一论题一直都伴随着诸多论争，其中涉及最多的其实还是几个关于概念、原因、必要性及实现路径的基本问题。因为"传播学本土化"这一论题在刚提出时，本身的时代背景还处于对西方传播学的引进、介绍阶段，学界对传播学的总体态度呈现为兴奋崇拜、乍惊乍喜，另一方面，围绕这一论题带有一定的意识形态色彩。因此早期的传播学本土化不是完全学术性的论争，而是带有一定的政治动机，相关定义也并不十分明朗。这一根源上的问题也成为后来许多相关研究的论争焦点。

2.3.1 围绕本土化的概念、前提、必要性等基本范畴争论甚多

在此问题上集中表现为黄旦、翟学伟、陈月明、汪琪、刘海龙、祝建华等的论争。

"传播学本土化"研究的基本问题包括概念、必要性、原因、实现路径等，有些学者强调如何实现本土化是较为关键的论题，但是也有诸多学者更为注重其基本概念的厘清，实现前提与必要性。

以黄旦为例，他在《理论与经验》中将传播学本土化研究的发展脉络与现状进行了总结分析，针对之前诸多学者提出的质疑与争论，对关于传播学本土化的三个基本问题提出了反思，第一、本土化的前提是什么？是中国的存在要求本土化吗？第二、何为本土？[①]黄旦还进一步引用华勒斯坦的提问方式，从中国文化的特定历史语境，中国文化的多元复杂性，中国文化的动态发展性出发，提出本土化是否真的存在这一基本命题。[②]第三、本土化要达到什么目的？黄旦通过种种分析，对本土化意在求异的基本目的、陈韬文的三步走策略、普遍与特殊等路径提出了反思与质疑。

翟学伟则是从字眼方面，对"本土化"这一概念进行了质疑与反思，提倡将其改称为"本土研究"，他提出要本土但是不要"化"，倡导用一种既不

---

① 黄旦：《问题的中国与中国的问题——对于中国大陆传播研究本土化讨论的思考》，见黄旦，沈国麟：《理论与经验——中国传播研究的问题及路径》. 上海：复旦大学出版社，2013 年版。

② 黄旦：《问题的中国与中国的问题——对于中国大陆传播研究本土化讨论的思考》，见黄旦，沈国麟：《理论与经验——中国传播研究的问题及路径》. 上海：复旦大学出版社，2013 年版。

套也不化的方法，强调学科性的自生研究。[①] 陈月明通过对之前传播学本土化的争论焦点的总结分析，提出其根源在于：我国传播学界一直未能给“本土化”做出一个明晰的定义与概念，对其缺少深层次的对话与思考；[②] 汪琪也在 2014 著作的书中，希望能够对第一代学者的本土化论述进行重新检讨，指出现今本土化研究的发展现状遇到了瓶颈，其中最令人焦虑的是：“本土化”概念的含糊不清，其中掺杂了很多像中国化、在地化这样似是而非的说法，如若不对其基本概念进行厘清，这个“化”有演化成狭隘的本土主义的危险。另一方面，本土研究发展的两极化倾向，也反映了学界对传播学本土化基本目的、实现路径的困惑。[③] 刘海龙则是从受众角度对传播研究本土化的提出及其话语本身进行反思，提出我国的传播研究从一开始就超出了学院派规划，形成了服务现实的本土化特征，导致理论建构方面较为空白。[④] 但是这种以应用对策研究为特征的本土化是我们真正的研究目标吗？我们除了关注怎样进行本土化之外，更应该先搞清楚：什么是中国问题？我们为什么要进行本土化？胡翼青也是更加强调本土化的概念问题，他通过对传播学本土化的诸多争论与反思，对孙旭培先前提出的相关概念与以古为主的研究路径表示质疑，提出若想做好本土化研究，首先需要厘清的就是“传播学本土化”的概念。[⑤]

而在“本土化”的概念方面，研究方法能否本土化、理论建构能否本土化这两个维度更是成了诸多学者的论争焦点。祝建华、徐耀奎等人认为方法本身即是具有普适性的，不能也没有必要对其进行本土化。[⑥] 但是汪琪、陈世敏则通过论争分析得出，西方所谓的科学方法并非价值中立的普遍原理，强调本土化研究还是需要研究方法与理论的本土化的。[⑦] 刘海龙则从对方法、方法论的定义区分切入，提出研究理论、方法的本土化问题涉及多个维度的张

---

① 翟学伟：《人情、面子与权力的再生产》. 北京：复北京大学出版社，2005 年版，第 30—34 页。

② 陈月明：《传播学研究本土化再认识》，《东南传播》，2009 年第 9 期，第 1—4 页。

③ 汪琪：《本土研究的危机与生机》. 上海：华东师范大学出版社，2016 年版，第 3—4 页。

④ 刘海龙：《重返灰色地带——传播研究史的书写与记忆》. 北京：北京大学出版社，2016 年版，第 184 页。

⑤ 胡翼青：《传播学：学科危机与范式革命》. 北京：首都师范大学出版社，2004 年，第 305 页。

⑥ 祝建华：《传播学研究的本土化与国际化》，见李彬，杨芳，尹丽娟：《清华新闻传播学前沿讲座录》. 北京，清华大学出版社，2001 年版，第 212—230 页。

⑦ 陈世敏：《华夏传播学方法论初探》，《新闻学研究》，2002 年总第 71 期，第 1—16 页。

力与矛盾，需要传播学界的持续论争与不断探索。①

综合来看，诸多学者对本土化的论争所在，关键在于他们对本土化的理解不同，为什么会形成不同的相关理解与看法，一方面与各位学者的语境，看问题的不同视角与切入点有关，另一方面也与本土化基本概念不明等问题有关。很多学者对本土化有着诸多疑虑与不明之处，围绕传播学本土化的概念、实现前提、原因、必要性等基本问题，诸多学者论争甚多，在这样的研究现状下，诸多学术大家更是尤为强调基本概念的厘清，以防止各种错误倾向与狭隘的误区。

2.3.2 诸多学者对“传播学本土化”的路径进行多元反思

在此问题上集中表现为李彬、王怡红、孙旭培、张国良、陈韬文、胡翼青、黄旦等的论争。

在关于“传播学本土化”的基本问题方面，不同学者的侧重点有些许差别，有强调传播学本土化基本概念厘清的，有深入探索本土化研究的前提与必要性的，也有些学者认为怎样进行“传播学本土化”这一问题，最为关键。随着研究的深化与发展，传播学本土化已经成为一个学术界不得不提的关键词，诸多反思集中于怎样进行传播学本土化方面，众多学者对本土化的路径如何可能产生了多元思考与论争。

在传播学本土化发展的早期，许多传播学者遵循余也鲁“对中国传统文化中有关传的知识进行探索”的方针，致力于从我国传统社会与文化中挖掘传播知识，进行传播学本土化研究的尝试，其中以孙旭培等学者为主要代表，但是这种路径受到了一些学者的质疑。1995 年《现代传播》就曾接连刊载了李彬与王怡红关于传播学本土化的两篇文章，李彬当时就强调本土化的路径问题，一方面，他从“文明的冲突”这一理论切入，提出本土化的背后包含着一种盲目、肤浅的民族主义，对其真正的定义与动机表示质疑。另一方面，他对后殖民主义时代带来的学术自觉与学术盲从的区别进行了分析，从东方话语与西方霸权的角度出发，提出传播学本土化在中国到底如何实现的路径问题，与其发展空间问题，认为传播学本土化的固有研究思路像是让西方人硬生生地穿上中国的旗袍，不但没有促进真正的学术自觉，反而有种不伦不

① 刘海龙：《传播研究本土化的两个维度》，《现代传播（中国传媒大学学报）》，2011 年第 9 期，第 43—48 页。

类之感。[1] 而王怡红则是将传播学本土化口号提出后，相关研究十几年来的发展情况总结为“空谷”，明确指出怎样进行传播学本土化，传播学本土化的路径如何可能，是这一研究面临的巨大瓶颈。[2]

而后来孙旭培也在《华夏传播论》的序言中对李彬的观点进行了回应，提出这些文章对“传播学研究本土化”有一些误解，或者是来自于片面的、形而上学的理解，他还进一步强调了越是民族的，越是世界的，即使有西方人穿旗袍，也和中国人穿西装一样，没有什么大惊小怪的。[3] 后来李彬提到当年与孙旭培先生的论争是一场误会，但是胡翼青则认为李彬的这种观点恰恰戳中了传播学本土化研究的最大软肋，进一步提出这种“西方理论，中国经验”的二元框架有着致命的认识论缺陷。[4] 黄旦也进一步强调这种认识论框架可能会导致我们最初的学术自觉转化为学术盲从。[5] 针对王怡红提出的对西方理论进行全面学习与了解，增强对话这一点，孙旭培提出“一部分人可以继续从事引进、介绍西方的工作，另外一部分人可以继续从事本土化研究，因为原原本本地了解谈何容易，我们只能边学习 、吸收人家的，边总结、创造自己的”，[6] 关于这一回应，胡翼青认为孙旭培的回应并未真正切入重点，他强调我们学习西方的关键并不在于读了多少书，而在于解读西方理论的方式、方法。[7]

在余也鲁与孙旭培倡导的“回到过去”的研究路径取向之后，张国良又提出了“拿来主义”的研究路径，但是胡翼青认为他的这种取向在根本上依然遵循着“西方理论，中国经验”的认识论，难以取得有效成果。[8] 香港学者

---

① 李彬：《反思：传播研究本土化的困惑》，《现代传播（北京广播学院学报）》，1995 年第 6 期，第 7—9 页。

② 王怡红：《对话：走出传播研究本土化的空谷》，《现代传播（北京广播学院学报）》，1995 年第 6 期，第 10—13 页。

③ 孙旭培：《华夏传播论》. 北京：人民出版社，1997 年版，序言第 3—4 页。

④ 胡翼青：《传播研究本土化路径的迷失——对“西方理论，中国经验”二元框架的历史反思》，《现代传播（中国传媒大学学报）》，2011 年第 4 期，第 34—39 页。

⑤ 黄旦：《问题的中国与中国的问题——对于中国大陆传播研究本土化讨论的思考》，见黄旦，沈国麟：《理论与经验——中国传播研究的问题及路径》. 上海：复旦大学出版社，2013 年版，第 46 页。

⑥ 孙旭培：《华夏传播论》. 北京：人民出版社，1997 年版，序言第 5 页。

⑦ 胡翼青：《传播研究本土化路径的迷失——对“西方理论，中国经验”二元框架的历史反思》，《现代传播（中国传媒大学学报）》，2011 年第 4 期，第 34—39 页。

⑧ 胡翼青：《传播研究本土化路径的迷失——对“西方理论，中国经验”二元框架的历史反思》，《现代传播（中国传媒大学学报）》，2011 年第 4 期，第 34—39 页。

陈韬文针对传播学本土化研究，提出了从移植、修订到原创理论的三个层次设想，胡翼青、黄旦对此表示了一定质疑，认为一方面，这个路径设想没有脱离中西二元对立的认识论，另一方面，这三个层面更像是目前本土化研究的发展现状描述，而不是可行性的操作路径。[①]

通过文献综述中诸多学者对传播学本土化的困惑和争论，我们发现，目前最需要的还是对其基本的概念进行厘清。其实不管是传播学本土化的实现路径问题，概念问题，还是其必要性与实现前提，这几个范畴本来就是息息相关，互相影响的。根据各大学者的论争焦点，接下来我们会将传播学本土化的核心问题分为这四个范畴，什么是传播学本土化，要不要进行传播学本土化，为什么进行传播学本土化，怎样进行传播学本土化，对其进行分别详细阐释。

2.4 论争中逐步形成共识，问题集中在普遍—特殊，西方—中国的矛盾与张力

在此问题上集中表现为李彬、胡翼青、刘海龙、翟学伟、汪琪等的共识与对话。

上文我们已经提到，传播学本土化这一议题从一开始就伴随着诸多论争与思考，早在这一论题发展的早期，20 世纪 90 年代就有诸多传播学大家对其提出反思，如李彬、王怡红等。但是早期的相关研究层次还比较浅，整体问题还没有得到学术界的广泛注意，相关的反思与对话探索还较少。但是随着传播学本土化的开展，相关研究也不断深化，更多学者参与到这一热烈的学术论争中，在对“传播学本土化”的基本概念、必要性进行论争、厘清与确定之后，接下来面临的就是传播学本土化如何可能，怎样进行传播学本土化的问题了。刘海龙在近几年的文章中，一再强调本土化实现路径的问题，他通过对传播学本土化研究话语的反思，传播研究本土化两个维度、两个方面张力的详细阐释，提出传播研究本土化话语中是存在合理因素的，即使我们可以用修辞否定它，但仍然无法回避行动路径的选择。在确定了传播学本土化的必要性与合理性之后，更加凸显的是“接下来怎么办，如何进行传播

① 黄旦：《问题的中国与中国的问题——对于中国大陆传播研究本土化讨论的思考》，见黄旦，沈国麟：《理论与经验——中国传播研究的问题及路径》. 上海：复旦大学出版社，2013 年版，第 49 页。

学本土化”的问题。[①]

而在近些年相关研究的发展中，这一问题却是更为凸显，针对原先研究成果存在的某些问题，越来越多的学者开始对这一论题进行多维度的重新思考与详细探索，而后众多学者针对此达成一定共识：认为传播学本土化的路径选择与我国传播学界长期固有的两个认识论框架紧密相关：即普遍与特殊，西方与中国。其实这一认识论框架不只关系到本土化的路径选择问题，在要不要进行传播学本土化研究，为什么进行传播学本土化研究等方面，这个认识论层面的基本问题与矛盾也始终伴随。

在李彬、王怡红早期对传播学本土化的反思中，李彬即提出了对“西方理论，中国经验”模式的质疑，他提出强调中国特色的本土化研究，却刚好显示了西方话语的支配性，因为这种对中国特色的强调，其实暗示了我们潜意识中对西方理论普遍性的默认，担心本土化研究的方向一旦偏轨，则会转向为学术盲从。[②]另一方面，他从理论的内容与语境的互动关系出发，提出西方理论并不是脱离历史语境，放之四海而皆准的普遍定理，过度注重“西方理论，中国经验”的模式，其起点本身就是错的，反而使得研究结果脱离我国传播本土化研究的语境。[③]王怡红则是对东方与西方、本土与世界两个方面的张力都进行了强调，他从十几年来本土化研究成果不足的现状出发，探索本土化研究的可行路径，最终提出将对话作为关键词，倡导东方与西方，本土与世界在不同层面上的平等对话。[④]

翟学伟也明确提出：反对西方与中国二分式的思维模式，他倡导本土研究既不化也不套，学科性的自生性的本土研究既不是依附于西方体系的，也不是回到中国传统的学术思维，而是倡导两者之间的有效互动，重新进行思考、研究；[⑤]汪琪也在2014年新著述的书中，提出必须摆脱“普世与特殊”，“本土与外来”的二分式思维模式，在此她不是用“中国与西方”这个表述方

---

① 刘海龙：《传播研究本土化的两个维度》，《现代传播（中国传媒大学学报）》，2011年第9期，第43—48页。

② 李彬：《反思：传播研究本土化的困惑》，《现代传播（北京广播学院学报）》，1995年第6期，第7—9页。

③ 李彬：《反思：传播研究本土化的困惑》，《现代传播（北京广播学院学报）》，1995年第6期，第7—9页。

④ 王怡红：《对话：走出传播研究本土化的空谷》，《现代传播（北京广播学院学报）》，1995年第6期，第10—13页。

⑤ 翟学伟：《人情、面子与权力的再生产》.北京：北京大学出版社，2005年版，第40—42页。

式，而是将其称为“本土与外来”，使得这个模式在内涵与外延上都扩大了。[①]胡翼青更是在 2011 年专门写了文章对“西方理论，中国经验”模式进行反思，提出这一认识论框架一方面存在着自身无法克服的认识论悖论，另一方面它对西方与中国的理解都过于教条主义，非但不能促进传播学本土化的发展，反而使得其发展方向越发迷失。[②]刘海龙则是更为强调普遍与特殊的关系处理，他将我国传播本土化话语背后的张力概括为两个方面：应用与理论，特殊性与普遍性。他认为如果强调特殊性，可能会失去研究的普遍价值。若是追求普世性，又不知抽象到哪个层次更为合适？最终提出普遍性与特殊性之间的张力始终存在。[③]因此如何恰当地处理普遍性与特殊性的关系，也是传播学本土化路径的重要论争之一。

经过以上的总结分析，我们大概可以总结出：广大传播学者对于传播学本土化路径的反思与质疑，最终大部分归结为这两个方面的矛盾与张力：普遍与特殊，西方与中国。因此我们在下文中将针对这两个方面，分别进行详细阐述。因为普遍与特殊的张力在现今的传播学本土化研究中集中表现为全球与地方的关系处理，所以我们将在下文中将其具体表述为：全球与地方的张力。

2.5 华夏传播研究是集中体现“传播学本土化”的重要成果之一

1977 年，威尔伯·施拉姆首次提出要发掘中国文化中的传播学遗产，随后，施拉姆的弟子——香港中文大学传播研究中心的创立人余也鲁在中国首先提出“传播学中国化”这一论题，[④]随后传播学本土化相关研究开始逐渐发酵。此时的相关研究主要集中于港台地区，以施拉姆“发掘中国文化中的传播学遗产”为基本方针，倡导对中国传统文化中传播学相关知识的整理，希望通过这种途径促进我国传播学本土化的发展。

在施拉姆、余也鲁这种研究方针的指导下，华夏传播研究在这一时期发

① 汪琪：《本土研究的危机与生机》. 上海：华东师范大学出版社，2016 年版，第 3—4 页。

② 胡翼青：《传播研究本土化路径的迷失——对“西方理论，中国经验”二元框架的历史反思》，《现代传播》，2011 年第 4 期，第 34—39 页。

③ 刘海龙：《重返灰色地带——传播研究史的书写与记忆》. 北京：北京大学出版社，2016 年版，第 202 页。

④ 黄旦：《问题的中国与中国的问题——对于中国大陆传播研究本土化讨论的思考》，见黄旦，沈国麟：《理论与经验——中国传播研究的问题及路径》. 上海：复旦大学出版社，2013 年版，第 36—37 页。

展得如火如荼，厦门大学的黄星民教授在《华夏传播研究刍议》一文中，将“华夏传播研究”界定为：对中国传统社会中的传播活动和传播观念的发掘、整理、研究和扬弃。[①] 从这一定义中我们可以看出，华夏传播研究是积极响应、遵从施拉姆、余也鲁的研究方针的，以对中国传统社会中相关传播知识的研究为基础，站在古今文化传统赓续的立场上，对中华优秀文化进行传播学意义上的发掘、整理、研究和扬弃，以期形成一套具有中国特色的华夏传播学话语体系，试图促进我国传播学的本土化。[②]

在这一研究体系的指导下，华夏传播研究有了明确的目标指向，在地域与研究主题上也不断扩展，首先是港台地区研究的逐步兴起，以余也鲁、徐佳士、朱力等为主要代表人物，随后大陆的相关研究也不断发展，1985 年于上海举办的第一届传播学国际学术研讨会，有两篇华夏传播研究论文，1988 年吴予敏所著《无形的网络》出版，1993 年厦门大学召开首届海峡两岸“中国传统文化中传的探索”座谈会，会议之后 1994 年出版了一本论文集，《从零开始——中国传统文化中传的探索》，[③] 孙旭培先生主编的首部概论性著作——《华夏传播论》一书也于 1997 年正式面世，2002 年，厦门大学进而推出《华夏传播研究丛书》首批成果。丛书沿用了“华夏传播”一词，使该词进一步盛行。[④] 此后，邵培仁、姚锦云、黄星民、谢清果等学者都在华夏传播研究方面著述了众多文章。2012 中国社会科学院推出的《文明传播的哲学视野》一书，也是 21 世纪华夏传播研究概论性研究中具有纲领性的研究成果。

2.5.1 系统梳理类的华夏传播研究佳作频出

在华夏传播研究方面，首先需要重点提及的就是关于华夏传播思想的系统概述、整体梳理的著作，诸多学术大家从整体维度对其进行了相关探索。比如吴予敏 1988 年论著的《无形的网络》，即属于早期华夏传播研究中的代表作之一。在该书中，他将传播媒介、传播方式、政治传播作为切入点，对我国古代社会的传统文化心理、文化传统进行了深入探讨；进而将古代四大文化派系——儒、道、法、墨四家的传播思想进行了梳理总结；最后对中国

① 黄星民：《华夏传播研究刍议》，《新闻与传播研究》，2002 年第 4 期，第 80—86、96 页。
② 黄星民：《华夏传播研究刍议》，《新闻与传播研究》，2002 年第 4 期，第 80—86、96 页。
③ 黄星民：《华夏传播研究刍议》，《新闻与传播研究》，2002 年第 4 期，第 80—86、96 页。
④ 黄星民：《华夏传播研究刍议》，《新闻与传播研究》，2002 年第 4 期，第 80—86、96 页。

社会的传播结构与文化模式的互动进行了新的总结与分析，并且建构了独具中国文化特色的同心圆式的“生活—传播结构”，枝杆型的“社会—传播结构”、偏心圆型的“历史—传播结构”，[①] 吴予敏以中国传统文化为基础，又结合西方科学严谨的研究方法，做出了建立具有中国文化特色的传播模式的尝试。而陈国明 2004 年著述的《中华传播理论与原则》，则是从中国具体的文化特色出发，探讨建立华夏传播理论的可能性与具体可行性。在书中，陈国明首先对华人传播研究的过去、现状、与未来进行了总结与展望，探究以文化特殊性建立传播理论的可行性；然后对中华文化的不同面向进行探讨，分别分析其对传播的不同层面所可能产生的影响；最后从行为层次，对属于中国人的一些重要的文化概念进行详细分析，如：面子、气、报、风水等与传播的关系。总的来说，该书从中华文化的角度出发，对中华式的传播形态与传播行为进行了全面深入的探讨，并以此与其他文化的传播形态加以区别，描绘出了一个具有中华文化特色的传播理论与原则。[②]

而金冠军、戴元光 2005 年出版的《中国传播思想史》，则是从纵向的时间维度出发，驻足于中国文化的现代语境，将中国的传播思想史分为古代、近代、现当代等四卷，全方位地对中国几千年的传播思想与理念进行了一次系统而完整的梳理与总结。该书一方面从多学科的视野出发，站在中国文化与现代传播理论的交叉点上，对古代的传播理论进行全面的筛选与深刻的解析，另一方面它还以大众传播为入口，对几千年来的传播思想进行梳理，重构了现代传播观念；[③]2014 年，隋岩出版了《符号中国》一书，这本书独创一格，从符号角度对我国不同文化符号的传播效果进行探索与分析，该书首先从理论层面对符号的相关基本定义、意义指代关系、传播机制进行了详细阐释，然后从实践层面对中国不同历史语境中象征性符号的变化进行系统梳理与分析，希望能够通过这种种分析，探索出如何提炼、打造代表中国的强符号，并且进一步以这种强符号来传播中国的具体途径。[④] 传播机制是受多个维度影响的不断发展的过程，从符号角度切入不失为一个具有传播学意义，并且较为具体，更具可操作性的路径。

---

① 吴予敏：《无形的网络》. 北京：国际文化出版公司，1988 年版，第 367—368 页。

② 陈国明：《中华传播理论与原则》. 台北：五南出版社，2004 年版，第 5 页。

③ 金冠军，戴元光：《中国传播思想史》. 上海：上海交通大学出版社，2005 年版，第 6—7 页。

④ 隋岩：《符号中国》. 北京：中国人民大学出版社，2014 年版。

除了专著书籍外，还有许多关于华夏传播观念进行系统梳理的相关论文研究，如谢清果，祁菲菲在《华夏传播理论的内涵、特征及其未来展望》一文中，从儒道佛三大学派的思想与传统文化中的成语入手，从内向传播、人际传播、组织传播三个维度出发，对华夏传播理论的主要内涵与特征进行整体分析，提出华夏传播理论是一个包含甚广，以仁与和谐贯穿始终的天地情怀为核心理念，在矛盾中互相交融的复杂理论体系，最后基于历史与现实考量，为其未来发展提供具体建议与对策。[①]

众多学术大家从横向、纵向角度对中国传统社会的传播理论进行整体梳理，对我国社会的文化模式、传播结构、核心传播范畴进行系统阐述与详细分析，在多个方面为传播学本土化的研究提供相关借鉴。系统梳理类的华夏传播研究论著虽然较多，但是在作用路径方面，哪些具体的研究更加有利于为传播学本土化提供相关参考呢?

2.5.2 纵向维度方面，相关研究以古为主，时间上集中于先秦和汉代

经过对华夏传播相关文献的整体梳理总结，不难发现在纵向维度方面，对华夏传播理论的研究多以古为主，在具体时间段上更是集中于先秦与汉代，尤其是先秦作为众多学派兴起的源头时期，成为华夏传播研究的热点时代。

这一研究倾向与早期余也鲁倡导的“对中国传统文化中的传播知识进行探索”的呼吁密切相关。上文中提到的诸多系统整理类著作中，也有很多是以古代社会为出发点的，在此思潮的引领下，诸多传播史研究应运而生，如《唐代文明与新闻传播》《宋代新闻史》《明代新闻传播史》《元代传播考》等。以《唐代文明与新闻传播》为例，这是现今以来第一部论述唐代新闻传播的学术专著。该书以极具生机的繁华年代——唐朝为具体范例，从唐朝的传播机构、传播方式、传播思想等维度入手，以士人传播为主要研究对象，对唐代及隋朝、五代的新闻传播活动及其社会文化背景进行了系统论述，对唐代的新闻传播进行了详细深入的阐发和探讨，填补了中国古代新闻传播史研究中的空白，而且不乏创见。[②]

另一方面，在具体时间段方面，先秦、汉代作为众多学派的兴起、发展时期，成为诸多相关研究的热点。如张翅、闻娱的《春秋战国传播活动初探》

① 谢清果，祁菲菲:《华夏传播理论的内涵、特征及其未来展望》，《今传媒》，2017 年第 1 期（总第 25 期），第 4—12 页。

② 李彬:《唐代文明与新闻传播》. 北京：人民大学出版社，2014 年版。

等文章，[①] 即是以春秋战国时期的诸多传播活动作为主要研究对象，对华夏传播进行解读与剖析；于倩在《传播学中国化研究的新探索——从先秦诸子看中国古代的传播思想》一文中，从先秦诸子思想切入，对我国古代的传播思想进行发掘与新的传播学阐释，从而找到古今中外传播思想的契合点，为华夏传播理论建构奠定一定的基础。[②]

而在学术论著方面，以巫称喜先生的《殷商文化传播史稿》为范例。该书以殷商时期的信息采集与传播制度为例，并且提出了许多令人耳目一新的创见。作者从信息载体层面对甲骨卜辞进行了新的解读，明确指出商代占卜制度在信息采集、传递层面的重要意义，进而提出这种制度还可为治国理政提供决策依据，根据这种种传播现象，探索古代信息载体在不同维度与商代传播制度、传播模式的互动关系与其作用方式。[③]

总体上说，这些研究成果大部分以古代为主，试图从传统文化中探寻我国的传播知识与理论，这些研究当然有着自己的研究价值，但是随着研究的开展，传播学界学者针对此产生了诸多论争。这种带有“西方理论，中国经验”思维模式的研究，对中国当前传播理论的建构有多大的意义，我们很难衡量。有些学者认为以传播史为方向的研究并不能对传播学本土化研究产生多大价值，也有学者认为尽管这种框架存在问题，但是其研究空间还是很大的，如尹连根就在《审慎对〈庄子〉进行传播学层面的“本土化”——与邵培仁、姚锦云两位老师商榷》一文中明确提出，以孙旭培为代表的早期研究学者为我们做了一些有价值的积累，试图对我国传统社会的传播实践进行模式总结与意义发掘。[④] 可供借鉴的研究有很多，对传播学本土化研究价值不太明显的研究也有一些，那么我们应该从哪些方面转变我们的思维模式与认识论框架，更好地促进传播学本土化呢？

2.5.3 横向维度方面，研究领域集中于儒道佛几大学派、政治传播等

上文中，我们从纵向维度对华夏传播研究进行了简要总结，接下来我们从横向维度入手，对其研究内容进行相关探析。在华夏传播的研究领域方面，

---

① 张翅，闻娱：《春秋战国传播活动初探》，《安徽教育学院学报》，2002 年第 2 期，第 45—50、128 页。

② 于倩：《传播学中国化研究的新探索》，四川社会科学院论文，2010 年版。

③ 巫称喜：《殷商文化传播史稿》. 广州：暨南大学出版社，2015 年版。

④ 尹连根：《审慎对〈庄子〉进行传播学层面的“本土化”——与邵培仁、姚锦云两位老师商榷》，《国际新闻界》，2017 年第 5 期（总第 39 期），第 155—173 页。

首先就是以几大学派为主的相关研究，诸多学者将儒家、道家、佛家、墨家等学派的相关理论与人际传播、组织传播、内向传播结合进行分析，试图探索我国独特的传播理论。

儒家作为我国传统社会的文化根基与主流学派，对我国社会各个方面的影响不言而喻，因此与之相关的研究与文章数量也较多。在这众多研究中，儒家经典、中庸、仁、礼、和谐成为几个重要关键词，众多学者以这些关键词为中心点，对儒家的人际传播、组织传播、内向传播理论进行探讨。以“中庸”为例，“中庸”作为儒家学派的重要范畴，一个对人内传播、人际传播、组织传播皆有启发性的方法论，具有较强的现实意义与当代价值。一方面，中庸这种主张适度、中正中和、和谐的方法论对于构建和谐的人际关系、促进和谐的人内传播有重要意义，所以关于中庸与人际传播、人内传播的文献数量相对较多。另一方面，中庸蕴含的组织传播智慧日益被挖掘，关于中庸的管理学探析成了新的研究热点。其次，还有诸多学者以儒家经典为引对其传播理论进行深层解读，其中最具代表性的《论语》、三纲五常、修身治国、慎言主张也成了众多学者的研究着力点。如邵培仁、姚锦云在《传播模式论：论语的核心传播模式与儒家传播思维》一文中，将儒家文化总结为四种基本模式，包括价值传播的“内化”模式、道德传播的“情感”模式、人际传播的“外推”模式、知识传播的“情境”模式，促进中国传统传播思想的创造性转化。[①]还有谢清果教授，也在促进儒家、道家思想的本土化研究方面做出了诸多成果，他在《作为儒家内向传播观念的“慎独”》一文中，将我国的“慎独”理念与西方詹姆斯的“主我与宾我”、米德的“主我与客我”思想进行详细的比较与分析，进而将“慎独”的内向传播运作机制概括为：心物相合，提出“慎独”在过程中是十分注重主客我的互动的，通过种种分析，进一步强调“慎独”作为内向传播活动对社会功能的促进意义，具体体现为两个方面：既成人，又成己。[②]

与儒家相关的华夏传播研究成果数量较多，而道家作为我国传统社会的主要学派之一，将其作为着力点的研究也为数不少。一方面，由于道家学说本身对于语言传播功能的独特主张，所以对道家传播的许多研究集中于语言

① 邵培仁，姚锦云：《传播模式论：〈论语〉的核心传播模式与儒家传播思维》，《浙江大学学报》，2014年第4期，第56—75页。

② 谢清果：《作为儒家内向传播观念的“慎独”》，《暨南学报（哲学社会科学版）》，2016年第10期（总第38期），第54—64、131页。

传播与非语言传播领域。如余晓莉在《反传播还是愚民政策——试论道家的传播观》中，肯定了道家对非语言传播以及语言符号的暧昧性、多义性的认识，以及其对于传播技巧的贡献，提出道家思想对于人与人之间平行的传播以及内向传播是极具积极意义的。[①] 另一方面，由于道家学派在传播中十分注重自修、自我超越与升华等方法论，所以内向传播成了另外一个研究热点，如谢清果在《内向传播的视阈下老子的自我观探析》一文中，从内向传播旨趣、对自我与他人的思考、自我互动与自我内省几个主要层面切入，对老子的自我观进行了详细分析，最终提出与侧重考察自我的社会性西方内向传播理论相比，老子的内向传播智慧更倾向于消融社会性对自我超越的干扰，注重自我内心向"道"的复归，最终实现自我升华的内化过程。[②]

佛家作为一个庞大的宗教、文化教派，对中国甚至整个亚洲文化都有深厚影响，所以近几年有相当一部分文献集中于佛家特有的传播智慧与其现代价值的挖掘。如王国庆在《佛教传播系统研究》中，突出强调了佛家传播"由繁到简，追求实用"的传播理念，"处变不惊，以柔克刚"的策略在权衡社会关系方面，"应病与药，随机设教"的传播技巧在消解传播隔阂方面的作用。[③]

除了上文中以几大学派为阵地，侧重人际传播、组织传播、内向传播等领域的研究外，政治传播也成为较具华夏特色的研究热点。如贾兵的《先秦诸子政治传播观念研究》，[④] 汤景泰，刘海贵的《皇权专制与政治传播——以清朝前中期为例》等文章，[⑤] 分别以诸家学派的政治传播观与具体的政治传播范例作为切入点，对华夏传播进行探索；陈谦的《传播、政治传播与中国古代政治传播制度体系》，[⑥] 白文刚的《政治传播在中国古代政治中的地位与作用》则是以中国古代整体的政治传播作为脉络，对其进行全面的探索分析；[⑦] 值得

① 余晓莉：《反传播还是愚民政策？——试论道家的传播观》，《阜阳师范学院学报》，2004年第2期，第107—109页。

② 谢清果：《内向传播的视阈下老子的自我观探析》，《国际新闻界》，2011年第6期（总第33期），第58—63、89页。

③ 王国庆：《佛教传播系统研究》，吉林大学，2015年论文。

④ 贾兵：《先秦诸子政治传播观念研究》，上海大学，2011年论文。

⑤ 汤景泰，刘海贵：《皇权专制与政治传播——以清朝前中期为例》，《国际新闻界年第3期（总第34期），第97—102页。

⑥ 陈谦：《传播、政治传播与中国古代政治传播制度体系》，《广西社会科学》，2006年第1期，第115—118页。

⑦ 白文刚：《政治传播在中国古代政治中的地位与作用》，《哈尔滨工业大学学报》，2013年第2期（总第15期），第28—32页。

一提的是潘祥辉先生，他从官僚科层制与政治传播的关系入手，对我国的政治传播进行了卓有成效的研究，在《官僚科层制与秦汉帝国的政治传播》中，潘祥辉以秦汉为例，对传播系统进行了深层次的研究，通过官僚科层制下政治信息的传播和管理，政治传播的扭曲与失真，“反信息歪曲”诸措施三个主要层面，对秦汉帝国的组织结构进行深层分析，并且试图揭示官僚科层制与政治传播之间的内在关联。[①]

儒道佛三大学派是我国传统社会与文化的重要组成部分，在传播学本土化的相关研究中，这三大学派可以为我们提供许多资源与启发。除了西方理论经常涉及的人际传播、组织传播、内向传播之外，受我国繁盛的封建社会制度的影响，政治传播、军事传播不失为较具中国特色的研究领域。

2.5.4 注重挖掘中国独特的传播文化，如礼乐文化、周易文化、器物文化等

在华夏传播的研究中，我们不难发现，有许多文献是以中国特有的某种媒介或符号为例进行研究分析的，这种以中国的独特符号为切入点的相关探索，更加能突出中国文化的独特特色，进而以此为基础进行建构中国本土传播理论的尝试。这其中较具代表性的有礼乐文化、周易文化、茶文化、器物文化、汉字文化、五行文化等等。

如黄星民在《礼乐传播初探》中，即是以礼乐文化为切入点，从传播者、传播内容、传播渠道、传播接受者、传播效果五个环节出发，对礼乐传播的全过程进行了探索，强调其“乐合同，礼辨异”的纲领与风草式的传播效果论，指出礼乐传播深刻表现了儒家文化中的传播智慧与传播道德，对我国独特的传播理论构建进行探索；[②] 除了礼乐文化，还有许多文献是以周易为切入点，试图发展出周易独有的传播文化。如陈国明的《易经八卦的人际关系发展模式》，[③] 玛丽·冯的《通过〈易经〉的精神智慧发展自我和促进沟通》，[④] 田

① 潘祥辉：《官僚科层制与秦汉帝国的政治传播》，《社会科学论坛》，2010 年第 21 期，第 148—157 页。

② 黄星民：《礼乐传播初探》，《新闻与传播研究》，2000 年第 1 期，第 27—35、95 页。

③ 陈国明：《易经八卦的人际关系发展模式》，见陈国明：《中华传播理论与原则》．台北：台北五南图书出版股份有限公司，2004 年版。

④ 玛丽·冯：《通过〈易经〉的精神智慧发展自我和促进沟通》，黄清译，《中国传媒海外报告》，2010 年第 3 期。

宇的《〈周易〉的传播心理效应解析》，[①] 这诸多文献都是着力于挖掘中国独特的周易文化，从人际传播、传播心理、传播模式等层面对其进行不同层面的解析。

器物文化也是极具中国特色的另一个研究方向，如潘祥辉在《传播史上的青铜时代：殷周青铜器的文化与政治传播功能考》一文中，别出心裁地将青铜器与中国的政治、文化传播联系起来，明确指出青铜器在文化方面，促进了我国礼乐文化、汉字文化、历史记忆的形成，在政治方面，促进政治权力的合法化，政治沟通与政治宣传、教化。最后提出青铜器深刻地影响了我国的政治运作和文化传承，并且标志着一个新的媒介域的形成。[②]

从中国文化切入，挖掘中国独特的传播媒介与符号，不失为传播学本土化一个可行的突破口。

2.5.5 随着相关研究的深化发展，开始建构本土传播理论的尝试

随着华夏传播研究的不断深化与发展，相关研究一方面越来越注重其当代价值的挖掘，强调华夏传播思想要与社会现实结合，为其提供对策与建议，这在传播学本土化方面即是表现为研究对象的本土化；另一方面，值得注意的是，华夏传播逐渐开始了建构本土传播理论的尝试。

如谢清果、陈昱成在《“风草论”：建构中国本土化传播理论的尝试》中，结合华夏文明与古老中国的社会特征，从政治传播、社会文化、传播机制等角度，强调其传播过程的风化功能、教化传播，渐变式的传播效果，以及受众深刻被中国政治、社会文化影响而产生的隐性主体性，对“风吹草偃”这一中国特色观念的传播理论意蕴进行了重新阐释，并且进行了理论建构的尝试；[③] 邵培仁，姚锦云在《寻根主义：华人本土传播理论的建构》中，对深刻影响我国传播的文化因素进行了分层次解析：首先是传播思想，即阴阳和合、天人合一的传播哲学；其次是传播原则，作者以情理交融为关键词，提出要恰当处理“仁－礼”“言－行”“名－实”的关系；最后在传播观念方面，强调物我融通的传播意识。最后他对理论建构的诸多学派进行了总结分析，提

① 田宇：《〈周易〉的传播心理效应解析》，《今传媒》，2011 年第 5 期（总第 19 期），第 139—140 页。

② 潘祥辉：《传播史上的青铜时代：殷周青铜器的文化与政治传播功能考》，《新闻与传播研究》，2015 年第 2 期（总第 22 期），第 53—70、127 页。

③ 谢清果，陈昱成：《“风草论”：建构中国本土化传播理论的尝试》，《现代传播》，2015 年第 9 期，第 59—64 页。

出我们可以在华夏传播多维、和合的视野中进行理论建构的尝试。①

针对我国华夏传播思想如何架构理论的具体路径，邵培仁，姚锦云在《从思想到理论：论本土传播理论建构的可能性路径》一文中，从社会科学理论“双重解释”的视角出发，提出从“思想”到“理论”的间接转化是可行之法，并且以儒家道德传递观为例，提出可以以此为理论建构的共有知识与资源，对我国传统思想、经验转化为理论的可能性进行了详细分析。②而谢清果则在《华夏传播学引论》一书中，对华夏传播理论的建构做出了具体尝试，他从内向传播、人际传播、组织传播、大众传播、跨文化传播、说服传播、舆论传播、公共传播、媒介批评、文艺传播、宗教传播这些领域分别切入，从整体维度对我国传统社会的传播理论进行深刻探索与分析，提炼出了我国社会文化中的许多关键词与核心理念，可以为我们之后的本土化传播理论建构提供一定参考。③

华夏传播研究不止致力于中国传统社会相关传播思想的探索，随着相关研究的深化发展，众多学者开始了建构本土传播理论的尝试，为传播学本土化的理论构建提供一定参考。

根据以上的文献分析，我们可以得出结论：华夏传播研究无疑是传播学本土化一个重要的成果聚集地，两者之间的关系也是千丝万缕，密切相关。但是两者之间的关系到底如何，我们要如何区分和定义，华夏传播研究与传播学本土化呢？

2.6 问题的提出及研究意义

综上所述，我们得出以下结论：

其一，从宏观层面来看，经历了近四十年的发展，传播学本土化还是取得了一定成果的，不管是争论也好，反思也罢，越来越多的传播学学者参与到了这场学术盛事中，百家争鸣的状况逐步形成，但是争鸣之后也形成了诸多共识。这些共识与争论共同促进着本土化研究的前进与发展。

其二，一些关于传播学本土化的基本问题亟待厘清，如若不然，可能会

---

① 邵培仁，姚锦云：《寻根主义：华人本土传播理论的建构》，《新疆师范大学学报》，2013 年第 4 期，第 28—41 页。

② 邵培仁，姚锦云：《从思想到理论：论本土传播理论建构的可能性路径》，《浙江社会科学》，2016 年第 1 期，第 99—109、159 页。

③ 谢清果：《华夏传播学引论》. 厦门：厦门大学出版社，2017 年版，第 16—19 页。

使得诸多研究陷入不成熟的误区。

其三，华夏传播研究作为传播学本土化的重要成果聚集地之一，与传播学本土化密切相关，但是两者之间的关系一直晦暗不明，诸多学者未能对此形成清晰的认知。

其四，随着诸多学者对传播学本土化的多元反思，一个关于路径的共识逐渐形成：问题集中在“普遍与特殊”“中国与西方”这两对矛盾与张力。

因此，我们认为可以从以下几方面促进传播学本土化研究：首先，根据传播学本土化的历史语境与发展特征，将其分为几个阶段进行分别分析，从整体上对传播学本土化的发展进程进行全面解读。其次，将传播学本土化的基本问题分为几个核心范畴：什么是传播学本土化？要不要进行传播学本土化？为什么进行传播学本土化？怎样进行传播学本土化？从这四个基本范畴出发，对传播学本土化的基本概念进行厘清与详细阐释，为本土化相关研究奠定更好的基础。然后，将华夏传播研究与传播学本土化的关系进行新的整理、分析，促进相关研究沿着正确的方向发展。最后，从众多学者形成的普遍共识出发，我们从“普遍与特殊”，“中国与西方”这两对矛盾入手，对传播学本土化的路径如何可能，进行详细的探索分析，以期能对日后的传播本土化研究提供一定参考。

第三章　传播学本土化研究的三个主要阶段

传播学本土化从 20 世纪 70 年代末逐渐萌芽，至今已经经历了四十年的风风雨雨，这一论题现今已经成为我国传播学界的一大研究热点与论争焦点。那么在这四十年的发展中，传播学本土化研究经历了怎样的发展历程，又呈现了怎样的发展特征呢？刘海龙十分强调本土化与语境的相关性，更是明确提出传播研究本土化话语本身就是一个由语境制造的问题。[①] 基于不同阶段的本土化特征与当时的时代背景、社会历史条件、学术思潮都有着极强的相关性。下面笔者就针对不同的历史语境与其对应的发展特征，不同的本土化发展态势，将我国的传播学本土化分为以下几个主要阶段：偏重政治层面的萌发初期，进入文化层面的发酵、争论期，掺杂政治动机的多元反思阶段。

3.1 伴随意识形态对抗动机，偏重政治层面的萌发初期（1977—1992）

最初提出中国传播学本土化的是西方传播学泰斗——威尔伯·施拉姆。1977 年，施拉姆访问香港中文大学，提出要发掘中国文化中的传播学遗产。[②]

而在中国，首先提出“传播学研究中国化”的人，是施拉姆的弟子，香港中文大学传播研究中心的创立人余也鲁。余也鲁在 1978 年 3 月主办的第一次中国传播研讨会上做了《中国文化与传统中传的理论与实际的探索》的演讲。1978 年 6 月，台北政治大学进一步主办了第二次中国传播研讨会，来自诸多领域的学者，共同集会探讨如何发展中国传播理论。香港和台湾更是分别举办了为期一周的中国文化与传统中传的理论与实际探讨会，并找出了 12

① 刘海龙：《传播研究本土化的两个维度》，《现代传播（中国传媒大学学报）》，2011 年第 9 期，第 43—48 页。

② 黄旦：问题的中国与中国的问题——对于中国大陆传播研究本土化讨论的思考》，见黄旦，沈国麟：《理论与经验——中国传播研究的问题及路径》．上海：复旦大学出版社，2013 年版，第 36 页。

个探索的入口，中国传播学本土化就此启动。①

在传播学本土化的探索方面，港台比内地（大陆）开始得更早。1978 年传播学开始传入我国内地，内地开始了对西方传播学的翻译、介绍和普及、推广。一方面，在这起始阶段，学界的主要任务还是介绍与学习，对中国传播学理论的发展还缺少深层次的思考。另一方面，学界对传播学争议较大，围绕这一问题一直有着意识形态方面的紧张对抗。②所以在此阶段，本土化很难作为学术问题被正式提出。③

进入 20 世纪 80 年代，中国传播学研究开始走出低谷，传播学中国化的问题渐渐摆到大陆传播学者面前，其中两届全国传播学研讨会成为标志性事件。1982 年的第一次全国传播学研讨会，对西方传播学提出了“系统了解，分析研究，批判吸收，自主创造”的 16 字方针，一方面，这一提法表明我国传播学者开始注重传播学科的系统性与完整性，学术思维向前了一大步；另一方面，这一方针虽然带有一些政治色彩，但其最终归宿点是自主创造，初步预示着传播学的本土化方向，出现了探讨建立中国传播学理论体系和模式的趋势，开始思考传播学中国化的问题。1986 年的第二次传播学研讨会，进一步明确提出了建立有中国特色的传播学的目标。④在这一目标的指引下，我国传播学者从我国具体的传播实践出发，一方面积极开展各种大规模的与传播有关的调查，⑤另一方面，进一步对西方传播理论进行系统引进与整理分析，进而产生了诸多论著，如居延安 1986 年于上海人民出版社出版的《信息·沟通·传播》，邵培仁、戴元光、龚炜 1988 年于兰州大学出版社出版的《传播学原理与应用》，徐耀魁 1990 年于辽宁教育出版社出版的《大众传播学》，周晓明 1990 年于上海文艺出版社出版的《人类交流与传播》等等，一时间学术气氛较为热烈，众多学者围绕这一论题积极地开展相关研究。

---

① 黄旦：《问题的中国与中国的问题——对于中国大陆传播研究本土化讨论的思考》，见黄旦，沈国麟：《理论与经验——中国传播研究的问题及路径》．上海：复旦大学出版社，2013 年版，第 37 页。

② 廖圣清：《关于中国传播学发展问题的思考》，见中国传播学论坛：《中国传播学：反思与前瞻——首届中国传播学论坛文集》，中国传播学论坛，2002 年版。

③ 刘海龙：《重返灰色地带——传播研究史的书写与记忆》．北京：北京大学出版社，2016 年版，第 187 页。

④ 戴元光：《20 世纪中国新闻学与传播学——传播学卷》．上海：复旦大学出版社，2001 年版，第 184—204 页。

⑤ 王怡红，胡翼青：《中国传播学 30 年》．北京：中国大百科全书出版社，2010 年版，第 748 页。

这个阶段的总体时代特征是对西方传播学的引进、介绍，一方面学界对此新兴学科呈现兴奋崇拜、乍惊乍喜的态度，另一方面，围绕传播学一直伴随着强烈的政治意识形态对抗色彩，此时学界普遍认为传播学是资产阶级的学说，对其我们不应该全盘接受，十六字方针中的“批判吸收、自主创造”其实就是带有一定政治话语的，尤其是批判吸收，“批判”二字充分表现了改革开放之初，我国对西方事物既接受又排斥的复杂心态，虽然愿意接受西方某些好的事物，但是又担心他们理论中的某些东西会腐蚀我们的社会制度与心态。与该语境对应的是，此时内地传播学界初步产生了传播学本土化的意识，不过更加偏重于政治话语层面，[①] 此时提出的“自主创造”其实是没有什么学术根基与理论基础的，只是出于对西方理论的复杂心态，想在跟西方学习的过程中，努力把话语权争夺过来。在此语境下，1982 年第一次全国传播学研讨会提出的十六字方针，1986 年第二次传播学研讨会提出的“建立有中国特色的传播学”目标，并未从文化层面对传播学本土化这一问题进行深刻思考，而是偏重于政治层面，带有一定的意识形态色彩与政治动机。也正因为传播学本土化还没有成为一个正式的学术问题，所以此时围绕这一议题尚未产生明确争论。参与人群以港台学者为主，其中又以余也鲁、徐佳士、朱力等为主要代表人物，此时主要路径是对中国传统文化中的传播理论和实践进行探索分析，张国良将其称为回到过去的研究取向。[②]

3.2 伴随学术自觉，进入文化层面的发酵争论期（1993—2008）

随着我国社会形势的变化与发展，我国传播学相关研究从 1991 年起逐步走出低谷，重新趋于活跃。[③] 首先，经过了近二十年的引进介绍，学界对西方传播学理论有了大致了解，我国学者不再满足于介绍，也开始提出自己的一些观点，创新意识逐渐增强；其次，人们对传播学的态度由初期的兴奋崇拜，转变为理智平和，整个学界开始进行反思与调整，普遍意识到我们的传播学研究不能亦步亦趋地照搬照抄，而应该根据自己的实际问题进行相关调整与运用。另外从传播理论与实践的关系来看，我国的理论研究较少有深厚现实

---

① 刘海龙：《重返灰色地带——传播研究史的书写与记忆》. 北京：北京大学出版社，2016 年版，第 184 页。

② 胡翼青：《传播研究本土化路径的迷失——对“西方理论，中国经验”二元框架的历史反思》，《现代传播（中国传媒大学学报）》，2011 年第 4 期，第 34—39 页。

③ 王怡红，胡翼青：《中国传播学三十年》. 北京：大百科全书出版社，2010 年版，第 748 页。

基础的实证研究，对我国传播业的实际关照较少。[①] 因此学界的自主意识开始觉醒，也希望大家更多地关注中国的现实问题，传播学本土化这一需求变得异常迫切，这一阶段开启的契机，是 1993 年的全国第三次传播学研讨会。

1993 年 5 月，厦门大学召开“中国传统文化中传的探索”座谈会，可以看作是第三次中国传播研讨会，本次会议围绕如何建立中国特色的传播学体系进行热烈探讨，港台的本土化研究代表人物余也鲁、徐佳士都参加了此次座谈会，在他们的号召与推动下，大陆的传播学本土化思潮进一步发展。一方面，在此次会议上，有些研究课题已经明显地和中国的具体实践结合起来，在这之后，我国传播学有了更具体的研究领域细分，有利于各自研究方向与具体领域的明确化，另一方面，会议明确提出：我们应该逐步发展和确立中国式的传播理论体系，标志着我国传播学本土化研究进入新时期。会议之后出版了一本论文集，《从零开始——中国传统文化中传的探索》。[②]

值得注意的是，在此阶段，传播学本土化开始摆脱政治话语，进入文化、认识论、学术规范等层面，作为鲜明的学术问题被正式提出，[③] 但是此时的传播学本土化基本概念语义模糊，围绕着什么才是传播学本土化，要不要进行传播学本土化，传播学本土化的时机是否成熟，学界对此产生了很多关注和讨论。又因为以余也鲁为代表，所倡导的探索传统文化的研究路径，诸多学者针对这一路径的有效性又产生了一番学术争论，各方学者意见纷呈。

在此阶段，关于传播学本土化的相关探索发展得如火如荼，继上阶段对西方传播学的系统引进外，诸多学者继续对传播学进行全面引进与相关整理分析，但是此时学界初步产生了自主创新意识，除了引进介绍外，也试图提出自己的观点与分析。如李彬 1993 年于新华出版社出版的《传播学引论》更是被奉为较为系统、完整的传播学入门必读教材，值得注意的是，除了引进介绍，李彬还在本书中提出了自己的一些独创性见解，2003 年李彬又推出了重新修订的版本。其他的还有张隆栋 1993 年于中国人民大学出版社出版的《大众传播学总论》，张国良 1998 年于四川人民出版社出版的《现代大众传播学》，胡正荣 1997 年于北京广播学院出版社推出的《传播学总论》等。这些

---

① 陈月明：《传播学研究本土化再认识》，《东南传播》，2009 年第 9 期，第 1—4 页。

② 邵培仁：《传播学本土化研究的回顾与前瞻》，《杭州师范学院学报》，1999 年第 4 期，第 36—41 页。

③ 刘海龙：《重返灰色地带——传播研究史的书写与记忆》，北京：北京大学出版社，2016 年版，第 184 页。

论著大体上从传播学的整体脉络出发，对其进行全面的引介分析与评价，为之后的传播学本土化打下一定基础。

负有联络各学校，各学派传播人才重任的国际中华传播学会（Chinese Communication Association，简称CCA），1990年成立于美国，会员的研究以传媒为主，另一个海外华人传播研究组织：中华传播研究协会（Association for Chinese Communication Studies, 简称ACCS）也于1991年在美国成立，其中诸多会员的研究横跨传播六大领域，在这两大学会的努力与发展下，诸多会员十年来发表的论文与书籍，数量多得难以计算。[①] 经过了几年的发展，台湾的中华传播学会（Chinese Communication Society，简称CCS），1996年6月成立于台北。中华传播学会在地域上的拓展，为传播学本土化研究提供了更大的平台，无形中也提升了广大传播学者对本土化研究的动力，在这些以中华传播为主题的学会组织的引导、支持下，传播学本土化有了更为明确的目标导向。2002年，台湾的中华传播学会进一步创立了自己的期刊——《中华传播学刊》，为华人传播研究的社群发展提供更好的对话平台。海外与港台等地的传播学会组织愈发旺盛发展，而我国内地的第一个传播学会组织——中国传播学会（Chinese Association of Communication，简称CAC）也于2002年6月22日在上海宣告成立，希望能够团结全国的传播学同行，促进其紧密合作，强力推进传播学在中国的研究、教育和发展，这一学会的成立使得传播学会组织的地域从海外拓展到我国内地，也促进传播学研究向前又迈了一大步。[②]

除了学会组织的旺盛发展之外，相关会议与专著论述的发展也逐渐展开。1997年11月在厦门大学召开了第四次中国传播研讨会，之后两岸近30位学者共同完成的传播学本土化研究概论性专著《华夏传播论》出版。几年后，厦门大学新闻传播系与传播研究所推出了《华夏传播研究丛书》。通过厦门的几次会议，大陆的传播学本土化研究逐渐铺开，各种中国古代的专题研究、断代史研究不断发展。[③] 比如各种以古代文化，诗书礼乐为载体的传播学研究，这其中又有儒家、道家、佛家几大派之分，诸多学者从古代文化学派的

① 陈国明：《中华传播理论与原则》，台北：五南出版社，2004年版，第12页。

② 陈国明：《中华传播理论与原则》，台北：五南出版社，2004年版，第12页。

③ 《传播学的历史，现状与未来——访中国社科院新闻与传播研究所传播学研究室主任明安香》，见袁军：《传播学在中国：传播学者访谈》，北京：北京广播学院出版社，1999年版，第30—34页。

角度出发，对传播学进行分别探索。而在传播学的断代史方面，众多学者进行了相关尝试，其中尤以先秦时期的研究成果最为丰硕。

这个阶段的总体时代特征是对西方传播学的深入评价、分析，学界对传播学的态度渐趋理智平和，自主创新意识日益增强，与该语境对应的是，传播学本土化开始进入文化层面，成为一个鲜明的学术问题，进入发酵、争论期。围绕要不要进行传播学本土化，传播学本土化的路径如何可能，以及余也鲁倡导的探索传统文化的研究取向，学界展开热烈争论。另一方面，议题的参与范围逐渐扩展，从港台扩大到内地、香港、台湾、海外华人等更大范围，研究队伍也不断壮大，这些地区的诸多学者均参与到这一热烈的学术争论中，主要参与人包括孙旭培、李彬、王怡红、黄星民、邵培仁、祝建华、陈韬文等等。这其中，内地学者的增加是一个明显趋势。值得注意的是，本阶段的本土化不再只是纸上谈兵，开始实践层面的探索，内地传播学界不断进行了一些零星的本土化尝试，基本走的是港台在八九十年代的路，[①] 即研究中国传统传播思想与实践，其中以孙旭培的《华夏传播论》为代表，众多学者遵循余也鲁探索传统文化的主张，致力于对我国传统传播思想的发掘与研究。但是此时也初步出现了“融合—创新，建立本土的传播学理论”主张，总体上来说，研究规模、成果逐渐累积，为之后的传播学本土化打下一定基础。

3.3 伴随传播话语权，掺杂政治动机的多元反思阶段（2008 年—至今）

2008 年是传播学引进中国三十周年，经历了三十年的发展，传播学研究在我国逐渐进入一个新的研究时期，形成了学术研究的新开端。2008 年 5 月 10—11 日，以“从历史到未来：传播、对话与共享”为主题的第十届全国传播学研讨会在深圳大学召开，学界对我国传播学的发展问题开展集中反思，就传播学在中国三十年，中国传播学的回归与建构，传播学理论与方法等论题进行热烈讨论，主题是学术自觉，其中传播学本土化问题即是其中的重要论题，中国传播学者希望通过这次大会的研讨和反思，更加关切中国的传播现实与问题，寻找本土的传播思想资源，建构中国独特的传播理论体系和研究范式，[②] 将传播学本土化研究提升到了新高度。另一方面，我国传播学者认

---

① 刘海龙：《传播研究本土化的两个维度》，《现代传播（中国传媒大学学报）》，2011 年第 9 期，第 43—48 页。

② 王怡红，胡翼青：《中国传播学 30 年》. 北京：中国大百科全书出版社，2010 年版，第 750 页。

为，在这个改革开放三十周年的重大历史时期，我国传播学的体制、观念等都发生了很大变化，我国的传播实践呼唤着相关理论的阐释与回应，而传播学理论的创新也正亟待与我国的传播实践互相联动，实现我国传播学的本土化发展。[①]

前面我们曾经论述过，传播学本土化的发展特征与语境有极强的相关性。进入21世纪，随着我国政治、经济各方面的发展，我国的综合国力不断上升，国际地位日渐提高，传播研究本土化的问题变得日益迫切，但这一次的语境有了很大变化。一方面，随着中国的崛起与兴盛，国际地位不断提高，伴随着北京奥运会的盛大举办，我国整体的文化自信日益觉醒并且不断增强，诸多学者觉得现今传播理论的发展与我国的地位不太相符，开始寻求更有文化话语权的理论建构，迫切地要求提高文化软实力，而传播学作为文化软实力的重要一环，成为众多学者的关注焦点。如王海燕就曾明确提出传播学是我国文化软实力建设的突破口。[②]因此，此时提出的传播学本土化已经不是一个纯粹的学术问题，而是掺杂了一些政治动机与民族主义思潮，[③]诸多学者希望通过传播学本土化来提升我们的文化软实力，进而争夺我国在世界学术中的话语权。

另一方面，2008年浙江大学举办“亚洲主张：国际传播研究的新视界”博士论坛，赵晶晶出版专著《传播理论的亚洲视维》，在亚洲理论的带动下，传播学本土化也有了更广阔的视野，赵晶晶首先引用爱门森的文章作为序言，爱门森从“后现代”“后美国”与“复古求变”的交叉视角，对亚洲中心理论进行了详细的引介分析与评论，明确点明其对既有的以欧洲或美国为主的传播理论的批判性反思，并且提倡我们在充分认识到亚洲复杂性基础上寻求其共同性。[④]随后陈国明、三池贤孝等学者都针对亚洲传播研究进行了相应研究探索与未来展望，三池贤孝明确指出我们可以以“亚洲中心论”为基点，

---

① 王怡红，胡翼青：《中国传播学30年》．北京：中国大百科全书出版社，2010年版。第750页。

② 王海燕：《中国文化传播软实力研究》．北京：社会科学文献出版社，2016年版，第73页。

③ 刘海龙：《传播研究本土化的两个维度》，《现代传播（中国传媒大学学报）》，2011年第9期，第43—48页。

④ [美]爱门森：《探足于“后现代”“后美国”与“复变”的交叉河流》，见[美]赵晶晶：《传播理论的亚洲视维》．杭州：浙江大学出版社，2008年版，第1—2页。

对人类文化传播的本质进行各种层面的重新思考；[①] 陈国明则是从本体论、认识论、价值论、方法论和目的论等五个层面，试图勾画出"亚洲传播"的本质。[②] 综合诸位大家的观点，以亚洲为切入点的传播理论有着诸多可能性与发展路径。

2010 年 10 月，复旦大学信息与传播研究中心和复旦大学新闻学院，举办了"理论与经验——海内外华人传播学者对话会"。会议之后，黄旦、沈国麟等学者共同编著了论文集《理论与经验——中国传播研究的问题及路径》，对诸多学者的论点进行了系统归纳与整理。这个阶段的传播学本土化更加追求探索和创新，诸多学者开始从各个不同的视角来研究传播学，并且从各个层面提出了多种建议与主张。

这个阶段的总体时代特征是对西方传播学的多元反思，一方面，经历了三十年的引进介绍，学界对西方传播学已经有了基本的框架认知与理解，另一方面，随着中国国际地位的不断提升，后殖民主义逐渐兴起，传播学界开始寻求更大的话语权，试图打破西方的学术霸权。与该语境对应的是，这一阶段传播学本土化的提出掺杂着一定的政治动机。经历了上一阶段传播学本土化的争论，此时的学界开始趋向多元反思阶段，各大学术名家纷纷针对其提出了自己的建议主张，主要参与人包括黄旦、刘海龙、胡翼青、汪琪、陈韬文、黄星民、谢清果、王海燕、赵雅丽、邵培仁、姚锦云等等。其中汪琪、黄旦、刘海龙、胡翼青、邵培仁、谢清果等学者表现得较为活跃，胡翼青 2011 年发表了文章《传播研究本土化路径的迷失——对"西方理论，中国经验"二元框架的历史反思》，从"西方理论，中国经验"这个固有框架为切入点，对传播研究本土化进行了新的解读与诠释，提出传播的本土化应当是一种多元化的学术自觉，中西学术对话中的批判意识。[③] 刘海龙也于 2011 年发表《传播研究本土化的两个维度》，将本土化背后的深层问题归结为两个方面的张力：普遍与特殊、理论与应用，指出传播研究本土化不应该被局限在单

---

① ［日］三池贤孝：《对人性、文化和传播的重新思考：亚洲中心的评论与贡献》，见［美］赵晶晶：《传播理论的亚洲视维》. 杭州：浙江大学出版社，2008 年版，第 21—22 页。

② 陈国明：《一个有关人类传播的亚洲研究方法的对话》，见［美］赵晶晶：《传播理论的亚洲视维》. 杭州：浙江大学出版社，2008 年版，第 44 页。

③ 胡翼青：《传播研究本土化路径的迷失——对"西方理论，中国经验"二元框架的历史反思》，《现代传播（中国传媒大学学报）》，2011 年第 4 期，第 34—39 页。

一标准之下，进而提倡多个标准，多种路径的竞争与对话。[①]

黄旦与沈国麟于2013年共同编著了论文集《理论与经验：中国传播研究的问题及路径》，其中收录了众多学者对传播学本土化的相关看法，黄旦在书中明确指出：我们必须要摒弃将西方理论当作普遍范式的一元化视角，承认西方传播理论自有其特殊语境。并且进一步提出从“地方性知识”这一角度切入，强调传播学本土化一定要立足于中国的传播实践，但是它要解决的问题既可以来自地方，也可能是具有人类共通性的。[②]2014年，刘海龙再次于《超越二元对立：多元竞合的中国传播研究》一文中，强调传播学本土化的可行途径应该是多元竞合的，既可以侧重理论，也可以侧重应用，既可以侧重中国问题，也可以侧重提炼普遍原理，并且进一步强调只有如此，才能释放我国传播研究的活力。[③]汪琪2016年在《本土研究的危机与生机》一书中，经过对中国与西方，特殊与普遍的种种分析，提出了“可共量性”“可共通性”概念，认为这一概念可以通过诠释，达到异中求通，促进中西方传播学建立有效对话的目的。[④]

我们可以看到，随着历史语境与各方面条件的变化，我国传播学本土化的发展从伴随着意识形态对抗动机，在政治层面的萌发期，到伴随学术自觉，注重文化层面的发酵期，再到伴随着文化自信与传播话语权，掺杂着政治动机的多元反思阶段。我国的历史语境不断变化，文化软实力逐步提升，对传播学相关知识的理解日益深化，传播学本土化研究也一步一步地深入。值得注意的是，其发展语境先是从政治发展到文化层面，然后又回到了带有政治动机的阶段。但是这两个政治层面的内涵还是有所区别的，萌发初期的政治动机，更加倾向于我国社会主义制度与西方资本主义在意识形态方面的对抗，出于对西方事物批判引进的态度，我们提出了“传播学本土化”这一口号，但是此时我国还没有相应的学术与理论基础。而到了第三阶段伴随文化自信的政治动机，则是更加倾向于在我国综合国力上升这一大背景下，对传播话

---

① 刘海龙：《传播研究本土化的两个维度》，《现代传播（中国传媒大学学报）》，2011年第9期，第43—48页。

② 黄旦：《问题的中国与中国的问题——对于中国大陆传播研究本土化讨论的思考》，见黄旦，沈国麟：《理论与经验——中国传播研究的问题及路径》．上海：复旦大学出版社，2013年版，第55页。

③ 刘海龙：《超越二元对立：多元竞合的中国传播研究》，《青年记者》，2014年第16期，第11—12页。

④ 汪琪：《本土研究的危机与生机》．上海：华东师范大学出版社，2016年版，第5页。

语权的重视与争夺，此时我国的传播学已经发展了一段时间，理论基础相对更充足一些。我们很难说明，含有政治动机对传播学本土化究竟是好事还是坏事，但是历史语境与学术研究本就是互相作用的，我们需要做的就是，一定要正视传播学本土化研究与其历史语境的互动关系，切忌将本土化研究与其历史语境剥离开来。

表 1：以全国传播学研讨会为阵地的本土化研究发展进程

时间	全国传播学研讨会	会议主题	传播学本土化进展
1982 年	第一届	中国传播学研究启航 确定对西方传播学研究的 16 字方针	16 字方针的归宿点是自主创造，初步预示着传播学的本土化方向，出现了探讨建立中国传播学理论体系和模式的趋势。
1986 年	第二届	中国传播学框架体系的探讨 关注欧洲批判学派	提出“建立有中国特色的传播学”目标，有了明确的目标导向。
1993 年	第三届	建立中国特色的传播学体系	研究课题开始明显地和中国的具体实践结合起来。 我国传播学开始进入具体的研究领域进行探索。
1995 年	第四届	传播与社会发展	对西方理论进行反思与探讨。 传播研究与社会实践的联系更加紧密。
1997 年	第五届	传播与经济发展	对中国一百年来的新闻传播研究进行全面回顾，为建立有中国特色的传播学打下基础。 注重传播理论与中国国情相结合。
1999 年	第六届	面向 21 世纪的信息与传播：中国与世界	世纪之交的盛会，寻求在国际化背景下，中国传播学在新世纪的发展前景。
2001 年	第七届	新世纪的中国传播研究：创新与发展	强调全球化趋势，昭示了新世纪中国传播学学科假设的目标与方向。
2004 年	第八届	传播学研究——融合与创新	倡导在全球化背景下对东西方传播理论的融会贯通。 推进新世纪中国传播学理论的本土化创新。

续表

时间	全国传播学研讨会	会议主题	传播学本土化进展
2006年	第九届	传播学研究：和谐与发展	对我国传播研究的不足进行反思。 强调理论建设、研究方法的规范与多元研究视角。
2008年	第十届	从历史到未来：传播、对话、共享	传播学研究三十年的新开端。 希望悉心研究我国的传播现实与问题，寻找本土的传播思想资源，构建我国独特的传播理论体系与研究范式。
2010年	第十一届	新媒体·多元文化·全球传播：挑战与应变	探讨全球化、网络化与我国传播学研究的互动、发展。
2012年	第十二届	传播与变革：新媒体，现代化	希望传播理论紧抓机遇，与业界携手共进，做出有中国特色、世界一流的理论研究成果。
2016年	第十三届	公共传播：新理念、新挑战、新机遇	快速的社会变迁为我国传播学提供了丰富的研究问题与案例。 希望通过建构公共传播学突破传播学研究困境。

资料来源：中国传媒——人民网，2018年1月。

第四章　传播学本土化研究的四个核心问题

上文中，我们对传播学本土化四十年来的基本发展进行了分阶段阐述，传播学本土化从政治层面的萌发期，发展到文化层面的发酵期，现今逐步进入掺杂政治动机的多元反思阶段。

通过上文的文献综述，对众多学者针对传播学本土化的论争集中点进行了总结分析，我们发现，对传播学本土化基本概念的厘清急不可待。接下来我们就将传播学本土化的核心问题分为以下几个范畴：什么是传播学本土化？要不要进行传播学本土化？为什么要进行传播学本土化？怎样进行传播学本土化？并且从这四个维度出发，对传播学本土化的相关观点、论争进行详细梳理与分析。

4.1 什么是传播学本土化？

“传播学本土化”这一概念是有着多重维度与内涵的，围绕这一论题的不同方面与侧重点，广大传播学者也产生了诸多论争。在此我们将这些论争整理为两大维度，首先是从概念本身的内涵与外延出发的横向维度，其次是从其发展层次与阶段角度来解读的纵向维度。

4.1.1 横向维度：围绕研究对象、理论、方法、主体的论争

在此问题上集中表现为祝建华、汪琪、陈世敏、刘海龙、胡翼青等的论争。

根据诸多学者的论争，我们在此将传播学本土化分为三个方面，研究对象的本土化，研究理论的本土化，研究方法的本土化。研究对象的本土化又可分为两个层次：一方面强调中国历史，倡导对中国传统传播思想与实践的探索，试图探索中国的独特传播规律；一方面强调中国实践，以传播学理论审视中国语境中的传播现象，探索适用于中国本土的传播理论。这其中以历

史和传统思想为起点的本土化传播研究，逐渐形成了专门的名称——华夏传播研究。①

祝建华认为没有必要过分重视本土化的理论、方法层面，提出只要三者中研究对象是中华传播现象，就是本土化，即以本土现象为研究对象的就是本土化。②与祝建华的看法类似，徐耀奎也十分强调研究对象的本土化，认为方法不能本土化。③刘海龙则认为仅仅强调研究对象的本土化，话语含糊，并没有涉及谁来研究以及如何研究的问题，容易导致各种负面倾向与问题。④汪琪也提出，如果仅仅现象与数据是本土的，所依循的典范、理论、概念与方法都是外来的，这样的研究很难称之为本土化。她从典范、理论的定义出发，进一步对其进行阐释，最后提出西方的很多概念、方法，其实反映的是西方社会所关怀的主题，并不能反映真正的普世价值。⑤陈世敏的观点与汪琪类似，他更是为此专门写了一篇文章《华夏传播学方法论初探》，对方法的价值中立主义表示质疑，明确提出所谓的方法，其实源自特定社会的思考模式和集体认知，并非是价值中立的。⑥陈力丹也不断强调：不能片面注重研究对象的本土化，对有些将传播学本土化等同于理论联系实际的倾向表示批评，我们不能为了功利目的对本土化理论进行生搬硬套。⑦

针对这一问题，刘海龙也提出了自己的见解，他认为这些争论的源头主要是因为方法和方法论的混淆，他还进一步将方法定义为研究的程序和规范，方法论是关于方法本身的理论，提出我们应该将两者明确区分开来。但是另一方面刘海龙也提出，研究理论、方法的本土化问题确实非常复杂难解，涉

① 邵培仁，姚锦云：《为历史辩护：华夏传播研究的知识逻辑》，《社会科学战线》，2016年第3期，第140—151页。

② 祝建华：《传播学研究的本土化与国际化》，见李彬，杨芳，尹丽娟：《清华新闻传播学前沿讲座录》. 北京，清华大学出版社，2001年版，第212—230页。

③ 《传播学研究要结合中国实际——访中国社科院新闻与传播研究所研究员徐耀魁》，见袁军：《传播学在中国：传播学者访谈》. 北京：北京广播学院出版社，1999年版，第247页。

④ 刘海龙：《传播研究本土化的两个维度》，《现代传播（中国传媒大学学报）》，2011年第9期，第43—48页。

⑤ 《华化传播研究：挑战目标与取径——汪琪》，见黄旦，沈国麟：《理论与经验——中国传播研究的问题及路径》. 上海，复旦大学出版社，2013年版，第110页。

⑥ 陈世敏：《华夏传播学方法论初探》，《新闻学研究》，2002年总第71期，第1—16页。

⑦ 陈力丹：《关于传播研究的一些想法》，见中国传播学：《反思与前瞻——首届中国传播学论坛文集》，中国传播学论坛，2002年版，第42页。

及到多个维度的张力与矛盾。[①] 几位学者均对这一问题进行了尝试性的探索，但是能否实现研究理论与方法的本土化，在一定时期内应该还是会呈现多方论争，后面将对此进行详细分析。胡翼青在总结了众多学者的争论之后，将传播学本土化定义为中国学者植根于中国的传播实践，建立有中国特色的传播学研究范式，对世界传播学理论创新做出自己的贡献。他不太注重研究方法、研究现象的本土化，认为研究方法是不是中国独创，研究现象是不是本国独有的，这些并不是很重要。[②]

与上述的三个方面：研究对象、研究理论、研究方法类似，陈月明提出传播学本土化大致可分为三个矢向：本土理论研究——立足本土传统，研究和提炼中国传统的传播思想，强调研究对象这一层面里中国历史的本土化；本土应用研究——运用西方传播理论解决中国实际问题，强调研究对象这一层面里中国实践的本土化；融合—创新研究——建立本土特色的传播学理论，强调研究理论、方法的本土化。[③]

除了以上的三个方面外，学界似乎还默认着另外一个本土化的标准，即研究主体是中国人，至少也必须是华人。针对这一点，刘海龙认为这是因为传播学本土化的概念里本身还附着了某种民族主义情绪，但同时他也提出这一标准的不足之处，简单强调由本国学者作为研究主体，并不一定导致对本国问题研究的繁荣。[④] 所以真正的传播学本土化最好将研究主体、研究对象的本土化相结合。

根据上文的整理分析，研究主体的本土化大体上是一个学界默认的共识，不管是对传播学本土化有着诸多疑虑的学者，还是对其进行深入探索分析的大拿，大家心中好像默认着这样一条不成文的规定：传播学本土化的研究主体应该是中国人，至少也得是华人。

关于研究对象的本土化，针对直接将西方理论套用中国实践或理论的一些研究取向，许多学者对这种“中国经验 西方理论”的框架提出了质疑，如胡翼青、黄旦明确提出这种框架具有明显局限性，因为其实质上默认以西方

---

① 刘海龙：《传播研究本土化的两个维度》，《现代传播（中国传媒大学学报）》，2011 年第 9 期，第 43—48 页。

② 胡翼青：《传播学：学科危机与范式革命》. 北京：首都师范大学出版社，2004 年版，第 307 页。

③ 陈月明：《传播学研究本土化再认识》，《东南传播》，2009 年第 9 期，第 1—4 页。

④ 刘海龙：《传播研究本土化的两个维度》，《现代传播（中国传媒大学学报）》，2011 年第 9 期，第 43—48 页。

理论为标准，不但不能促进传播学本土化的发展，反而会使其迷失最初的内涵与语境。[①] 汪琪、刘海龙、翟学伟等也曾在多篇文章中反复强调，一味地以西方理论为引，中国经验为用，不利于传播学本土化的长期发展，关键是要将西方理论放到具体的社会语境中考察。[②] 经过一段时间的争论，张国良自己也承认，原先一直坚持的这种框架与拿来主义路径存在一些问题。后来胡翼青进一步针对这一框架的深层原因，进行了详细分析，指出其最终原因是我国传播学界缺少知识社会学视角的学术思维，使得我们随意地把西方理论与其语境剥离开，完全不顾二者之间的互动。[③]

而在研究理论、研究方法的本土化方面，更是产生了诸多论争，这些论争又进一步集中于怎样进行传播学本土化的问题上。祝建华、徐耀奎都认为传播学本土化不需要研究方法的本土化，否则科学就不成其为科学了，但是汪琪、陈世敏对这一论点表示明确的质疑，并且进一步提出所谓的科学方法并非价值中立与普适性的，而是带有西方社会模式与特征的，他们强调传播学本土化需要研究方法与理论的本土化。刘海龙则是从方法与方法论的区别入手，提出研究理论、方法的本土化问题涉及多个维度的张力与矛盾，需要学界的不断论争与探索。

4.1.2 论争焦点：中国能否建立自己的传播理论？

（1）知识论：传播学的学科性质决定其要构建什么意义层面的理论

关于能否建构理论这一问题，首先我们需要对传播学的学科性质进行考量。根据历史梳理，传播学是 20 世纪 30 年代以来跨学科研究的产物，处在多种学科的边缘，它既要借鉴自然科学中的相关理论概念，又因为其研究对象为人，所以它与人文科学关系密切，另一方面它又被归类为：社会科学学科体系中的重要组成部分。

所以提到建构理论，我们首先要问：我们要建构哪种学科意义上的理论？自然科学研究与人文科学研究，在其研究模式、路径与目的方面都有所区别，

---

① 胡翼青：《传播研究本土化路径的迷失——对“西方理论，中国经验”二元框架的历史反思》，《现代传播（中国传媒大学学报）》，2011 年第 4 期，第 34—39 页。

② 汪琪：《本土研究的危机与生机》. 上海：华东师范大学出版社，2016 年版。

③ 胡翼青：《传播研究本土化路径的迷失——对“西方理论，中国经验”二元框架的历史反思》，《现代传播（中国传媒大学学报）》，2011 年第 4 期，第 34—39 页。

自然科学主要研究的是实然的问题，但是人文研究则注重提出应然的问题。[①]而纪金庆进一步指出，正是人文学对自然科学的盲目效仿，所以才出现了现在的社会科学；另一方面，在近代科学革命的影响下，许多人对科学理论的定义更加偏重于自然科学方面，强调以数学标准与可验证性来检验理论。[②]针对这种情况，纪金庆提出我们应该从本源上对人文科学、社会科学与自然科学的关系进行重新思考：我们对文化社会现象的研究是否应该亦步亦趋地追随、效法自然科学的标准呢？因为人文研究中的许多社会现象与行为是无法简单地以自然科学的数学标准来衡量的。[③]所以在考虑本土传播学理论的建构之前，我们必须对这个问题进行基本的自我反思，我们必须搞清楚传播学的理论究竟更偏向于哪个层面，是社会科学，还是人文科学抑或自然科学？

最后，纪金庆提出，本土化的传播理论研究必须考虑到知识论这一层面，我们首先必须要厘清传播学中知识的本质、起源与基本构成，什么才是传播学意义上的理论。

（2）什么是科学理论？我们要怎么建构这样的理论？

承接上面这一提问，我们能否建构属于自己的传播理论，首先涉及一个知识论层面的根本问题：什么是科学理论？

纪金庆认为在近代科学革命的影响下，现今大家对理论的定义更加偏向于自然科学层面，注重理论、研究的数学标准与其可验证性，但是这种标准一方面过于狭隘，另一方面，教科书中理想的数学标准与现实活动可能有很大区别。[④]所以，我国传播学如果想建构自己的理论，我们必须要搞清楚什么是科学理论？我们要建构什么样的理论？

马成龙在这个层面上，明确强调我们在建构本土传播理论之前，应该先对传播学的理论建构过程有深入理解，他进一步明确指明：传播学理论主要由两个重要部分组成：公理与定理。所谓公理，也可称为前提或假设，大体意思是，在逻辑上不需证明即可使用的句式，而定理则是由公理推论出来的，

---

① 纪金庆：《反思人文学与科学的边界》，见谢清果：《中华文化与传播研究》，厦门：厦门大学传播研究所，2014 年版，第 12 页。

② 纪金庆：《反思人文学与科学的边界》，见谢清果：《中华文化与传播研究》，厦门：厦门大学传播研究所，2014 年版，第 12 页。

③ 纪金庆：《反思人文学与科学的边界》，见谢清果：《中华文化与传播研究》，厦门：厦门大学传播研究所，2014 年版，第 13 页。

④ 纪金庆：《反思人文学与科学的边界》，见谢清果：《中华文化与传播研究》，厦门：厦门大学传播研究所，2014 年版，第 13 页。

又称理论陈述，每一个理论的构建，至少由一个理论陈述组成。[①]那么当我们对传播理论的构成有了基本了解之后，接下来的问题就是，我们如何从我国的传统思想与现实传播实践出发，构建属于自己的本土传播理论呢？

其一，我国文化不存在西方科学意义上的理论，但拥有可发展为理论的胚胎在此问题上集中表现为祝建华、徐耀奎与汪琪、沈清松、邵培仁等的论争。

因为我国社会制度、文化传统、治学态度等各方面与西方的不同，诸多学术大家认为我国文化中并不存在西方近代科学定义，即偏重于自然科学层面的理论。如祝建华在关于传播学本土化的见解中，提出我们5000年的文化并没有留下符合科学意义上的理论。[②]徐耀奎也认为研究理论与方法不能本土化，因此他认为传播学本土化这种提法不太恰当，意味着理论只适用于中国的传播实践，不能成为一门具有普遍性的科学，提倡将其改称为"传播学结合中国的实际"。[③]徐耀奎的这种说法其实暗示了他对传播学本土化的固有认知，他并没有设想到我国是否可以建构自己的传播理论，片面地认为传播学本土化的目的只是为了更好地应用于实践，其实这只是本土化研究中的一个方面。

汪琪则是从典范、理论的定义出发，提出西方的很多理论并不能反映真正的普世价值。[④]汪琪、沈清松、姚文辉在文章中通过种种分析，进一步明确指出：一方面，由于我国文化传统与西方的差异，难以从我国文化中找到符合西方狭义定义中的科学理论，但是我们可以从理论的广义定义切入，对我国传播理论的构建进行相关探索。另一方面，我们虽然不能找到现成的符合西方定义的理论，但是我们还是拥有着足以发展成理论的胚胎。最后针对华人传播学者如何有效建立自身传播理论，提出相关建议，指出目前最需要的是加强对社会科学理论所代表的精神，以及其形成的社会背景，文化传统、

---

① 马成龙：《传播学的中国化》，见谢清果：《中华文化与传播研究》. 厦门：厦门大学传播研究所，2014年版，第24页。

② 祝建华：《传播学研究的本土化与国际化》，见李彬，杨芳，尹丽娟：《清华新闻传播学前沿讲座录》. 北京：清华大学出版社，2001年版，第212—230页。

③ 《传播学研究要结合中国实际——访中国社科院新闻与传播研究所研究员徐耀魁》，见袁军：《传播学在中国：传播学者访谈》. 北京：北京广播学院出版社，1999年版，第246—257页。

④ 《华化传播研究：挑战目标与取径——汪琪》，见黄旦，沈国麟：《理论与经验——中国传播研究的问题及路径》. 上海：复旦大学出版社，2013年版，第107—114页。

建构要件的深刻了解。[①]邵培仁，姚锦云则在《传播理论的胚胎：华夏传播十大观念》一文中，承接汪琪等人提出的“理论胚胎”设想，并且进一步为其提供了具体操作路径，将十大理论观念总结为：“阴－阳”“和－合”“交－通”“感－应”“中－正”“时－位”“名－实”“言－行”“心－受”“易－简”，希望通过这些核心范畴的关系处理，促进华夏传播理论的成型与发展。[②]

其二，从“双重解释说”“中层理论”入手，思想、经验可以转化为理论吗？

在此问题上集中表现为邵培仁、张国良、胡翼青、邹利斌、孙江波等的论争。

目前我国传播学界在理论的建构方面，存在一条主要路径，即是从经验到理论的转化，希望能够由我国的传统文化中相关思想的挖掘，建构自己的传播理论。胡翼青在历史反思中，对“经验转化为理论”这一研究路径提出了自己的反思与质疑。首先，他强调经验归纳不一定就会产生理论，这要看经验是否具有理论的价值，是否是值得研究的问题。[③]他并没有从根本上否定经验、思想转化为理论的路径，而是从另外一个维度进行思考，强调我们要辩证地看待中国经验与思想，不要盲目。针对这个问题，张国良也提出了自己的见解，首先他肯定了这种路径的必要性，认为这种研究路径很有必要，也具有自己的特色，但是其最大难点是过于零碎，缺乏普遍逻辑，难以抽象成完整的理论。[④]

邵培仁针对某些学者的质疑，即如果我们无法将“思想”转换为现代意义上的“理论”，那么以“思想”建构“理论”就是一个“伪命题”。这一论题进行了本源上的阐释，直接对这个论题的元问题进行回答：“传统思想”转化为“传播理论”到底有没有可能性？[⑤]针对我国是否能够，为何能够建构自己的传播理论这一论题，邵培仁强调一点：社会科学理论的一大特征是“双

① 《华化传播研究：挑战目标与取径——汪琪》，见黄旦，沈国麟：《理论与经验——中国传播研究的问题及路径》．上海：复旦大学出版社，2013 年版，第 107—114 页。

② 邵培仁，姚锦云：《传播理论的胚胎：华夏传播十大观念》，《浙江学刊》，2016 年第 4 期，第 203—215 页。

③ 胡翼青：《传播研究本土化路径的迷失——对“西方理论，中国经验”二元框架的历史反思》，《现代传播（中国传媒大学学报）》，2011 年第 4 期，第 34—39 页。

④ 胡翼青：《传播研究本土化路径的迷失——对“西方理论，中国经验”二元框架的历史反思》，《现代传播（中国传媒大学学报）》，2011 年第 4 期，第 34—39 页。

⑤ 邵培仁，姚锦云：《从思想到理论：论本土传播理论建构的可能性路径》，《浙江社会科学》，2016 年第 1 期，第 99—109、159 页。

重解释”，因为其研究对象是有思想的人。他进一步引用吉登斯的“双重解释”学说作为方法论资源，提出其中的几个主要观点可以为我们提供相关借鉴：第一，社会科学理论与日常常识之间定会拥有一部分“共有知识”；第二，若想建构精致的社会科学理论，需要超越常识；第三，建构之后的社会科学理论可能会成为常识的一部分。[①]这些观点强调理论与经验之间并不存在绝对的鸿沟，需要我们恰当地处理日常经验与科学理论的关系。我国传统思想中确实没有西方科学意义上的“理论”，所以从“思想”直接转化到“理论”是行不通的，但是间接转化却是有可能的。

而邹利斌、孙江波则是引出了罗伯特·K. 默顿的“中层理论”概念，提出可以将这种理论作为经验研究与理论框架之间，以及认识意义与实践意义之间的桥梁，一方面，这种理论适用于经验与抽象层次之间的衔接，而且可以帮助我们把以前认为毫无联系的一些研究方向连接起来，为我们研究中的各种理论、方法、派别提供一个相互汇合的基础，比较适合我国的本土化研究；另一方面，这种理论为底层命题与普适理论之间建立了一个中介式的阶梯，并且为我们的研究提供了一个具有明确界定性的、可操作化的概念。[②]

其三，从文化研究视角出发，在多维视野中构建本土传播理论。

关于本土传播理论建构是否可能，为什么可能的问题，邵培仁从社会科学的视角对其进行了详细阐释。那么接下来就是本土传播理论的建构如何可能的问题了。

邵培仁明确提出，若想建构自己的本土传播理论，我们首先需要考虑一系列关于理论的“元问题”：第一、什么是好的理论？第二、如何建构理论？将这一问题进一步推进，第三、我们如何建构本土理论？什么是好的理论呢？邵培仁将理论建构的诸多观点整理为两大派别：简化理论，复杂理论。那么接下来的问题就是：如何建构好的理论呢？他引用建构实在论的观点，提出理论本身就更加倾向于一种“创造性想象”，我们可以恰当地运用这种建构理念，将我国本土文化中类似于“前理论”的各种哲学思想、观念意识，进行“创造性转化”，进一步形成以概念—命题为核心的华人本土传播理论，最后

---

① 邵培仁，姚锦云：《从思想到理论：论本土传播理论建构的可能性路径》，《浙江社会科学》，2016年第1期，第99—109、159页。

② 罗伯特·K. 默顿：《社会理论和社会结构》，唐少杰，齐心译 . 南京：译林出版社，2008年版，第50—56页。

将这些理论放到现实语境中，不断进行验证、修改与完善。①

值得注意的是，邵培仁明确点明：从文化研究视角出发对传播学进行探索，不管是简单理论，还是复杂理论的构建，都更加提倡从文化的特殊性入手，而不是寻找所谓的普遍真理，② 这其实是强调了本土理论建构在文化研究方面的理论依据。文化研究学派盛行于欧洲，与美国的实证主义、经验学派在理论、方法各方面都存在很大差异。

最后，邵培仁从文化研究视角，对文化与人的双向互动关系进行了阐释，正如前面格尔茨的观点所说，文化研究强调对人的行为建构的意义阐释，注重回归对象本身，与对象进行交流。所以邵培仁提出：要想建构本土理论，深入本土文化是非常重要的，他还进一步倡导寻根主义方法，善于从我国悠久的思想传承中提炼出对我国传播产生深远影响的某些文化基因，并且以此为基石，促进具有我国特色的本土传播理论建构。③

（3）采取审慎态度，多研究些问题，少谈些主义

在此问题上集中表现为邵培仁、姚锦云、胡翼青、尹连根等的论争。

邵培仁针对思想如何转化为理论这一论题，引用詹姆斯·凯瑞的“传播的仪式观”，将其作为运用传统思想建构理论的典型范例，证明了从“思想”到“理论”的建构是有其可能性与具体实现路径的。通过一系列的分析，邵培仁进一步提出儒家道德传递观的相关思想，或许可以作为常识与理论之间的“共有知识”，为我国传统思想向理论的间接转化提供理论建构的依托资源与具体路径。

但是胡翼青，吴越则对詹姆斯·凯瑞提出的这种“传播的仪式观”提出了质疑，他们提出凯瑞的这种观点并不是一个完整的理论体系，只是一个方法论层面的文化研究，而且在人物关系、思想展现各方面都存在着各种破绽，可操作性较差，使得广大学者很难按照这个设想来开展相关传播研究。④ 胡翼青，吴越通过对凯瑞论点的批判解读，进一步对我国传播学本土化提出了相

① 邵培仁，姚锦云：《寻根主义：华人本土传播理论的建构》，《新疆师范大学学报》，2013年第4期（总34期），第28—41页。

② 邵培仁，姚锦云：《寻根主义：华人本土传播理论的建构》，《新疆师范大学学报》，2013年第4期（总34期），第28—41页。

③ 邵培仁，姚锦云：《寻根主义：华人本土传播理论的建构》，《新疆师范大学学报》，2013年第4期（总34期），第28—41页。

④ 胡翼青，吴越：《凯瑞的“仪式观”：美国文化研究本土化的困局》，《新闻与传播研究》，2014年第6期（总21期），第49—60、127页。

关反思，强调我们要借鉴美国文化研究学派的经验教训，不能盲目地将各种学派的观点拉进传播学框架。本土化是为了真正地做学问，探索自己的传播理论，而不是为了所谓学科的地盘、地位。最后，胡翼青引用胡适的一句话作为结尾：我们一定要多研究些问题，少谈些主义，[①] 认真踏实地促进本土传播理论的发展。

尹连根与胡翼青的观点有着某些异曲同工之妙，在邵培仁、姚锦云对《庄子》的传播学本土化方面，提出了一些不同意见。尹连根提出，一方面，以邵培仁、姚锦云为代表的许多传播学者提出的许多主张更像是宏大的口号，需要新闻传播、历史各方面知识极为丰富的学者沉下心来进行长期的研究，可行性较弱。[②] 另一方面，尹连根认为邵培仁、姚锦云对《庄子》的传播学解读有误读以及标签化之嫌，提出其"接受主体性"概念有生造之嫌，最后，尹连根针对目前传播学本土化的理论建构提出了自己的建议：建议我们植根于我国的文化脉络，对传播文化中的理论胚胎进行挖掘，从而一步一步，脚踏实地的促进我国的本土传播理论建构。

而姚锦云老师在《华夏传播知识论：从问题意识到概念化——对尹连根教授商榷文的回应》一文中也从知识论的角度对尹连根教授进行了回应。首先，他提出尹连根所谈的"传播"实际上是"传播学"，行文中尹连根倾向于将两者等同起来，而这种倾向的深层原因则是缺乏问题意识，甚至有以"学科边界"代替"问题意识"之嫌。[③] 其次，姚锦云从符号与意义的关系切入，提出尹连根所谓的"生造"混淆了"符号"与"意义"的区别，我们与传统的对接，不是看有没有使用古人的符号，而是看有没有对接古人的意义。另一方面，姚锦云引用吉登斯的双重解释理论，提出他们的"接受主体性"概念不是"生造"，而是"概念化"，他进一步强调概念的产生方式是多样的，它既可以用已有的词（能指）来表示所指，也可另造新词（释义项）来表示所指。[④] 与此同时，姚锦云还强调了学术研究的建构性特征，提出大家目前

① 胡翼青，吴越：《凯瑞的"仪式观"：美国文化研究本土化的困局》，《新闻与传播研究》，2014 年第 6 期（总 21 期），第 49—60、127 页。

② 尹连根：《审慎对〈庄子〉进行传播学层面的"本土化"——与邵培仁、姚锦云两位老师商榷》，《国际新闻界》，2017 年第 5 期（总 39 期），第 155—173 页。

③ 姚锦云：《华夏传播知识论：从问题意识到概念化——对尹连根教授商榷文的回应》，http://www.yunzhan365.com/basic/77736787.html，2018-01-01/2018-04-03。

④ 姚锦云：《华夏传播知识论：从问题意识到概念化——对尹连根教授商榷文的回应》，http://www.yunzhan365.com/basic/77736787.html，2018-01-01/2018-04-03。

对学术研究的共识是其“建构性”，学术研究更应该侧重于“发明”而非“发现”。最后，姚锦云提出尹连根在文章中一直提倡“审慎”，却在无意中走向了“审慎”的反面，我们在以后的传播学本土化研究中也要坚持真正“审慎”的态度。①

综合上文所述，关于本土传播理论的构建论题，一定时期内应该还是会呈现多方论争。不管是恰当地把握概念化与标签化之间的度，抑或是社会科学的建构实在论，不管是双重解释理论，抑或是符号与意义的关系解读，理论的建构问题涉及自然科学、人文科学、社会科学等多个学科的理论性质，涉及各个学科的诸多理论与概念，以及普遍与特殊，中国与西方等多个方面的关系处理。刘海龙也提出，关于研究理论的本土化问题确实非常复杂难解，涉及多个维度的张力与矛盾。诸多学者均对这一问题进行了尝试性的探索，但是还未能形成明确答案与广泛的共识，但是这些不断的讨论与论争可以推动这一议题的不断深化发展。我们能够做到的，就是一定要在理论的建构过程中坚持严谨的学术思维与审慎的学术研究态度，不可轻率。

4.1.3 纵向维度：三个递进的本土化层次是指向路径还是现状描述？

在此问题上集中表现为：陈韬文、陈月明与黄旦、胡翼青等人的论争。

除了以上横向维度的三个方面，若是按照纵向维度来划分，传播理论本土化又有了另外的几个层次划分。在此我们以引起学界广泛讨论的陈韬文提出的三个层次为引，对其进行详细解析。

陈韬文认为传播理论本土化，可以有三个层面的意义：一、移植式的本土化，把外来的理论直接应用在本土社会，此为学术本土化的初级阶段，在学术界的地位很低，价值不大；二、修订式、补充式的理论本土化，因为本土社会的特殊性而对外来理论做出补充，修订或否定，陈韬文认为这个层次比较重要，因为它带有创新的意义，同时发生的可能性也比较大；三、创新式本土化，是建基于本土社会的原创理论，这个层面属于较高层次，也是各位传播学者梦寐以求的理想，但是较难实现。②

---

① 姚锦云：《华夏传播知识论：从问题意识到概念化——对尹连根教授商榷文的回应》，http://www.yunzhan365.com/basic/77736787.html，2018-01-01/2018-04-03。

② 陈韬文：《理论化是华人社会传播研究的出路：全球化与本土化的张力处理》，中国传播学论坛：《中国传播学：反思与前瞻——首届中国传播学论坛文集》，中国传播学论坛，2002年版，第12页。

陈月明提出本土化的目标不宜定得很高，要建立中国自己的传播学理论体系一方面不切实际，而且还会断绝与国际学术对话的空间。所以他认为陈韬文提倡的这三个层次是较可行的，尤其是其中的第二层次可操作性比较强，可以作为我国传播学研究的主要着力点。[①]

而针对陈韬文教授划分的这三个层次，黄旦则表示了一定的质疑，认为这三种层次是三个完全不同的目标和境界，尤其是其中第二种修订式的本土化其实是以认同原有范式为前提的，而且这种修补的思维一旦形成定势，研究者自身势必只能跟在别人后面亦步亦趋，强调我们必须要十分警惕这种本土化。[②]胡翼青则从另外的角度切入，提出陈韬文“本土化”的三个层面，更像对目前海内外华人学者研究状况的一种概括描述，而不是为“本土化”开出的指向性路径。他进一步提出，学界把这三个层次解读为本土化由低而高的三步走，是一个严重的误读乃至于误导。[③]

邵培仁在《传媒的魅力——邵培仁谈传播的未来》中，也将本土化分为三个层次，一、原义——文法层面的本土化，是指将别国的语言，符号转换改制为本土的语言、符号，而基本内容和思想观点不变；二、格义——语义层面的本土化，是指将西方的文本用中国文化精粹加以重新阐释，解读，转化和升华，形成不同于原有的具有本土特色的文本；三、创义——思想层面的本土化，就是依据西方传播学的精神，在中国文化的基础上，根据中国实际，运用科学方法，直接提炼、生成或创造出具有中国特点的本土传播学，并与处于霸权地位的西方传播学界展开平等对话。[④]邵培仁提出的这三个纵向层次与陈韬文有着一定相通之处，大体上都是按照理论的改变、创新程度，将传播学本土化分为三个层次，从初级阶段到最后的创新解读。

4.1.4 本土化横向、纵向维度的综合解析

上文中我们将传播学本土化研究从横向、纵向维度进行了分别整理，而

---

① 陈月明：《传播学研究本土化再认识》，《东南传播》，2009年第9期，第1—4页。

② 黄旦：《问题的中国与中国的问题——对于中国大陆传播研究本土化讨论的思考》，见黄旦，沈国麟：《理论与经验——中国传播研究的问题及路径》．上海：复旦大学出版社，2013年版，第50页。

③ 胡翼青：《传播研究本土化路径的迷失——对“西方理论，中国经验”二元框架的历史反思》，《现代传播（中国传媒大学学报）》，2011年第4期，第34—39页。

④ 邵培仁：《传媒的魅力——邵培仁谈传播学的未来》．北京：首都经济贸易大学出版社，2014年版，第73—76页。

邹利斌、孙江波则从横向、纵向两个维度对传播学本土化进行了全面解析。从横向维度来说，传播理论研究必须“立足本土”，需要解决基础、目标和方法三个基本问题。其中，基础是中国的本土经验；目标是不同抽象度的理论系列，他们还进一步引用了刘海龙提出的“情景化理论”和“普适性理论”概念，提出从经验基础出发的理论首先应该是情景化理论，然后是“中层理论”，最后是最高抽象度的本土范式，力图打造出普适性理论。其中值得注意的是罗伯特·默顿提出的“中层理论”概念，一方面，这种理论强调对经验研究的总结与升华，同时将经验研究与抽象成分结合起来，在经验研究与理论框架之间，以及认识意义与实践意义之间架起了桥梁，并且把以前认为是毫无联系的一些实际研究方向沟通起来，为我们研究中的各种理论方法派别提供了一个相互汇合的基础，比较适合我国的本土化研究；另一方面，这种理论为底层命题与普适理论之间建立了一个中介式的阶梯，这种对经验与抽象层次的衔接，是我们概括更为宏大的普适性理论的过程中，不可缺少的步骤，并且为我们的研究提供了一个具有明确界定性的、可操作化的概念。① 研究方法方面，邹立斌、孙红波则是强调“理论与资料、方法的三位一体”，希望通过这种种努力，最后达到“中国经验、中国问题、中国范式三位一体”的目标。②

而从纵向维度来解析，邹利斌、孙江波提出基于中国经验的研究是本土化理论的第一步，基于本土经验，提出中国问题的研究是第二步，发现和发展出中国范式的研究是理论的最高层次。与此同时，他们强调这三个步骤之间不是绝对的线性逻辑关系，它们之间有重合、交叉和反复，在中国经验的研究中发现问题与想象范式，而范式的想象又会对经验提供启发，这是一个循环往复、不断深化的过程，不断推动传播学本土化的深化发展。③ 值得注意的是，他们对理论与经验之间的关系进行了重新解读，强调我们绝对不能走入理论决定经验的误区，认为经验只是理论的产物或结果，这只是片面的阶段性的认识，但是我们要从整体上对理论、经验之间的关系进行重新思考，

---

① 罗伯特·K. 默顿：《社会理论和社会结构》，唐少杰，齐心译 . 南京：译林出版社，2008 年版，第 50—56 页。

② 邹利斌，孙江波：《在“本土化”与“自主性”之间——从“传播研究本土化”到“传播理论的本土贡献”的若干思考》，《国际新闻界》，2011 年第 12 期（总 33 期），第 60—66 页。

③ 邹利斌，孙江波：《在“本土化”与“自主性”之间——从“传播研究本土化”到“传播理论的本土贡献”的若干思考》，《国际新闻界》，2011 年第 12 期（总 33 期），第 60—66 页。

认清经验的先在性，强调经验是理论的根本性基础。①

某种意义上可以说，邹利斌、孙江波提出的这种体系与路径更加清晰且明确，尤其是他们提出的传播学本土化的几个纵向发展层次，既不是以西方理论为主框架，也不是从理论的改变、创新程度对其进行分层，而是立足于中国的社会现实，一方面重新解读了理论与经验的关系，另一方面更加强调问题意识与中国的传播实践，最后还根据我国的本土化研究现状，引出了罗伯特·K. 默顿较具操作性的“中层理论”概念，为经验研究与理论框架之间架构了桥梁；值得注意的是，这种层次划分还强调了本土化的发展过程并不是传统的线性逻辑，而是相互交织，循环往复，不断深化的，摆脱了线性发展的单一视角，对本土化发展过程的认识更为深刻且全面。

4.1.5 论争：华夏传播研究与传播学本土化究竟是何关系?

(1) 华夏传播研究是传播学本土化研究的重要组成部分

研究对象：华夏传播注重传统社会，而传播学本土化则包括传统与现代中国

黄星民认为华夏传播研究与传播学本土化概念不同，但是关系密切。在2002年的《华夏传播研究刍议》中，黄星民将华夏传播研究定义为：对中国传统社会中的传播活动和传播观念的发掘、整理、研究和扬弃。②黄星民提出华夏传播研究主要研究的是我国传统社会，而传播学本土化的研究对象既包括传统的中国，还有现代的中国。所以华夏传播研究是传播学本土化的重要组成部分，最后，鉴于传播学本土化的提法更为复杂含混，容易引起概念混淆，他提倡将传播学本土化改称为传播学中国化。③

经历了十几年的发展，华夏传播研究的定义也有所演变与拓展，谢清果在黄星民老师原本定义的基础上，在2016年底出版的《华夏文明与传播学本土化研究》一书中，将其内涵拓展为：在系统整理中国传统社会的传播活动，传播观念与传播有关的现象，制度等方面的基础上，站在古今文化传统赓续的立场上，对中华优秀文化进行传播学意义上的发掘，整理，研究和扬

① 邹利斌，孙江波：《在“本土化”与“自主性”之间——从“传播研究本土化”到“传播理论的本土贡献”的若干思考》，《国际新闻界》，2011年第12期（总33期），第60—66页。

② 黄星民：《华夏传播研究刍议》，《新闻与传播研究》，2002年第4期，第80—86、96页。

③ 黄星民：《华夏传播研究刍议》，《新闻与传播研究》，2002年第4期，第80—86、96页。

弃，以期形成一套具有中国特色的华夏传播学话语体系等诸多活动的总称。[①] 这个定义一方面强调了古今文化赓续的立场，更加注重传统文化与现代传播实践的互动，另一方面将华夏传播的目标更明确地表述了出来，期望能够形成属于自己的话语体系。2017 年底，谢清果针对上文所述的华夏话语体系的建构问题，专门撰写了一篇文章，在其中对“华夏”“中华”“中国”这几个字眼的具体内涵进行了详细的比较分析，认为“中华”这个字眼既避免了类似“华夏”字眼，偏向于指代古代中国的倾向，又避免了“中国”这个字眼更加偏重于民族、国家层面的倾向，最后提出我们应该以华夏传播研究为基础，逐步建立起属于我国的华夏传播学，进而建构我们的中华传播学派。[②] 同时，他也通过种种分析，从不同层面上强调了华夏传播研究是传播学本土化研究其中一道亮丽的风景线，是其重要组成部分，也是其成果聚集地之一。

邵培仁则明确提出，传播学研究本土化主要包括了“传播学研究的中国化”和“传播学研究的中国特色”两种说法。首先是中国化的传播学研究，这种研究大致上以古为主，以今为辅，致力于对中国文化中传播理念、智慧的展现与弘扬，这部分的定义与华夏传播研究比较接近；其次就是中国特色的传播学研究，主要是以今为主，以古为辅，着力于中国当代传播活动中现象的分析，问题的解决，[③] 强调传播学本土化在研究对象方面的本土化层面。根据邵培仁的这种层次划分，我们可以看出，他为华夏传播研究贴上了传播学研究的中国化这一标签，明确提出它是传播学本土化重要的组成部分之一。

研究路径：华夏传播注重研究对象本土化，在理论、方法的本土化方面有所欠缺

黄星民提出，随着华夏传播研究的不断进展，我国的传播学也会越发繁荣，最终形成“传播学中华学派”，说明他对华夏传播研究建构自己的理论学派还是有所期待的。但是黄星民提出达到此目标的三项基础工作分别是：“引进消化国外传播科学”“整理研究华夏传播学说”“研究总结中国当代传播实践”，在这三项工作中，好像并没有涉及研究理论、研究方法的本土化问题，主要思维模式还是以西方传播理论为引，倡导我们运用西方理论和华夏传播

① 谢清果：《华夏文明与传播学本土化研究》，北京：九州出版社，2016 年版，第 2 页。

② 谢清果：《传播学“中华学派”建构路径的前瞻性思考》，《新疆师范大学学报》，2017 年第 6 期（总 38 期），第 63—76 页。

③ 邵培仁：《传播学本土化研究的回顾与前瞻》，《杭州师范学院学报》，1999 年第 4 期，第 36—41 页。

理论的精华，来指导我们中国现实的传播实践。[①] 黄星民的设想是，在这种过程中将三者成功地融合起来，形成我国特色的理论范式。但是具体如何建构中国的传播理论，在西方范式的框架下，我们建构本土传播理论范式的可能性与空间在哪里，黄星民先生并未做出明确回答。

其实不只是黄星民先生，众多在华夏传播领域较为活跃的学者，因为深受余也鲁“探索中国传统文化中有关传的理论”这一纲领的影响，不管研究路径是以古为主，还是以今为主，似乎都多多少少地被“西方理论，中国经验”的模式所禁锢，并未对研究理论、研究方法的本土化等范畴进行全面深刻的重新思考。

（2）华夏传播研究可促进传播学本土化的发展，但具体作用路径仍存论争

在此问题上集中表现为黄星民、孙旭培、邵培仁、黄旦、胡翼青等的论争。

黄星民在《华夏传播刍议》中，明确提出华夏传播研究的目的是促使“传播学中国化”。他强调我们正是为了促进传播理论更好地适用于现实传播实践，才需要对我国的传播历史进行探索，如果不是为了今天而研究昨天，研究也就失去了它的意义。[②]

华夏传播研究注重对我国传统社会的探索，在研究对象上更加偏重于中国传统文化中的传播现象，还有我国独特的传播现象。孙旭培引用澳大利亚学者奥斯本的话，坚持对传播史的探索是华夏传播研究的必经之路，[③] 余也鲁、邵培仁也一直强调研究我国传播理论的有效途径，即是从历史着手。邵培仁更是指出，华夏传播的研究对象就应该是中国人，强调我们要随时把自己的社会文化背景反映在相关研究中，配合其独特的历史情境，研究我国独特的问题，恢复独立的批判力。[④]

但是随着相关研究的深化发展，诸多学术大家对此产生诸多论争。越是民族的，越是世界的，这句话是适用于所有领域的吗？以中国独特现象为研

---

① 黄星民：《华夏传播研究刍议》，《新闻与传播研究》，2002 年第 4 期，第 80—86、96 页。

② 黄星民：《华夏传播研究刍议》，《新闻与传播研究》，2002 年第 4 期，第 80—86、96 页。

③ 孙旭培：《华夏传播论》. 北京：人民出版社，1997 年版，第 73—76 页。

④ 邵培仁：《传媒的魅力——邵培仁谈传播学的未来》. 北京：首都经济贸易大学出版社，2014 年版，第 73—76 页。

究对象的研究能够在多大程度上促进传播学本土化呢？

针对此问题，胡翼青从传播学建构的基础出发，强调传播学的研究对象是信息人，尤其是在当前历史条件下的信息人。对我国传统社会具有历史、民族特性的信息人进行探索，确实有属于它自己的研究价值，但是这种研究的目的，应该也是为了更好地解释当前这个社会中所有人的信息接触行为。[①]我们对中国传统社会的探索能够在多大程度上促进传播学本土化研究，建构属于我们自己的传播理论呢？最后，胡翼青强调我们不只要研究中国独特的传播现象，还要注重中国人作为普通信息人，与其他国家人群的各种相似性，[②]否则这种带有一定民粹主义观点的看法会将传播学本土化引入误区，不利于传播学本土化研究的科学开展。

黄旦则是从“中国”这个字眼出发，提出现今华夏传播研究中，诸多学者对“中国”约定俗成的定义主要着眼于近代民族、国家层面的中国，这并不是中国的全部含义。黄旦进一步提出，文化层面的中国比民族、国家层面的中国复杂多面得多。他强调中国文化具有复合性，历史性，一方面它非常复杂，不是内容单一的概念性存在，我们难以用一段话来对其进行定性分析或者定义。另一方面，中国文化是一个有着自己的特定历史语境的存在，而且它会随着时间的推移而不断变化，我们不能将其当作一个性质不变的静态性存在。[③]因此华夏传播研究对中国传统社会的挖掘式探索，可能易造成主客体之间的分离，不能满足传播学本土化的当代要求。另一方面，黄旦提出传播学本土化需要解决的问题可能是来自我们中国的本土问题，但是这些问题有可能不只是中国独有的，而是需要全人类普遍关注，共同解决的。[④]所以华夏传播研究对中国传统文化中的传播知识进行探索，并且试图解决中国的传播实践问题，这一研究视野与思维模式会不会有所局限呢？

---

① 胡翼青：《传播学：学科危机与范式革命》. 北京：首都师范大学出版社，2004 年版，第 307 页。

② 胡翼青：《传播学：学科危机与范式革命》. 北京：首都师范大学出版社，2004 年版，第 307 页。

③ 黄旦：《问题的中国与中国的问题——对于中国大陆传播研究本土化讨论的思考》，见黄旦，沈国麟：《理论与经验——中国传播研究的问题及路径》. 上海：复旦大学出版社，2013 年版，第 42—43 页。

④ 黄旦：《问题的中国与中国的问题——对于中国大陆传播研究本土化讨论的思考》，见黄旦，沈国麟：《理论与经验——中国传播研究的问题及路径》. 上海：复旦大学出版社，2013 年版，第 55 页。

4.2 要不要进行传播学本土化?

围绕着要不要进行传播学本土化这一问题，传播学界一直有多种声音，众多大家意见纷呈，在此将其大体上分为三大派：赞同派、反对派、部分肯定派。

首先是赞同派，这部分学者明确地要求传播学本土化，并且积极探讨其实现路径，以汪琪、孙旭培、邵培仁、黄星民、谢清果、陈国明等学者为主要代表。但是肯定派对实现传播学本土化的路径又有着不同的主张，因此肯定派内部也划分为几个不同的阵营，后面谈到怎样进行传播学本土化时，我们会对其中的各种不同观点进行详细阐释。

其次是反对派，这部分学者认为传播学本土化本身就是个没有意义的伪命题，其中以李彬、王怡红等为代表，他们提出的原因主要归类为几个方面：一、传播学是科学，具有普适性，没有必要区分哪个地区。陈力丹就强调要慎重考虑“传播学本土化”这个口号，认为传播学作为一门科学学科，不应该有国界的划分；二、全球化的发展使得本土与外国的区分愈加模糊，学术研究也必然要全球化；三、本土化这一概念本身带有一定的排外性与民族主义情绪，容易导致学术封闭主义。四、西方语境下的理论勉强进行本土化，只能是以西化中，造成不伦不类的尴尬，学术自觉的初衷最终可能转变为西方经验支配下的学术盲从。[①] 李彬在早期对传播学本土化的反思中，就曾提出这一观点。

最后还有一个派别，我暂且称之为部分肯定派，他们大体上是赞成传播学结合中国实际这种主张的，但是对本土化这一说法的科学性、现今本土化的实现路径等问题存在一定质疑，比如黄旦大体上是赞同传播学本土化的，但是对其具体实现路径提出了诸多疑虑；徐耀奎认为传播学本土化这一说法把科学局限于民族、国家之内，过于狭隘，建议将其改称为“传播学结合中国的实际”；[②] 翟学伟则是提倡将传播学本土化称为“本土研究”，他是赞成本土研究的，但是认为“化”这个字眼倾向于散漫与无系统性，所以倡导对外国理论既不“化”也不“套”，强调学科性的自生性研究，直接面对问题，重

① 李彬：《反思：传播研究本土化的困惑》，《现代传播（北京广播学院学报）》，1995 年第 6 期，第 7—9 页。

② 《传播学研究要结合中国实际——访中国社科院新闻与传播研究所研究员徐耀魁》，见袁军：《传播学在中国：传播学者访谈》，北京：北京广播学院出版社，1999 年版，第 247 页。

新进行思考、研究。[①] 陈月明则是通过对本土化的历史考察与问题总结，最终提出本土化这一说法本身没有提错，如果有什么不足的话，那就是提得不够深入，如何操作的线路不够具体；[②] 胡翼青等学者对传播学本土化研究中存在的“西方理论，中国经验”这一框架提出了质疑与反思；刘海龙则是引用理论旅行的主客互动视角，提出中国的传播研究从一开始就不是被动的接收者，而是积极从自身需求出发，自觉、不自觉地改造西方理论的过程。[③] 其实这种观点也是进一步强调如何正确对待西方传播学，并不是反对传播学本土化。在这个派别中还有一个更为细分的知识社会学派，他们将本土化视为一种社会现象，更关注背后的发生机制以及不同本土化话语的正当性，提出传播学本土化是一个自然发生的过程，是多个标准与研究范式相互竞争的结果。[④]

不管大家各自的态度如何，抑或是分成了多少不同的派别，但是诸多学者对本土化问题的论争，恰好反映出学界的自觉意识、创新意识与不断探索的意志，[⑤] 有利于促进传播学本土化在反思与论争中不断前进、发展。

4.3 为什么进行传播学本土化?

在以上的讨论中，虽然各位学术大家意见纷呈，但是对其持总体肯定态度的还是较多数。而针对为什么要进行传播学本土化？各位学术大家从多个层面对其进行了详细解析，我们在此将其分为两个层次：理论与实践，正是这两方面的需求共同号召着传播学本土化。最后我们针对其中的一个主要论争：是中国的存在要求传播学本土化吗，进行了另外的单独阐述。

4.3.1 理论层面

(1) 传播学的学科性质：人文科学，会受社会条件的影响

在此问题上集中表现为孙旭培、张国良、祝建华、邵培仁、纪金庆等的共识与对话。

---

① 翟学伟：《人情、面子与权力的再生产》. 北京：北京大学出版社，2005 年版，第 70—72 页。

② 陈月明：《传播学研究本土化再认识》，《东南传播》，2009 年第 9 期，第 1—4 页。

③ 刘海龙：《传播研究本土化的两个维度》，《现代传播（中国传媒大学学报）》，2011 年第 9 期，第 43—48 页。

④ 刘海龙：《传播研究本土化的两个维度》，《现代传播（中国传媒大学学报）》，2011 年第 9 期，第 43—48 页。

⑤ 邵培仁：《传媒的魅力——邵培仁谈传播学的未来》. 北京：首都经济贸易大学出版社，2014 年版，第 73—76 页。

为什么进行“传播学本土化”，要想全面地回答这一问题，我们必须从源头上对传播学进行求索，传播学到底是什么样的学科，相比其他学科它有什么独有的特征。

针对学界广泛流传的“科学无国界”，孙旭培提出这句话总体上是正确的，尤其是较具科学普适性的自然科学，但是人文科学稍有不同，它除了遵循人类社会的共同规律以外，还有一些是对某些国家与社会特殊规律的总结。因为不同的国情和历史，不同的民族习惯和思维方式，其相关的人文科学理论就会不尽相同。①祝建华、邵培仁也都曾经强调传播学是人文科学，而不是自然科学，因此传播学是有国界的，它会受到一定的文化社会条件的影响，②因此传播学本土化是有其明确的理论基础与实践意义的。

张国良在2018年的最新文章中对传播学的学科性质进行了全面反思，提出传播学更偏向于人文社会学科中的横向学科，与人类特性息息相关，具有很强的跨界性、应用性、实证性。③传播学属于人文学科，因而会受到各种条件的影响，另一方面，邵培仁还指出，传播学具有某种适应性，适者生存。这种适应性，使传播极易冲破民族文化的防线，与当地文化融为一体；这些特征也都使得传播学的本土化成为可能。④

纪金庆老师则是针对人文学科与自然科学的边界问题，专门撰写了一篇文章，提出人文科学与自然科学在研究模式、路径、目的各方面都存在一定差异，自然科学主要研究的是“实然”的问题，而人文科学则更加注重提出“应然”的问题。他还进一步提出，社会科学的产生正是因为人文科学对自然科学的盲目效仿，强调我们认真反思一个问题：人文学科或者社会科学中，针对文化与社会现象的研究，是否应该亦步亦趋地追随自然科学强调数学属性与可验证性的标准呢？⑤传播学在研究对象、研究属性等各方面明显更加偏向于人文科学与社会科学，那么我们还应该继续用自然科学的狭义理论定义、研究标准来限制我们自身的研究吗？

① 孙旭培：《华夏传播论》. 北京：人民出版社，1997年版，第164页。

② 邵培仁：《传媒的魅力——邵培仁谈传播学的未来》. 北京：首都经济贸易大学出版社，2014年版，第73—76页。

③ 张国良：《传播学的特点及其对中国的贡献》，《国际新闻界》，2018年第2期，第118—122页。

④ 邵培仁：《传媒的魅力——邵培仁谈传播学的未来》. 北京：首都经济贸易大学出版社，2014年版，第73—76页。

⑤ 纪金庆：《反思人文学与科学的边界》，见谢清果：《中华文化与传播研究》. 厦门：厦门大学传播研究所，2014年版，第12—13页。

（2）社会科学研究中主位研究的重要性，西方理论有其语境与前提

在此问题上集中表现为马成龙、胡翼青、黄旦、汪琪等的共识与对话。

马成龙在针对传播学本土化的原因方面，明确提出传播学作为社会科学的重要组成部分，必须对社会科学中的基本概念有深入理解。首先，我们要明确社会科学研究一直以来存在着一个很大的争议，即：主观感受与客观事实，到底谁更重要。那么在传播学中对应的概念则是：定则观点与通则观点。所谓定则观点，强调外在固定法则式的存在，而通则观点，则更加强调人自身的主动诠释能力，认为每一个传播者都时时刻刻处在与周围环境互动的过程中，在特定情境下仅受不同类型的通则指导，但是却没有固定的法则。[①] 所以很多社会科学理论与研究都是含有文化成分的，的确，理想的社会科学理论应该是具有普适性，放之四海而皆准的，但是一旦涉及了文化、人、社会这种带有互动性与主动性的范畴，我们就无法保证任何理论能够具有普适性。

除了涉及文化范畴的理论无法保证其普适性之外，还有另外一个重要范畴我们必须加以考虑，那就是理论的前提、假设与语境问题。马成龙提出，每一个传播学理论都由两部分组成，公理与定理。所谓公理，也可称为前提或假设，大体意思是，在逻辑上不需证明即可使用的句式，而定理则是由公理推论出来的，又称理论陈述，我们在进行相关传播学验证研究时，主要是验证其结果，但是却忽视了其特定的理论前提语境。所以若是直接将西方理论应用到我们中国文化时，有一个最大的问题不可忽视，那就是他们理论背后的语境与前提、假设，符合我们华人社会的具体实际吗？[②]

有鉴于这种情况，许多研究文化的学者强调客位研究的不足以及主位研究的重要性，也就是说，我们不应该将某一个文化发展出来的理论完全应用到另一个文化中，而要从另外那个文化出发，从其内部成员的观点来理解他们自身的行为，强调主位研究与自身文化语境的重要性。[③] 所以我们进行我国的传播学本土化研究是有其必要性的，西方理论自有其特殊语境与前提、假设，我们必须从自身文化语境出发，对自己的相关传播行为与实践进行审视、考察与研究。胡翼青、黄旦、汪琪等学者在文章中也一再强调语境范畴的重

---

① 马成龙：《传播学的中国化》，见谢清果：《中华文化与传播研究》．厦门：厦门大学传播研究所，2014 年版，第 23 页。

② 马成龙：《传播学的中国化》，见谢清果：《中华文化与传播研究》．厦门：厦门大学传播研究所，2014 年版，第 24 页。

③ 马成龙：《传播学的中国化》，见谢清果：《中华文化与传播研究》．厦门：厦门大学传播研究所，2014 年版，第 23 页。

要性，不管是西方理论还是中国经验，都脱离不了其特定语境。

（3）后现代主义思潮，拓展欧美视角，丰富整个传播体系的要求

在此问题上集中表现为Saral、Ishii、余也鲁、三池贤孝、马成龙等的共识与对话。

Saral早在1983年就对传播学研究的西方主导现状表示质疑，并且进一步指出此现象会导致传播学只适用于西方，不能成为真正的普适性理论。传播学研究一直倾向于西方的概念、模式和研究方法，不免受制于西方文化，且只适用于西方的哲学和形而上学的脉络之下；[①]针对此问题，Girdon在20世纪末对未来提出了展望，提出21世纪所需要的是多元化的传播理论，而不是操控于某个单一理论的霸权主义之下。Ishii也在2001年进行传播学回顾时提出，整个20世纪的传播学研究，一直单向地由欧美的以人类为中心，个人主义，追求效率，实证理论和研究所主导。[②]这种传播研究现状有着明确的西方特征，可能会导致多种负面倾向。爱门森则是从后现代主义思潮切入，提出20世纪七八十年代盛行于西方的后现代主义思潮为总体语境中的亚洲传播理论建构了一定基础，从传统哲学理性发展到现今的后现代主义，凸显出了许多新特征，即注重解构与超越，批评唯一性，放弃对普适性的追求，承认历史性与具体性，在思维方式方面强调否定性、非连续性以及多元性，[③]这种思潮为我们发展自身的传播理论，反对以欧洲、美国为代表的传播理论一统天下提供了一定的认识论基础。

提到传播学本土化，必须要提到其最初发起者，学术泰斗余也鲁先生，针对为什么要进行传播学本土化，他的回答是：为了“从中国的历史中找寻到许多传的理论与实际，用来充实、光大今天传学的领域”，[④]这里面即包含着中国传播理论丰富整个传播体系的意义与目的。李少南通过种种分析，最后也提出以中国传统思想为主体的中国传播学或社会科学的出现，将令传播

---

① ［日］三池贤孝：《传播理论的亚洲中心典范》，见陈国明：《中华传播理论与原则》．台北：五南出版社，2004年版，第55—74页。

② ［日］三池贤孝：《传播理论的亚洲中心典范》，见陈国明：《中华传播理论与原则》．台北：五南出版社，2004年版，第55—74页。

③ ［美］爱门森：《探足于“后现代”“后美国”与“复变”的交叉河流》，见［美］赵晶晶：《传播理论的亚洲视维》．杭州：浙江大学出版社，2008年版，第4—5页。

④ 邵培仁：《传播学本土化研究的回顾与前瞻》，《杭州师范学院学报》，1999年第4期，第36—41页。

学及其他社会科学更有趣和充实。[①] 吴文虎也提出，东方和中国传播理念的挖掘是有着多个层面的意义的，一方面可以反过来丰富和发展传播学的研究，另一方面，它还可以促进传播学研究的本土化的前进与发展，并且使其更容易被国人接受和认同。[②]

综合以上观点，大体共识是现今传播理论单向地由欧美为主导，缺乏代表其他思维角度的传播学知识。三池贤孝针对此明确提出传播研究的未来，在很大程度上需要依靠非西方学者，突破欧美中心论的学术世界观，丰富整个传播体系与社会科学体系。而以我国为代表的传播学本土化可以帮助拓展目前以欧美中心论为主导的传播学理论体系。[③] 马成龙也在文章中明确指出，我们若想使传播学变成真正的普适性理论，则需要考虑不同文化的特性，将我中国元素纳入考虑，实在是大势所趋，历史发展的趋势使然。[④]

（4）学科走向自觉和成熟的要求，要求摆脱学术边陲对中心的依赖

在此问题上集中表现为苏玥机、廖胜清、汪琪、赵雅丽、爱门森的共识与对话。

关于我国的传播学本土化这一论题，也是后现代主义与后美国思潮发展的必然结果。爱门森曾在文章中明确提出，

香港的苏钥机教授表示非常赞同，并且强调学科本土化是一个社会学科走向自觉和成熟的象征，是一个地方学术界开始自行反思的征象。[⑤] 廖圣清也提出，对一个新兴的学科而言，西化有余，本土不足性是可以理解的。模仿乃是创新的过渡，但是在模仿的过程中，我们不能失去自我的认同。经历了几十年的发展，我国的传播学发展已经慢慢走向成熟，这种现状迫切要求我们进行本土化。[⑥] 徐耀魁与廖圣清的看法有些相似，认为中国传播学研究在最

① 李少南：《中国传播学的省思与传播学的范式转移》，见冯应谦，黄懿慧：《华人传播想象》. 香港：香港中文大学香港亚太研究所，2012 年版，第 123—135 页。

② 《本土化的关键在于结合中国的传播实践——访暨南大学新闻系教授吴文虎》，见袁军：《传播学在中国：传播学者访谈》. 北京：北京广播学院出版社，1999 年版，第 278—282 页。

③ [日] 三池贤孝：《传播理论的亚洲中心典范》，见陈国明：《中华传播理论与原则》. 台北：五南出版社，2004 年版，第 55—74 页。

④ 马成龙：《传播学的中国化》，见谢清果：《中华文化与传播研究》. 厦门：厦门大学传播研究所，2014 年版，第 25 页。

⑤ 《传播学研究之我见——访香港中文大学新闻与传播学院副教授苏钥机》，见袁军：《传播学在中国：传播学者访谈》. 北京：北京广播学院出版社，1999 年版，第 358 页。

⑥ 廖圣清：《关于中国传播学发展问题的思考》，中国传播学论坛：《中国传播学：反思与前瞻——首届中国传播学论坛文集》，中国传播学论坛，2002 年版，第 20 页。

初的起步阶段，对西方的模仿尚且情有可原，以翻译评介为主也是其必要措施，但是随着传播学的不断发展，应该进入更深层次的阶段，结合中国实际进行自主创造。① 总体上来说，诸多学者认为我国传播学在经历了几十年的发展之后，有必要根据自身情况对传播学进行更深层次的创新发展，这是我国传播学学科走向自觉和成熟的一大表现之一。

前文我们已经说过，从 19 世纪起，伴随着政治、经济的主导，以欧洲为中心的文化观点也一直占据着主流地位，到了 20 世纪中期，大多数殖民地在二战后宣布独立，政治现实带来多元文化主义的同时，后殖民主义的思潮与议题逐渐兴起，这些发展使得越来越多人感觉到非西方观点的重要性。②

早在 20 世纪七八十年代，西方的传播学泰斗施拉姆就曾经对中国的传播理论表示过极高的赞扬与认可，希望中国的传播理论能够帮助西方科学改进自己的研究方法与理论建构。一方面，西方学界对亚洲的态度逐渐改变，我国学者陈光兴于 20 世纪末看到了这一趋势，他提出随着传播学的发展，其跨越学科以及地域藩篱的需要日益殷切，亚洲的文化资产与体制不但不再是嘲笑的对象，而且已经成为新观念的来源。③ 爱门森也在文章中提出，随着亚洲政治、经济实力的强大，亚洲传播学者出自本文化的自觉而进行相关传播理论的尝试，要求摆脱欧美中心论，是顺应时势的必然。④ 另一方面，在亚洲传播理论带来的新的研究视野下，广大亚洲学者对建构自身传播理论的学术自觉也日益苏醒，日本学者三池贤孝即明确提出在欧美中心论传播研究中，以亚洲为中心的传播理论（包括中国）并未得到足够的重视和承认，因此我们有必要重新加以认定与强调，以加强自己在传播体系中的话语权。⑤ 祝建华也提出，随着传播学的日益发展，学界对机械照搬西方理论的行为逐渐产生反

---

① 《传播学研究要结合中国实际——访中国社科院新闻与传播研究所研究员徐耀魁》，见袁军：《传播学在中国：传播学者访谈》. 北京：北京广播学院出版社，1999 年版，第 247 页。

② 汪琪，沈清松，罗文辉：《华人传播理论：从头打造或逐步融合？》，见陈国明：《中华传播理论与原则》. 台北：五南出版社，2004 年版，第 27—44 页。

③ 汪琪，沈清松，罗文辉：《华人传播理论：从头打造或逐步融合？》，见陈国明：《中华传播理论与原则》. 台北：五南出版社，2004 年版，第 27—44 页。

④ [美] 爱门森：《探足于“后现代”“后美国”与“复变”的交叉河流》，见 [美] 赵晶晶：《传播理论的亚洲视维》. 杭州：浙江大学出版社，2008 年版，第 4 页。

⑤ [日] 三池贤孝：《传播理论的亚洲中心典范》，见陈国明：《中华传播理论与原则》. 台北：五南出版社，2004 年版，第 55—74 页。

感情绪，开始陷入沉重的反思。[①]

汪琪、沈清松、罗文辉针对此现象，也提出了自己的疑问：亚洲作为全世界唯一可以与西方抗衡的文明，为什么还没有产生被大家公认，足以称之为亚洲传播理论的理论，这个问题实在是令人费解并且引人深思。[②]赵雅丽则从知识观的本质、学术社群的发展层面切入，明确提出传播学本土化的目标在于透过华人文化的特殊性，建立好的传播理论，帮助我们摆脱学术边陲对中心的依赖，另一方面借此促进华人传播学术社群与世界的交流与对话。[③]

综合来看，传播学本土化是我国传播学经历了几十年的发展，学科发展走向更加自觉与成熟的要求，也是其摆脱学术边陲对中心依赖的必要要求与措施。

4.3.2 实践层面

(1) 全球化、多元文化主义要求加强文化身份的现实需要

在此问题上集中表现为三池贤孝、王海燕、陈国明、爱门森等的共识与对话。

进入 21 世纪，全球化趋势发展得更为迅猛，这一趋势带来了政治、经济、文化、社会等各个方面的巨大变化，而伴随着全球化，文化多元化的趋势也发展得越来越迅猛。这种全球一体，各种文化空前融合的新时代的到来，更加需要代表人类多元性的传播理论与思想典范。结合这一时代趋势，三池贤孝明确指出新世纪的传播领域，必须具有多语言与多文化的特性，以回应人类在本土与全球传播中多样性的经历。[④]因为经济、政治等各方面的原因，传统的文化传播体系为西方所主导，其他国家与地区的声音被西方主流体系淹没，甚至根本就没有施展的余地。但是伴随着经济全球化的发展，全球各个国家、地区的联系空前加强，文化多元化的趋势越来越明显，各个国家、地区的文化自主性空前增强，要求建立自己的文化传播体系。另一方面，以西

① 祝建华：《传播学研究的本土化与国际化》，见李彬，杨芳，尹丽娟：《清华新闻传播学前沿讲座录》. 北京，清华大学出版社，2001 年版，第 212—230 页。

② 汪琪，沈清松，罗文辉：《华人传播理论：从头打造或逐步融合？》，见陈国明：《中华传播理论与原则》. 台北：五南出版社，2004 年版，第 27—44 页。

③ 赵雅丽：《实践取向的华人传播研究——意义科学的观点》，见黄旦，沈国麟：《理论与经验——中国传播研究的问题及路径》. 上海：复旦大学出版社，2013 年版，第 116—125 页。

④ [日] 三池贤孝：《传播理论的亚洲中心典范》，见陈国明：《中华传播理论与原则》. 台北：五南出版社，2004 年版，第 55—74 页。

方为主导的文化传播体系并不能代表整个人类文化社会，需要代表不同地区的本土化理论不断发展，来丰富整个文化传播体系，使其对整个人类社会具有更强的适用性。而这一点也与前面理论层面的分析，传播学本土化要求打破欧美中心论，丰富整个传播体系的要求相呼应。

与此同时，全球化本身的发展对于本土化来说本就是一把双刃剑，全球化一方面可以大大促进本土文化的创新与发展，另一方面，也可能会使得本土文化的内涵与自我更新能力逐渐模糊与丧失。王海燕也曾经明确提出，或许在全球化出现以前，讨论本土化是无意义的，正是因为全球化的发展需要我们对本土化的追寻，它们两个本来就是一体的两面，我们不能脱离一个面而去单独探讨另外一面。本土化实质上是人类在应对全球化冲击时的一种调适与平衡，我们正是在应对全球化的过程中不断地“去区域化”，“重新区域化”，不断地加强本土意识与身份认同。[①] 邵培仁在书中一再强调本土化与全球化的辩证关系处理。[②] 陈国明也在文章中一直强调自身身份认同与全球化的复杂关系处理，他明确指明：强调亚洲的异质性非常有利于我们对人类多样性的分类、理解与保留，越是在这种强烈受到全球化与多元文化主义的冲击之下，如果我们无法培养一支新的个性，并且通过这种个性发展多重身份，进而保持多元文化并存，那么人类社会注定会重蹈覆辙，无路可走。[③] 爱门森也明确提出，亚洲传播理论的诸多议题、概念与模式可以帮助我们丰富、拓展多元文化的视野，更加促进我们在全球化问题框架中进一步形成文化自觉，加强民族立场的思考，解决文化身份问题。[④] 本土化与全球化，自身文化身份认同与多元文化主义的关系可以说是既相互促进，又彼此牵制，这就更加需要我们适当地处理两者之间的张力与矛盾。

随着历史语境与本土化研究各方面的变化与发展，吴予敏也在 2018 年的最新文章中，提出现今对“本土性”知识系统的讨论，应该放置在新的“全球化”文化视野中，而不是简单地重复和“全球化”相对峙的概念。他还进

---

① 王海燕：《中国文化传播软实力研究》. 北京：社会科学文献出版社，2016 年版，第 78—79 页。

② 邵培仁：《传媒的魅力——邵培仁谈传播学的未来》. 北京：首都经济贸易大学出版社，2014 年版，第 76 页。

③ 陈国明：《一个有关人类传播的亚洲研究方法的对话》，见赵晶晶：《传播理论的亚洲视维》. 杭州：浙江大学出版社，2008 年版，第 46—47 页。

④ [美] 爱门森：《探足于“后现代”“后美国”与“复变”的交叉河流》，见 [美] 赵晶晶：《传播理论的亚洲视维》. 杭州：浙江大学出版社，2008 年版，第 2 页。

一步引用西方媒体对中国“锐实力”的炒作，我国价值观正在楔入西方自由民主思想体系，并且与西方的部分反主流思想形成共鸣，提出我国的观念不能简单地等同于格尔兹的“本土化知识”。[①]

(2) 中国传播实践的发展与社会现状的要求

在此问题上集中表现为吴文虎、邵培仁、徐耀奎、孙旭培等的共识与对话。

不管各位学者是否赞同“传播学本土化”这一说法，但是大部分人还是认可传播学结合中国社会现状这一点的。

徐耀魁更是认为应该把传播学本土化改称为“传播学结合中国实际”，强调本土化的初衷就是要结合中国的传播实际，他还进一步指出了其必要性与迫切性，提出我国有很多有关传播与新闻的重大课题需要研究，而这些研究都需要传播学能够适应中国的传播现状与实践。[②] 吴文虎对传播学本土化的态度则是从不太认可转变为赞成派的，他承认刚开始对其存在误解，以为传播学本土化就是整理国故，不注重结合中国实践。当他转变态度之后，明确提出我国丰富而又特殊的现实传播实践，热切号召我们进行传播学本土化，并且进一步指出：传播学研究本土化的关键是传播理论之“矢”，能否射中中国大众传播与新闻传播现实之“的”。[③] 苏玥机也从人才培训、研究课题方面对本土化进行了阐释，认为研究课题应该本土化，结合当地的社会条件和传播情况，[④] 进而促进本土化的更好发展与实现。

对于这一问题，邵培仁则是从精神产品的性质与传播学的舶来品特性出发，明确提出精神产品的引进不是照搬，而只是一种手段，另一方面，他强调传播学是舶来品，必须同所在国家的传播实践密切结合，同当地特定的历史社会文化条件相吻合，才能够真正得到认可与发展。[⑤] 而孙旭培对这一问题也是有着明确指向的，他在提出传播学本土化的提法时，说到我们不能只依

---

① 吴予敏：《重构中国传播学的时代场景和学术取向》，《国际新闻界》，2018 年第 2 期，第 85—98 页。

② 《传播学研究要结合中国实际——访中国社科院新闻与传播研究所研究员徐耀魁》，见袁军：《传播学在中国：传播学者访谈》. 北京：北京广播学院出版社，1999 年版，第 247 页。

③ 《本土化的关键在于结合中国的传播实践——访暨南大学新闻系教授吴文虎》，见袁军：《传播学在中国：传播学者访谈》. 北京：北京广播学院出版社，1999 年版，第 278—282 页。

④ 《播学研究之我见——访香港中文大学新闻与传播学院副教授苏钥机》，见袁军：《传播学在中国：传播学者访谈》. 北京：北京广播学院出版社，1999 年版，第 358 页。

⑤ 邵培仁：《传媒的魅力——邵培仁谈传播学的未来》. 北京：首都经济贸易大学出版社，2014 年版，第 86 页。

赖于西方人总结出的原理和方法，中国学者要做出自己的特殊贡献，就必须研究中国的传播实践，[①] 也是强调了中国传播实践对本土传播理论的号召。

(3) 中国国际地位提升，文化自信、自觉日益觉醒的要求

在此问题上集中表现为邵培仁、王海燕、爱门森等的共识与对话。

进入 21 世纪，随着中国政治、经济实力的迅猛发展，我国的国际地位也逐渐提高。邵培仁对此的描述很是精到，帝国更替改变世界秩序，世界演化左右学术研究。随着我国国际地位的提升，更加点燃了传播学者的文化自信与自觉，[②] 因此传播学本土化的问题也变得异常迫切。而这一点我们在前面也曾经提过，刘海龙提出由于现今社会语境的变化，使得这种以争夺文化话语权为动机的本土化掺杂着一定的政治动机。

爱门森在文章中明确提出，伴随着世界政治、经济体系的巨大结构变化，亚洲经济力量的显著提升必然会加强其自身传播理论转型的自主能力，还可以提升其建构亚洲传播理论体系的可选择地位，诸多亚洲学者出于本文化的自觉进行相关传播理论的尝试，是顺应时势的必然，[③] 而这种亚洲传播理论的必要性依据与研究视野也可为我们的传播学本土化研究提供更广阔的视角与路径；王海燕在《中国文化传播软实力研究》一书中，通过对文化软实力内涵与外延较为丰富的复杂性分析，明确提出将传播学本土化作为提升文化软实力的重大突破口。王海燕还进一步借用爱德华·霍尔对文化传播特性的阐释，提出文化软实力建设的具体路径，即是通过传播学理论来观照文化的传播特质，积极寻找传播理论与文化软实力建设的共鸣点，以此为基础不断促进传播学本土化与文化软实力建设。[④]

4.3.3 论争：中国的存在要求传播学本土化？注重主位研究与语境的重要性

在此问题上集中表现为邵培仁、黄旦、马成龙等的论争。

除了以上理论、实践两方面的要求，在关于传播学本土化的原因方面，

---

① 孙旭培：《华夏传播论》. 北京：人民出版社，1997 年版，第 73—76 页。

② 邵培仁：《传媒的魅力——邵培仁谈传播学的未来》. 北京：首都经济贸易大学出版社，2014 年版，第 97 页。

③ [美] 爱门森：《探足于“后现代”“后美国”与“复变”的交叉河流》，见 [美] 赵晶晶：《传播理论的亚洲视维》. 浙江：浙江大学出版社，2008 年版，第 4 页。

④ 王海燕：《中国文化传播软实力研究》. 北京：社会科学文献出版社，2016 年版，第 73 页。

存在着另外一个论争：是中国的存在，是中国的特殊性要求传播学本土化吗？

这个论争有着一系列不同阶段的发展过程：在传播学本土化的初期阶段，余也鲁提出希望通过本土化，“让中国文化里头潜藏的一面，在大家的努力耕耘下得到发扬”。徐佳士提出本土化是为了“把目光转向自己文化传统”，“探索我们自己文化中关于传播的理念和智慧的库藏。”关绍箕为了“凸显中国人在传播问题上所展现的一些智慧或洞见。”①孙旭培的《华夏传播论》也正是对中国的传统传播思想与实践进行挖掘的成果。可以看出，早期港台倡导的这种研究路径以探索中国传统文化为主，主阵地则主要是华夏传播研究。

经历了这样一段时间的发展，邵培仁将中国文化的不同之处提升到了更高的高度，他提出传播学本土化研究的对象是中国人，而我们的性格与思维方式、文化背景以及各种思想观念都与西方有很大区别，这些特殊性与不同之处都号召着传播学本土化。②而黄旦则对这一观点提出了质疑，他认为以邵培仁的观点为代表的传播学本土化，把中国或者非中国这一客观事实，当成了问题的自然起点。关于为什么进行传播学本土化的原因，好像不是因为西方的传播理论对中国传播实践是否适用而引起，而是因为中国的存在需要本土化，这可能会使得本土化原有的特殊语境被淡化甚至被消解。③

另外针对施拉姆对中国传播的论述，黄旦引用克拉克的观点，提出这可能是施拉姆对异国情调的浪漫式迷恋，虽然许多外国人对中国文化有一种迷恋与敬慕，但是本土化内涵中，本应强调的意义阐释、研究主体性以及后殖民主义等问题可能会被所谓情感元素淹没，使得本土化原本的语境与内涵被消磨。④针对这一现象，黄旦明确提出本土与非本土，只不过是一个事实，无法构成学术研究的前提。而针对如何界定本土化的前提与语境，黄旦从更深层次的知识论切入，提出要不要以及如何理解传播本土研究的关键所在，是立足于什么前提来看待知识的生产，在我们的思维模式中，传播知识是多元

① 邵培仁：《传播学本土化研究的回顾与前瞻》，《杭州师范学院学报》，1999年第4期，第36—41页。

② 邵培仁：《传媒的魅力——邵培仁谈传播学的未来》. 北京：首都经济贸易大学出版社，2014年版，第82页。

③ 黄旦：《问题的中国与中国的问题——对于中国大陆传播研究本土化讨论的思考》，见黄旦，沈国麟：《理论与经验——中国传播研究的问题及路径》. 上海：复旦大学出版社，2013年版，第38—39页。

④ 黄旦：《问题的中国与中国的问题——对于中国大陆传播研究本土化讨论的思考》，见黄旦，沈国麟：《理论与经验——中国传播研究的问题及路径》. 上海：复旦大学出版社，2013年版，第46页。

的，是会依赖于特定情境并且被其影响的，还是一个绝对性的概念，拥有一个普遍适用的知识体系呢，[①] 这个知识论层次的不同认知可能会影响我们之后对传播学本土化的诸多论争。

而马成龙则是从社会科学的研究方法这一角度切入，提出涉及文化范畴的社会科学研究必须注重主位研究与自身语境的重要性，有些人强调因为中国文化的特殊性而要促进自己的传播学本土化研究，这个论题本身是没有问题的。因为在涉及文化、社会、人这几个范畴的社会科学研究中，应该是不太可能存在普适性的理论，所以我们要注重主位研究，避免对外国理论照抄照搬的情况，也就是不应该将某一个文化发展出来的理论完全应用到另一个文化中，相反地，我们要从另外那个文化的角度出发，从其内部成员的观点来理解他们自身的行为。[②] 但是我们要注意避免走向一个极端化的倾向，不能把中国、非中国这一客观事实当成本土化的自然起点，而应该从中西不同语境的角度切入，从西方理论能否适用于中国实践这个角度出发，对传播学本土化研究进行探索，注重问题意识、意义阐释、研究主体性以及后殖民主义这些特殊语境与内涵。

4.4 怎样进行传播学本土化?

什么是传播学本土化，要不要进行传播学本土化，为什么进行传播学本土化，以及怎样进行传播学本土化，这几个方面可以说是紧密相连，互相影响的。前面所有的问题归结到最后，也成为这最关键的一点：即传播学本土化如何可能？怎样进行传播学本土化?

前文中我们对传播学本土化的必要性与原因进行了简要分析，刘海龙曾明确提出就算我们可以用修辞否定本土化话语，但其路径选择都是不可回避的。真正的问题不在于是否本土化，而在于何种本土化。[③] 而针对传播学本土化如何可能这一点，诸多学术大家也是纷争不断，其中既有共识也有论争，接下来我们就针对这个问题进行总体梳理与阐述。

---

① 黄旦：《问题的中国与中国的问题——对于中国大陆传播研究本土化讨论的思考》，见黄旦，沈国麟：《理论与经验——中国传播研究的问题及路径》．上海：复旦大学出版社，2013年版，第46页。

② 马成龙：《传播学的中国化》，见谢清果：《中华文化与传播研究》．厦门：厦门大学传播研究所，2014年版，第23页。

③ 刘海龙：《传播研究本土化的两个维度》，《现代传播（中国传媒大学学报）》，2011年第9期，第43—48页。

事实上，在传播学本土化的探索过程中，有两个方面的矛盾与张力一直伴随其中。一方面，本土化的内涵是强调地方的独特性，与全球化相对，可以说本土化的另一面就是全球化，因此如何恰当处理全球化与本土化的关系就成了重要议题，而两者的博弈与张力也是促进其发展的有效催化剂。另一方面，为什么进行本土化，包含着对西方理论体系能否适用我国的质疑与反思，包含着对本土与西方理论体系不同之处的探索，是强调了中国与西方的某些不同之处，因此如何恰当地处理中国与西方的关系，又是一个重要范畴，接下来我们就对这两个方面的矛盾与张力进行详细论述。

4.4.1 全球——地方的矛盾与张力

(1) 理论化是处理两者张力的适当路径

在此问题上集中表现为陈韬文、汪琪、苏玥机等的共识与对话。

前文在总结要不要进行传播学本土化的论争时，很多学者都提到了全球化与本土化的矛盾，有些学者不赞成本土化的一大原因就是认为在这全球化成为社会大趋势的时代，本土化似乎显得格格不入。但是，本土化本就是随着全球化的发展而日益突出的一个问题，这两者可以说是一体两面，其发展趋势看似完全相反，但是却又相互促进，共同发展。因此如何恰当地处理这两者的关系，也成为传播学本土化的一大难题。

针对这一问题，陈韬文明确提出，理论化是处理全球化与本土化的张力的最好出路。强调理论是我们跟国际学术进行有效对话的良好途径，一方面，理论可作为本土化与全球化两者之间的纽带，促进我们的传播学本土研究与世界的对话，进而与世界学术进行更好的竞争、互补和融合；另一方面，我们中国的经验与问题也可以作为典型范例，对全球化的研究争论有所启发。针对这种问题，陈韬文进一步提出了其建议，提出本土化研究除了着力于我国独特的问题之外，也要善于发展出自己的一般性理论，开阔自己的视野，完善自己的体系。[①] 针对理论的建构，汪琪、沈清松、罗文辉进行了详细分析，提出我们首先要找到埋藏于我国传统文化中的理论胚胎，不可忽视的一步是要与西方的理论训练接轨，从而进行相关理论体系建构的尝试。针对建构理论如何可能的具体路径，汪琪更进一步具体提出，本土化的关键是运用

---

① 陈韬文：《理论化是华人社会传播研究的出路：全球化与本土化的张力处理》，中国传播学论坛：《中国传播学：反思与前瞻——首届中国传播学论坛文集》，中国传播学论坛，2002年版，第12页。

诠释学方法，尝试通过适当的语言体系转译，将本土思维、观点转译成科学的论述类的相关阐释与语言，进而促进其在世界范围内的传播与应用；[①] 还有许多学者也从理论建构层次方面提出了详细建议，强调我们要坚持从微观层面，中观层面层层递进，最后尝试将其整合成更完整，更高层次的宏观理论，[②] 同时强调我们在理论建构的过程中，相关概念一定要明确，同时，体系的建构不用那么着急，可以在慢慢探索中逐步构建。

香港中文大学苏钥机则从整体出发，将本土化与理论化之间的关系概括为微观与宏观，提出它们之间的关系始终处于一种辩证的紧张状态，彼此互相渗透。一方面，我们本土化的相关研究课题要努力升华，使得其成果能够有普遍的理论意义。另一方面，在建构理论的过程中，我们也要注意发掘其个性与特殊性，检视理论在不同情况时空的独特性，我们要注意这两者之间辩证性质的复杂关系。值得注意的是，他不断强调本土化过程中概念、理论建设的必要性，因为只有具有普遍性的概念、理论建设才能促进传播理论价值的真正实现。[③]

(2) 将本土的特殊性与理论的普适性结合起来

在此问题上集中表现为三池贤孝、邵培仁、刘海龙、吴飞等的共识与对话。

诸多学术大家提出理论化是恰当处理全球与地方张力的适当路径，那么我们要建构什么样的理论呢？针对这一点，许多学者都提出了相关建议，其中一个受到众多学者认可的共识是将本土的特殊性与理论的普适性结合起来。

三池贤孝针对亚洲的文化特殊性与全球相关性之间的矛盾，提出亚洲中心的传播理论，一方面要具有亚洲文化特性，另一方面也要具有超越亚洲文化的全球相关性，对比，Giinasekera 与 Kuo 分析道，相关理论因为是依托于亚洲社会文化的产物，所以它必然会带有一定的特殊性，但是又因为它的理论性质，它不免也有其普遍性。所以我们在建构本土传播理论时，要注意将本土的特殊性与理论的普遍性适当结合，使得最终理论成果既适合本国，也

---

① 汪琪，沈清松，罗文辉：《华人传播理论：从头打造或逐步融合？》，见陈国明：《中华传播理论与原则》．台北：五南出版社，2004 年版，第 27—44 页。

② 《传播学的历史，现状与未来——访中国社科院新闻与传播研究所传播学研究室主任明安香》，见袁军：《传播学在中国：传播学者访谈》．北京：北京广播学院出版社，1999 年版，第 32 页。

③ 《传播学研究之我见——访香港中文大学新闻与传播学院副教授苏钥机》，见袁军：《传播学在中国：传播学者访谈》．北京：北京广播学院出版社，1999 年版，第 358 页。

要适合整个人类社会与其他国家。[①] 冯应谦的观点与其有着异曲同工之妙，并且从实现前提方面对其进行了强调与认证，他强调我们在进行传播学本土研究之前，首先要充分意识到西方传播学的研究领域与理论根基之多元深广，我们绝对不能将自己禁锢在所谓本土研究的小圈子内，相反，我们必须要敢于跨出自己的学术小圈子，才能更加正确地把握什么是华人的，什么又是我们与世界共有的。[②]

邵培仁则是从整个时代背景出发，提出本土化与全球化的辩证拉锯，有可能是人类未来社会的主流。[③] 他还进一步从这种辩证关系出发，提出必须恰当把握本土化与全球化的尺度，既要关注传播全球化的特点与趋势，也要适应学术本土化的需求与主张，强调我们的研究视野不应该仅仅局限于中国，还应该一步一步向外拓展，我们应该从亚洲出发，从全球化世界的普遍视野出发，努力建构跨文化的，具有普适性的传播学理论。[④]

刘海龙也一再强调理论的普遍性与本土关怀之间适当的张力处理，他提出一方面，我们必须要注重本土性，若是盲目着力于建构科学理论，而忽视了本土关怀，这样的理论只是顺应了西方话语霸权的小摆设；另一方面，不能忽视中国与世界的联系和对话。他还进一步引用秦晖提出的“主义可拿来，问题须土产，理论应自立”，认为这种观点现今依旧非常中肯适用。[⑤] 吴飞则是从本土化研究的研究问题与理论建构两个层次出发，提出我国传播学研究的问题必须是本土的，但理论关怀应是全球的。[⑥]

(3) 如何界定处理特殊与普适的关系：共量、通用变项

在此问题上集中表现为汪琪、马成龙等的共识与对话。

前文我们提出要将本土的特殊性与理论的普适性结合起来。但是本土化

① [日]三池贤孝：《传播理论的亚洲中心典范》，见陈国明：《中华传播理论与原则》. 台北：五南出版社，2004 年版，第 55—74 页。

② 冯应谦，黄懿慧：《华人传播想象》. 香港：香港中文大学香港亚太研究所，2012 年版，第 5 页。

③ 邵培仁：《传媒的魅力——邵培仁谈传播学的未来》. 北京：首都经济贸易大学出版社，2014 年版，第 19 页。

④ 邵培仁：《传媒的魅力——邵培仁谈传播学的未来》. 北京：首都经济贸易大学出版社，2014 年版，第 2 页。

⑤ 刘海龙：《传播研究本土化的两个维度》，《现代传播（中国传媒大学学报）》，2011 年第 9 期，第 43—48 页。

⑥ 吴飞：《传播学研究的自主性反思》，《浙江大学学报》，2009 年第 2 期（总 39 期），第 121—128 页。

理论建构的目标到底是解释中国特殊的现象，还是适应全世界的文化，建构具有普遍性的理论？刘海龙提出这两者并不矛盾，后者来自前者。笔者也认为两者在某种程度上本就是相通的，普遍性的理论一定也适用于中国的特殊现象。

但是问题并没有这么简单，在传播学研究本土化的研究过程中，有些学者逐渐发现一些问题，特殊与普世的分隔点如何有效界定？刘海龙提出，若是强调特殊性，建构的理论只能用来解释某些个案，那么研究的价值还存在吗？但是如果我们强调一般性，那么将特殊性抽象到哪个层次才算合适呢？最后他提出，每个文化中都会有自己的特殊经验，问题就在于，并不是所有的这些特殊经验都可以上升为普适性的原则与理论。①

针对这种问题，汪琪引用孔恩的可共量与不可共量概念，一方面提出西方的一些所谓科学理论并不是真正的普适性原则。另一方面，他为本土和非本土找到了一个连接的点，即共通，“通”这个概念可以作为一个合适的突破口，因为它的内涵非常微妙，所谓“通”者，表明两者之间有相近或者类似的地方，但是它又与“异”不同，它并不否认这两者各自的独特之处，最后汪琪转变视角，提出我们本土化研究所追求的，并不应该是普世性，而是共量性或共通性。②这个概念的提出可以说为全球与地方的张力处理提供了一个很好的突破口，我们并不是要建立绝对特殊或者绝对普世的理论，而是要在各种特殊性之间找到一个近似点与相通点，进而建立起相对适用于大部分文化的理论。黄旦则是引用“地方性知识”这一概念，提出传播学本土化的内涵，本身就是以本土关于传播的知识为着力点，对其进行研究和呈现，因此我们可以尝试从“地方性知识”切入，研究中国的传播问题，以及具有人类共通性的传播问题。③陆晔则是引用理论旅行的概念，强调我们要通过地方性知识的理论回流，参与到普遍性知识的建构当中，开启新的理论框架，进而促进传播学本土化的发展。④

---

① 刘海龙：《传播研究本土化的两个维度》，《现代传播（中国传媒大学学报）》，2011 年第 9 期，第 43—48 页。

② 华化传播研究：《挑战目标与取径——汪琪》，见黄旦，沈国麟：《理论与经验——中国传播研究的问题及路径》. 上海：复旦大学出版社，2013 年版，第 107—114 页。

③ 黄旦：《问题的中国与中国的问题——对于中国大陆传播研究本土化讨论的思考》，见黄旦，沈国麟：《理论与经验——中国传播研究的问题及路径》. 上海：复旦大学出版社，2013 年版，第 55 页。

④ 陆晔：《全球化时代的理论旅行与中国传播研究反思》，见黄旦，沈国麟：《理论与经验——中国传播研究的问题及路径》. 上海：复旦大学出版社，2013 年版，第 31 页。

与汪琪的观点有着异曲同工之妙，马成龙则是从社会科学理论建构的角度出发，引出了“通用变项”这一概念，他引用了 Hage 一个经典的社会学理论建构观点，强调在社会科学理论建构过程中“通用变项”的重要性。通用变项，就像是条延续线，它能够将不同时空文化的变异纳入，而其本身则是超越时空文化的。① 所以在我们进行传播学本土化研究时，也要注意找出能够容纳我们中西文化变异的“通用变项”，尝试建构既适用于我们东方文化，又对其他国家有所参照的理论。

（4）我们的理论体系必须保持开放，恰当处理本土与国际的关系

在此问题上集中表现为黄旦、汪琪、陈韬文、孙旭培等的共识与对话。

在现今这个全球化迅猛发展的时代，我们绝对不能将本土研究定位为狭隘的本地视野，而忽视与国际学术的对话，黄旦针对传播学本土化的语境与体系建构问题，明确提出传播本土化不是为了本国学者的孤芳自赏，而是一定向着所有方向敞开。他还进一步引用怀特海的名言：为了获得知识，我们首先必须使自己不受知识的束缚；我们必须有体系，但我们应当使我们的体系保持开放。② 通过这句话，黄旦将理论的开放与反思、创造的关系详细地阐述开来。

针对建构理论的问题，陈韬文也明确提出科学理论本身就是一种十分开放的体系，而理论本土化跟理论全球化之间本就处于一种辩证关系的状态。所谓理论本土化，实际上是理论在全球内因为社会条件改变而产生的自然更替演变，③ 进一步强调了传播理论体系的开放性与流动性。

一方面，在理论层次，我们要使自己的理论体系保持开放，另一方面，在实践层次，我们也要保持与国际学术的积极对话，促进本土研究成果的国际化，诸多学者针对此都提出了相关建议。汪琪明确提出，本土化的另一面即是国际化，在进行本土化研究的同时，绝对不能忽视与国际学术的对话，

---

① 马成龙：《传播学的中国化》，见谢清果：《中华文化与传播研究》．厦门：厦门大学传播研究所，2014 年版，第 23 页。

② 黄旦：《问题的中国与中国的问题——对于中国大陆传播研究本土化讨论的思考》，见黄旦，沈国麟：《理论与经验——中国传播研究的问题及路径》．上海：复旦大学出版社，2013 年版，第 54 页。

③ 陈韬文：《理论化是华人社会传播研究的出路：全球化与本土化的张力处理》，中国传播学论坛：《中国传播学：反思与前瞻——首届中国传播学论坛文集》，中国传播学论坛，2002 年版，第 12 页。

只有这样我们的本土化研究才可以真正地走向世界。① 她还进一步在 2016 年最新出版的论著中，对第一代学者的本土化论述进行了重新思考，强调我们真正应该追求的本土化既要立足本土，也要走出本土，强调我们走出本土与国际二分的思维模式，与国际学术进行积极对话。②

孙旭培针对本土化理论如何走向世界，提出了三步走的战略：首先要注意将我们传统文化中的传播思想进行升华，尝试将其总结为科学原理或者概念、术语。其次，我们要改进自己的研究方法，不能片面注重理论归纳，可以尝试将理论总结与实证分析恰当地结合起来。最后，针对我国学术规范普遍不受重视的情况，他强调我们要多与国际性的学术规范接轨，争取与国际学术界的积极对话与共享。③ 祝建华更是提出，我们现今的当务之急不是本土化，而是国际化。④ 因为他对本土化的定义比较宽泛，所以在他看来，现今的本土化研究已经很多，但是国际化研究却相对缺乏。苏玥机也强调在现今时代，国际化是不可阻挡的大趋势，我们不应该倡导视野太过狭窄的本土化，否则有关门主义的危险，封闭自己。⑤

4.4.2 西方——中国的矛盾与张力

本土化的内涵除了强调全球与地方的普遍与特殊之外，还有另外一层重要含义，那就是对西方理论能否适用于我国的反思。可以说在传播学本土化的发展过程中，全球与地方、西方与中国这两个方面的矛盾一直伴随其中，并且互相交织，交杂发展。正如吴予敏在文章中提到的那样，“本土化”这一概念在逻辑上的最初设定就是与“全球性”“普世性”相对的范畴，但是这一设定能够存在的历史根源则是，在 20 世纪末以至于 21 世纪的第一个十年中，世界资本主义经济以及以美国为代表的西方政治制度在世界上的主导地位。因此我们现今对“本土化研究”的号召其实也是对之前以西方为主导的时代

① 《对台湾传播学研究的思考和建议——访台湾学者汪琪》，见袁军：《传播学在中国——传播学者访谈》. 北京：北京广播学院出版社，1999 年版，第 387 页。

② 汪琪：《本土研究的危机与生机》. 上海：华东师范大学出版社，2016 年版，第 3 页。

③ 《既要本土化，又要国际化，访中国社科院新闻与传播研究所研究员孙旭培》，见袁军：《传播学在中国——传播学者访谈》. 北京：北京广播学院出版社，1999 年版，第 267 页。

④ 祝建华：《传播学研究的本土化与国际化》，见李彬，杨芳，尹丽娟：《清华新闻传播学前沿讲座录》. 北京：清华大学出版社，2001 年版，第 212—230 页。

⑤ 《传播学研究之我见——访香港中文大学新闻与传播学院副教授苏钥机》，见袁军：《传播学在中国：传播学者访谈》. 北京：北京广播学院出版社，1999 年版，第 359 页。

场景与现存“世界秩序”的挑战。[①] 所以，“全球与地方”，“西方与中国”这两个方面的张力从历史源头方面就是互相交织，互相影响的，甚至于说西方在政治经济方面的主导地位是造成“全球与地方”这一矛盾的历史源头之一。

陆晔引用理论旅行概念，对理论变异的历史过程进行详细阐释，并且进一步提出历史学者黄宗智阐述的关于理论旅行的四个陷阱：不加批判的运用，意识形态的运用，西方中心主义，以及包括传统汉学研究的中国中心论、激进的文化主义研究在内的文化主义倾向。[②] 这四种倾向的确是传播学本土化发展过程中需要注意的主要问题，尤其是后两者，如何恰当处理西方理论与中国问题，更是处理中西理论差异时要着重探索的。接下来我们就针对这两点进行详细论述。

在此我们所说的西方就大概沿用学界笼统的概念，泛指西欧及美国社会。而中国一词是指具有中国人身份认同的社会。[③]

（1）如何看待西方理论

其一，西方理论不是真普世，而是另一种本土，要将其放到具体语境中考察

在此问题上集中表现为胡翼青、黄旦、汪琪、翟学伟等的共识与对话。

如何恰当地对待西方理论，这个问题一直伴随着我国的传播学本土化研究，在发展过程中，出现了以回到过去和拿来主义为代表的几个研究取向，但是这些路径大体上都是以“西方理论，中国经验”为主导，即以西方理论为基础，中国经验为研究对象。随着本土化的逐渐深入，问题不断出现，学界开始对这个框架进行历史反思与质疑，张国良自己也发现其提出的拿来主义路径存在一些问题。

针对此，胡翼青明确提出，我国之前的本土化研究没有取得明显成果的一大原因就是此框架。因为这种框架在本质上，是以西方主流话语为标准的，而且它对西方理论以及中国经验的理解都是非学术化的、教条主义的，这种思维模式不顾理论与语境的双向互动关系，非但不能促进传播学本土化的发

① 吴予敏：《重构中国传播学的时代场景和学术取向》，《国际新闻界》，2018 年第 2 期，第 85—98 页。

② 陆晔：《全球化时代的理论旅行与中国传播研究反思》，见黄旦，沈国麟：《理论与经验——中国传播研究的问题及路径》. 上海：复旦大学出版社，2013 年版，第 29 页。

③ 李少南：《中国传播学的省思与传播学的范式转移》，见冯应谦，黄懿慧：《华人传播想象》. 香港：香港中文大学香港亚太研究所，2012 年版，第 127 页。

展，反而会使得其迷失最初的内涵与语境。[①]西方理论也是一种本土化理论，而并非普遍原理，胡翼青强调我们一定要转变思维模式，辩证地看待西方理论，将其放到具体的社会背景与语境中去考察。[②]黄旦也对这种框架提出了质疑，强调对西方理论与中国问题以及中国文化的多重反思。翟学伟也明确提出要反思西方理论与非西方社会的适配性，不能一味地以西方理论为标准。针对此问题，汪琪通过分析，也明确提出西方理论并不是真正的普世性理论，是有其特定的社会政治与文化历史语境的。[③]

而针对这种现象出现的原因，胡翼青对其进行了源头上的深刻探索，最终提出，其主要原因是我国传播学界普遍缺少运用知识社会学进行思想启蒙的过程。正是这种学术思维的缺失，使得我们难以形成注重理论与语境互动关系的意识。这种取向一方面，可能会导致我们对西方理论片面的真理化倾向；另一方面，更为重要的是，这种研究的方法论程序存在问题，正常的研究程序应该是先提出问题，比如我们应该先根据中国经验与现实传播实践提出相关问题，然后以这个问题为基础来探索适用其实践的理论，但是以西方框架为标准的研究框架则是用西方理论来套用中国的现象，这样一来，我们所解决的问题反而变成了理论应用层面，又谈何理论创新呢？[④]

汪琪在他著述的书与文章中，不断强调语境的重要性，提出西方理论是有其特定语境与前提的，所以我们不必将其当成普遍不变的真理，在关于本土“特殊性”与“西方”普适性的问题处理上，汪琪则是从另一个角度出发，地将西方拉回到了自己的“本土”原点，明确提出：所谓西方不过是另一个本土。[⑤]

其二，不能盲目地去西方化，西方理论还是有其解释力与适用性

在此问题上集中表现为黄旦、刘海龙、汪琪等的共识与对话。

上文中我们提到要注重语境与理论的双向互动关系，辩证地看待西方理论，认识到其并不是真正的普适性理论，但是与此同时我们也不能盲目地去

① 胡翼青：《传播研究本土化路径的迷失——对“西方理论，中国经验”二元框架的历史反思》，《现代传播（中国传媒大学学报）》，2011年第4期，第34—39页。

② 胡翼青：《传播研究本土化路径的迷失——对“西方理论，中国经验”二元框架的历史反思》，《现代传播（中国传媒大学学报）》，2011年第4期，第34—39页。

③ 华化传播研究：《挑战目标与取径——汪琪》，见黄旦，沈国麟：《理论与经验——中国传播研究的问题及路径》. 上海：复旦大学出版社，2013年版，第107—114页。

④ 胡翼青：《传播研究本土化路径的迷失——对“西方理论，中国经验”二元框架的历史反思》，《现代传播（中国传媒大学学报）》，2011年第4期，第34—39页。

⑤ 汪琪：《本土研究的危机与生机》. 上海：华东师范大学出版社，2016年版，第30页。

西方化，陷入片面文化主义的理论陷阱。其实早在 20 世纪 80 年代，西方就有一些学者看到学术过度西方化的危害，1988 年，Dissanayake 甚至呼唤亚洲学者摆脱西方影响，另一方面，后殖民研究带动了学术依赖的议题，亚洲学者的学术自觉日益觉醒，[①]但是学者们在反思之后也逐渐意识到，去西方化是不太可取的。

西方理论的确是有其特殊语境，不能做到真正的全世界普遍适用。但是我们也不能否认西方较为完善的传播理论体系与社会科学方法。刘海龙就从方法与方法论的辨析切入，提出本土化研究中出现的许多错误倾向与方法、方法论概念的混淆有关。刘海龙提出，有些本土化研究在没有考虑西方理论的历史语境与前提的情况下，对其进行简单移植，结果出现一些不适用的情况，这种情况的出现并不是因为所谓理论或者方法本身存在问题，实质上是方法运用不当而引起的。我们不能以此为据，片面地得出结论，认为是社会科学方法存在问题，要另起炉灶，这种情况其实是将方法的错误与方法论的错误混为一谈了。刘海龙更是进一步提出，任何的学术共同体都需要最低限度的共同语言，方法是这种共同语言的基础。我们不能在没有得到学术共同体普遍承认的基础上，来简单地否定这个群体已经建立的共识。[②]针对邵培仁提出的中国在很多方面都不同于西方，黄旦提出中西方之间确实存在差异，但是我们也不能盲目地去西方化，认为中国的任何东西都特殊，西方的很多理论与方法还是有其解释力和适用性的。汪琪、沈清松、罗文辉进一步从本土化的广阔视野出发，提出要消除所有西方的概念不但不切实际，而且也是一种冒失的做法。[③]

其三，适当途径：解读西方的关键在于其方式、方法与社会方位

在此问题上集中表现为王怡红、翟学伟、汪琪、陈月明、胡翼青等的共识与对话。

针对学界广泛存在的“西方理论，中国经验”取向，一些学者意识到了这一路径存在的问题，开始从多个层面对其进行反思，从话语框架到两方博弈，从语境问题到认识层次，最终有些学者从更深层次出发进行分析，这一

① ［日］三池贤孝：《传播理论的亚洲中心典范》，见陈国明：《中华传播理论与原则》．台北：五南出版社，2004 年版，第 55—74 页。

② 刘海龙：《重返灰色地带——传播研究史的书写与记忆》．北京：北京大学出版社，2016 年版，第 195 页。

③ 汪琪，沈清松，罗文辉：《华人传播理论：从头打造或逐步融合？》，见陈国明：《中华传播理论与原则》．台北：五南出版社，2004 年版，第 27—44 页。

问题落到了知识论层面，诸多学者也从这一层面出发提出了相关建议。

关于这个问题，王怡红曾经提出相关建议，即要用一种对话和反思的方式去解读西方理论，他强调真正的解读不在于读了多少传播理论，而在于读书的方法；[①] 胡翼青也较为认可这种说法，认为传播学本土化的关键在于解读西方理论的具体方式、方法，解读其理论产生的历史语境与社会方位。[②] 翟学伟更是将这一认识论层次的解读定位为本土化的基础阶段，提出我们要充分认识西方既有的理论方法，深刻了解诸多西方理论的文化背景，并且对其研究局限进行详细分析，这样更加有利于我们的本土研究学习其有利经验，规避误区与教训，并且强调这是本土化研究不可或缺的基础阶段。[③]

针对这一议题，汪琪也明确提出，根据近些年的本土化研究现状，我们的研究应该要考虑方法的转变问题了，并且进一步提出具体路径，即希望我们能从独断型诠释向探究型诠释转化，这种探究型的诠释相比原来的方法，不止强调对理论意义的发现，而是不乏发明，甚至创造，以厘清原本的语境和意义为首要。[④] 陈月明与以上学者的观点有异曲同工之妙，而且还更加强调了对理论生产过程的重视，他明确提出我们在学习西方传播理论时，要着重关注外国学者为什么提出，以及如何提出这些概念和理论的，研究其生产过程，考量其解释力的强弱，只有这样，才可能在对本土问题进行研究时，对这些理论加以修正补充，甚至提出新的概念和理论。[⑤]

（2）如何看待中国问题

传播学本土化研究在中西这对矛盾的张力处理中，主要涉及两个问题，即西方理论与中国问题。上文我们就如何辩证看待西方理论进行了综合辨析，那么接下来的问题就是：我们又该如何恰当地处理中国问题呢？

其一，将中国本身作为问题，注意中国的语境与纵向维度

在此问题上集中表现为刘海龙、黄旦等的共识与对话。

刘海龙提出“中国问题”其实可以作为两个层面进行理解：一方面是中

---

① 王怡红：《对话：走出传播研究本土化的空谷》，《现代传播（北京广播学院学报）》，1995年第6期，第10—13页。

② 胡翼青：《传播研究本土化路径的迷失——对“西方理论，中国经验”二元框架的历史反思》，《现代传播（中国传媒大学学报）》，2011年第4期，第34—39页。

③ 翟学伟：《人情、面子与权力的再生产》. 北京：北京大学出版社，2005年版，第30—34页。

④ 华化传播研究：《挑战目标与取径——汪琪》，见黄旦，沈国麟：《理论与经验——中国传播研究的问题及路径》. 上海：复旦大学出版社，2013年版，第107—114页。

⑤ 陈月明：《传播学研究本土化再认识》，《东南传播》，2009年第9期，第1—4页。

国作为问题，另一方面是中国的问题。前者是以西方为中心，从中西的差异出发，关注的是中国为什么与西方不同。后者则是从中国面临的问题出发，探索解释其原因、适用其实践的理论。①

那么将中国本身作为问题时，首先我们要考虑的问题依然离不开语境，语境这个范畴其实伴随着传播学本土化研究的诸多环节与张力。我们必须要将中国经验与其特定语境结合起来进行分析，将中国经验当作一个学术问题来对待。刘海龙明确提出，传播学本土化与语境有着很大相关性，中西方语境的差异使得两方学者关注的问题、思维方式、理论建构都会有所区别。②而针对这一问题，黄旦也强调了中国语境的重要性，明确提出传播学本土化研究若是脱离了中国的历史与社会语境，那么只会使得本土化成为一个虚空概念。他还追本溯源，进一步提出从我国自身文化切入去探寻传播的含义，应该是本土研究的基础工作之一。黄旦进一步从"中国"这一字眼的多重含义出发，强调文化层面的中国是与具体语境、历史经验密切相关的动态性发展过程，避免将其固化、静态化的误区。黄旦这一论述，不只强调了从语境角度看待中国问题，还从纵向维度强调了我们中国文化是随着语境变化而不断变化发展的过程。最后，通过这种种分析，黄旦提出我们进行传播学本土化研究的必要前提，即对一个问题的明确认知：我们要怎么确定"时空"从而确定所谓的"本土"？最后，黄旦引出了一个较具操作性的概念：地方性知识，提出在知识的考察方面，我们与其关注普遍准则，不如着眼于形成知识的具体情境条件。③

而针对这个问题，刘海龙与黄旦的观点有点类似，他从横向、纵向的不同维度切入，提出现今有一个研究倾向是，大部分学者更注重从空间维度上对中西理论差异进行探索，却有意无意中忽视了中国社会在时间维度的变化。这种过度强调空间差异的理论建构方式，可能易导致各种错误倾向，比如把中国当成了毫无差异的整体，忽视了其地域文化、民族差异以及最新出现的

① 刘海龙：《传播研究本土化的两个维度》，《现代传播（中国传媒大学学报）》，2011 年第 9 期，第 43—48 页。

② 刘海龙：《传播研究本土化的两个维度》，《现代传播（中国传媒大学学报）》，2011 年第 9 期，第 43—48 页。

③ 黄旦：《问题的中国与中国的问题——对于中国大陆传播研究本土化讨论的思考》，见黄旦，沈国麟：《理论与经验——中国传播研究的问题及路径》. 上海：复旦大学出版社，2013 年版，第 50 页。

某些阶级分化问题，容易造就虚假的普遍性。[①]刘海龙的这一观点与上文黄旦有着异曲同工之妙，首先强调语境问题，同时倡导将我国社会看作一个动态的发展过程，不过黄旦强调我国文化的动态发展，是为了论证其观点，即文化层面的中国非常复杂，难以对其进行提取普遍特征的定性分析，而刘海龙则是强调本土化研究中必须对我国社会进行全面考察，横向维度方面，一方面注重中国的地方语境，另一方面不能片面地认为中国内部是毫无差异的整体；纵向维度方面，一方面注重中国的历史与时代语境，另一方面，避免陷入静态化看待我国社会的误区，避免最后建构的理论只是虚假的普遍性，不能成为真正的普适性理论。

其二，从中国面临的问题出发，强调问题意识、实践意识

在此问题上集中表现为黄旦、胡翼青、单波、三池贤孝、陈月明等的共识与对话。

除了中国作为问题，接下来就是中国问题的第二个层面，即从中国面临的问题出发，众多学者均在这个维度上强调了实践层面与中国问题的重要性。其实这个问题的背后包含着另外一对张力：即理论与应用。

首先是这个问题的起源：是中国的存在需要传播学本土化吗？中国经验与中国问题是以学术形式还是实践形式存在呢？在传播学本土化的研究过程中，部分学者认为中国在很多方面都不同于外国，这种思想不断发展，更是走向了一个方向：好像不是因西方理论能否解释中国现象而本土化，而是因为中国的存在就必须要本土化，但是黄旦认为这种论述失去了本土化原本的语境与内涵，使得“中国经验”不是以一种学术的方式存在，容易陷入一片虚无。[②]针对此，黄旦提出不应该将中国本身作为问题，而应该以中国存在的问题来引导传播研究，他明确提出以问题意识来切入，更是将提问定义为本土化研究的起点，认为我们的本土化研究应该从提问开始，从中国现实的传播问题开始。[③]我们应该将提问作为基础，通过对这些问题的发现和深入探

---

① 刘海龙：《传播研究本土化的两个维度》，《现代传播（中国传媒大学学报）》，2011 年第 9 期，第 43—48 页。

② 黄旦：《问题的中国与中国的问题——对于中国大陆传播研究本土化讨论的思考》，见黄旦，沈国麟：《理论与经验——中国传播研究的问题及路径》．上海：复旦大学出版社，2013 年版，第 38 页。

③ 黄旦：《问题的中国与中国的问题——对于中国大陆传播研究本土化讨论的思考》，见黄旦，沈国麟：《理论与经验——中国传播研究的问题及路径》．上海：复旦大学出版社，2013 年版，第 55 页。

索，进而根据这些问题来确定研究的角度、立场、概念和方法。胡翼青在文章中也一再强调问题意识的重要性，针对之前余也鲁倡导的探索中国传统文化的研究路径，他提出这种路径的最大缺陷正是：研究问题的缺失，他从社会科学研究的整体角度出发，提出其生命力本身就是源自经验事实，但是经验归纳却不一定就会产生理论。[①]这其中正是缺少一个关键环节——研究问题的提出与互动，只有提出明确的问题，将经验通过归纳总结之后，与现实的研究问题结合起来，才能够促进理论与经验的融合渗透与良好互动，进而促进本土化研究与理论建构的深入发展。

在2018年最新的讨论中，单波将问题意识强调为中国传播学新体用观的核心，指出本土研究中以“西学为体”抑或“以中学为体”的倾向都容易走入误区，一味地“以西学为用”又容易导致理论工具化的陷阱，这些旧的体用观急需调整，而新体用观的核心在于植根于日常交流实践的问题意识，这种面向交流的焦虑更能创造与西方传播思想对话的可能性。[②]

在本土化研究的实践意识方面，诸多学者也是各有主张。吴晓明曾明确提出，中国的人文学术和社会科学之取得其自我主张的决定性标志就是：能够真正揭示并切中当今中国的社会现实。[③]单波也从实践层面对本土化的意义进行了重新认定与强调，提出传播研究的根本意义不是对人类传播现象的反映和概括，而是对人类传播实践的设计和开拓。[④]三池贤孝也提出要强调实践，即我们更应该向西方学习的，是如何在解决实际问题中不断提出、并且探讨新的理论，而不是过多着眼于现有理论的应用和论证。[⑤]吴文虎则是从理论与实践的关系切入，进一步提出理论是灰色的，而生命之树常青，我国当前传播学研究应该从实践着手。[⑥]徐耀魁强调传播学在中国生根的基础，

① 胡翼青：《传播研究本土化路径的迷失——对“西方理论，中国经验”二元框架的历史反思》，《现代传播（中国传媒大学学报）》，2011年第4期，第34—39页。

② 单波：《从新体用观的角度建构中国传播学的反思性》，《国际新闻界》，2018年第2期，第15—21页。

③ 吴晓明：《论中国学术的自我主张》，《学术月刊》，2012年第7期（总44期），第5—12页。

④ 单波：《如何表现中国传播研究的智慧？》，《新闻大学》，2008年第2期，第49—51页。

⑤ ［日］三池贤孝：《传播理论的亚洲中心典范》，见陈国明：《中华传播理论与原则》．台北：五南出版社，2004年版，第55—74页。

⑥ 《本土化的关键在于结合中国的传播实践——访暨南大学新闻系教授吴文虎》，见袁军：《传播学在中国：传播学者访谈》．北京：北京广播学院出版社，1999年版，第278—282页。

必须是中国的传播现实。[①] 胡翼青认为，香港青年学者在注重实践与主体意识这方面走得更远，他们提出的新的研究取向——“行动的传播研究”，没有将关注重点放在对理论体系的追寻上，而是更加注重如何将理论与传播实践紧密结合。[②]

邹利斌、孙江波则是从整体上对本土化的起点、终点进行了全面解析与重新诠释，明确提出在西方理论与中国经验的博弈与取舍中，应该更加强调中国经验，将本土化的起点定位为中国经验。通过种种分析，他们进一步提出应该将本土化概念改称为“传播理论的本土贡献”，更加强调本土经验的贡献以及中国学者“立足本土”的理论关怀。[③] 陈月明的观点与上述有着异曲同工之妙，他倡导我们不应该通过西方的理论、方法来发现问题，相反应该从本土的现象出发，强调我们应该将中国问题作为根本立足点，从建设“中国特色传播学”到“本土化”，再到研究“中国问题”，是一个范围逐次缩小、思路不断明晰的过程，[④] 这其中问题意识日益明确，本土的学术自觉主体意识、实践意识逐渐增强。

其三，从中国面临的问题出发，强调主体意识与学界的自我定位意识

在此问题上集中表现为汪琪、沈清松、邹立斌、王海燕、吴予敏等的共识与对话。

上文中我们对中国面临的问题这一层面进行了阐述，总结出要强调问题意识，但是与强烈的问题意识相伴随的，应该还有研究者的主体意识与自我定位意识。

2017 年 12 月于浙江大学举办的“反思传播学圆桌论坛”对我国传播学四十年的发展历程与学术创新进行了集中讨论，其中“学术自主性与共同体培育”是其中的主要议题之一，[⑤] 充分表明现今传播学界对自主性与主体意识的重视。吴予敏在 2018 年关于传播学的最新文章中，明确提出从中国文化本位和传统文化的“创造性转化”角度出发的中国传播学，应该从坚持自身

---

① 《传播学研究要结合中国实际——访中国社科院新闻与传播研究所研究员徐耀魁》，见袁军：《传播学在中国：传播学者访谈》．北京：北京广播学院出版社，1999 年版，第 247 页。

② 胡翼青：《传播研究本土化路径的迷失——对“西方理论，中国经验”二元框架的历史反思》，《现代传播（中国传媒大学学报）》，2011 年第 4 期，第 34—39 页。

③ 邹利斌，孙江波：《在“本土化”与“自主性”之间——从“传播研究本土化”到“传播理论的本土贡献”的若干思考》，《国际新闻界》，2011 年第 12 期（总 33 期），第 60—66 页。

④ 陈月明：《传播学研究本土化再认识》，《东南传播》，2009 年第 9 期，第 1—4 页。

⑤ 吴飞：《回首与展望：反思传播学话题引言》，《国际新闻界》，2018 年第 2 期，第 6—7 页。

文化主体性出发来确定自己的学术位置，他还进一步强调我国传播学要想摆正自己的学术位置，首先要树立自己的文化自信。在具体方法方面，他提出西方传播学理论的确对我们有一定启发作用，但是其他人文社会学科的理论、方法同样可以为我们提供重要借鉴。①

邹利斌、孙江波在关于传播学本土化的文章中，除了强调本土化的起点是中国经验之外，还提出"本土"与"自主"是传播学本土研究中两个非常重要的关键词，指出在传播学本土化研究中，我们应该坚持"立足本土，坚持自主"的原则，前者指出了本土特色的重要性，后者则是强调了自觉自为的学术意识。② 刘海龙也在文章中明确指出，随着传播学研究本土化的开展，各方逐渐达成基本共识：即要求研究者具有主体意识、自觉意识与创新意识。③ 汪琪、沈清松、罗文辉也在文章中，明确强调我国传播学界的自我定位意识。他们认为在全球化的大背景下，一方面使得世界各地的联系更加紧密，但是另一方面也使得我们的自我定位变得异常迫切。汪琪针对此明确提出，本土化所牵涉的并不只是方法问题，更重要的是自我定位与资源的问题：我们必须对自身在世界学术中的位置以及前进方向有着明确的认知，我们应该知道下一步究竟应该怎么走，方向如何掌握，最终目标与贡献又是什么？④ 强调本土化的终极目标要注重研究的主体性与主体价值的建立。王海燕在《中国文化传播软实力研究》中，对本土化研究中注重"中国特色"还是"理论普适性"的论争进行了简要梳理，最终提出这些争论背后的根源，应该归结为传播本土化研究的主体性问题，明确强调研究者的主体意识与自我定位意识，提出传播本土化研究的前提就应该是，找准自己的位置。⑤ 这几个学术策略都将立足点定位为中国的社会现实问题与现实传播实践，提倡从其中发掘理论意义，充分发挥自身的研究主体意识，自觉地建构本土性的理论或话语；总体来说，已有不少学者认为中国传播学本土化的重点应该放在本土问题与

① 吴予敏：《重构中国传播学的时代场景和学术取向》，《国际新闻界》，2018 年第 2 期，第 85—98 页。

② 邹利斌，孙江波：《在"本土化"与"自主性"之间——从"传播研究本土化"到"传播理论的本土贡献"的若干思考》，《国际新闻界》，2011 年第 12 期（总 33 期），第 60—66 页。

③ 李彬，刘海龙：《20 世纪以来中国传播学发展历程回顾》，《现代传播（中国传媒大学学报）》，2016 年第 1 期（总 38 期），第 32—43 页。

④ 华化传播研究：《挑战目标与取径——汪琪》，见黄旦，沈国麟：《理论与经验——中国传播研究的问题及路径》. 上海：复旦大学出版社，2013 年版，第 107—114 页。

⑤ 王海燕：《中国文化传播软实力研究》. 北京：社会科学文献出版社，2016 年版，第 89 页。

实践，注重研究者自身的主体自觉与实践意识。

而张涛甫则是从整个传播学学科的角度出发，对研究主体性的重要性进行了新强调，他提出因为传播学依附性较强的学科特征，经常面临借力于他者（比如社会科学等强势学科）的尴尬状况与身份危机，[①]最后提出不管是美国传播学还是我国传播学都面临危机，需要全面反思与重构。[②]

其四，要辩证地分清中国的问题，判断其有价值与否

上文我们对中国问题的两个层面进行了详细论述，诸多学术大家都强调中国问题与经验的重要性，但是与此同时，胡翼青理性地看到了其中存在的问题，提出我们必须辩证看待中国问题，并不是所有的“中国经验”都是值得研究的问题，我们必须从有价值的研究问题入手。[③]

然而，问题还不仅止于此，我们还可以继续追问：什么是有研究价值的问题，有研究价值的问题从哪里来？[④]这个问题有很大的延伸与建构空间，需要我们在处理中国现实的传播问题时，根据各种情况综合考量，辩证看待与处理中国的各种问题与现象。

其五，辩证认识中国自身，适当发掘自身的独特概念与理论

在此问题上集中表现为三池贤孝、李少南、孙旭培等人的共识与对话。

在全面看待西方理论的同时，我们也要辩证地认识中国自身，既不能过于中国中心主义，也要避免过于否定自己的倾向。汪琪曾经提出，东方人接受西方与否定自己，其实是同时发生的，也是一体的两面。汪琪进一步从我国的知识文化传统切入，提出许多华裔学生未能形成省思、批判的能力与习惯，使得诸多研究虽然收集的数据与相关研究现象是本土的，但引导其研究方向的角度与理论架构却是外来的。[⑤]所以在传播学本土化的发展过程中，我们应该根据中国的语境与独特传播实践，尝试用我们自身的视角去切入，探索具有自身特色的理论。

三池贤孝就不断强调用亚洲的独特概念与方法建立理论体系，在研究方

① 张涛甫：《影响的焦虑——关于中国传播学主体性的思考》，《国际新闻界》，2018 年第 2 期，第 123—132 页。

② 李彬：《重思中国传播学》，《当代传播》，2015 年第 4 期，第 4—9 页。

③ 胡翼青：《传播研究本土化路径的迷失——对“西方理论，中国经验”二元框架的历史反思》，《现代传播（中国传媒大学学报）》，2011 年第 4 期，第 34—39 页。

④ 胡翼青：《传播研究本土化路径的迷失——对“西方理论，中国经验”二元框架的历史反思》，《现代传播（中国传媒大学学报）》，2011 年第 4 期，第 34—39 页。

⑤ 华化传播研究：《挑战目标与取径——汪琪》，见黄旦，沈国麟：《理论与经验——中国传播研究的问题及路径》．上海：复旦大学出版社，2013 年版，第 107—114 页。

法方面，他提倡运用非西方的方法，以反映东方文化精髓的传播符码、背景与复杂性；在概念的建构方面，提出要充分利用亚洲本土的文献或语言，将各种传播情境脉络概念化。在传播模式与理论的建构方面，他明确建议我们可以通过对亚洲文化中本土性概念的探索，来重新定义亚洲传播模式。① 李少南经过一系列分析，最后指出我们的华人传播学有其独特的本体论，研究课题及方法，思想方面有以儒家学说为基础的独特体系，我们正可以以此作为传播学本土化的发展基础。②

孙旭培明确提出传统文化中有很多传播宝藏等着我们挖掘，有些基本原理我们是可以借用的，但如果能在自己的文化中概括出新的语汇，就应该建立我们自己的概念与理论，进而共同促进传播学本土化的深入发展。③《华夏传播论》也是这种尝试的初步结果，他们在这本书中对中国传统文化与传播特征进行了深刻分析，并且进一步从方志、谍谱以及中国特殊的非语言传播等现象，对我国独特的传播特征与规律进行深入探索，试图构建我国自己的传播理论。④

（3）论争：如何恰当处理西方理论与中国问题的张力？

其一，西方和中国都不是绝对的两个端点，善于找到共量概念

在此问题上集中表现为黄旦、汪琪、刘海龙、冯应谦等的共识与对话。

在如何科学处理西方与中国的张力这一问题上，黄旦明确提出，西方和本土都不能化约为本质性的两个端点，我们要注意双方的适用语境。⑤ 汪琪、沈清松、罗文辉也强调，我们的本土化传播理论不应该把自己限在任何特定的文化社会时空范围之内。⑥ 冯应谦明确言明，我们既要反对过于西方化的传

① ［日］三池贤孝：《传播理论的亚洲中心典范》，见陈国明：《中华传播理论与原则》. 台北：五南出版社，2004 年版，第 66 页。

② 李少南：《中国传播学的省思与传播学的范式转移》，见冯应谦，黄懿慧：《华人传播想象》. 香港：香港中文大学香港亚太研究所，2012 年版，第 127 页。

③ 《既要本土化，又要国际化，访中国社科院新闻与传播研究所研究员孙旭培》，见袁军：《传播学在中国——传播学者访谈》. 北京：北京广播学院出版社，1999 年版，第 267 页。

④ 孙旭培：《华夏传播论》. 北京：人民出版社，1997 年版。

⑤ 黄旦：《问题的中国与中国的问题——对于中国大陆传播研究本土化讨论的思考》，见黄旦，沈国麟：《理论与经验——中国传播研究的问题及路径》. 上海：复旦大学出版社，2013 年版，第 50 页。

⑥ 汪琪，沈清松，罗文辉：《华人传播理论：从头打造或逐步融合？》，见陈国明：《中华传播理论与原则》. 台北：五南出版社，2004 年版，第 27—44 页。

播学本土化研究，也不能提倡绝对排他的中国化的传播研究。[①] 刘海龙则是从社会学、心理学的本土化讨论结果中引申出对传播学的启示：提出我们要警惕本土化强调特殊性、多样性背后的狭隘民族主义，本土化本来就是为了寻求多样化话语，我们不能为了强调自己的特殊性而产生拒绝外国经验的排外倾向。[②] 大体来说，刘海龙并没有直接论及中西是否存在差异的问题，但是他强调我们一定要摆脱中西对立的思维模式，不能片面注重自身的特殊性。

诸多学术大家已经形成普遍共识，我们不能将中国与西方看作两个绝对的端点，但是中国与西方的差异还是客观存在着的。许多学者在传播学本土化的过程中，将这种差异当作本土化探索的入口与切入点，这种中西对立使得有些学者产生了担忧。为了化解这种焦虑，本土化好像找到了适当的解决路径——普遍与特殊。[③] 陈韬文比较赞成这一方法，并且提出了相关建议：一方面，对西方理论采取拿来主义，另一方面，用中国经验来加以验证或修订[④]。但是黄旦提出这种框架本质上还是处在中西二元对立的认识论中，试图以西方的普遍来验证中国的特殊，但是西方理论并不是真正的普适性原理，因此我们应该对西方传播学加以辨析，进一步理解和运用，最后提出其解决措施，即以吉尔兹的“地方性知识”为路径，立足中国经验来提出相关传播问题，进一步参与中西的对话。[⑤]

与黄旦的“地方性知识”有着异曲同工之妙，汪琪提出了共量与不可共量的概念与路径，这种路径不只适用于全球与地方的普遍性与特殊性的关系处理，在处理中西差异的矛盾时也有着良好的解释力与适用空间。他还进一步提出了详细的解决措施，首先要回到各种传播理论的历史文化脉络，深入了解他，我之间的不可共量。然后则是深入研究我国传播实践的特色，找到

---

① 冯应谦，黄懿慧：《华人传播想象》．香港：香港中文大学香港亚太研究所，2012年版，第4页。

② 刘海龙：《传播研究本土化的两个维度》，《现代传播（中国传媒大学学报）》，2011年第9期，第43—48页。

③ 黄旦：《问题的中国与中国的问题——对于中国大陆传播研究本土化讨论的思考》，见黄旦，沈国麟：《理论与经验——中国传播研究的问题及路径》．上海：复旦大学出版社，2013年版，第47页。

④ 陈韬文：《理论化是华人社会传播研究的出路：全球化与本土化的张力处理》，中国传播学论坛：《中国传播学：反思与前瞻——首届中国传播学论坛文集》，中国传播学论坛，2002年版，第12页。

⑤ 黄旦：《问题的中国与中国的问题——对于中国大陆传播研究本土化讨论的思考》，见黄旦，沈国麟：《理论与经验——中国传播研究的问题及路径》．上海：复旦大学出版社，2013年版，第55页。

与主流论述共通的部分关系，建立可共量的分析。[①]综合来说，我们要善于将自身与西方理论的可共量与不可共量梳理清楚，与西方建立有意义的对谈，更好地对两种理论进行比较分析与探索。

其二，承认中西方各自特色的同时，认识到其存在共同性

在此问题上集中表现为黄旦、汪琪、孙旭培、刘海龙等人的共识与对话。

中国与西方在社会背景、文化传统、思维方式各方面都是有着各自特色的。只是这种特色能不能以差异的方式被明确标明呢？

关于中西是否存在差异这一点，不同学者众说纷纭。黄旦认为我们并未对真正的“本土”，即“中国”这个字眼的全部含义做出深刻探究，在他看来中国文化是结合了复合性与历史性的统一体，一方面它是极为复杂多元的，另一方面它是一个动态的发展过程。最后黄旦提出我们很难给中国文化做出一个可以概括其本质特征的定义，也很难将中西差异以定性的方式进行对比分析。[②]汪琪、沈清松、罗文辉提出，东西方在对知识的理解与态度，建构知识的方法，以及各种文化传统、思考方式等很多方面都存在着很大差异，这些差异是我们建立华人传播理论时绝对不能忽视的，我们需要充分了解这些歧义的根源与性质，它们甚至可以成为我们理论创新的源头。[③]但是与此同时，汪琪等人也明确提出，我们不该把注意力过多地集中在文化差异上，不能只注重中西方的差异，而忽视了其中的许多共同性，这样会造成中国在世界学术中的孤立。针对这一问题，他们还进一步提出了处理这种文化差异的路径：融合与创新。[④]刘海龙则是以全球化的时代背景出发，提出在全球化的今天，人类文化共同的部分正在增加，明确提出我们不能只注重差异，而忽视其中的共同性。[⑤]

冯应谦也明确提出，尽管华人传播有其独特之处，但如果我们以客观、

---

① 华化传播研究：《挑战目标与取径——汪琪》，见黄旦，沈国麟：《理论与经验——中国传播研究的问题及路径》. 上海：复旦大学出版社，2013 年版，第 107—114 页。

② 黄旦：《问题的中国与中国的问题——对于中国大陆传播研究本土化讨论的思考》，见黄旦，沈国麟：《理论与经验——中国传播研究的问题及路径》. 上海：复旦大学出版社，2013 年版，第 41—43 页。

③ 汪琪，沈清松，罗文辉：《华人传播理论：从头打造或逐步融合？》，见陈国明：《中华传播理论与原则》. 台北：五南出版社，2004 年版，第 27—44 页。

④ 汪琪，沈清松，罗文辉：《华人传播理论：从头打造或逐步融合？》，见陈国明：《中华传播理论与原则》. 台湾：五南出版社，2004 年版，第 27—44 页。

⑤ 刘海龙：《传播研究本土化的两个维度》，《现代传播（中国传媒大学学报）》，2011 年第 9 期，第 43—48 页。

开明的心态看待这两种，并且将其进行比较，专属于华人的东西就不可能太多。经过重重分析，他进一步提出，与西方传播学研究内容、路径的多元化相比，华人传播研究的内容虽然比较丰富，但研究路径和视角远不及西方。[①]孙旭培也提出，虽然我国在传播方面的特色内容比较丰富，但可能不像哲学、伦理学等学科那样有那么多的独特之处，我们要注意不能将其差异性强调到不适当的程度。[②]李少南则从传播现象的角度切入，提出华人社会需不需要设立独立于西方社会的传播学课题，与其有没有独特的传播现象有关，经过一系列的分析，李少南得出结论，中国与西方是存在差异的，问题只是这些差异是否大到必须另设研究课题，重新建立自己的研究范式方法，[③]而这个问题的解决必须建立在对中国、西方不同社会性质的探索之上。刘海龙的看法与以上两位大致相通，不过他进一步对这一理论假设的前提进行了阐述，提出我们建立与西方不同的理论、方法体系的前提是考虑清楚两个问题：中国的研究是否积累了足够特殊的例外，以至于现有的研究范式已经无法应对而发生范式革命？如果否定了已有的研究范式，目前是否存在与西方相对应的方法论和理论范式可用？最后，刘海龙对我国的社会现实与传播实践进行了综合分析，认为目前这两个条件还不太具备。[④]

其三，中西方进行平等对话，慎用学术殖民化观念，用比较的观点来看待别人及自己的研究

在此问题上集中表现为邵培仁、汪琪、谢清果、陈韬文、吴予敏等的共识与对话。

中国与西方的文化的确是各具特色，不同的历史背景、社会发展与地理环境，都使得中西方在文化传播理论方面产生了诸多不同之处。谢清果，祁菲菲曾在《中西传播理论特质差异论纲》中，对中西方传播理论进行了总体对比与分析的尝试，在文章中，将西方传播理论的特征概括为“理剖万物”，提出西方理论在思维方法方面注重科学实证与理论反思，具有强烈的问题意

① 冯应谦，黄懿慧：《华人传播想象》．香港：香港中文大学香港亚太研究所，2012 年版，第 8 页。

② 《既要本土化，又要国际化，访中国社科院新闻与传播研究所研究员孙旭培》，见袁军：《传播学在中国——传播学者访谈》．北京：北京广播学院出版社，1999 年版，第 267 页。

③ 李少南：《中国传播学的省思与传播学的范式转移》，见冯应谦，黄懿慧：《华人传播想象》．香港：香港中文大学香港亚太研究所，2012 年版，第 127 页。

④ 刘海龙：《传播研究本土化的两个维度》，《现代传播（中国传媒大学学报）》，2011 年第 9 期，第 43—48 页。

识，更加注重探索规律，注重传播效果的控制，表达方式也多为学术性的理论与模式。而中国传播理论则更具人文气质，在思维与研究方法方面，都与西方有很大区别，更加注重生活经验升华的哲理反思，更加注重传播过程，价值取向方面重视人际关系，强调和谐传播，表达方式也多为经验式的总结。①

但是我们在承认中西方差异的同时，也不能忽视其共同性，同时尽量避免将政治方面的中西之别扩大到学术领域。针对有些人认为现今我国传播学存在着过度“西方化”的倾向，甚至将此现状称为“学术殖民化”的表述，吴予敏从整个历史发展的角度出发，提出我国传播学的学科建制受到西方学术文化的影响，这是我们不得不经过的一个发展阶段，不能简单地用“学术殖民化”概念来断定。他进一步从学术发展过程的角度出发，提出学习、消化、吸收、运用、质疑、反思直至发现例外和提出挑战，这都是一个合乎规律的学术交流与碰撞过程。②

对于中西双方的这些差异与共通之处，我们更要强调双方的平等对话与共享，既要回归本身的社会文化，也要同时建立与西方对话的空间。邵培仁从我国传播学整体的广阔视野出发，提出中国传播学最佳的学术生态是多元与平衡，强调不同文化之间的互通有无，互利互惠。③对于如何处理中西差异并且促进其对话，邵培仁进一步提出三步走的具体路径，首先是吃透西方理论，明白他们对中国现实缺乏解释力的地方。其次是从实践入手，面对中国现实，独立发展理论范畴，对中国现实的传播实践进行解释。最后要善于将自己的理论与西方理论进行比较，理清联系与发展之处。④邵培仁在2018年的最新文章中，进一步明确了中西方平等对话是传播学研究的基本立场，提出过度西方化，过度中国化抑或东方中心主义都不是正确的发展路径，我们要积极探索“第三条路径”，即构建世界性的人类整体传播学，并且强调传播

① 谢清果，祁菲菲：《中西传播理论特质差异论纲》，《现代传播（中国传媒大学学报）》，2016年第11期（总38期），第30—35页。

② 吴予敏：《重构中国传播学的时代场景和学术取向》，《国际新闻界》，2018年第2期，第85—98页。

③ 邵培仁：《传媒的魅力——邵培仁谈传播学的未来》．北京：首都经济贸易大学出版社，2014年版，92页。

④ 邵培仁：《传媒的魅力——邵培仁谈传播学的未来》．北京：首都经济贸易大学出版社，2014年版，第75页。

学本土化研究是构建人类整体传播学的必经之路。[①]

针对中西的差异性与共通性，陈韬文提出我们可以用比较的观点来处理这个问题，他强调没有比较就出不了概念，更说不上什么理论。我们要善于将中西不同的世界观、传播观进行比较，只有对它们形成更深入的认识了解，这样对彼此的异同才会更加敏感，才能够以更加全面的视野对传播学本土化进行深入探索。最后，陈韬文再次强调与西方建立有效对话的重要性，强调只有通过积极对话，我们华人传播学者才能在国际学术社群中找到自己的位置。[②]李少南的观点与陈韬文有着异曲同工之妙，他提出因为社会、历史条件的诸多影响，我国与西方传播学的关注重点必定有所区别，但是这并不意味着我们彼此关注的课题与现象对对方就是没有意义的，所以我国与西方传播界可以将彼此作为参照物，通过比较及不同的实践，进而发展出跨文化、跨地域，更具普遍意义的理论。[③]孙旭培在提倡传统文化传播的同时，也强调我们不能放弃吸收引进的工作，要时刻与国际学术保持密切对话与交流。[④]

汪琪也在2014年新著述的书中，也着重强调了如何处理中国与西方的张力问题，值得注意的是，在此她不是用"中国与西方"这个表述方式，而是将其称为"本土与外来"，使得这个模式在内涵与外延上都扩大了。[⑤]一方面减轻了中西二分模式的对立性，另一方面有利于突破狭隘的民族主义，强调了本土化的新内涵，我们既要立足本土，同时又要走出本土，倡导与国际主流的对话。

通过对以上诸多研究成果与论争的分析，笔者认为，在传播学本土化的发展进程中，全球与地方、西方与中国这两个方面的矛盾与张力会一直伴随其中。而刘海龙则是从另外一个角度出发，提出这种张力的存在反而是促进我国传播研究保持活力的重要条件，我们不应该人为地取消它们，否则可能

---

① 邵培仁：《携手共同构建人类整体传播学》，《国际新闻界》，2018年第2期，第62—65页。

② 陈韬文：《理论化是华人社会传播研究的出路：全球化与本土化的张力处理》，中国传播学论坛：《中国传播学：反思与前瞻——首届中国传播学论坛文集》，中国传播学论坛，2002年版，第12页。

③ 李少南：《中国传播学的省思与传播学的范式转移》，见冯应谦，黄懿慧：《华人传播想象》，香港：香港中文大学香港亚太研究所，2012年版，第127页。

④ 《既要本土化，又要国际化，访中国社科院新闻与传播研究所研究员孙旭培》，见袁军：《传播学在中国——传播学者访谈》，北京：北京广播学院出版社，1999年版，第267页。

⑤ 汪琪：《本土研究的危机与生机》，上海：华东师范大学出版社，2016年版，第4页。

适得其反，造成理论的僵化与教条。[①] 李智则是从“本土化”的起点出发，对本土化的内涵进行了新的解析，他提出本土化的关键在于“化”而非“本土”，而本土化研究的起点也不应该是西方经验，而应以本土为本位。最后他提出我国的传播研究应该遵循“西方理论—中国经验—中国理论—世界经验—世界理论”这样一种学术运作逻辑，这一逻辑可以说将全球与地方，西方与中国这两个方面的张力都考虑其中，并且为其提出了具有一定操作性的解决路径。[②]

综合以上分析，我们的主要结论分为以下几个方面：首先，根据不同的本土化特征与语境，我们将我国的传播学本土化分为三个主要阶段，从伴随意识形态对抗动机，偏重政治层面的萌发期，到伴随学术自觉，进入文化层面的发酵、争论期，再到现在伴随文化自信，掺杂政治动机的多元反思阶段，这种变化既反映了我国不同时期历史语境的转变，又代表了不同阶段的本土化特征与研究取向。对传播学本土化研究的历史语境与其发展特征进行对照分析，一方面可以促进我们从整体上对本土化研究发展进程的全面掌握，另一方面，可以帮助我们正视语境与本土化研究的双向互动关系，提醒我们在传播学本土化研究中，要时刻注重语境范畴的重要性，并且恰当地把握、利用这种互动关系。

接下来，我们将传播学本土化的核心问题分为几大层面：什么是传播学本土化，要不要进行本土化，为什么进行传播学本土化，怎样进行传播学本土化，对其进行了分别分析，各方学者意见纷呈，其中有论争也有共识。关于什么是传播学本土化的分析中，在横向维度方面得出结论：研究主体的本土化大体上是学界共识，关于研究对象的本土化，许多学者对中国经验与西方理论的框架提出了质疑；而在研究理论、研究方法的本土化方面，则产生了诸多论争，又因为理论、方法的科学性与民族性等问题，关于此议题的论争可能会持续较长的一段时间。在纵向维度方面，有学者根据理论的改变、创新程度对本土化进行了层次划分，有赞同者也有反对者，于是又有了以中国社会为根本立足点，强调问题意识与传播实践的新的层次划分，学界对本土化过程的认识也逐渐突破了传统的线性逻辑，更为深刻且全面。

---

① 刘海龙：《传播研究本土化的两个维度》，《现代传播（中国传媒大学学报）》，2011 年第 9 期，第 43—48 页。

② 李智：《在“理论”与“经验”之间——对中国传播研究二元路径的再思考》，《国际新闻界》，2011 年第 9 期（总 33 期），第 33—39 页。

其次我们将要不要进行传播学本土化的论争分为了几大派别，分别是赞同派、反对派与部分肯定派，对其观点进行了简要分析。然后从理论、实践两个层次，对传播学本土化的原因进行了详细阐释。最后针对怎样进行传播学本土化，我们从全球—地方，西方—中国这两个方面的矛盾与张力出发，对本土化的路径进行了详细剖析。

总之，传播学本土化这个问题在一段时间内都会成为学界的热点、难点问题之一，胡翼青在这方面的观点值得我们细细研究，他提出不管我们如何否定，传播学本土化这一问题并不是毫无意义的伪命题，它其实应当是一个与多元化的学术批判共生的多元化的学术自觉，是中国学者在与西方学术对话过程中的批判意识。它更需要内化为一种自觉意识而不是外显为一种政治口号；在判断标准方面，他提出传播学本土化的判断标准不应该是一种，而应该是复数；在实现路径的选择方面，也是多个共存，没有统一路径。[①] 刘海龙经过种种分析，也强调我们在传播学本土化的发展过程中，应该倡导多种路径的良性竞争和对话，进而保持本土化话语中所具有的张力。[②]

① 胡翼青：《传播研究本土化路径的迷失——对“西方理论，中国经验”二元框架的历史反思》，《现代传播（中国传媒大学学报）》，2011 年第 4 期，第 34—39 页。

② 刘海龙：《传播研究本土化的两个维度》，《现代传播（中国传媒大学学报）》，2011 年第 9 期，第 43—48 页。

第五章　对“传播学本土化”问题论争的反思

5.1 从知识论层面，对本土化研究的基本问题进行多重反思

有些学者强调，我们要不要进行传播学本土化研究，以及怎样进行本土化研究，都涉及一个基本层面的问题：知识论，即我们认为知识的本质、起源和范围是什么。笔者也认为要想从根本上对传播学本土化研究进行相关辨析与论争，知识论层面是一个不得不提的基本问题，这关系着我们对研究方法、研究必要性、理论建构等诸多论争。

5.1.1 根据西方知识论，传播学本土化研究有其知识论依据与路径启发

那么首先让我们来对西方的知识论发展进行一下整体梳理，西方哲学家将知识大致分为两个大类：先验知识与后验知识。先验意味着仅凭推理得到知识（先于经验观察），后验则是强调知识的得来和证实需要借助经验（经验观察之后），也被称作经验性知识。知识论的核心问题之一是：是否存在先验综合知识，概括来说，即理性主义者认为先验知识是存在的，而经验主义者认为所有的知识在一定程度上都是外界经验的体现，并不存在先验综合知识。

在此我们分别以卡尔·波普尔，托马斯·库恩，伊姆雷·拉卡托斯的观点以及后现代主义为例，对西方知识论的基本论点与发展进行梳理总结。卡尔·波普尔在《科学发现的逻辑》一书中，提出批判理性主义的证伪主义方法论，通过论证提出两大结论：第一，科学与非科学的划界标准不是可证实性而是可证伪性；第二，科学的方法不是从零散事件中归纳而成，而应采用演绎的检验法。[①] 该书的基本思想是：一方面强调科学的动态发展性，认为科学的本质就在于永无止境的发现与探索。另一方面，强调“批判理性”这一

---

① ［英］卡尔·波普尔：《科学发现的逻辑》，查汝强，邱宗仁，万木春译．杭州：中国美术学院出版社，2008 年版。

概念，进一步强调批判的特殊地位，认为科学之所以是科学，归根到底正在于严峻无情的批判。①

托马斯·库恩在《科学革命的结构》一书中，提出了范式革命的科学心理学理论，第一次提出了范式理论以及不可通约性、学术共同体等概念，开创了科学哲学的新时期。本书意在建立一个区别于逻辑经验主义和批判理性主义的科学观，指出科学是有其发展模式的：前范式科学—常规科学—革命科学—新常规科学，而表征每一阶段的核心是“范式”。② 他进一步将“范式”定义为：一个科学家集团所普遍接受的共同信念，一种得到普遍承认的科学成就，包括科学概念、规律、形而上学理论、解题模型、范例、应用及工具等等在内，它的主体是科学共同体。③ 库恩进一步明确点明：范式是科学诞生的标志，同时他也强调了，科学发现意在创新，要求对旧范式进行理论和观念上的调整。

伊姆雷·拉卡托斯在《科学研究纲领方法论》一书中，提出科学哲学的历史主义理论，他一方面肯定了波普尔、库恩的部分观点，另一方面又提出波普尔的观点过于简单，而库恩的论点又过于非理性化，力图提出一个扬二者之长，纠二者之偏的科学研究纲领方法论。④ 他的基本论点主要是：首先，科学评价的基本单位不应该是经验与单个的理论命题，而应是理论系列——科学研究纲领，科学进步总是用进步的研究纲领取代退步的研究纲领。⑤ 其次，科学研究纲领是一个有内在结构，处于不断发展变化之中的理论体系，其内部结构包括四个部分：第一，硬核，即不容改变的、稳定的基本核心理论；第二，保护带，即保卫硬核的部分，由可以随时调整，以应付反常情况的辅助性假设和应用理论构成；然后是指导该纲领未来发展的启示法，分为两个部分，反面启示法，即保卫硬核的禁止科学家反驳的规则，最后还有正面启示法，用来改善与发展纲领的规则。作者认为这种结构的研究纲领相比

---

① [英]卡尔·波普尔：《科学发现的逻辑》，查汝强，邱宗仁，万木春译．杭州：中国美术学院出版社，2008 年版。

② [美]托马斯·库恩：《科学革命的结构》，金吾伦、胡新和译．北京：北京大学出版社，2003 年版。

③ [美]托马斯·库恩：《科学革命的结构》，金吾伦、胡新和译．北京：北京大学出版社，2003 年版。

④ [匈]伊姆雷·拉卡托斯：《科学研究纲领方法论》，兰征译．上海：上海译文出版社，1986 年版。

⑤ [匈]伊姆雷·拉卡托斯：《科学研究纲领方法论》，兰征译．上海：上海译文出版社，1986 年版。

单一理论，能将其各成果以明显的连续性联系在一起，具有历史性。①

伊姆雷·拉卡托斯的科学研究纲领方法论是在批判波普尔的证伪主义和美国库恩的范式论基础上发展起来的，兼收两者之长，在体系上更加完善，内容方面也更加合理，促进了历史主义取代逻辑实证主义，成为科学哲学界的主导地位，进而开创了科学史研究的新时代。这一理论合理地把科学理论看作具有某种结构的整体，又强调了科学发展的连续性和进步的合理性，但也有一个较为明显的缺点，即它的评价标准过于宽大软弱，尤其是否认研究纲领有一个确切的衰亡标准，认为一个退步的研究纲领可能获得新生反而转化为进步的，这几乎导致取消了研究纲领的评价标准，陷入与费耶阿本德类似的非理性主义。②

不得不提的一大思潮还有20世纪六七十年代盛行于西方的后现代主义，从传统哲学理性发展到后现代主义，凸显出了许多知识论与思维模式方面的新特征，即注重解构与超越，批评唯一性，放弃对普适性的追求，承认历史性与具体性，在思维方式方面强调否定性、非连续性以及多元性，③这种思潮为我们发展自身的传播理论，反对以欧洲、美国为代表的传播理论一统天下提供了一定的认识论基础。但是后现代主义在认识论倾向方面也存在一些问题，比如过于强调无中心意识和多元价值取向，促进我们认识到价值的相对性和多元性，一方面可以促进人们更彻底的思想解放，促进人类对自身、社会、文化的更深刻理解，但是另一方面它对真理、进步等价值的否定，也可能会导致价值相对主义、怀疑主义和价值虚无主义的产生，造成我们的评价标准不是很清楚甚至全然模糊。

综合以上的诸多知识论观点，我们也可以得到一些启发：关于要不要进行传播学本土化研究，为什么进行本土化研究的问题上，首先，因为科学理论体系本身是一个不断变化发展的过程，所以我们不能将任何一个理论体系当作绝对完善、成熟的静态存在，必要的时候我们可以对其进行调整与合理性重建，促进其不断地发展与范式创新，我国的传播学本土化研究，可以在一定程度上促进现今传播学理论体系的合理调整与创新，是有其存在可能性

① ［匈］伊姆雷·拉卡托斯：《科学研究纲领方法论》，兰征译．上海：上海译文出版社，1986年版。

② 冯契，徐孝通：《外国哲学大辞典》，上海：上海辞书出版社，2000年版。

③ ［美］爱门森：《探足于“后现代”“后美国”与“复变”的交叉河流》，见［美］赵晶晶：《传播理论的亚洲视维》．杭州：浙江大学出版社，2008年版，第4—5页。

与必要性的。其次，根据后现代主义，我们必须承认真正普适性的科学理论可能确实难以实现，与之相对的是，我们可以承认科学理论的具体性与历史性，进而根据本国的传播理论与实践，进行发展本土传播理论的尝试。

接下来是关于怎样进行传播学本土化研究的问题，首先，科学理论的发展并不是断裂的，而是具有一定连续性的，科学理论是具有坚韧性的，是一步一步从初始形态向最终的理论转化而成的，所以在我国的传播学本土化研究中，切忌浮躁，一定要对研究问题及其理论转化价值进行一步一步地细致考量。其次，范式确实可以作为科学理论的评价标准之一，我国传播学界可以着重培养自身的学术共同体意识，进一步形成统一的研究范式认知，培养共同的研究信念、指导理论、研究模式与范例等。第三，我们不一定非要强调科学理论的普适性，可以参考伊姆雷·拉卡托斯对科学研究纲领的定义，注重体系中硬核、保护带的不同区分与功能，既要有稳定的基本核心理论，也可设置一些具有一定弹性，可以根据各种情况进行调整的辅助性假设与理论。

5.1.2 回到中国文化，我国本土化研究的知识论基础有其必要性与可能性吗？

德国哲学家海德格尔在1935年一场主题为“物的追问”的讲座中，对于近代科学知识生产方式的思考，值得我们细细斟酌思量，海德格尔认为问题的关键不是，科学是否合乎经验，而是科学如何规定经验。[①]这一论点颠覆性地将科学与经验的关系进行了重新解读，我们若想发展自己的传播学理论，想在我国文化中找到相关知识论基础，有其必要性与可能性吗？

西方传播学经历了多年的发展，具有深厚的知识论与方法论基础，传播学在西方近代科学的历史语境中诞生，其理论基础与知识论主要都是来源于西方近代科学，包括自然科学、人文科学、社会科学等。在西方知识论的架构体系中，被大家认为最重要的知识领域主要是逻辑和数学，这两个领域的侧重点分别是：抽象的对象、形式上的对象。

而我国如果要想发展传播学本土化，需要在知识论方面对其进行重新塑造吗？有这个必要性吗？以西方在知识论层面最为重视的两个领域：逻辑与

① 纪金庆：《反思人文学与科学的边界》，见谢清果：《中华文化与传播研究》. 厦门：厦门大学传播研究所，2014年版，第12页。

数学为例，其实这种认知与西方近代科学深受自然科学革命影响的因素密切相关，注重数学标准与可验证性，那么这种认知是否符合我国的社会文化与传播实际呢？注重逻辑这一点在知识论层面应该没有太多争议，毕竟许多理论的相关研究与建构问题都需要严密的逻辑、推理与分析，但是注重数学标准这一点是否符合我国的文化与传播现状呢？提到这一点，不得不提到东方文化与西方文化的固有差异了，由于政治、历史、社会文化等各方面的差异，西方文化在近代科学的理论建构方面深受自然科学的影响，比较注重量化的数学标准与结果、理论的可验证性，在某种程度上将其概括为“理剖万物”；而我们中国的文化则是“心传天下”，更加注重人文精神，传统社会的诸多理论成果也多表现为经验式的总结方式，这种思维模式、理论建构方式的固有差别，可能会使得我们在知识论层面的体系建构与领域侧重都会有所不同。所以在知识论层面对传播学进行新的解读，应该是具有一定必要性的。

那么接下来是第二个问题了，我国的传播学本土化研究要想找到其知识论基础，有这个可能性吗？我国的确拥有自己的哲学理论基础与知识论，其实这些哲学类要素早在先秦时期的儒、道等学派已体现出来了，只是这些理论能不能对传播学起到作为理论基础的作用呢？这个问题值得我们进行深入探索，但是这个问题不是一家之言能够简单断定的，也不是单一的短期研究就能够解决的，可能需要传播学、历史学、甚至中国语言文学等诸多领域的学者进行持之以恒的深刻探讨与分析。

5.2 首先要明确我国传播学本土化研究的目标究竟是什么

在我们进行传播学本土化研究之前，有一个必要前提，那就是我们首先要搞清楚：传播学本土化研究的目标到底是什么？是要发展一个与西方完全不同的中国传播学？是结合中国文化与传播实践，对西方理论进行改造、扩充，使之更偏向于普适性理论？还是不断学习西方的研究理论与模式、方法，发展出属于我国的传播学？

目前来看，建构一个与西方完全不同的传播学，这一目标应该很少学者会赞同，因为科学理论还是具有某些共性与适用性的，我们没有必要也没有可能去建构一个与西方完全不同的传播学理论体系。那么接下来，我们的本土化目标是结合中国文化与传播实践，对西方理论进行改造、扩充，使之更偏向于普适性理论吗？针对这一论题，吴予敏在 2018 年的最新讨论中，从历史发展的角度，对本土化研究从零到一的发展进行了新的总结与展望，他提出根据余也鲁与施拉姆早期的论述，本土化研究的“初心”是：以中补西，中西求同。[①]不可否认，这是我国传播学本土化在发展初期的一个重要动机与目标之一，这个目标在知识论层面也是有其明确依据的。首先，科学理论体系是一个不断变化发展的过程，必要的时候我们可以根据自身实践，对其进行适当调整与合理性重建；其次，西方理论自有其特殊语境与前提，并不是真正的普适性理论，我们需要根据不同的社会文化与传播实践，对其进行改造与调整。最后，传播学作为一个交叉性学科，与自然科学、人文科学、社会科学等都有着密切的联系，而只要任何学科与文化、人这种具有主体性与互动性的研究对象有关，那么它就不太可能做到所谓的普遍适用，我们需要做的就是根据自身文化与传播实践，对其进行适当调整，促进其在更大范围内的适用。

上文中提到的对西方理论进行改造已经被默认为我们的本土化目标之一了，那么接下来，不断学习西方的研究理论与模式、方法，进而发展出属于我国的传播学，这一目标是否可行呢？其实这个目标可以说是我国传播学本土化的长期目标之一，不管这一目标是否可期，是否难以实现，它应该都是我们长期内可以作为奋斗方向的一个目标。毕竟，自身的理论建构应该是任何一个社会科学研究的重要目标。有很多学者都围绕这个提出了质疑与反思，发展自己的传播学有其必要性与可能性吗？这个问题在短期内可能都很难有定论，因为这个问题比较复杂，涉及太多学科方面的概念争执，以及不同方面的矛盾与张力。

我认为我们暂且不用全盘否定这一目标的必要性抑或可能性，反而可以将这个目标作为传播学本土化的长远奋斗方向之一。在这个奋斗过程中，在对西方理论的研究模式、方法、建构要件不断了解的过程中，在对我国社会的传播理论与传播实践进行深刻探索的过程中，在促进西方理论与我国传播实践不断互动的过程中，在探索我国信息人与社会文化的互动过程中，在我国诸多学者围绕传播学本土化不断论争的过程中，我们可以根据本土化研究的不断进展，对这个目标与论题进行不断地重新思考与考量。

---

① 吴予敏：《从“零”到一：中国传播思想史书写的回顾与展望》，《国际新闻界》，2018年第2期，第90—108页。

5.3 正视传播本土化研究中客观存在的民族感

在传播学本土化研究的发展中，有一种质疑一直伴随着其发展过程，传播学本土化是不是带有狭隘的民族主义，或者是朴素的后殖民主义色彩，并且从这一论题深入，开始质疑传播学本土化提出的动机是否单纯，与其存在的必要性。笔者认为，其实传播学本土化这一议题的提出，本身就或多或少地带有一定的民族情感，不管你把本土化的动机定义为，中国传播学界在面对传播学话语被西方掌控的情况下而产生的焦虑也好，还是我国传播学界因为民族自信提升而产生的使命责任感也罢，抑或是为了证明自己的狭隘民族主义也好，有一个事实不可忽略，本土化这一字眼本身就是带有一定民族感的。但是笔者认为，带有民族感是本土化这一字眼本身就存在的一个自然而然的事情，它本身是价值中立的，并不是什么需要我们去褒扬或者贬低的事情。

5.3.1 避免狭隘的民族主义误区，恰当把握张力处理

带有民族感只是传播学本土化的一个产生动机，我们不能因为它带有情感性的某一个动机就否定这一论题的成立。有些学者质疑过度的民族情感可能忽略了中国是否有实现传播学本土研究的条件与空间，但是经过了一代代学者的分析与论争，我国的传播学本土研究还是有其必要性与可能性的。就如欧洲也有不同于美国经验学派的传播学派系与自己的研究范式，只要我们能够在我国传播学本土化的具体研究过程中对这种民族感采取恰当的态度，将其控制在一个合理的范围之内，不要走向所谓狭隘的民族主义，或者是为了强调差异而创造差异，过分强调自己特色的这种误区，一方面，我们可以促进本土化研究更加健康地发展，另一方面，这种带有一定民族感的动机反而可以成为我们进行传播学本土研究的持续动力，促进我们对传播学本土化研究的不断深化探索。

当然还有另外一点需要强调：民族主义与狭隘的民族主义应该还是有所区别的，我们想要进行传播学本土研究，并不是要坚持狭隘的民族主义，相反，我们正是为了维护人类文化的多元性，促进多元化传播理论的建立，才更加迫切地想要建立自己的本土传播理论范式。当然，在这种构建理论的过程中，我们要避免一些狭隘的民族主义倾向，恰当地把握普遍与特殊，中国与西方的张力处理。

5.3.2 注重本土化的特殊语境，不能被政治动机冲击了文化自觉

客观看待民族感这一问题包括几个层面，一方面，我们要注意不能走向狭隘的民族主义误区，另一方面，我们要时刻注意本土化的特殊语境，不能忘记其带有学术自觉、研究主体性、注重意义阐释、问题意识等最初的语境与内涵。正如前文的总结分析所述，我国的传播学本土化研究经历了三个主要阶段，从政治层面到文化层面，现今又进入了掺杂政治动机的多元反思阶段。那么这种政治动机与文化层面的学术自觉之间的关系，我们又该如何处理呢?

我国的传播学本土化研究，在萌发初期的政治动机更加倾向于意识形态对抗，随着我国历史语境的变化，现今的政治动机则是在综合国力日益提升的时代背景下，伴随着文化自信的觉醒，集中表现为我国传播学界对传播话语权的争夺。那么在这种中国热的浪潮下，在这种文化自信空前增强的历史语境下，我们要注意，绝对不能被这种民族感与文化自信方面的热情冲昏头脑。对于我们的本土化研究，我们要对其政治层面的动机与文化层面的学术自觉有着清醒的认知，政治动机虽然是推进本土化研究的很好的一个助推力，但是我们也要将它控制在适当的范围内，不能让政治动机压过了文化层面的学术自觉。

一方面，我们不能被文化自信冲昏头脑，而忽视西方较为系统、完善的科学理论框架与研究方法，相反地，我们要对西方社会科学的体系进行系统学习与深刻理解，对西方理论的方式、方法与社会方位进行认真解读，在保证我们有充足的理论根基的基础上，一步一步地促进传播学本土化研究。正如马成龙先生所表述的那样，西方传播学所建立的基础，可以为我们提供一个大的研究思考框架，比如学科范围，各类相关题目与研究领域的划分等，我们可以根据西方较为成熟的框架，在各个子领域内对我国的研究成果进行相关思考，推敲他们的理论在我们中华文化的适用性，当遇到不适用的情况或者其他必要的场合时，将其修改或扩大。另一方面，我们不能因为民族感或者其他政治动机，而消磨本土化原本的内涵与语境，我们要时刻谨记，注重研究主体性、意义阐释、问题意识、后殖民主义等最初的语境与内涵，时时刻刻将语境这个范畴考虑在内，不能走向狭隘的民族主义，片面夸大中西差异，认为中国在什么方面都特殊等诸多误区，时刻记得以多维、互动的视野来进行传播学本土化研究。

5.4 传播学本土化的几个主要层面

5.4.1 研究对象的本土化既是传播学本土化的动机，也是其重要内容与目标

关于什么是传播学本土化？我们应该从几个维度理解它？我认为研究对象的本土化本就是传播学本土化的题中应有之义，它是传播学本土化最初产生的重要动机，也是现今本土化研究中的一个重要组成部分。在此暂且将研究对象的本土化分为两个层面：一方面注重历史，强调对传统文化中传播知识的探索。一方面强调实践，注重传播学理论与现实传播活动的结合。在我国传播学本土化发展的初期，其初始动机即带有强调研究对象本土化实践层面的色彩，而早期的研究路径则是注重探索历史，也属于研究对象的本土化层面。因为早期传播学本土化尚未对理论建构、方法本土化等方面做出明确设想等原因，以至于在本土化研究发展的早期，有不少学者甚至将传播学本土化就片面地理解为研究对象本土化这一个方面。

不管众多学者对传播学本土化这一说法，或者这一议题有任何异议，传播学相关理论需要更好的与中国传播实践相结合，这一点应该是毋庸置疑的。这是传播学本土化最初的产生动机之一，也是传播学本土化的目标之一。

5.4.2 本土化理论建构是传播学本土化的长期奋斗目标

接下来就是研究理论的本土化这一层面，理论建构应该是任何一个社会科学研究的重要目标。不管这一目标是否可期，是否难以实现，还是短期内不可能达到的，它应该都是我们长期内可以作为奋斗方向的一个目标。

有很多学者针对我国的本土传播理论建构提出了一些质疑。首先是可能性的问题。在我国建构属于本土的传播理论是否可能？我国拥有可以建构本土传播理论的空间与客观条件吗？其次是必要性的问题。为什么？为什么要建立自己的传播理论呢？是西方的理论不足以解释中国的传播现象吗？还是中国这个具有一定特殊性的存在要求本土传播理论的建构？黄旦等学者已经针对将中国的存在作为本土化前提的这一倾向进行了批评。那么接下来的问题就是，是西方的理论不足以解释中国的传播现象吗？有诸多大家通过分析已经明确指出，西方的所谓科学理论也有着自己的语境，带有强烈的西方社会背景与思维范式，它们的确不是普世性，适用于全人类的，对于我国的传

播现象、传播行为与传播实践的解释力可能并没有那么高。因此我们想要建立本土传播理论范式的愿景才会更加强烈，这是现实传播实践的客观要求。当然，我们也要避免为“异”而“异”的思维倾向，刻意地去寻找中西的各种差异，但是中国与西方的确在历史、社会各个方面存在许多不同之处，问题在于这种不同之处是需要我们在传播学视角加以强调认证的吗？这种不同之处对于我们建构本土传播理论有何具体启发？如何恰当地回答这个问题，也是需要诸多学者在一定时期内的深刻探索与分析。

接下来的问题是如何在我国建构起本土传播理论？如果要建构自己的传播学理论，我们要如何定义理论？要建构哪种学科意义上的理论，建构什么样的理论？我国文化中确实不存在符合西方科学定义的现成理论，但是如同汪琪等人提出的，我们拥有足以发展成理论的胚胎，或者说是前理论。[①] 其实当我们再向前推论，回到理论本身，理论的定义本来就是西方近代科学革命下的产物，是具有西方的某些社会模式与思维特色的。所以一方面，我们不必被过度地禁锢在西方所谓科学理论的狭义定义与框架之下，而可以将其概念定义得更为宽泛一些，进而根据我国传播思想与传播实践的现实情况，进行相应的理论建构的尝试，比如我们可以尝试从我国独特的传播文化、传播符号、传播媒介切入，同时不能忽视我国信息人的传播实践、传播行为与世界其他国家信息人的共性，进行建构具有华夏特色的本土传播理论的尝试。另一方面，我们也要对社会科学的起源、发展背景、建构要素、发展过程等进行详细的了解，[②] 进而根据我国的传统文化与现实传播事件，逐渐摸索能否构建属于我国的本土传播理论范式。

5.4.3 研究方法的本土化不必强求，可根据我国的研究实际适当尝试

关于研究方法是否可以本土化，这个问题涉及多个方面的矛盾，的确是较为复杂难解。方法究竟是具有普适性的存在，还是也有着自己的语境与思维模式特征呢？针对这一问题，刘海龙强调我们需要将方法、方法论明确区分开来，方法是研究的程序和规范，方法论则是关于方法本身的理论。[③]

---

① 汪琪，沈清松，罗文辉：《华人传播理论：从头打造或逐步融合？》，见陈国明：《中华传播理论与原则》. 台北：五南出版社，2004 年版，第 27—44 页。

② 汪琪，沈清松，罗文辉：《华人传播理论：从头打造或逐步融合？》，见陈国明：《中华传播理论与原则》. 台北：五南出版社，2004 年版，第 27—44 页。

③ 刘海龙：《传播研究本土化的两个维度》，《现代传播（中国传媒大学学报）》，2011 年第 9 期，第 43—48 页。

西方的社会科学方法经历了多年的验证与发展，自然是有着它的实用性与优越性，但是方法产生的本身与其发展过程都是伴随着西方语境的，因此不可避免地带有西方的社会背景与思维模式。但是对于我国是否一定要拥有自己的研究方法，笔者认为对于这一点不必过于强求，更不要牵强附会。在研究方法的选取方面，我们可以根据本国的传播学本土化研究的实际情况，适当地选取合适的方法，在需要的时候采取西方的社会科学方法。在遇到西方社会科学方法较难诠释的研究时，比如当面对我国独特的社会文化现象与传播实践时，我们则可以适当地进行本土研究方法的尝试，采取一些针对性的措施，对其进行独到的分析与解读。就如谢清果、祁菲菲在《中西传播特征差异论纲》中所论述的，将西方传播理论的特征概括为“理剖万物”，而我们中国传播理论则是“心传天下”，[①] 虽然我们很难将中国与西方进行定性的系统比较与分析，但是这并不意味着我们要停止对中西不同之处的探索，我们还是可以通过分析，对中国、西方的传播特征进行某些细碎的提取与总结的，进而将这些特征与方法运用到西方社会科学理论解释力较弱的场合。

5.5 如何进行传播学本土化?

5.5.1 语境是一个重要范畴，在多维视野中进行传播学本土研究

在传播学本土化的研究中，有一个重要范畴需要我们反复强调，不管是对西方、中国的矛盾，还是对全球、本土的张力处理，我们都需要将其纳入考虑，那就是语境，何谓语境？无外乎四个字：当时当地。语境又可以分为两个维度，主要是纵向的历史语境，横向的空间语境。

（1）从空间维度出发，全面地把握中国与西方

什么是西方？我们首先要从空间维度出发，全面地看待西方，避免将西方固化默认为美国经验学派的倾向，西方传播学派并不是铁板一块，以美国为代表的实证主义、经验学派与以欧洲为代表的文化研究学派、批判学派在研究视角、思维模式、研究方法各方面都存在很大差别。但即使是这样，同样脱胎于西方的社会背景与社会科学框架下，西方传播学派还是有着自己的某些共性特征的。我们要在空间维度全面地看待西方，既要发现不同学派的

① 谢清果，祁菲菲：《中西传播理论特质差异论纲》，《现代传播（中国传媒大学学报）》，2016 年第 11 期（总 38 期），第 30—35 页。

不同之处，又不能忽视其内含的某些共性与思维特征。

什么是中国，同样地，我们也需要从横向的空间维度出发来理解中国，一方面注重中国的地方语境，另一方面注重我国空间内部存在的差异。以往的许多传播学本土化研究将重点放在我国的历史上，这种纵向维度的研究当然需要重视，但他们却在有意无意中忽视了横向维度方面的探索。其实我国在空间内部是存在很大差异的，存在着不可小觑的多样性，不同区域、不同民族，都有着不同的社会与文化特征。如何权衡中国内部不同人群的特征，从其中归纳出一些更具研究价值的特征与现象，也是我国传播学本土化研究的一个重点与难点。

除了在横向空间维度方面对我国的全面把握，我们还要注意对我国传播学学科版图的全面分析。根据吴予敏的分析，经历了近四十年的发展，西方传播学的许多知识与框架已经部分地融入、整合到我国的新闻传播学知识系统。综合来看，目前我国传播学的知识版图并非单一图景，而是多棱镜式的景象。他还进一步强调这种多元化的知识状态与多层次的知识结构更加有利于新的交流、竞争与探索，这也构成了社会科学进步的基本条件。①

（2）从时间维度出发，不可将传统社会与现代中国割裂

上文中我们对横向的空间维度进行了简要阐述，那么接下来就是语境中的另外一个重要范畴：纵向的时间维度。在此我想要强调的是，注重时间维度，历史地看待问题包括两个方面：第一、任何事物都是有其特殊语境的，我们不能脱离其语境，单独地将其剥离开来。第二、任何事物都是处在历史的变化发展过程中的，我们不能将其静态化甚至固化。

什么是中国？黄旦引用华勒斯坦的观点，认为现在决定历史，现今的“中国”所谓约定俗成的意义，主要指的是民族、国家层面的中国，我对此并不是非常赞同。② 正如费孝通先生所著的《乡土中国》，本书从社会学角度，对中国几千年来的社会进行了深入剖析，这些基层组织的社会，这些几千年来的历史与文化，深刻影响着我们现在的社会结构和生活态度。③ 不管古代还是现代，我们中国的某些民族习惯、民族根性是难以磨灭，一时之间难以改变

---

① 吴予敏：《重构中国传播学的时代场景和学术取向》，《国际新闻界》，2018 年第 2 期，第 85—98 页。

② 黄旦：《问题的中国与中国的问题——对于中国大陆传播研究本土化讨论的思考》，见黄旦，沈国麟：《理论与经验——中国传播研究的问题及路径》. 上海：复旦大学出版社，2013 年版，第 41—42 页。

③ 费孝通：《乡土中国》. 北京：中华书局，2013 年版。

的。胡翼青也强调，传播学理论研究的基础是“信息人”，认为对传统社会过多的探索意义不大，但是现今我国社会中存在的“信息人”难道是与历史断裂的中国人吗？难道大家现在眼中的中国都只是民族、国家层面的中国吗？我觉得中国这个含义不应该是断裂的，它本身就应该是一个完整的，全面的概念，在历史维度方面包括古代与现代，在空间维度包括诸多地域。正如一个人无法抓着自己的头发把自己拎起来一样，因为我们人本身就是一个紧密相连的整体，我们中国的含义也不可能是断裂的，只强调某一个层面的。我们每次谈到中国，不只是民族国家层面的中国，也是有着5000年历史文化的中国，它是包含政治、民族、文化等多个层面的统一体。

所以在我国的传播学本土化研究中，我们也要切记不能将传统社会的中国与现代意义的中国割裂，既要注重对传统社会传播现象的探索，也要注意现今中国在传播方面新的传播实践、传播行为，既要注重民族、国家层面的中国，也要时刻谨记文化层面的中国。另一方面，我国是处在一个不断发展的历史变化过程中的，我们要注重我国在时间维度方面，在社会、文化各方面的多种变化。

而针对西方理论，我们也要时刻谨记以纵向的历史维度来看待他们的研究，一方面必须明确它们的科学理论是有其特定语境与历史背景的，我们不能将其理论与语境剥离开来，片面地截取某些概念或理论作为不变真理。另一方面，西方理论也是处在不断变化的发展过程中的，我们要保持与它们的积极对话，时刻注意它们的发展变化与动向，为我国的传播学本土化提供更多参考。

（3）从多维视野出发，将本土化视为一种多维的学术自觉与对话

上文中我们提到要注重语境范畴，在横向的空间维度、纵向的历史维度对传播学本土化进行多维把握，那么接下来就是多维视野的另外一层含义了。受胡翼青、刘海龙提出的多元化学术自觉，以及提倡多个标准的竞争与对话等观点的启发，我觉得将本土化视为一种多元化的学术自觉是比较合理的一种设想。[①]这一设想在多个层面对传播学本土化的几个核心问题进行了适当的解答，什么是传播学本土化？要不要进行传播学本土化？为什么进行传播学本土化？以及怎样进行传播学本土化。

① 胡翼青：《传播研究本土化路径的迷失——对“西方理论，中国经验”二元框架的历史反思》，《现代传播（中国传媒大学学报）》，2011年第4期，第34—39页。

西方为什么会反思自身，开始重视西方以外的社会文化，这是一种值得学习的学术自觉意识，是一种可敬的批判与对话意识，我们在进行传播学本土化研究的过程中，也要自觉学习西方的这种批判与对话意识，将传播学本土化视为一种多维的学术批判与对话。传播学本土化这个论题看似简单，其实它是涉及多个维度的张力与矛盾的，包括普遍与特殊，西方与中国，理论与应用等各个方面，我们很难用单一的思维视角来禁锢它。所以我们必须要从多维视野出发来看待传播学本土化，它不只是一种多维的学术自觉，也是一种多维的学术对话，多维的思维视角，多维的研究与实现路径，拥有着多维的衡量标准。[①]

所以，我们要从多维的思维视角出发，将传播学本土化视为一种多维的学术自觉与对话。此处的“自觉”有两个方面的侧重点：首先，强调“自”，本土化研究是一种强调学术自觉，注重学术主体意识的研究，它是我国传播学界根据自身要求自主提出的相关要求；其次，注重“觉”，这种意识应该是内化在传播学者心中的，是时时刻刻伴随着我国传播研究的一种内化性的自觉主动意识，而不是简单的外化口号。而此处的“对话”也包括对内与对外两个方面，对内，我们不应该将传播研究本土化禁锢、局限在单一的标准之下，而是要提倡多个标准，多种路径的竞争与对话；对外，我们要提倡本土化研究与国际学术的积极对话。这样才能更好地促进传播学本土化研究的活力与张力。

5.5.2 在互动的视野中把握传播学本土研究

前文中，我们强调了语境这一范畴的重要性，提倡在多维的视野中进行传播学本土化研究。那么接下来我想强调的还有一个关键词：互动。

(1) 注重传统思想与现代传播实践的互动

在前文中，我提出在传播学本土化研究中，我们要时刻谨记中国是一个整体，不能将传统社会的中国与现代意义的中国割裂。接下来的论题也是与这一层面密切相关的，我们不只要注意我国古代与现代的连续，还要注重两者的互动。也就是说在传播学本土化研究方面，我们要注重传统社会的语境与现代传播实践的互动，善于在现实的传播实践活动与传统社会的传播思想

① 刘海龙：《传播研究本土化的两个维度》，《现代传播（中国传媒大学学报）》，2011 年第 9 期，第 43—48 页。

之间建立一种有机的内在逻辑关联，一方面，当我们把历史脉络理清楚了之后，更加有利于我们对现代传播逻辑的全面把握。[①]另一方面，当我们整理出了两者之间明确清晰的逻辑关联，更加有利于我们本土传播理论的建构与发展。

(2) 注重信息人与本土文化的互动

我们强调要在互动的视野中把握传播学本土化研究，上文中我们对传统思想与现代传播实践的互动进行了简要阐释，那么接下来我想说的是另外一个更深的层面，即人与文化的互动。邵培仁曾在一篇文章中提到人类学家格尔茨的观点，他强调社会科学研究中对"人"的分析应该打破学科间各自为政的现状，对其加以系统研究，强调对人的行为建构的意义阐释，注重回归对象本身。[②]这种思路对我们的传播学本土研究是很有启示意义的。有学者曾经强调过，传播学理论的研究基础即是"人"，人类与文化的关系可以说是相互促进，共同发展的，人类创造了文化，但更是文化形塑了具体的人。[③]可以说，人类与文化之间的这种复杂的关系一时很难言明。我们中国人的传播行为深受我国文化的影响，这种文化包括传统社会与现代的文化，我们的传播实践在深受已形成的文化的影响之时，我们又在不断塑造着新的文化，进而再被新塑造的文化所影响，这个过程是循环往复，不断发展的一个过程。

同样地，在传播学研究的过程中，我们更要注重人与文化的这种双向互动关系，深入研究我国的本土文化，探索它与我国信息人的各种传播实践、传播行为、传播思维的关系，就可以成为我们促进传播学本土化研究的重要突破口。

这个层面的互动与前面强调传统思想与现代传播实践的互动有着异曲同工之妙，但是这一层面是从更深层次出发，强调人类与文化的互动关系，上一个层面更加注重的则是传统与现代的互动。

（祁菲菲　谢清果）

① 尹连根：《审慎对〈庄子〉进行传播学层面的"本土化"——与邵培仁、姚锦云两位老师商榷》，《国际新闻界》，2017年第5期（总39期），第155—173页。

② 邵培仁，姚锦云：《寻根主义：华人本土传播理论的建构》，《新疆师范大学学报》，2013年第4期（总34期），第28—41页。

③ 邵培仁，姚锦云：《寻根主义：华人本土传播理论的建构》，《新疆师范大学学报》，2013年第4期（总34期），第28—41页。

中篇　华夏传播研究的历史回顾

第六章　儒家传播思想、传播史与文学传播（1996—2000）

20世纪90年代传播学本土化逐渐成为一个鲜明的学术问题，并为学术界热烈讨论，这反映出学者对传播学本土化的兴趣不满足于单纯的介绍、评论西方传播学理论与研究成果。1997年前后，传播学理论研究迅速发展，四大刊物的论文数量有了明显的增加。1997年11月25—28日，在厦门大学召开了“中国传播研讨会”，内容为传播史研究与传播理论研究两大类，香港余也鲁先生指出：中国传统文化研究能与美国感恩节的“五月花号”故事相媲美，都是对待开发的“新大陆”的伟大探险。[①] 余也鲁、徐佳士等前辈学者在传播学传入中国（首先是港台地区）伊始，便提出研究中国传统文化中的传播问题。前辈学者意识到在传播学研究中，中国不能缺席。中华民族五千年的文明历史蕴含着丰富的传播思想和传播观念。在这种“民族热潮”及民族情怀的感召下，许多学者开始了“传播学中国化”的探索与研究。孙旭培集结了海岸两岸许多优秀学者，主持编写出了《华夏传播论：中国文化中的传播》，这一本极具传播学本土化的里程碑性的著作，无疑在传播学研究“本土化”方面，在弘扬中国文化方面，是迈出了有意义的一步。在这一时期，学者们的研究主要集中在中国传播史、中国传播理念、中国特色传播活动和现象的研究上。

6.1 永恒的经典：儒家传播思想与观念研究

儒家文化对中华民族文化的形成和发展产生了重要影响，蕴含着无穷的传播智慧，传播学中国化研究初始，许多学者便聚焦到儒家的传播思想研究这方面来，得出了丰硕的研究成果。

---

① 王怡红，胡翼青：《中国传播学30年》. 北京：中国大百科全书出版社，2010年版，第133页。

廖声武在《论先秦时期儒家的传播思想》中，从传播方式及对传播的社会功能的认识上，详细阐释了儒家独具特色的传播思想。在中国古代传播史上，儒家的传播方式在当时的背景下是首开先例、卓有成效的。他们游说诸侯，办学授徒，编辑整理古籍和著书之说。对中国文化传播做出了巨大的贡献。儒家对传播功能的认识有独到的见解，儒家认为向民众的教化传播对赢得民心、稳定政权有重要作用，同时认为传播的作用具有双面效应统治阶级应慎重对待传播的影响。廖声武还指出了儒家良好的传播的三个层面：(1) 注重自身修养，注重自我完善的目的是为了传播其对理想追求的思想；(2) 尽可能扩大传播范围；(3) 注重传播内容，向民众传播。[①] 这对今天的现代传播，无疑具有相当意义的启迪效果。候东阳也在《浅议儒学传播社会化成功的根源》中指出，儒学传播社会化成功的根源在于：(1) 传播方式上注重教化的作用，通过游说与辩论，讲学与著书跨越时空保存下来；(2) 儒学内容根据政治需要不断地丰富和发展，适合了现实需要，因而未被时代淘汰；(3) 儒家思想已物化成礼，更容易为人们所理解、实践和传播；(4) 历代封建统治阶级都将儒学奉为官方哲学，并通过创立官学、统一经学，以功名利禄等措施予以支持和推行。[②] 如何达到良好的传播效果，儒家的传播智慧也许已经给我们提供了答案。此外，王永祥在《儒学向少数民族地区传播方式探析》中，聚焦与少数民族地区的研究，详细分析了儒家在少数民族地区的传播方式，指出儒学向少数民族地区传播方式主要有三种：中央王朝向少数民族地区推广、传播儒学；少数民族统治者学习和推广儒学；边塞儒臣和少数民族儒士对儒学的传播弘扬。[③] 让我们对儒学在少数民族的确对而传播方式和传播概况有了一个全面的了解，填补了少数民族地区儒家传播思想研究的空白。

夏晓鸣在《儒道传播思想之比较》中比较了儒家和道家不同的传播思想和观念，并指出其对现代传播的启发和指导借鉴意义。儒道两家的思想是中国传统文化的精髓，儒道两家的世界观和人生观不同，所以蕴含于儒道两个学派中的传播观念和传播思想也有明显的区别。儒家对组织传播和人际传播是持肯定态度的，而道家则持否定态度。儒家重视传播在规范道德标准和维

---

① 廖声武：《论先秦时期儒家的传播思想》，《新闻与传播研究》，2000 年第 3 期，第 50—54 页。

② 候东阳：《浅议儒学传播社会化成功的根源》，《郑州轻工业学院学报（社会科学版）》，2000 年第 9 期，55—57 页。

③ 王永祥：《儒学向少数民族地区传播方式探析》，《燕山大学学报（哲学社会科学版）》，2000 年第 4 期，第 49—53 页。

护封建等级关系中的作用，道家则认为社会传播存在着诸多弊端，因而否定传播。儒家不但注重传播的作用，而且强调传播的形式。[①]作者认为，儒道两家在传播思想上的分歧，源于他们不同的世界观人生观。道家相信天定，儒家注重“人为”；儒家对人生持入世、有为的态度，道家对人生持出世、无为的态度。但在作者看来，道家的无为和不争，实际上是另一种形式的“为”与“争”。

传播不仅仅是一种客观存在，也是一种现实需要。在当今的信息社会里，传播对政治、经济、文化的影响比过去任何时代都要巨大，它带来了科技的进步，推动了社会的发展。从这个意义上讲，儒家肯定传播的作用，注重传播的内容，强调传播者的知识和修养，讲究传播的方法和技巧，这些都是值得借鉴的。道家作为与儒家双峰并峙的一个学派，它所反对的主要是儒家传播的内容，即以“仁义”为核心的维系封建人际等级关系的伦理道德，并认为自然和社会的规律是不以人的主观意志为转移的，所以否定传播的作用，反对通过刻意传播某种观念来禁锢人们的思想行为，反对自以为高明的统治者指使民众做事。道家主张回归自然，顺应自然，反对一切人为的东西，所以其也反对在传播中运用技巧。道家对传播的看法在当时是有一定道理的，即使是在今天，它还可以帮助人们辩证地看问题。但是，道家的观点有些是唯心的，特别是在竞争社会和网络世界里，不言不辩不争，绝学、无为，都是消极的。因此，古代的传播思想，我们必须理性地分析，批判地继承。

最后，黄星民老师着眼于具体的礼乐传播活动，首先在《礼乐传播初探》中从传播过程的角度着重讨论了礼乐传播这一中国历史上极有特色的重要传播活动。首先，该文确认了中国儒家已经认识到并自觉利用礼乐的传播功能。在这基础上，从传者、内容、渠道、受者、效果五个环节讨论了礼乐传播的全过程，指出礼乐传播表现了中国儒家的高度传播智慧和传播道德。[②]此外，黄星民老师在《从礼乐传播看非语言大众传播形式的演化》中，以中国礼乐传播为主线，追溯大众传播中非语言符号传播形式的淡化过程，其中包括原始礼仪、古代礼仪、戏剧、电影、电视与计算机网络等，同时还涉及了这些非语言大众传播与语言大众传播形式口语、书、报、刊等之间的关系，力图廓清人类大众传播发展史上的若干重要发展环节、主要原因和基本轮廓，使

① 夏晓鸣：《儒道传播思想之比较》，《企业导报》，2000年第11期，第46—48页。
② 黄星民：《礼乐传播初探》，《新闻与传播研究》，2000年第1期，第27—35页。

我们对人类大众传播发展史能有一点新理解。[①]

综上，我们可以看出，众多学者虽都从不同的角度和侧重点进行了儒家传播思想和观念的初探和研究，但是都指出了其特有的传播智慧对当下的传播活动的借鉴指导意义，研究中国的传统文化中的传播现象与传播思想，并不只是简单的理论层面的学术成果达成，更重要的是以史论今，运用古人独有的传播智慧来更好地指导今天的传播活动。

6.2 特定时期传播活动研究

人类的社会生活离不开各种传播活动，中国传统社会历经不同朝代的更迭，出现了多样的特色传播活动。许多学者聚焦于某一时期或某一形式的传播活动进行深入的探讨与分析。

周月亮在《中国古代文化传播的基本现象》提纲挈领性的指出：中国古代文化传播的根本性特征在于它的大一统体制所规定的自上而下的垄断性、封闭的“开放性”等，这也使中国文化具有了同化武化、抑制商化的功能，从而形成了中国以文化立国亦即以政治立国的特色。

文化的传播，盖指其要素、内涵、精神的流传、播散，文化与传播是一体的。[②] 作者还指出制约古代中国传播体制的最重要因素是社会政治结构，肯定了民间传播对中华民族习俗的形成与传递，对民间文学艺术的形成与发展发挥的重要作用。

尹韵公聚焦于三国时期的信息传播研究，作者发现三国时期的人们已经具有比较强烈的信息需求愿望和信息传播观念，他们重视新闻传播，关注信息来源，广开消息渠道。当时，人们与信息之间的相互依存的程度已经达到比较高的水准。[③] 作者指出三国时期的主要传播媒介是露布和檄文。此外，三国时期，童谣和谣言是社会舆论发泄的主要通道，他在相当程度上反映了当时的民心民意，各种社会集团与势力常以此为武器，达到其政治目的。魏蜀吴三国出于统治和征战的需要，致力于驿传的恢复和建设，其中魏国最为重视，曾专门制定了《邮驿令》这部法令。三国时期尽管处于一个大动荡、大

---

① 黄星民：《从礼乐传播看非语言大众传播形式的演化》，《新闻与传播研究》，2000 年第 3 期，第 35—44 页。

② 周月亮：《中国古代文化传播的基本现象》，《现代传播（中国传媒大学学报）》，1999 年第 5 期，第 45—48 页。

③ 尹韵公：《三国时期的信息传播》，《新闻与传播研究》，1996 年第 1 期，第 85—93 页。

分裂、大混乱的年代，但是，由于承袭着两汉的影响与遗风，更主要的是由于社会上存在着比较强烈的渴求与需要，三国时期的信息传播与交流以及社会舆论，都比较发达。此外，由于信息传播的基本设施——驿传体系的回复和发展，构成了比较完善的通信网络，从而为当时的主要传播媒介——檄文和露布传递的畅达无阻，提供了物质保障。从中我们可以窥见三国时期信息传播活动的基本图景，虽然还没有较为便捷的媒介工具，但是出于社会需要，以檄文和露布为媒介，以及驿传网络的构建，使得三国时期的信息传播活动异常发达与便捷。

此外，李彬从传播机构出发，专门研究了唐代进奏院。作者指出唐代的官方传播网络中，进奏院一直是研究的重点，中国现存最古老的报纸可上溯到唐代，出自进奏院。唐代进奏院的面貌决定着中国乃至世界最原始的报纸面貌[①]。作者从不同角度对唐代进奏院的起源、演化及职能做了阐述。唐代进奏院起源于唐朝初年的朝集使。安史之乱后，各藩镇开始陆续在京师设立上都留后院。代宗大历十二年，诸道留后院正式更名为进奏院。进奏院除了通风报信之外，还经常干预朝政、播弄是非。但其在中国新闻传播史上有其特殊的地位与意义。另外，李彬也在《从传播时到新闻史——唐代的新闻传播及其历史意义》中深入分析了唐代新闻传播的一个嬗变过程。作者开篇即点明：正是媒介这一传播活动之生产力的发展与完善，促使传播史跃升为新闻史。由男耕女织的封闭板块演为彼此依赖的多元格局（最初自然以城市为主，是新闻、新闻传播乃至新闻事业等一整套系统生成的文明土壤）。正是人们与生活的关系越来越从直接变得间接，才导致新闻事业的问世，才促使既往的传闻进化为此后的新闻，并推动传播行为由盲目无序演变成自觉有序[②]。新闻是近世文明的衍生物或寄生体，新闻的生成是与世俗化社会的政治、经济与文化息息相通的，两者之间原有深刻的内在对应。由此而言，在近世社会中活跃的新闻图景才定格成新闻史，而在古代世界展开的新闻活动只能积淀为传播史。概括起来讲，唐代的传播史发展为后来的新闻史（新闻史又为 19 世纪中叶开始的大众传播史）营造了历史氛围；唐代后期新兴的进奏院状、笔记小说与讲唱活动三种早期的原始媒介，使新闻传播全方位地从无序走上有

① 李彬：《唐代进奏院述略》，《现代传播（中国传媒大学学报）》，1998 年第 1 期，第 68—73 页。

② 李彬：《从传播史到新闻史——唐代的新闻传播及其历史意义》，《新闻与传播研究》，1998 年第 1 期，第 74—80 页。

序，实现了意义重大的一次飞跃。这是作者为唐代新闻传播建构的一个历史大图式。当然，这一大图式与其说是历史科学的现象描述，不如说是历史哲学的解释框架。到了对宋代传播活动的研究，姚兆余在《宋代文化的对外传播及其影响》总结了宋代文化对外传播的具体的四条途径：使节往来、僧侣活动、商贸活动、移民。[①]宋文化对世界文明发展有广泛深远的影响，丰富了中华文化圈内各国的文化内涵，改善了南洋诸国居民的物质生活条件，并对欧洲社会发展产生了巨大的推动作用。

聚焦于不同时期的传播活动研究，最重要的都是要放回到当时的历史事件中去看待，这些传播活动的研究，对我们认识和了解中国传统社会特有的传播活动有十分重要的意义和价值。

6.3 文学作品的传播学解读

中国传统社会诞生出了许多优秀的文学作品与古籍经典，作为文化传播的载体，对其进行的传播学视角的解读也成了学者研究的一个重要方向，许多这方面的研究并不是传播学领域的学者进行的，而是其他学科的学者用新的传播学视角去分析文学作品。

关于诗歌的社会功能，古有孔子的兴观群怨说。毛翰在《从大众传播角度重新审视诗歌的社会功能》指出：诗歌创作的目的是为了传播，参照传播学论述的一般大众传播的社会功能，可以罗列的诗歌传播的社会功能大致有九项：监视环境（可以观）、协调社会（可以群）、批评社会（可以怨）、授予地位（可以颂）、延续文化（可以识）、陶冶情操（可以兴）、娱乐消遣（可以娱）、取悦世俗（可以贱，包括阿谀权贵和迎合庸众）、粉饰太平（可以欺）。[②]作者以西方传播学中的传播的社会功能为依据，结合中国诗歌题材及内容的具体实际，总结出诗歌特有的九大传播功能，尤其是取悦世俗与粉饰太平很好显示出当时中国社会中诗歌的负面功能与作用。

李彬在《从唐人笔记看唐代的新闻传播》中，将笔记小说作为早期的新闻传播去研究。笔记是中国“文史不分”传统的产物。笔记介于新闻报道与文学作品之间，记的都是史实，但又有文的特点，如夸张、渲染、甚至想象、

---

① 姚兆余：《宋代文化的对外传播及其影响》，《甘肃社会科学》，2000年第4期，第69—71页。

② 毛翰：《从大众传播角度重新审视诗歌的社会功能》，《长江师范学院学报》，2000年第2期，第52—63页。

虚构等。[①] 笔记小说在新闻传播上的意义重大。笔记小说中纪录的大量栩栩如生活灵活现的世态民情、社会时尚、历史琐闻、人物事迹等起到很明显的新闻传播作用。其传播的意图即广见闻，传播的内容即求新奇，传播的手段即仿文史。唐代，正史正式归入史馆，稗史则演为大行于世的笔记小说，从而并列平行各不相涉。作者指出这一变化客观上为新闻事业的萌发创造了历史契机。此外，晚唐笔记小说中最重要的发展是出现了明确以“新闻”为题的撰述。唐代士子撰述笔记时的心态应与当今记者采写报道时的心态相去不远，他们都极力从纷纭的人事中采撷出新奇独到的东西，并力图使之传播开去，为尽可能多的人所知晓。现代新闻业可以借鉴一下唐人笔记在传播新闻上的选材与手法：以记人为主，以人的本真面目为主，坚持只写事实不加评判的客观叙事手法。

对于小说的研究，李玉莲在《追溯原型——元明清小说戏剧的改编传播》指出在古代小说戏剧的传播过程中，有一个突出的现象，即同一个故事在不同的时代，由不同的传播者，改编为不同的体裁，传播给不同的受众，这就是小说戏剧传播中的改编传播，也可称之为原型的历时性传播。[②] 因为在这一传播过程中，传播者、传播对象、传播手段均发生了变化，只有传播内容即故事原型本身未变。小说改编的历史可以溯至古小说的承史家“实录”原则。作者认为改编的过程实际上是作品生存竞争的过程。被改编的通常是那些已具有良好传播效果的优秀剧作，通过改编成为更优秀的作品进行传播，而那些平庸之作则会在传播过程中逐渐退出传播领域。现存的许多优秀剧作正是通过改编而传播至今，而那些改编所依据的底本，或是湮没无闻或是只被作为文献保存而失去传播价值。

在不同戏剧形式之间的改编传播中，明清传奇对元杂剧的改编最普遍。元明清小说戏剧的改编传播者有两个突出特点：一是白话小说的改编传播者直接传播与间接传播的统一；二是元明清戏剧改编传播者的民间化。作者总结认为，小说戏剧改编传播的效果有三：一是通过改编使之更适合受众的价值取向与审美情趣，从而获得良好的传播效果；二是通过戏剧这一综合性传播媒介消弭小说与受众之间的文字障碍，从而扩大传播范围；三是改编传播可以反映文学样式的发展历程，即当一种文字样式不再利用改编传播方式时

---

① 李彬：《从唐人笔记看唐代的新闻传播》，《新闻大学》，1998年第2期，第86—89页。

② 李玉莲：《追溯原型：元明清小说戏剧的改编传播》，《北京社会科学》，2000年第1期，第103—110页。

便衰落。这对于我们今天的文学作品的创作与传播是具有十分重要的借鉴意义的，顺应手中的价值取向与审美情趣改变的作品，也许才更能抓住受众，达到良好的传播效果，包括现代影视作品剧本的创作。

6.4 传播史方面的研究与著书

尹韵公在《重温庚子——从传播史的角度审视两宋》中，将两宋时期放在传播史大框架中去研究，指出这一时期在中国传播史上的重要意义。两宋时期，公元 1000 年，按天干地支记，是为庚子年。在庚子前后年间，出现了活字印刷术，出现了“朝报”等，两宋时期对传播史的贡献十分巨大，作者认为从传播学的角度看，影响两宋社会传播的发展与进步主要是由于经济发展、商业革命等间接因素和科技猛进、科举盛行与城市化发展等直接因素。①

姚福申则从严密的实证资料出发，在《中国晚报史考略》对中国晚报史的正式起源做了详细的证明与论述，批评与反驳了之前学者提出的最早的晚报出现于宋代，指出中国最早的晚报出现于十九世纪六十年代初期的香港。香港的《德臣报》于 1863 年创办的英文报《晚邮报和香港航运录》是在我国出版的最早晚报。②

著书方面，李敬一的《中国传播史：先秦两汉卷》详细论述了先秦两汉传播活动与现象。周月亮《中国古代文化传播史》则聚焦文化传播角度，梳理了古代文化传播的历程演变。

6.5 余论

这一时期还出现了一些评介类的研究文章，起到评论、推介作用，如孙旭培的《传播学研究中国化的一个硕果〈华夏传播论〉评介》，作者评述道：此书的目的不是为了创立一门完全不同于西方传播学的中国传播学，而是为了通过大量挖掘中国文化中关于传播方面的财富，促进传播学的发展，最终创造出集东西方文化精华之大成的传播学。③ 董天策的《传播学本土化研究的可贵探索——评〈心有灵犀：儒学传播谋略与现代沟通〉》，作者提到研究儒

① 尹韵公：《重温庚子——从传播史的角度审视两宋》，《新闻与传播研究》，2000 年第 1 期，第 24—26 页。

② 姚福申：《中国晚报史考略》，《新闻大学》，1999 年第 1 期，第 41—46 页。

③ 孙旭培：《传播学研究中国化的一个硕果——〈华夏传播论〉评介》，《现代传播（中国传媒大学学报）》，1997 年第 4 期，第 53—55 页。

家传播谋略的方法：让古今中外立体对照、互证、融汇、深入，理论与实践要对照印证等。[①]

1996至2000年，是20世纪的最后五年，也是迎来新世纪的开始，这一时期同时也是传播学中国化研究、华夏传播理论研究的重要时期。在民族思潮的影响下，许多学者开始投入到中国特色传播活动与传播思想理念的研究探索中，从最为经典的儒家思想的研究到特定时期的传播活动和传播现象，也出现了不少传播学中国化研究的新视角新发现。但纵观此时期的传播学中国化的研究成果发现，并没有能够提出中国自己特色的华夏传播理论，对于中国的传播活动的研究也都是借助西方的理论进行解读与分析，缺少创造与发现中国特有的华夏传播理论。但也更为明显的一点是，在进行中国传统社会传播理念和传播活动的研究时，都把古代和现代结合起来，分析的是古代的史实、现象和思想，但都指出其对当代的传播活动的借鉴和指导意义，这也是华夏传播研究十分重要的一点，创立这一研究领域与相关理论，不是单纯的研究历史，而是最终还是回到我们所处的社会现实本身，更好地促进与指导当下的新闻传播活动。

（夏唤唤　谢清果）

① 董天策：《传播学本土化研究的可贵探索——评〈心有灵犀：儒学传播谋略与现代沟通〉》，《社会科学研究》，2000年第4期，第158—159页。

第七章 华夏传播研究的概念与理论建构求索（2001—2005）

传播学是一门经世致用的学问，起源于实践又作用于实践。传播学作为西方的舶来品，若要在华夏大地上获得良性发展，必须要立足于我国实际，没有“本土土壤”滋养的西方传播学，很有可能在我国的实际运用中产生水土不服的现象。在我国学者的不断努力下，华夏传播或传播学本土化研究这一主题成为我国传播学研究中一个富有中国特色的方向。与主流的传播学研究相对比，华夏传播研究仍属小众，在几代学者的不懈努力下，华夏传播研究逐渐被更多研究者接受。

回顾华夏传播研究的文献，最有启发意义的文章是黄星民教授在2002年发表的《华夏传播刍议》一文，它对华夏传播研究做了定义和阐述。因此笔者将此作为节点，并上下延展，对华夏传播研究和传播学本土化研究做一个梳理，追本溯源以期了解前辈学者对华夏传播研究的期待和研究方向。正所谓“以史为镜，可以知兴替”，适时梳理研究历史，可以牢牢把握研究方向和研究深度，做到不极端，不流于表面。

7.1 2001—2005年传播学研究概览

为了解华夏传播研究在2001年到2005年的学科地位和发展情况，可以先对该一时期中国传播学研究进行全盘观察。有学者对2003—2004年的新闻传播学主要的研究进行梳理，归纳出以下几个研究方向：从宏观层面对传播学理论进行探讨，受众研究、效果研究等经典理论的深入研究，媒介素养研究，危机公关研究。[①] 陈力丹教授对2004年和2005年新闻传播学的研究分

① 郑西帆：《2003—2004：中国传播学理论研究综述》，《新闻实践》，2005年第5期，第56—57页。

别进行梳理，归纳出6个2004年的研究话题，[①]10个2005年的研究话题，[②]其中有部分重合，总结起来包括以下几个方面：新闻理论研究、传播学理论研究（议程设置、批判学派）、新闻法治研究、传媒产业研究、新闻史和传播史研究、广播电视研究、传媒内容研究（娱乐化）、传媒责任研究（构建和谐社会）、新闻伦理和职业规范研究、危机传播研究、政治传播研究、媒介公信力研究、跨文化传播研究、媒介素养和教育研究、新媒介研究。

从中可以发现，进入21世纪，我国的传播学研究在研究广度和深度上都有了一定发展，但仍主要从西方传播学基本范式出发进行研究。研究方向大致可以分为：在宏观层面上的传播学和新闻学理论研究、从实际现象出发的实证研究、梳理学科历史的新闻传播史研究。很明显，华夏传播研究并没有成为主流研究，但从研究中还是能发现一些本土化的趋势，例如探索中国的新闻传播史、对本土传播现象进行探究等。在该时期，华夏传播研究还处于破土阶段，但已有先锋学者进行了这方面的尝试，也表达了从中国的传统文化和5000年历史中的传播现象中总结出富有中国特色的传播理论的希冀。

7.2 华夏传播研究的启发之作

华夏传播研究若要正式进入研究者的视野，需要对其定义，研究方向、研究意义做出明确的阐释。

2001年徐宏力在《现代传播》上发表了《“东方传播学派”发想》，提出要建立“东方传播学派”，开发积累东方智慧中的传播学资源，为建立平等、健康的国际传播秩序进行对策研究，与西方传播学相济发展，促成“比较传播学”诞生。其研究的地理范围包括了南亚、中东，但以中国及受汉文化影响的东亚一带为主。先期应从典籍研究开始，同时给予人物、器物、语言文字这些传播要素和工具足够关注。[③]除此之外，还应注意不能拘泥于符号研究，应当关注所有的传播实践环节。虽然“东方传播学派”与华夏传播研究还是有一些不同，但是其研究方向、方法和未来却是富有前瞻性的，华夏传播研究或“中国传播学派”不只是为了形成一家之说，而是要与西方传播学

① 陈力丹，朱至刚：《新闻传播学研究稳步发展的一年——2004年中国新闻传播学研究综述》，《现代传播》，2005年第1期，第34—37页。

② 陈力丹，王辰瑶：《2005年新闻传播学研究综述》，《国际新闻界》，2006年第1期，第16—21页。

③ 徐宏力：《“东方传播学派”发想》，《现代传播（北京广播学院学报）》，2001年第2期，第16—21页。

派平等对话，实现共同发展。

“华夏传播研究”这一研究领域的正式，是黄星民教授2002年在《新闻与传播研究》上发表了《华夏传播研究刍议》一文。黄星民教授先对“华夏传播研究”早年的开展进行了历史回顾，接着将其定义为对中国传统社会中的传播活动和传播思想的发掘、整理、研究和扬弃。并指出“华夏传播研究”具有重要的学术意义与强烈的时代色彩，对当前世界传播事业的健康发展也有一定的启迪作用。[①] 与“东方传播学派”相同，黄星民教授提出了一个更为中国化的名词“传播学中华学派”，这是华夏传播研究发展的重要目标。这篇文章，从含义、研究主题和研究方法上对华夏传播研究做了全方面阐释，奠定了之后华夏传播研究的基本方向。但需要注意的是，华夏传播研究不能将目光局限于中国传统社会中的传播活动和传播思想，还应当注意与欧洲学派和美国学派的对话，避免陷入“国粹主义”和“民族主义”的误区。

除了上述两位学者对华夏传播研究进行了全方位概述，也有学者希望从细微之处着手，对我国的传播学研究提供一些启发。陈培爱教授提出从汉字进行传播学思考，认为作为象形字的汉字不仅是信息载体，还蕴含着很多图像传播的特征和人性化的内涵，深入探讨汉字传播信息的方法模式规律功能，将对建立有中国特色的传播学理论提供借鉴。[②] 这为之后的华夏传播研究提供了灵感，可以先从富有中国特色的与传播相关的事物出发，以小见大，由表及里。

7.3 华夏传播研究的方向

虽然华夏传播研究这一研究领域在该时期才刚被提出，但已有部分学者展开了研究，其中既有传播学方向的学者，也有历史学、文学、民族学等方向的学者，在各自领域与传播学展开了交叉研究。

7.3.1 古籍经典——华夏传播研究的滥觞之地

部分学者通过对古籍经典进行传播学解读，解读文本中的传播现象，挖掘文本中的传播思想。

---

① 黄星民：《华夏传播研究刍议》，《新闻与传播研究》，2002年第4期，第80—86、96页。

② 陈培爱：《汉字作为信息媒介的传播学思考》，《国际新闻界》，2001年第5期，第17—21页。

尹韵公通过《文心雕龙》对“喉舌”观念进行历史追考，“喉舌”之职最早出现在舜帝时代，明确记载诞生于周代，成熟于魏晋南北朝时期，刘勰是“喉舌”观念的创始人。同时认为古代和现代的“喉舌”观念有些近似之处，都强调为一定阶级、社会集团或社会势力服务，因此近代报人才能顺利借用这一概念。[①]对现代传播词汇进行历史考察，探讨其中蕴含的传播思想，是一种可行的方法。不过值得注意的是，中国古代明确的传播学相关论述十分少，因此这个做法也不是长久之计。

朱至刚对《盘庚》上中两篇从社会背景、传播环境、传播技巧等方面进行解读，认为盘庚的两次说服兼具群体传播和组织传播双重性质，并试图在说服的过程中使王权对社会信息传播的控制作为一项制度被公众接受。[②]这种通过文本解读传播现象，进而归纳出传播制度和传播观念，是华夏传播研究中挖掘和整理的工作。也有学者借用传播学理论解读文本，彭云利用传播学经典理论“刻板印象”解读《新唐书奸臣传》，认为修撰者受到刻板印象的影响在史料采择、事迹叙述、史事评价等方面不够客观，严重影响对于奸臣行为性质的评价。[③]程建虎从传播循环模式入手，认为唐代逐臣别诗具有复杂传播的特点，间接受传者（君主、当权者）的地位要高于直接受传者（被送者），被送者成为间接受传者和送者之间的渠道。[④]张静从拉斯维尔的5W模式出发，将元代文人视为传播者，研究其与戏曲传播的关系，总结其在戏曲传播中发挥的作用及对元杂剧的影响。[⑤]这些文章运用传播学对中国传统文化产物进行解读，是西方传播学理论本土化的一种结果，也是华夏传播研究的一个研究方法。

7.3.2 中国传播史——在史中的华夏传播研究

华夏传播研究的对象是我国传统的传播现象和传播活动，因此就不可避免要对我国传播历史进行挖掘，在该时期也有部分学者进行了这方面的努力。赵振祥在《唐前新闻传播史论》一书中，对唐前的新闻文本材料进行钩沉和

---

① 尹韵公：《“喉舌”追考——〈文心雕龙〉之传播思想探讨》，《新闻与传播研究》，2003年第3期，第2—12、93页。

② 朱至刚：《〈盘庚〉别传——对一个上古文本的传播学解读》，《新闻与传播研究》，2003年第2期，第48—55、93—94页。

③ 彭云：《〈新唐书·奸臣传〉与唐代统治阶级内部斗争》，首都师范大学，2003年论文。

④ 程建虎：《唐代逐臣别诗研究》，武汉大学，2004年论文。

⑤ 张静：《元代文人与戏曲传播初探》，中国艺术研究院，2003年论文。

论证，为唐前的新闻传播研究寻找坚实的文本依据，发现其中数量最大具有典型的新闻特征的是从先秦一直到魏晋南北朝时期出现的“志怪”文体。①《汉字传播史》一书从汉字出发，从传播路线和时间、传播状态和文字创制上对汉字的传播进行了梳理和研究。②《传在史中》从传播的开始、观念、原则、过程、环境、技巧、形式七个方面对中国传统社会的传播史料进行收集整理。③华夏传播研究的开展要建立在对我国的传播历史有准确把握的前提下，对我国的传播历史进行梳理，从中对传播活动进行挖掘，这也是前期积累的重要一步。

7.3.3 文明传播——华夏传播研究另辟蹊径

华夏传播的一大分支“文明传播”早在该时期已经进入部分学者的研究视野内，其中既有对文明传播历史现在未来的探讨，也有对理论的说明。“丝绸之路”是我国古代著名的对外交往方式，进行商业往来的同时也传递了中华文化，因此有学者从传播学视角对古代文明传播进行考察，通过媒介分析、控制分析、内容分析、效果分析等方法，展现华夏文明如何沿着丝绸古路传播，证明文明应该在交流中发展。④这是对文明传播的历史现象进行的梳理，尚处于表面探索，毛峰的《文明传播的秩序——中国人的智慧》一书则将文明传播从现象上升到了理论。该书从文明传播模式、中国世界观、传播中国世界观、建造全球和谐社会四个部分，介绍了自然生态、人类社会与文明传播，以及中国儒家思想，倡导以中国世界观为引导，复兴传统文化。⑤也有学者立足于现在，从全球化层面对华夏文明传播进行考察，认为：全球化对华夏文明传播提供了新机遇，一方面中华优秀民族文化的内在活力和人文价值得以凸显，另一方面可以通过发挥中华文化的整合与重构能力，创造出中华民族的新文化。⑥

华夏传播研究决不能仅局限于对于史料的挖掘分析解读，文明传播拓宽了视角，也正好使研究者避免落入这个误区。

---

① 赵振祥：《唐前新闻传播史论》. 北京：中国文联出版社，2002 年版。

② 陆锡兴：《汉字传播史》. 北京：语文出版社，2002 年版。

③ 郑学檬：《传在史中——中国传统社会传播史料选辑》. 北京：文化艺术出版，2001 年版。

④ 哈艳秋，鄢晨：《略论古“丝绸之路”的华夏文明传播》，《国际新闻界》，2001 年第 5 期，第 11—16 页。

⑤ 毛峰：《文明传播的秩序——中国人的智慧》. 北京：中国传媒大学出版社，2005 年版。

⑥ 刘卫东：《全球化 华夏文明传播的新机遇》，《国际新闻界》，2001 年第 5 期，第 5—10 页。

7.3.4 传播媒介史——华夏传播研究的重要分支

传播学和新闻学从诞生起就交织在一起，对传播媒介史的探讨也是华夏传播研究的方向。张涛对西汉边塞出土的汉简进行分析，认为其承担着政治传播的目的，与唐代的邸报相比，除了书写材料不一致，在传播的广泛性、内容范围、手写传抄的发行方式上都很相似，因此我国古代官方新闻传播应该起始于西汉。[①] 杨立新则对被中国最早古代报纸《开元杂报》提出质疑，认为其只是文学体类，不具有真实性，但在中国新闻史上仍具有启蒙意义。[②] 除了对报纸历史的追溯，也有学者对杂志和社团进行了分析。王秀良通过对历史的考察，认为清末创办的杂志和算学社团对数学传播起到了积极作用，传播了传统数学优秀成果也普及了西方数学知识，算学社团的算学课程，进一步传播和普及了数学知识。[③] 也有学者借古讽今，以“轻薄为文当休矣”批判当前错误的新闻实践，是对我国传播思想的借用。[④]

传播媒介史的相关研究一直是新闻传播学界研究的重点，以便士报出现为节点，西方也在不断追溯自身的媒介历史。作为世界上唯一没有历史中断过的文明古国，且能在如此辽阔的土地上进行信息传递，随着考古和历史挖掘的深入，中国的传播媒介史有大量值得研究和分析的内容。

7.3.5 学科交叉——华夏传播研究的开拓方式

华夏传播研究最大的宝藏是中国5000年历史中不断积累的传播活动和现象，因此这方面的研究也是最多的。

诗词小说是我国古代最富有特色且流传最广的文学载体，受到不同的政治经济环境的影响，不同的作品的传播接受过程也不相同，部分学者对《西游记》、[⑤]《红楼梦》、[⑥]《三国演义》在明清时代、[⑦] 李商隐《无题》诗、[⑧] 东坡词在宋金元、[⑨] 韩孟诗派（韩愈、孟郊、李贺、贾岛等）、[⑩] 刘柳诗歌（刘禹锡、柳

---

① 张涛：《论西汉“木简报”》，《新闻与传播研究》，2001年第2期，第67—71、96页。
② 杨立新：《〈开元杂报〉质疑》，《新闻大学》，2003年第1期，第53—54页。
③ 王秀良：《清末杂志、社团与数学传播》，天津师范大学，2003年论文。
④ 刘保全：《“轻薄为文”当休矣！》，《当代传播》，2003年第2期，第82页。
⑤ 苏静：《〈西游记〉文本的传播与接受》，武汉大学，2005年论文。
⑥ 李根亮：《〈红楼梦〉的传播与接受》，武汉大学，2005年论文。
⑦ 张红波：《〈三国志演义〉在明清时代的传播接受研究》，广西师范大学，2005年论文。
⑧ 童明辉：《李商隐〈无题〉诗接受史研究》，湘潭大学，2005年论文。
⑨ 杨蓉：《论东坡词在宋金元的传播与接受》，福建师范大学，2004年论文。
⑩ 刘磊：《韩孟诗派传播接受史研究》，武汉大学，2005年论文。

宗元)、[①] 元白诗派（白居易、元稹、张籍、王建等）、[②] 元前曹植的传播接受史进行了史实梳理，[③] 主要的研究文章是硕博士论文。

与文学作品相同，宗教在中国古代也有很广泛的传播，因此部分学者也挖掘了宗教的传播。有部分学者研究了宗教在某一地区的发展以及影响，包括唐宋时期的伊斯兰教在西北地区的传播，[④] 基督教在西南地区、[⑤] 新疆、[⑥] 西藏的传播、[⑦] 天主教在甘肃的传播。[⑧] 也有部分学者从时期上对宗教传播进行了把握。[⑨][⑩]

以上研究多是从传播现象着手，与传播学交叉不是十分明显，但也有学者，在对传播学进行了解的基础上，结合传播学理论，对传播现象进行更深入分析。《明清时期的小说传播》一书结合传播学理论，对明清社会状况与小说传播的分期、小说流传方式与印刷技术的演进、影响小说传播的符号、明清小说的流通渠道、小说传播的文化增值效应等方面进行了分析。[⑪] 有学者从传播环境、传播主题、传播方式、传播内容、传播效果五个方面探讨了唐宋词传播过程，认为其起到了促进世俗文化的繁荣、南北方文化融合的传播效果。[⑫]《昆曲的传播流布》一书运用传播学观点分析昆曲的传播模式：口语传播和文字传播，解读文化传播意义和影响。[⑬]

这些研究多是其他学科例如历史、文学、宗教学与传播学交叉研究而来。他山之石，可以攻玉，虽然这方面的交叉研究还未深入至理论层面，但仍然是华夏传播研究中具有积累意义的工作。尤其是与传播学理论进行了结合的分析，为从中华文明五千年历史中挖掘独特的华夏传播模式、特点甚至理论等提供了指引。经过较充分的积累，未来在进行这方面的研究时，可以更有迹可循，有法可依。

---

① 洪迎华：《刘柳诗歌明前传播接受史研究》，武汉大学，2005 年论文。
② 李丹：《元白诗派元前接受史研究》，武汉大学，2005 年论文。
③ 白云：《元前曹植接受史》，黑龙江大学，2005 年论文。
④ 韩毅：《唐宋时期的伊斯兰教及其与西北经济开发》，西北师范大学，2001 年论文。
⑤ 秦和平：《基督宗教在西南民族地区的传播史》. 成都：四川民族出版社，2003 年版。
⑥ 钱松：《清末至民国基督教在新疆的传播》，新疆大学，2005 年论文。
⑦ 刘锦涛：《论基督教在西藏的传播》，贵州师范大学，2003 年论文。
⑧ 钱国权：《天主教在甘肃的传播和发展》，西北民族大学，2005 年论文。
⑨ 刘鸣：《伊斯兰教在元代中国的传播》，对外经济贸易大学，2004 年论文。
⑩ 吴薇：《明清时期江西天主教的传播》，江西师范大学，2003 年论文。
⑪ 宋莉华：《明清时期的小说传播》. 北京：中国社会科学出版社，2004 年版。
⑫ 刘寒娥：《传播学视野下的唐宋词分析》，内蒙古大学，2005 年论文。
⑬ 宋波：《昆曲的传播流布》. 沈阳：春风文艺出版社，2005 年版。

7.3.6 形成传播理论——华夏传播研究的目标

许多学者不满足于对中华传统文化传播历史的阐述，对其进行了更深入的研究，对传播现象和活动的归纳和研究，从中寻找富有中国特色的传播方法、模式和规律。

黄鸣奋在《说服君主：中国古代的讽谏传播》一书中，从讽谏情景所拥有的三个对子六个要素：传播主题—传播对象、传播手段—传播内容、传播方式—传播环境，归纳出讽谏传播的特征的特征：卑为尊言、直理曲说、节情适变。[①] 这篇文章提出了我国古代独特的传播活动，即士大夫对君王的讽谏，并进行了理论概括。周月亮对清代的文化传播进行分析，认为清代民间汉文化没有与满族推行的文化相融合，被权力宰制的官方文化在官方推行下得到了传播，而没有被官方宰制的民间文化通过薪尽火传，大师传灯的精神方式得以传播。[②] 文明传播是华夏传播研究中的重要一环，对文明传播的历史活动的整理，进而提炼出传播思想或方法，也是一种研究思路。《汉字解析与信息传播》一书介绍了“八卦”的起源与信息传播，《周易》传播信息的特征，测字的源流与信息传播，汉字的分类与信息结构，测字传播信息的功能等内容。[③] 从汉字和围绕汉字展开的活动中总结出信息传播的特点，这可以说是对陈培爱教授所说的从汉字进行传播学思考。

以上研究大多从特定传播内容或传播现象，总结适用于其的传播理论，在当时尚未能刑场相对系统的华夏传播理论。从传播现象和活动中提炼出传播方法、传播规律、传播观念、传播模式，是华夏传播研究孜孜以求的目标，也是华夏传播研究能够保持学术动力，拥有广阔前景的可能，但仍需要进行深入的探索和归纳。

7.4 华夏传播研究的未来

华夏传播研究作为具有弘扬优秀传统文化作用的学科，是对实现中华民族伟大复兴“中国梦”的有力响应，其发展拥有广阔的空间。谢清果教授对华夏传播研究的方向做出了五点归纳：1. 构建“华夏传播学”，立足中国文化传统与现实社会实践，研究中国问题，提出中国见解；2. 推进中国新闻传播史和思想史研究，并与西方传播思想进行比较对话；3. 推进中国媒介史、媒

---

① 黄鸣奋：《说服君主：中国古代的讽谏传播》. 北京：文化艺术出版社，2001 年版。

② 周月亮：《清代的文化传播》，《现代传播》，2001 年第 3 期，第 29—32 页。

③ 李国正：《汉字解析与信息传播》. 北京：文化艺术出版社，2001 年版。

介思想史研究；4. 推动“民俗传播学”研究；5. 推动华夏传播理论创新。[①]除此之外，笔者认为，适时对前辈学者撰写的具有前瞻性文章的回顾（例如黄星民教授的《华夏传播研究刍议》），把握住华夏传播研究的使命和重心也是十分必要的。只有坚持正确方向，才能走正确研究道路、进行合理拓展，才能做长久研究、保持学科生命力。

（蒋　晨　谢清果）

① 谢清果：《2011—2016：华夏传播研究的使命、进展及其展望》，《国际新闻界》，2017年第1期（总39期），第101—117页。

第八章　华夏传播媒介、活动、观念、制度的综合考察（2006—2010）

华夏文明传播是传播学本土化的重要研究领域，“华夏传播”的提法，最早出现在《华夏传播论》一书中，但真正将“华夏传播”作为概念提出是在《华夏传播研究刍议》：华夏传播研究是对中国传统社会中的传播活动和传播观念的发掘、整理、研究和扬弃。[①] 本章从该定义出发，对2006—2010年间华夏传播研究的代表性论著进行文献综述，论文的代表性体现在以《国际新闻界》《当代传播》《现代传播》《新闻大学》《新闻与传播研究》五本新闻传播学界最具影响力的期刊论文为核心，同时查阅这五年间与华夏传播研究相关的图书和硕博士论文，力求全面准确地展示2006—2010年期间华夏传播研究的学术态势及发展趋势。通过对这五年的研究成果进行梳理和理解，笔者认为这五年间关于华夏传播的研究方向主要有以下五个方面。

8.1 中国古代传播活动

对中国古代的传播活动和传播现象仍然是学者们讨论的焦点之一，该研究方向的论文主要分为三类，个案研究、传播媒介研究和传播制度研究。

8.1.1 华夏传播研究中的个案研究

华夏文明悠悠几千年，文明的发展进步离不开各种各样传播活动，很多学者将研究聚焦于古代社会的某一特定的传播活动，该类研究一般以中国传统社会中某一特定时期的特定的传播活动为研究主体，采用个案研究的方法，运用现代传播思想对传播活动进行发掘、整理并深入分析。整理五年间的文献发现，该类个案研究的历史时期跨度大，个案之间较为分散，而且涉及的

① 黄星民：《礼乐传播初探》，《新闻与传播研究》，2000年第1期，第27—35页。

传播内容和形式种类多，主要涵盖政治传播、文学艺术传播、跨文化传播、组织传播和商业广告等。

政治传播方面，汉代的匿名信——飞书，被视为统治阶层内部争权夺利的一种舆论斗争工具，它被用于传播和表达个人或团体的意见，制造舆论，攻击政敌；① 明代是灾害高发的朝代，滕明聚焦于明代的灾情传播，对明前期、中期及后期的灾情传播状况进行了梳理，② 并对官方和民间不同的灾情传播情况进行了对比，发现灾情的传播有着鲜明的政治因素，官方邸报的传播目的在于改善统治，稳固皇权，而民间报房体现的是社会舆论所向以及特定群体的政治诉求。

文学艺术传播方面，《先秦两汉及魏晋南北朝音乐传播概论》研究了从先秦、两汉到魏晋南北朝时期中国古代音乐的传播，③ 涉及声乐和器乐的传播、音乐思想的传播及音乐思想对音乐传播的影响；唐代被视为中国历来诗歌水平最高的黄金时期，唐诗与宋词、元曲、明清小说并称为我国古代文学艺术宝库中四颗璀璨的明珠，《唐诗传播方式研究》从传播学角度较为全面地论述了唐代诗歌的传播方式，④ 首先从唐代人际交往、科举制度、交通往来、音乐舞蹈及统治者的重视与提倡等方面分析了唐诗传播的文化原因，然后用较大篇幅细致论述了唐诗传播的方式，即通过书写、演唱、诵读方式进行传播；至宋朝，宋词被王国维誉为“一代之文学”，在宋词的传播中，歌妓作为传播中介，以及歌妓唱词作为口头传播方式，为宋词的广泛传播做出了不可磨灭的贡献；⑤ 至明朝，明清是中国小说史上的繁荣时期，明清小说的阅读、传抄、刊刻、改编等各个环节均属于传播活动，《封神演义》⑥《儒林外史》⑦《水浒传》⑧《杨家将》⑨ 等小说成为传播研究的热点，《明清小说传播研究》主要从传播学的基本理论和研究方法出发，⑩ 对古代文学作品的传播现象和传播过程勾勒，归纳出颇具规律性的传播模式。

① 黄春平：《试论汉代匿名信——飞书》，《国际新闻界》，2007 年第 11 期，第 69—73 页。
② 滕朋：《明代灾情传播研究》，《新闻大学》，2007 年第 2 期，第 36—40 页。
③ 钟琛：《先秦两汉及魏晋南北朝音乐传播概论》. 成都：电子科技大学出版社，2010 年版。
④ 陶涛：《唐诗传播方式研究》. 合肥：安徽大学出版社，2010 年版。
⑤ 李克：《宋代歌妓与宋词的传播》，东北师范大学，2016 年论文。
⑥ 周博：《〈封神演义〉的成书及其在明清时期的传播研究》，广西师范大学，2007 年论文。
⑦ 申重实：《〈儒林外史〉刊刻传播及艺术说略》，兰州大学，2016 年论文。
⑧ 万梦蕊：《明代〈水浒传〉传播初探》，华东师范大学，2016 年论文。
⑨ 蔡连卫：《“杨家将”小说传播研究》，山东大学，2016 年论文。
⑩ 王平主编：《明清小说传播研究》. 济南：山东大学出版社，2016 年版。

跨文化传播方面，南北朝时期交聘活动频繁，这是国家形象竞争、展示与文化互动，被认为是跨文化传播活动；[①]到了近代，汉传佛教这一传播活动受到学者的关注，朱志刚从传播者对传播过程中传受双方的定位、传播方式、传播内容等方面对近代汉传佛教宣教方式的变化进行分析。[②]

组织传播和古代商业广告的研究较少，胡何宁将组织传播这一现代概念运用于中国古代部落（以大禹为首领的有夏氏族部落）的组织传播研究中；[③]明清（鸦片战争前）时期也是中国古代商业文字广告发展最为兴盛的时期，黄玉涛等从明清时期商业文字广告发展的原因，发展的水平及其特点审视明清时期的商业文字广告的发展。[④]

8.1.2 华夏传播媒介研究

文字是记录思想、承载语言的图像或符号，是信息的重要载体，郝朴宁等以纳西族东巴文字为切入点，剖析古老图画文字的表意方式，并希望以此展开民族文化传播学的研究。[⑤]随着科学技术的发展进步，文字的传播经历了从“无纸”到“有纸”，再从“有纸”到“无纸”的过程。造纸术和印刷术这两个伟大发明的诞生对文字传播活动产生了深远的影响，大大地增加了文字传播的广度和速度。印刷术有雕版印刷和活字印刷之分，但后者长期发展缓慢，始终未能取代前者的地位，而欧洲的活字印刷却很快成为主流技术，就这一问题，董子凡在《古代中国缘何未推广活字印刷》中从活字印刷在中国与西欧出现时的背景环境及技术本身的特点进行分析，探讨了其原因在于活字印刷技术当时不足以补偿成熟的雕版技术，而雕版也没有阻碍中国当时的出版业发展。[⑥]而如今，随着移动技术的发展，文字的载体从纸张转变成电

① 王琛：《中国古代交聘、国家形象与跨文化传播》，《国际新闻界》，2008年第6期，第86—90页。

② 朱至刚：《近代汉地佛教宣教方式的演化》，《国际新闻界》，2007年第9期，第75—78页。

③ 胡河宁：《大禹治水：中国古代组织传播的前科学叙事》，《新闻与传播研究》，2010年第3期，第46—53页。

④ 黄玉涛，刘志勇：《明清时期商业文字广告的特点》，《当代传播》，2007年第5期，第78—80页。

⑤ 郝朴宁，李丽芳：《东巴图画文字符号的意义生成》，《现代传播（中国传媒大学学报）》，2006年第2期，第13—16页。

⑥ 董子凡：《古代中国缘何未推广活字印刷》，《国际新闻界》，2007年第5期，第70—73页。

脑、手机、iPad、阅读器上那小小的电子屏幕，以纸为载体的文字传播方式已难以全面实现更全、更新、更准、更快地传播信息的多种要求，数字化、网络化传播信息成为出版物发展的必然趋势。[①]

8.1.3 华夏传播与中国传统社会制度

还有从制度方面对古代中国新闻传播事业发展停滞不前的原因进行探析的，比如汉代的言禁，当时的政府使用了各种手段如实行思想专制统治、严禁泄露皇室消息、禁止探听和传报朝政消息、明确规定朝政消息的知情范围、禁止秘籍的传抄、禁止私人撰史以及以言治罪等等，以实现中央对信息资源的完全掌控和垄断。汉代之所以实行如此严厉的言禁，与法家主张的禁书、禁言、禁思想（愚民）的传播控制理念有着深刻的思想渊源关系，它本质上是对新闻传播活动的一种强力控制。它产生的消极后果是：因信息传播权和话语权的高度集中和垄断而导致封建文化专制，并产生社会信息传播的不平衡，滞缓我国古代新闻传播事业的发展和进步。[②]

古代传播活动研究是华夏传播研究的基础，只有对古代具体传播活动有了深入了解，才能从整体上把握华夏传播的精神内涵，这类研究对传播学本土化及构建华夏传播研究的完整体系有积极贡献，以史为鉴，对现代传播活动也有启迪作用。

8.2 中国古代传播观念

中国古代社会是否有传播学观念吗？传播学理论是西方舶来品，中国社会的传播学虽未上升到系统的理论体系高度，但多数学者对中国传统社会的传播活动蕴含着传播智慧、传播思想这一观点是持赞成态度的。对中国古代传播观念的研究可以分为两个层面，宏观层面和微观层面。

从宏观上来看，中国传播观念史是研究的热点，传播观念史以时间为线索、关乎传播的价值理念和行为理念，是中国古代传播表象的思想基础，吴予敏在《谈谈中国传播观念史的研究》中提出了什么是观念史和传播观念史、为什么要研究中国传播观念史以及如何研究中国传播观念史这三个问题并加

---

① 刘明寿：《文字传播的载体变化趋势》，《现代传播（中国传媒大学学报）》，2007 年第 6 期，第 138—139 页。

② 黄春平：《汉代言禁研究》，《新闻与传播研究》，2009 年第 2 期，第 1—12 页。

以阐释。[①] 随后又在《中国传播观念史研究的进路与方法》一文中做出了进一步的探讨，[②] 通过梳理观念史、中国思想史、社会史、修辞学史等学科的研究经验，认为需要借鉴观念史研究的方法进行中国传播观念史的研究，研究焦点集中于中国传播核心观念的形成、意义、功能和演变，考察历史上人们的传播（交往）行为、传播制度和传播观念的内在联系，还认为中国传播观念史研究既要利用现代传播学理论工具，又不能拘泥于来自西方的传播学概念，通过研究传统的传播观念获得构建中国传播理论的一些思想资源，是传播学本土研究的重要途径。

从微观上看，对儒家传播思想的研究依然是热点，孔子开办学校，授业解惑，整理文献典籍，周游列国传播学道，可以说孔子一生都在传播，生命即传播，传播即生命，这就是孔子的人生。[③]“敏于事而慎于言”，“慎言”是孔子言论观的核心，张景云将“慎言”看成是儒家传播思想的一部分，并认为“五常”通过对言论在内容和形式上进行约束，规定了儒家“慎言”传播思想的内在属性。[④] 也有从中国传统文化对受传者心理的认知这一角度提出了传播学中国化的新思路，林之达考察了我国历史上的传播者了解受传者心理，根据了解到的受传者心理采用相应的传播策略、传播方式方法、传播艺术与技巧，说服受传者，达到预期的传播目的，取得良好传播效果的过程，并称这些成功传播中蕴含着中华民族的传播智能、传播原理，应当添加到人类传播理论的宝库中。[⑤] 还有学者借鉴传播仪式观的研究思路，以中国传媒实践活动中的民俗传播与节日（庆典）仪式传播为例，[⑥] 考察和分析中国传媒与文化认同建构之间的意义及关系，或者从情感传播角度解析中国古代微笑传播的文化内涵。[⑦]

---

① 吴予敏：《谈谈中国传播观念史的研究》，《新闻大学》，2008 年第 2 期，第 37—39 页。

② 吴予敏：《中国传播观念史研究的进路与方法》，《新闻与传播研究》，2008 年第 3 期，第 33—39 页。

③ 孔健：《阳光下的孔子：孔子与大众传播学》. 北京：中国民主法制出版社，2009 年版。

④ 张景云：《“五常”与儒家“慎言”传播思想》，《国际新闻界》，2007 年第 2 期，第 30—33 页。

⑤ 林之达：《中国传统文化对受传者心理的认知——传播学中国化新思路探索》，《当代传播》，2006 年第 4 期，第 45—47 页。

⑥ 邵培仁，范红霞：《传播仪式与中国文化认同的重塑》，《当代传播》，2010 年第 3 期，第 15—18 页。

⑦ 胡河宁：《中国表情：古代微笑传播的文化内涵》，《新闻与传播研究》，2009 年第 5 期，第 39—46 页。

中国古代社会的传播活动虽然未能形成完整的传播学理论体系，但是在传播活动中蕴含着传播思想和传播智慧这一点毋庸置疑。从宏观角度对中国传播观念的研究相对较少，中国传播观念史无疑为构建中国传播理论、传播学本土化提供了新的思路。

8.3 中国古代的新闻传播活动

对于中国古代的新闻传播活动的研究，学者们主要围绕邸报和清代报刊进行了探讨。对邸报的研究主要集中于两个问题：邸报最早出现的时间？邸报是古代报纸吗？“邸报”是否最早出现于汉朝，目前在新闻史研究工作者中还有不同的看法。黄春平以出土简牍为考察对象，从信息的发布媒介、发布程序、发布方式三个方面揭示了汉代官方的信息发布情况，文章认为汉帝国中央的信息发布媒介主要以布告为主，尽管在很多方面有着与唐代邸报相同的特征，但它最多只是具备了政府公报的性质，而不能等同于报纸，反驳了张涛的“府报”说。[①] 焦中栋认为“邸报”这一名称最早出现于宋代，但并非出现在公元 1042 年范仲淹和韩琦的一次通信中，而是出现在田锡《咸平集》卷二十五《贺下杀王均表》中，时间是公元 1000 年。[②] 元代的报纸问题也是新闻史学界争论颇多的话题，李漫在《元代邸报“新证”考辩——与孔正毅教授商榷》中对《元代“邸报”新证》列举出了三条新的史料证据，[③] 认为元代存在邸报的观点进行了逐一反驳，认为元代不存在邸报，也不存在任何官报。中国古代新闻史研究中存在“邸报是古代报纸”的默认。[④] 廖基添认为以往对于中国报纸起源的研究，绝大多数实际上是对于邸报起源的研究，他在文中论证，邸报并不是古代报纸，同时对传统研究这一误区产生的原因进行揭示，对中国古代报纸发展的线索进行了重新梳理，并对中国古代报纸与官文书的关系提出新解。[⑤]

清代，是邸报等传统报刊由鼎盛走向消亡、近代报刊从西方传入并初步

---

① 黄春平：《从出土简牍看汉帝国中央的信息发布——兼评张涛先生的“府报”说》，《新闻与传播研究》，2006 年第 4 期，第 2—11 页。

② 焦中栋：《“邸报”名称首次出现时间新考》，《国际新闻界》，2008 年第 10 期，第 87—90 页。

③ 李漫：《元代邸报“新证”考辩——与孔正毅教授商榷》，《国际新闻界》，2010 年第 6 期，第 113—117 页。

④ 孔正毅：《元代“邸报”新证》，《新闻与传播研究》，2010 年第 1 期，第 21—23 页。

⑤ 廖基添：《邸报是古代报纸吗？——中国古代报纸发展线索再梳理》，《新闻与传播研究》，2010 年第 1 期，第 12—20 页。

发展的时期。谷长岭经过 5 年多的原报查阅、资料收集与考证，较为全面地揭示了清代报刊的种数、种类等总体情况，结合国内外的历史情境，以一系列较为完整的数据，重新阐述了清代报刊的发展轨迹。[①] 还有从某一代表刊物入手对清代报刊进行研究的，如武志勇以《京报》为代表研究传统民间报刊在清代发行的状况和特点，[②] 阚文文以晚清《时报》的小说广告为例研究文化产品营销。[③]

8.4 中国传统文化的传承与发扬

中国传统文化历史源远流长，内容博大精深，关于优秀传统文化在现代社会的传承与发扬也是学者关注的焦点之一，学者主要关注的研究问题主要有以下几个：

8.4.1 具有现代社会形态的文化作品如何弘扬优秀传统文化和还原历史镜像?

借助现代化的大众传播媒介，如电视、书籍、互联网等，对传播传统文化却有积极作用，学者普遍肯定了这种传播方式，但是同时也提出了一些思考和建议。

电视节目方面，钟文波从传播学角度分析《百家讲坛》火热的原因，并认为其为中国传统文化借助现代媒介进行传播的范式。[④] 也有学者从基于传统文化的电视创意传播角度讨论的，王仁忠等认为当代传播基于传统文化的电视创意传播，需要业界熟知传统文化，理性地把握传统文化的特质和精神，对传统的理解和认识就不能仅仅局限于经验式的认知。[⑤] 书籍方面，戴红红等分析了《于丹〈论语〉心得》，认为它实践了一次成功的传统文化的现代传

---

① 谷长岭：《清代报刊的发展轨迹和总体状况》，《国际新闻界》，2009 年第 12 期，第 110—114 页。

② 武志勇：《传统民间报刊在清代的发行》，《现代传播：中国传媒大学学报》，2008 年第 1 期，第 90—92 页。

③ 阚文文：《100 年前的文化产品营销——以晚清〈时报〉的小说广告为例》，《现代传播：中国传媒大学学报》，2007 年第 6 期，第 154—155 页。

④ 钟文波：《从传播学角度分析〈百家讲坛〉》，《当代传播》，2007 年第 5 期，第 108—109 页。

⑤ 王仁忠，李建晟：《传统文化视野中的电视创意传播》，《当代传播（汉文版）》，2008 年第 2 期，第 35—37 页。

播，体现了传媒与传统文化的积极互动。① 影视剧方面，古老而文明的中华民族孕育了丰厚的传统文化，它为影视剧艺术创作提供了充分的条件和丰厚滋养。李立等结合一些优秀的影视剧创作实践及文本，主要从“精神价值”“故事资源”“文化符号”三方面探讨了影视剧艺术创作开掘、运用中国传统文化资源的多种情形。② 电视剧《孔子》引发了对孔子文化产业开发的诸多争论，孔令顺认为对孔子文化品牌进行产业化开发的具体路径选择可以包括提高开发层次、文化清产核资、整合营销传播、文化产业集聚和加强版权保护等五个方面。③ 动画片方面，我国的传统文化为国产动画片的创作提供了丰富的创作素材，不管是神话故事、民间传说、历史人物故事，还是成语故事、古代谚语。要实现传统题材动画片的突破与创新，动画创作者需要深入研究我国的传统文化和历史，用时代的语言去讲民族的故事，在动画片中真正表现出我国的人文精神，从而将中国独特而悠久的历史和文化资源，转化为普适易懂的动画形式，焕发中国传统文化的创造性与生命力，打造出具有“中国精神、中国形象、中国故事”的动画精品。④

现代艺术作品对传统文化的再现，还涉及以下几个问题，首先，历史能否重现？在影像里如何表现历史？这些问题经常会在电视节目创作中被提及。由于历史文本在转换为影像文本时要受影像记录自身特点的限制，使得影像文本在表现历史时必须面临历史事实与摄像机记录特点的矛盾。徐行明对影像文本记录历史文本时的不同方式进行了适当的梳理，从“还原真实”“接近真实”“创造真实”等几个层面概括了影像文本与历史文本之间的关系，并分别就这几个层面比较典型的创作手法进行了分析。⑤ 其次，艺术作品中如何处理历史的科学性与文学性的关系？在目前历史题材的电视艺术创作和学术研究中，应该辩证地理解唯物史观与新历史主义文化思潮的关系，在坚持和发

① 戴红红，张梦新：《传统文化的现代传播——“于丹〈论语〉心得”热浅谈》，《当代传播》，2007 年第 3 期，第 30—31 页。

② 李立，高慧燃：《中国传统文化资源与影视剧艺术创作》，《现代传播（中国传媒大学学报）》，2010 年第 7 期，第 51—55 页。

③ 孔令顺：《从影视剧《孔子》看孔子文化产业开发》，《现代传播（中国传媒大学学报）》，2010 年第 10 期，第 93—97 页。

④ 高薇华，青语潇：《中国传统文化题材动画片创作的历史、现状及趋势（1926—2008）》，《现代传播（中国传媒大学学报）》，2010 年第 9 期，第 61—66 页。

⑤ 许行明：《历史文本与影像文本》，《现代传播（中国传媒大学学报）》，2008 年第 3 期，第 74—77 页。

展唯物史观的同时，批判性地汲取新历史主义文化诗学的合理内核。[①]最后，历史镜像中如何表现历史人物的人性？人性存在于每一个历史时代的个体之中，具有历史的具体性。历史电视剧通过对人类本性的追寻，深刻揭示了人性在历史环境中的存在状态，旨在赋予人类向善向美的激情动力和文化精神，极大丰富了历史镜像的人性审美意蕴。[②]

8.4.2 中国传统文化遗产的传播现状及如何保护

我国文化遗产蕴含着中华民族特有的精神价值、思维方式和想象力，是各民族智慧的结晶，保护文化遗产，保持民族文化的传承，是连接民族情感纽带、增进民族团结和维护国家统一和社会稳定的重要文化基础。而文化遗产的非物质文化遗产部分没有实质的物质依托，仅依托于人本身而存在，以声音、形象和技艺为表现手段，并以身口相传作为文化链而得以延续，是“活”的文化及其传统中最脆弱的部分。

比如太极拳、少林功夫等是民族传统体育文化遗产的一部分，也是非物质文化遗产的一部分，《武术传播引论》介绍了古代武术传播、近代武术传播、武术传播理论等，对武术传播提出了宝贵的建议。[③]钟宇静从传播学的角度提出了保护和弘扬中华民族体育文化的思路，可以从传播者、传播内容、传播途径、传播技巧与艺术和平台构建这五个方面发挥现代媒体的传播优势，加强宣传民族体育文化，提高中国传统民族体育文化的地位。[④]戏曲、民族器乐也是重要的非物质文化遗产，桑爱兵从传播学的视角出发，研究互联网传播戏曲的特点、功能，考察其内在的逻辑，梳理出互联网传播戏曲的大体脉络，探讨互联网传播戏曲存在的问题及解决的对策，对未来发展和走向做出展望。[⑤]张思媛对中国传统筝乐的传播方向、媒介、方式及其发展、擅变等都做了认真的思考，对深入了解中国传统筝乐发展、传播的历史面貌起到一定

① 杜彩：《新历史主义“历史若文学”的辩证分析——兼论目前历史题材的电视艺术创作》，《现代传播（中国传媒大学学报）》，2010 年第 12 期，第 63—67 页。

② 杜莹杰：《历史镜像中的人性审美指向》，《现代传播（中国传媒大学学报）》，2010 年第 1 期，第 77—80 页。

③ 郭玉成：《武术传播引论》. 北京：北京体育大学出版社，2016 年版。

④ 钟宇静，张本家：《中国传统体育文化发展的传播策略》，《现代传播（中国传媒大学学报）》，2010 年第 8 期，第 155—156 页。

⑤ 桑爱兵：《互联网上的戏曲传播研究》，中国传媒大学，2016 年论文。

积极作用。[①] 高有祥认为现代影像媒介兼具艺术与传媒的双重身份，是保存和传播非物质文化遗产的有效方式。[②]

对于原生态民族文化传播而言，大众传媒对其传播具有积极作用，各类晚会和音乐节目中改编的藏族民歌、唱着通俗腔的藏族流行歌手频频露脸，这样的传播形式对于整个藏族民歌的传承、藏族文化的传播无疑起到了一个积极的作用。[③] 但张燕认为大众传播也存在着一定的功利性，导致其传播理念与传播议程设置上的一些偏差和缺憾，对于原发性与独特性十分显著的原生态民族文化的观照与传播，应给予基本的尊重和理解，并尽可能真实地展示其原有的文化面貌，这才是大众传媒的责任和使命。[④]

8.4.3 中国古代传统文化对现代传播的启发

中国古代传统文化博大精深，凝聚了民族的智慧，这些优秀的传统文化对现代传播也有启迪作用。如中国古代诗词艺术如诗经的比兴、唐诗的意境、宋词婉约和豪放的艺术风格对现代广告语的创作影响深远，它丰富了广告语创作的内容和形式，提高广告语创作的水平。[⑤] 中国画论中的美学思想“绘事后素”“疏密相间、虚实相生、浓淡相宜”“写形与传神”对播音创作也有所启示，因为播音创作在规范的基础上总是力求达到能适应当今人们精神生活需求的美的境界，进入有声语言的审美空间，中国画论中的美学思想对播音创作的启示就属于有声语言审美空间的探索。[⑥]

8.5 中国传统文化的对外传播

文化软实力是综合国力和国际竞争力的重要组成部分。自改革开放以来，中国的政治、经济、军事等硬实力得到了显著的提升，在国际上的地位也扮

---

① 张思媛：《论中国传统筝乐艺术的传播与嬗变》，陕西师范大学，2016年论文。

② 高有祥：《非物质文化遗产的影像化生存》，《现代传播（中国传媒大学学报）》，2007年第6期，第14—17页。

③ 王寒凝：《藏族民歌及其生存现状浅析》，《现代传播（中国传媒大学学报）》，2010年第5期，第164—165页。

④ 张燕：《大众传媒语境下原生态民族文化传播问题探讨》，《现代传播（中国传媒大学学报）》，2010年第8期，第9—12页。

⑤ 陈邵桂：《古代诗词对广告语创作的影响》，《当代传播》，2007年第6期，第98—99页。

⑥ 王巍：《中国画论中的美学思想对播音创作的启示》，《现代传播（中国传媒大学学报）》，2006年第1期，第166—167页。

演着越来越举足轻重的地位，但在对外文化交流和传播上依然走着过去的单向道，造成了严重的文化“入超”和巨大的“文化赤字”。[①]

语言是信息传播的基础，也是衡量一个国家软实力大小的重要指标。汉语国际传播是新兴的交叉学科，是近来对外传播研究的新领域，也是文化传播和展现中国文化软实力的主要路径。[②]汉语国际推广背景下的文化传播存在许多问题，如对文化教学的内容把握不够准确、文化传播方式的落后、海外文化传播亟待规范等，张幼冬提出宣传推广中国语言和文化，不只是政府有关机构的事情，更应该是全民的责任，可以调动和利用社会资金、社会资源共同参与汉语国际推广事业的发展。[③]除了直接进行汉语国际推广外，翻译也是对外进行文化传播的重要手段。如何让中国文化稳步走向世界，为世界新文化格局的形成做出应有贡献是中国对外传播的关键，而能够展现真正中国政治文化形象的中译外则是中国对外传播的重中之重。

儒家作为中国文化的精华，充分挖掘及利用它的精髓，必将为促进中华民族的文化传播提供更大的助力。[④]在全球化多元视角下，对仁爱与和谐社会的需求日益凸现出来，而孔子的仁爱思想通过现代重构，对当今社会发展过程中存在的一些现实问题及世界文明的演进将产生积极影响和重要作用。[⑤]《儒经西传中的翻译与文化意象的变化》介绍了《四书》《五经》传播到西方的情况，包括西方各国社会的互动及其所导致的儒家文化意象的变异，从宏观的视野描述儒经西传的情况与文化意象的变异；[⑥]又从微观的视角具体对比分析不同时代、不同地域具有代表性的儒经译本。更多的学者将视线聚焦于跨文化传播，初广志回顾了中国文化跨文化传播的历史，分析了其现状，并运用整合营销传播理论，提出了真正树立以受众为导向的观念、整合跨文化传播的内容和形式、跨文化传播的渠道整合、跨文化传播的战略整合等方面

---

① 关熔珍：《中国文化元素的保持与对外翻译》，《现代传播（中国传媒大学学报）》，2010年第5期，第140—141页。

② 李建军，韩明杰：《汉语国际传播的核心概念及问题辨析》，《当代传播》，2010年第5期，第115—117页。

③ 张幼冬：《汉语国际推广背景下的文化传播》，《现代传播（中国传媒大学学报）》，2010年第5期，第15—18页。

④ 赵露茜：《探析儒家思想在电视外宣中的重要意义》，《现代传播（中国传媒大学学报）》，2010年第12期，第149—150页。

⑤ 郑丽娟：《孔子仁爱思想的当代重构及价值》，新疆大学，2016年论文。

⑥ 岳锋：《儒经西传中的翻译与文化意象的变化》．福州：福建人民出版社，2016年版。

的对策。[①] 逄增玉等在考察西方和古代中国进行文化国际传播的基础上，讨论了中国文化跨语际传播中的价值定向与方法论问题，提出中国文化跨国传播首先要大张旗鼓地宣扬和昭示中国文化的价值；[②] 其次要认真地梳理中国文化的核心价值；第三要梳理中国文化中具有永恒性和普世性的价值体系，寻找和厘定中国文化与人类文化的共同点和对接点；第四应该注重文化跨语际传播的方法和方式问题，注重传播的可受容性、兼容性和有效性；最后，也应该注重文化传播的互动性和双向性，在文化传播中注意吸收他国文化的精华和营养，以丰富本国文化并促进本国文化在传播中增加新的价值内容，从而不断发展和辉煌。还有肖永明等、项国雄等都从不同的角度提出了中国传统文化对外输出的一些观点。[③④]

（彭慧玲　谢清果）

---

① 初广志：《中国文化的跨文化传播——整合营销传播的视角》，《现代传播（中国传媒大学学报）》，2010 年第 4 期，第 101—106 页。

② 逄增玉，孙晓平：《中国文化跨语际传播中的价值定向与方法论问题》，《现代传播（中国传媒大学学报）》，2010 年第 6 期，第 10—15 页。

③ 肖永明，张天杰：《中国文化软实力建设视域中的对外文化传播》，《现代传播（中国传媒大学学报）》，2010 年第 5 期，第 6—10 页。

④ 项国雄，熊斌：《中西文化交流中民族文化的传承与发展》，《当代传播》，2007 年第 3 期，第 18—21 页。

第九章　华夏传播研究的进展、特征及其未来展望（2011—2014）

华夏传播研究本是中国传播学研究不容忽视的一大方向或领域，伴随着传播学本土化研究的进程而不断发展壮大。然而，在以新媒体、互联网、大数据、社交媒体和大众传播为主要关注对象的传播学界的学术版图中，她依然是一棵小苗。纵览现有关于中国（华人）传播研究的综述性文章少有顾及这一领域，不能不令人叹息。

回望历史，华夏传播研究在中华民族自主性意识推动下不断拓展。港台的余也鲁、徐佳士等前辈学者在传播学传入中国（首先是港台地区）伊始，便提出研究中国传统文化中的传播问题。前辈学者意识到传播学研究中国不能缺席。既然社会即传播，传播与人类相伴随始终，那么，中国拥有五千年的文明，理应拥有丰富的传播实践、传播思想，甚至经过提升，可以提出华夏传播理论来。正是在这种民族情怀的感召下，海峡两岸暨香港、澳门的学者开始了“传播学中国化”的探索，后来，其中部分学者于20世纪90年代集聚在“华夏传播”的旗帜下，探讨中国传统文化中的传播问题，并一时间以厦门大学传播研究所为组织机构，开展学术研讨会，出版论文集——《从零开始》，合著概论性著作——《华夏传播论》，推出《华夏传播研究丛书》（三卷：郑学檬的《传在史中：中国传统社会传播史料选辑》、李国正的《汉字解析与信息传播》和黄鸣奋的《说服君主：中国古代的讽谏传播》，文艺艺术出版社，2001）。21世纪以降，厦门大学传播研究所的研究团队继承传统，继续给本、硕、博开设“华夏传播概论”“中国传播理论研究”等课程，创办《中华文化与传播研究》刊物，推出《华夏文明传播研究文库》，开设“中华文化与传播大讲坛”，邀请海内外专家学者主要围绕中华文化传播相关议题开讲，努力推进华夏传播研究领域的教学与科研工作，期望能够再度引领该领域的学术研究。

那么，何为“华夏传播研究”呢？厦门大学的黄星民教授早在15年前将之界定为“是对中国传统社会中的传播活动和传播观念的发掘、整理、研究和扬弃”。研究对象包括“华夏文化”与“信息传播”，研究目标是形成“传播学中华学派”。[①]这一努力方向与国际一些倡导解构西方中心主义的传播理论的学者形成遥相呼应之势。例如，剑桥大学文学博士维莫尔·迪萨纳亚克认为中印日韩等亚洲国家创造的文明必当依赖于积极有力的传播体系。而“传播学要想在亚洲以及世界的其他地方变成一种更有意义的研究，就必须与相关的知识本源、情境信息及本地思维模式相联系。因此亟须发展亚洲的传播学理论、概念、方法和模式。”[②]通常认为，包括中国在内的亚洲传播重内向、重集体、重关系，有着与西方不同的传播理论、概念、方法与模式。而华夏传播学的使命正在于整理中国传统的传播理念、传播理论、传播制度，这不仅是理解当下中国诸社会现象的重要依据，也是反思中国传统，构建未来和谐社会所需要的传播资源；还是丰富世界传播理论的必由之路。基于此，笔者曾撰文认为，华夏传播学是华夏传播研究的终极指向，并做如下界说：“华夏传播学是在对中国传统社会中的传播活动和传播观念进行发掘、整理、研究和扬弃的基础上，建构起来的能够阐释和推进中华文明可持续发展的传播机制、机理和思想方法的学说。”这里包含三个含义：其一，以史鉴今，通过开展华夏传播研究，提炼华夏独特的传播理念、传播技艺；其二，华夏传播研究的目标在于既能解释中国传统社会的传播现象与活动，又能推导中国当代社会实践，实现传播理论的当代创新；其三，着力点在于将复杂的传播现象、传播制度、传播理念通过“由表及里，去粗取精，去伪存真”的功夫，形成一套能够保持自然生态和谐、社会关系和顺、政治运作高效廉洁、民众生活有序安宁，国际关系和平互助的传播思想、传播制度，以指导当下的传播活动，实现与社会运作方式的紧密配合。[③]

当前，在中国注重国家形象传播，追求提升我国文化话语权与软实力的大好形势下，传播学主体性呼声渐高的学术界在华夏传播研究方面的热情正

① 黄星民：《华夏传播研究刍议》，《新闻与传播研究》，2002年第4期，第80—86页。

② [英]维莫尔·迪萨纳亚克：《人类传播研究的亚洲方法：回顾与展望》，摘选自[美]赵晶晶编译《国际跨文化传播精华文选》. 杭州：浙江大学出版社，2007年版。

③ 谢清果：《华夏传播学勃兴的东方视维、问题意识与方法自觉》，《中华文化与传播研究》，2014年第2期，第31—40页。

不断被激发，一批青年学者涌现，一批有分量的成果出现，使这一领域大有兴起新高潮之势。为了回顾历史，把握当下，展望未来，且鉴于笔者已在《华夏传播学引论》（厦门大学出版社，即出）和《华夏文明与传播学本土化研究》（九州出版社，即出）两部著作的绪论部分中相对系统地介绍了华夏传播研究近四十年来研究的成就。因此，本章侧重评析 2011 至 2014（个别延至 2016 年）最新的代表性论著。论文的代表性体现在以《国际新闻界》《现代传播》《新闻与传播研究》《新闻大学》四本新闻传播学界最具影响力的期刊论文为核心，旁及其他刊物；著作则是以近六年来这一领域作品为主，力求既生动准确又能概览式地展示华夏传播研究的学术样态和发展趋势。

9.1 执拗的低音：华夏传播研究在“传播学本土化”方向中拓展

面对传播学中国化进程中的问题，学者们已有一定的探讨与争鸣。台湾学者认为肇始于 1978 年的“传播学中国化研究”是在“学术中国化”的思潮中，港台传播学者率先举办“中国传播研讨会”，目的在于“建立具有（中国）民族主义色彩的传播学。”[①] 大陆学者胡翼青认为 20 世纪 90 年代徐佳士、余也鲁、孙旭培和郑学檬等学者在民族主义思潮推动的，开展传播学“本土化研究”，这种研究“不但具有民粹主义色彩，而且具有复古色彩”。[②] 然而，以陈国明为代表的一批海外从事中华文化的传播学研究的学者，则充满信心地认为“要成功地扮演全球社会的一个分子，华人社会的传播研究，在批判吸收与转化西方思想的同时，必须深耕于中华文化的土壤，耙梳与建立起自我文化的认同，然后放眼全球社会，以资提供与接收必要的双向贡献。唯有经由健全的本土性的发展与认同，再以此认同投射到整个全球社会，华人传播学才能显现其光辉与乐观的前景”。[③] 就“华夏传播研究”这一方向而言，支持者表达了极大的热情，而反对者则表达了深深的忧虑。历史不断证明，矛盾是事物发展的根本动力，学术研究的深入也是如此。例如，香港学者李金铨教授曾直言：“有人提倡整理古籍，只是实践至今多半落得‘牵强附会’四个字。……如果只看文本，强作解人，用现代的名词附会古代的语脉，

---

① 林丽云：《台湾传播研究史：学院内的传播学知识生产》. 台北：巨流图书公司，2004 年版，第 158 页。

② 王怡红，胡翼青：《中国传播学 30 年》. 北京：中国大百科全书出版社，2010 年版，第 295 页。

③ 陈国明主编：《中华传播理论与原则》. 台北：五南图书出版公司，2004 年版，第 20—21 页。

以致脱离整个时代背景和生活语境，终归是非历史的，片面的。”[①] 国内最早出版华夏传播研究著作——《无形的网络——从传播学的角度看中国的传统文化》的吴予敏也曾以为，“用古代材料为今人的概念加注解显然也是‘拆碎七宝楼台，不成片段 ’之举。……时下不少中国传播思想史论著，都不能避免这个缺点。”[②] 此类针对早期华夏传播研究的评价颇具代表性。其实这类批评也是在为华夏传播研究发展指明方向，即当尽可能从中国的文化传统中去生发自己的传播观念与理论，尽可能用价值中立的精神，力求在历史真实情境做有理有据的接地气研究。事实也是如此，华夏传播研究的学者正努力从微观与宏观两个方向推进研究。微观方面指的是诸如从媒介批评、人际传播等传播学研究各领域观照中国传播学的历史与现实的一系列努力；宏观方面指的是探讨建构不同于西方传播学的华夏传播学的可能性，并加以初步阐述。纵观近年来华夏传播研究取得长足进展，上述批评已难觅踪迹了。

9.1.1 华夏传播研究学者积极回应“本土化”路径与方法的质疑

邵培仁、姚锦云基于吉登斯的“双重解释”说，认为社会学家将与大众之间通过“共有的常识（知识）”，提升为理论，进而又用理论来解释“共有的常识”，从而化为大众的行动。那么中国的儒家道德传递观具有如同凯瑞基于基督教仪式原型而发展出的仪式传播观一样成为儒家道德传播观的可能。他们认为经验与理论并不存在鸿沟，而是可以经由经验而上升为理论，华夏传播研究可于此努力。[③] 邵、姚两人连续发文，致力为“华夏传播”及其理论正名，直面学界对“华夏传播”的质疑，令人敬佩。他们认为，前人的经验通过语言和思想在后人的经验中延续，并成为后人的“意义之网”和“释义系统”，因此，以历史为对象的华夏传播研究能够发展为关于现实的知识。[④] 这一观点与笔者的观点不谋而合，那就是，华夏传播研究本身是以对中国文化传统的研究为起点，但落脚点还是现实关怀，以能解释中国问题来寻找突

---

① 李金铨：《视点与沟通：中国传媒研究与西方主流学术的对话》，《新闻学研究》，2003年第77期，第1—20页。

② 吴予敏：《中国传播观念史研究的进路与方法》，《新闻与传播研究》，2008年第3期，第33—39页。

③ 邵培仁，姚锦云：《从思想到理论：论本土传播理论建构的可能性路径》，《浙江社会科学》，2016年第1期，第99—109页。

④ 邵培仁，姚锦云：《为历史辩护：华夏传播研究的知识逻辑》，《社会科学战线》，2016年第3期，第140—151页。

破口，因为“中国”本身就是一种方法。于是，邵、姚二人以“寻根主义”命名本土传播理论建构路径，并且，还初步提炼出中国传播的文化“基因”：其一，传播思想（阴阳和合的传播哲学），源自“阴阳”，指向“和合”与“天人合一”，其最高境界是“通天人，合内外”；其二，传播原则（情理交融的传播伦理），由“仁－礼”“言－行”“名－实”三对关系组成，其最高准则是“明贵贱，辩同异”；其三，传播观念（物我融通的传播意识）主要包含“观味知”的信息接收观、“风草论”的情感传播观、“风水学”的空间传播观等，其精神支柱是“参天地，赞化育”。[①]如此看来，当前的华夏传播研究如同已然经过破土而出阶段，开始迎着风雨，立根又长芽了。

9.1.2 华夏传播研究正向理论建构方向挺进

浙江大学邵培仁主持过浙江省哲学社会科学规划项目“华夏传播理论研究：新视野、新思维、新路径”(2013)。笔者也主持过福建省社会科学规划项目“道家符号传播思想研究”(2009)、厦门大学中央高校基本科研业务费项目“道家传播学的理论建构”(2011)。双方先后分别在《国际新闻界》《现代传播》《浙江社会科学》等核心刊物上推出一系列有显示度的研究成果。其中，“风草论”原本是厦门大学黄星民教授率先提出并引起学界关注的学术构想，黄教授坚信此论是足以与西方“魔弹论”相媲美的一种华夏传播效果论。笔者带领的团队赓续这一研究传统，提出“风草论是建构中国本土化传播理论的一大尝试”的观点，认为“风草论”主要内含三个层面的传播观念：注重传播过程的风化风行，关注受众主体性的草偃草起以及风吹草偃的传播效果。“风草论”表达了中国人对传播主体德性的关注以及对“以民为本”情境下的受众主体性的观照。[②]此外，笔者的华夏传播研究团队正致力于建构能与西方传播理论进行对话的华夏传播理论，2016年推出系列论文，试图在传播学研究近年来较为活跃的公共传播、舆论传播、媒介批评、说服传播等方向上呈现华夏文明传播史上在这些议题上所积淀的思想观念、表现形态、历史变迁，并思考其当代价值，期望能引发学界关注，共同在相关方向上深入

① 邵培仁，姚锦云：《寻根主义：华人本土传播理论的建构》，《新疆师范大学学报（哲学社会科学版）》，2013年第4期，第28—41页。

② 谢清果，陈昱成：《风草论：建构中国本土化传播理论的一种尝试》，《现代传播》，2015年第6期，第59—64页。

开拓。[①]邵培仁的研究团队认为至少有“阴－阳”“和－合”“交－通”“感－应”“中－正”“时－位”“名－实”“言－行”“心－受”“易－简”10对华夏传播观念，它们既是中国传统思想的重要范畴，又是中国人日常传播行为和行动的“释义系统”，对发展出“华夏传播理论”至关重要。[②]美国罗德岛大学的陈国明则已明确地提出了“中国传播和谐理论”，他以“中国人的传播意在实现人类关系的和谐状态”为假设前提，推演出“在中国人的传播活动中，提高实现和谐的能力可以提高传播能力”等23条原理和“一个人的惠人之心越强，在中国人的传播活动中的能力就越强”等23条定律，同时结合“仁”“义”“礼”“时”“位”“幾”“关系”“面子”“权力”等概念进行系统阐述，一定程度上建构起解释中国人沟通行为的思想框架，具有较强的解释力。[③]

此外，在华夏传播的一些具体研究方向上，也偶有亮点。如郝雨教授的《中国媒介批评学》坚持立足中国传统文化，挖掘媒介批评思想与方法资源，例如从传统文艺批评理论中借鉴了“印象式批评”“诠释式批评”“考据式批评”等方法。该书充分阐发了传统文化中的人文精神，并以此为内核，作为媒介批评的立场和理论涌泉，不失为一部华夏传播研究领域的力作。[④]

9.1.3 以“文明传播”概念开拓华夏传播学的崭新话语体系

如何推动中国传播学的理论创新是中国传播学界一直关注的热点问题，在此背景下，“文明传播”观念的提出及其系统的阐述，相当程度上可以视为传播学界观念创新与理论突破的一大重要举措。不过，当前似乎还未引起学界足够的重视。这种状况其实也不奇怪，因为随着网络新媒体盛行乃至大数

---

① 谢清果，王昀：《华夏公共传播的概念、历史及其模式考索》，《华侨大学学报（哲学社会科学版）》，2016年第1期，第5—15页。

谢清果，王昀：《华夏舆论传播的概念、历史、形态及特征探析》，《现代传播》，2016年第3期，第32—40页。

谢清果，曹艳辉：《华夏媒介批评的概念、思想流变及其价值取向》，《南昌大学学报（人文社会科学版）》，2016年第2期，第111—118页。

谢清果，王小贝：《华夏说服传播的概念、特征及其实践智慧》，《高职研究》，2015年第3期，第1—11页。

② 邵培仁，姚锦云：《传播理论的胚胎：华夏传播十大观念》，《浙江学刊》，2016年第1期，第203—215页。

③ 陈国明：《有助于跨文化理解的中国传播和谐理论（2008）》，摘选自[美]J.Z.爱门森：《“和实生物——当前国际论坛中的华夏传播理念”》.杭州：浙江大学出版社，2010年版。

④ 郝雨：《中国媒介批评学》.上海：上海大学出版社，2015年版。

据、云计算、VR等传媒技术的涌现，传播学界绝大多数的目光被此吸引了，所以需要更多精力投入的华夏传播原创理论研究领域便少了几分热闹，反而更显得宁静而春意盎然。中国社会科学院新闻与传播研究所杨瑞明、王怡红等研究员于2007年以“文明传播的跨学科研究与学科创建”为题的课题被立项为院内重点课题。其课题成果以《文明传播的哲学视野》为题由中国社会科学出版社正式推出。该成果从传播哲学的高度，指出“文明传播”作为概念，是“文明的传播”与“传播的文明”的统一。前者强调的是“文明”在传播中生成和发展；后者强调“传播”亦是在“文明”的关照下进行的，传播活动本身也进行着“文明”的洗礼。正所谓“文明通过传播，走向对话语境，达到和谐。传播是表明文明的手段，是显露文明的平台，传播的对话方式是实现和谐社会的有效途径。”[①] 其实，关注这一议题的学者较早的当属毛峰教授。毛教授在其大作《文明传播的秩序——中国人的智慧》一书中很有见地地指出：“人类的知识或信息传播，是一种文明价值或人文意义的传播，是人类知识或信息得以生成、固定、传承、读解、接受、变形等传播机制以及传播技术持久作用的结果，是特殊政治经济利益与价值观的产物。一言以蔽之，人类传播的基础与核心，是文明传播。”[②] 作者以诗意的笔触，通过对《中庸》《易经》《论语》等传统经典的哲学诠释，认为中华古典文明虽然经历了西方文明的洗礼，但是中华文明是以伦理原则为传播秩序，以“义利之辨”为核心的道德基础和精神基础的高雅文明，其所形成的“尊崇爱护自然、力行道德教化、追求精神提升、万物和谐”文明模式具有纠正“文明传播偏向”之弊的功能，其价值不可估量。厦门大学传播研究所于2016年推出《华夏文明传播研究文库》便是意在承继这一创新理念，期盼能够共同打造出华夏文明传播研究的学术新高地。

9.2 满园的春色：2011—2016年间华夏传播研究的基本态势

近年来，推动中华文化传播的呼声与举措渐成社会主流，作为以中华文化（含古代与近代）的传播问题为研究对象的华夏传播研究领域进展显著。

---

① 杨瑞明，张丹，季燕京，毛峰主编：《文明传播的哲学视野》. 北京：中国社会科学出版社，2012。

② 毛峰：《文明传播的秩序——中国人的智慧》. 北京：中国传媒大学出版社，2005年版，铭言第1页。

9.2.1 继续在西方话语观照下，进行华夏传播研究的自我审思

一方面，从宏观上整体性考察中国文化传播问题，省思中华文化在现代的传播力问题。如中国传媒大学隋岩的《符号中国》（中国人民大学出版社，2014）一书首先在充分解析符号学的核心概念与理论（例如能指与所指，含蓄意指、元语言、隐喻和换喻）之后，以中国丝绸之路、孔子、天安门、近代中国诸符号、民间符号、媒体符号等作为案例分析，最终落脚在以强符号传播中国这一根本目标上。不过，需要指出的是，中国符号学作为符号学研究的一大流派也日益受到学者的关注。近期祝东出版的《先秦符号思想研究》（四川大学出版社，2014）便是代表，该书并不依伴西方符号理论，而是直接关注易学、孔孟、老庄、名墨、名法之学的符号思想。

另一方面，也有从微观上将中国传统经典的智慧与传播学各学科进行对话。例如西北师范大学的李红博士将老子的语言批判与价值批判导入到对媒介批评上的研究，① 他还从传播符号学的角度分析老子“否定”“二分”“反”“去”等符号逻辑运作思想，并归纳出“贵无”“欲望批判”“收敛”“圆满”“贵身”等新的传播伦理，颇有意义。② 再者，以《论语》为对象的研究，亦层出不穷。徐瑶、樊传果就认为《论语》中蕴藏了现代传播学所涉及的传播者、受传者和传播内容相关的传播知识学结构，并体现有“把关人”意识、“实事求是”原则、“选择性”定律和“反馈”过程的传播学价值隐喻。③ 郑博斐认为孔子的“仁”是建立在交往基础上的实践性观念，是孔子传播思想的核心；而“礼”则注重时间与空间的联系，力求通过社会规范，建构社会秩序，是孔子传播思想的形式与目标。④

9.2.2 尝试从中华文化的优势方面力争实现华夏传播理论的突破

笔者近几年从中国文化强调以“修身”为本这一共识出发，意识到中华文化定当在认识自我、超越自我方面有深厚的理论积淀，当可形成有特色的华夏内向传播理论。于是，笔者着力在研究华夏文明中的内向传播智慧进行

---

① 李红：《老子与媒介批评》，《国际新闻界》，2011 年第 4 期，第 44—49 页。

② 李红：《老子思想的符号逻辑及其传播伦理》，《暨南学报（哲学社会科学版）》，2016 年第 10 期，第 65—73 页。

③ 徐瑶，樊传果：《论孔子的传播思想》，《中国传媒报告》，2015 年第 3 期，第 103—109 页。

④ 郑博斐：《在交往中实现自我与他者——孔子传播思想的核心内涵》，《中华文化与传播研究》，2014 年第 2 期，第 57—62 页。

深入探讨。研究发现，道家的内向传播是通过涵养内心的清静灵明，来实现自我的自由与逍遥。老子“在方法上却采取了与传播学上的内向传播理论不同的操作方向，即通过对社会性活动的减损和人类已有知识的超越来实现自我升华。”[①]而《庄子》书中以“吾丧我”的命题，视“吾”为“道我”，“我”为“俗我”，通过个体修炼（主要是心灵的内在对话）来消除后天自我观念对本性的遮蔽，以“丧我”为路径，回归道我，真我。[②]此外，在华夏传播研究前辈学者黄星民老师的点拨下，笔者将“无”视为道家内向传播运作的独特观念与机制，亦即面对名缰利锁的诱惑，道家以“无”来化解之。具体说来，以“心斋”“坐忘”等方式，提升自己对“道”（即“无”）的向心力，以道之逍遥，激励自我心定于道，则万有不足以挠心，能够做自己的主人。可以说，道家的内向传播是以解构的方式实现意义的建构。[③]在此基础上，笔者进一步将目光转向儒佛文化，一方面以禅宗为核心继续探讨佛教心性论蕴藏着的内向传播思想，指出佛教的内向传播，指的是修行者在充分认识自我的基础上，消除外在环境带来的烦恼和痛苦，开发内心的智慧和觉知，实现自我超越，达到成就佛果目标的一系列心理过程。借鉴弗洛伊德的本我、自我、超我的人格理论，我们发现，佛教所言的贪瞋痴等表现的就是本我的诸多欲望，而戒定慧则是“自我”意识的操持过程，其理想目标正是“佛”（禅悟）的超我境界。[④]另一方面，在研读儒家《大学》《中庸》等经典过程中，发现“慎独”是考察儒家内向传播观念的绝佳入手处，因为“慎独”本质上是儒家以圣人的心性品格来要求个体自我效法，进而个体接受了这种价值取向后，努力地在心灵深入开展自我与理想圣人的内在深层对话，以全方位提升自我。[⑤]相应地，道家的“见独”观念是最能体现道家式的内向传播智慧。理由是“见独”观念清晰地呈现了道家内向传播活动是如何运作，及其怎样营造良好运作的环境条件的。具体说来，“见独”正是道家自我认知、自我反省、自我升华的

① 谢清果：《内向传播的视阈下老子的自我观探析》，《国际新闻界》，2011年第6期，第58—6、89页。

② 谢清果：《内向传播视域下的〈庄子〉“吾丧我”思想新探》，《诸子学刊》（第十辑）. 上海：上海古籍出版社，2014年，第61—75页。

③ 谢清果，周亚倩：《无：道家内向传播的独特范式》，《老子学刊》，2015年第6期，第53—61页。

④ 谢清果，季程：《内向传播视域中的佛教心性论》，《扬州大学学报（人文科学版）》，2016年第3期，第16—22页。

⑤ 谢清果：《作为儒家内向传播观念的“慎独”》，《暨南学报》，2016年第10期，第54—64页。

内向传播活动，其运作机制是以“道我”对“俗我”的召唤，同时，“俗我”以“道我”为镜子来修身养性，而在这过程中，通过内观、心静如镜的一系列内向操作过程，终究能让心灵焕发“天光”，以促成“俗我”向“道我”的转化。[①] 后续，笔者还将围绕儒家的“道心”“人心”说，道教的内丹修行等方向入手，研究中华文化的内向传播智慧，从而以补中外传播学在内向传播（又称人内传播、自我传播）方面的不足。

9.2.3 以传播学的视角探索传统文化的当代生存境遇

中华文化博大精深，除了宏观上的学理探索，还需要从微观处的传播方式与路径、效果等方面进行细致剖析。近年来，中华文化传播，尤其是海外传播方面，随着“一带一路”倡议的提出，不同文化间的心通，日益成为优先关注的问题。对中国而言，文化的海外传播自然就成为中外联通的心理桥梁。在此背景下孔子学院为代表的中华文化传播研究蓬勃发展，比如，同济大学主持的《中华文化国际传播系列丛书》中便有《中华文化国际传播：途径与方法创新》（同济大学出版社，2016）等一系列著作。在此类汉语国际教育项目的带动下，对中华文化元素的传播学研究也很受关注，比如对明代“衣冠禽兽”的官服制度进行文化符号解读，其实亦是对作为非言语符号的服饰进行了内在权力、秩序及其关系的深刻解析。[②] 碑刻是中国传承文明的重要媒介，体现了中国人传播偏向上的时间偏好，表现了《易经》中的“可久可大”的思想。勒石表彰记事等功能直到今日依然广为运用，当然也有些功能弱化了。[③] 付晶晶以中国古钟为研究对象，探讨“钟”这一文化符号与文化传播的关联，从古钟文化的传播语境入手，考察了宫廷钟文化、寺庙梵钟文化以及民间钟楼文化，揭示出钟在不同传语境中的文化特质。[④] 另外，李萍关注中华文化元素或符号的海外传播研究。以四大名著的传播与接受研究为切入点，得出如下结论：想让“中国的”，成为“世界的”，就得采用中国内容，世界

---

① 谢清果：《新子学之“新”：重建传统心性之学——以道家“见独”观念为例》，“新子学”深化——传统文化价值重构与传播国际学术研讨会（会议论文集），2016 年版，第 42—52 页。

② 张玲：《“衣冠禽兽”的文化符号读解——以明代官服制度为例》，《现代传播》，2013 年第 7 期，第 82—85 页。

③ 汪鹏：《碑刻媒介的文化传播优势及其现代功能转型》，《现代传播》，2014 年第 2 期，第 155—156 页。

④ 付晶晶：《中国古钟文化传播述论》. 北京：社会科学文献出版社，2016 年版。

主题，国际表达，产业运作，才能将高雅与大众连贯起来，增加文化传播力，影响力。[①] 还有些学者关注新媒体时代下中华文化形象塑造。他们认为中华文化要想在当代重新焕发生机活力，就必须因应新媒体技术的变化，在坚持文化核心价值观的基础上，巧借各种传播形式，让中华文化观念深入人心，这样才能从根本上传承我们的文化。例如通过动漫来塑造中华民族文化形象符号，例如《魔兽世界》对“龙”的正面塑造。[②] 众所周知，近年来社交媒体兴旺发达，正成为世界人民信息交流的主要平台，中华文化要想扩大海外传播，就需要借助社交媒体，而要借力，就需要牵牵把握社交媒体的游戏规则，着重在社交人群喜欢的日常化、情感性、地方性的文化话题上用力。[③]

出版编辑事业也是传播学关注的领域之一。图书本就是重要的传播媒介，华夏传播研究于此自然不能缺席。一批年青博士从历史学研究着手，走向传播学研究。如李西亚博士的《金代商业出版研究》（中国社会科学出版社，2015 年）从传播与历史的多维视角来探讨金代图书出版的发展过程，站在文化传播的角度考察金代图书出版与金代社会之间的关系，为以后研究金代传播史奠定基础。张献忠博士的《从精英文化到大众传播——明代商业出版研究》（广西师范大学出版社，2015）一书从雕版印刷术为图书商业出版提供技术基础。书坊刊刻大量通俗读物改变精英对知识的垄断，使出版开始进入大众传播阶段，而图书一旦大众传播，便对思想和社会变革产生了巨大的推动力量。刘天振的《明清江南城市商业出版与文化传播》（中国社会科学出版社，2011）从明清江南城市商业出版发展的背景因素、曲本刊行及知识传播、杂志雏形编刊与新型娱乐方式构建、商书出版与商业伦理传播等问题着手，探讨了商业化运作对书籍传播方式的变革，新读者大量的出现等。

9.2.4 关注民族文化的传播学研究

民族文化的传播学研究是华夏传播研究的重要组成部分，其研究对象是少数民族文化，内容侧重是民族文化在大众传播时代如何呈现自我的问题，尤其关注在举国大力发展文化创意产业背景下，平衡民族文化与社会、传媒

---

① 李萍：《中华文化海外传播的策略性思考——基于“四大名著”海外传播的分析》，《现代传播》，2012 年第 1 期，第 147—148 页。

② 穆弈君，M .W.Luke Chan：《中华民族文化形象符号之动漫塑造》，《现代传播》，2014 年第 12 期，第 153—154 页。

③ 徐翔：《中国文化在国际社交媒体传播的类型分析——基于共词聚类的研究》，《现代传播》，2015 年第 10 期，第 38—45 页。

的三方博弈，旨在保护民族文化的文化权利与权益。“传媒场域本身就是文化存在与再生的场域,所以传媒化是民族文化在现当代的一种新的生存方式。”[①]也正是从这个意义上讲，关注中华传统文化的当代传播问题，是华夏文化研究的应有之意。因为华夏传播关注的不仅是历史上的中国，文化的中国，而且是当代生活的中国，关注的核心正是中国人的交往方式，而中国人的交往方式本身既是历史在现实的延续，也是现实对历史的再造，无论这种再造是否运用新媒体技术，是否或何种程度上受其他文化影响，包括外国文化的影响。因为，文化始终是进化的，是各种因素共同作用的产物。华夏传播研究关注的是中华民族文化这一族群意义共建共享的行为。文化是族群的身份标识，一种文化就是一种独特的传播方式，就是一种独特的生活方式。文化可以在传播中造就，也可能在传播中丧失。因此，我们就必要探讨一种文化如何更好因应不同时代传播方式，传播技术的变革。无法适应，无法自我革新，文化就可能不安全，甚至消亡。刘建华和 Cindy Gong 从传媒经济学的角度考察了跨文化交流与文化贸易中的文化折扣现象，探讨优化传播民族文化的主旨与声音，他认为发展民族文化影视传媒产品是既能发展民族文化产业，又能维护民族国家文化安全的路径。[②]

其实，早年郝朴宁等人便已关注“民族文化传播学”议题，他以传播介质为着力点，运用一般人类传播理论，以云南 26 个少数民族文化为案例，解析民族文化传播介质，对民族语言文字、习俗、音乐图像等进行传播学解析，并提出“人是终极传播介质，也是文化传播的终极介质”的观点，强调民族文化传播学较西方大众传播学更关注“民族生活传播行为的研究，并从文化人类学、民族学等视角进行传播内容的文化分析，以沟通文化传播与文化传承之间的关系。”[③]值得关注的是，复旦大学的刘海贵教授主编了《中国少数民族传播研究系列》，已在复旦大学出版社出版有《土风巴韵：土家族传播研究》（庹继光、李缨、庹继华，2016）、《凤尾竹楼：傣族传播研究》（柳盈莹，2014）、《白山黑水：满族传播研究》（汤景泰，2014）。刘海贵认为面对民族文化资源严重流失与民族传播方式急速消亡的局面，研究各民族特有的传播方式和活动，尤其是本民族的民俗，因为民俗符号代代相传，凝聚成“集体

① 程郁儒:《民族文化传媒化》. 北京：中国社会科学出版社，2012 年版，绪论第 6 页。

② 刘建华，Cindy Gong:《民族文化传媒化》. 昆明：云南大学出版社，2011 年版。

③ 郝朴宁，李丽芳，杨南鸥，郝乐:《民族文化传播理论描述》. 昆明：云南大学出版社，2007 年版，第 449 页。

记忆”，体现出其民族性。该书系总体上既有历时性的民族变迁与信息传播的内在关联，又关注民族在共时性方面与媒介的关系，从而探讨各民族在大传播时代的生存与发展问题。从一定意义上讲，无论是汉族与少数民族的民俗研究，将是华夏传播研究的重要着力点。因为研究者的使命与问题意识正在于推动本民族增强文化传播力与凝聚力，形塑本民族文化价值观，从而保护文化主体与文化安全。

无独有偶，华东师范大学传播学院的仲富兰也提出过“民俗传播”，将民俗文化与传播学进行交叉研究。作者分析说：“民俗传播学以民众信息流动和民间文化传播为研究对象，全面、集中体现民俗传播学的创造和现实生活中扩布流行的最一般的学问，反映人的物质生活、社会关系、精神生活以及社会心态系统联系的特殊文化现象。”① 西北大学新闻传播学院的杨立川提出“传播习俗”概念，认为“传播习俗也就是人们在传播活动中所形成的各种习惯与风俗。”② 研究传播习俗是理解一种文化的捷径，同时也是进行跨文化沟通的前提，更是增强传播效果的必由之路。

中华传统文化的媒介呈现，是文化获得传承与创新的重要路径。在社会媒介化和媒介社会化的时代，中华文化的传播的核心场域就是媒介（传统媒介与新媒介）。英国学者马克斯·H. 布瓦索认为，“文化是通过象征传播的一种模式，是由符号传达并获得的行为的明确和隐含的样式，构成人类群体的独特成就。”③ 春节是重要的节庆，而唐人街又是海外中国人聚集地方，因此中央电视台于2011年春节策划播出的《行走唐人街》节目，以直播的形式表现了全球华人共度中国年的欢心喜悦的情景，同时又辅以网站 、微博、微信等新媒体手段，增加了中华文化的传播力。

9.2.5 华夏政治传播研究兴起

随着近些年来政治传播研究的兴起，带动了从政治传播视角来分析中国传统社会中的政治沟通、政治信息传递、政治传播制度及其政治传播思想的研究。青岛大学的陈谦连续推出《中国古代政治传播思想研究》（中国社会科学出版社，2009)、《中国古代王朝政治传播制度研究》（中国社会科学出版

① 仲富兰：《民俗传播学》. 上海：上海文化出版社，2007年版，第67—68页。

② 杨立川：《传播习俗学论纲》. 西安：陕西人民出版社，2009年版，第18页。

③ ［英］马克斯·H. 布瓦索：《信息空间：认识组织、制度和文化的一种框架》，《工寅通译》. 上海：上海译文出版社，2000年版，第421页。

社，2016）两本专著。前者，作者基于中国古代中央君主与官僚政治组织主要通过三种传播手段来实现政治控制，即信息监控（以监察为中心）、信息调控（以谏议为中心）、信息规范（以教化为中心）的认识，于是将该书核心部分分“面向臣民的信息监督控制思想”“面向君主的信息调节控制思想”“面向民众的信息规范控制思想”，较为全面系统地展示了中国古代政治传播思想。后者，作者认为监察、谏议、图书编辑出版收藏及教化等活动执行着信息反馈、控制调节、社会整合等职能，其行为模式化即为政治传播制度。因此，上编概说了中国古代政治传播思想与制度，中编为核心部分，以断代的形式探讨古代王朝信息传播制度的历史演进：夏商为萌芽时期、西周春秋战国时期为草创时期，秦汉为初步成型时期，魏晋南北朝为变乱与重组时期，隋唐为重整时期，宋元为成熟时期，明清为极端化时期。下编先是从决策制度、传递渠道制度、收集与反馈制度、权力调节制度、信息存续与维护制度等方面总结了中国古代王朝政治传播制度体系，进而引进威廉斯的“父权式的传播制度”对中国古代王朝的传播制度加以评析。广州大学贾兵老师的博士论文《先秦诸子政治传播观念研究》（上海大学，2011）集中于华夏政治传播观念探索时期的先秦诸子的政治传播观念，着重从思维机制、思想根源、价值取向、社会诉求、引导观、宣传观、传播致效观等方面加以全景式考察，进而评析了先秦诸子政治传播观念的历史局限和当代价值。作者创新性提出“先秦诸子政治传播观念依据卑感文化的心理机制而产生，又反过来通过在政治层面的运作而强化了这一文化心理机制。”中国传媒大学白文刚的《中国古代政治传播研究》（中国社会科学出版社，2014）一书从王朝现实的政治运作入手，考察了政治合法性建构、政治文化传承、日常政治运行、国家对外形象建构、政治动员等方面的政治传播实践，让人对中国古代政治传播实际情况有了学理性的认知。华东师范大学的潘祥辉有一系列富有特色的华夏政治传播的论文。例如，他阐述了殷商青铜器作为古代社会文化与政治的媒介属性，并以“媒介域”（融合媒介）概念省视作为集用器、祭器、礼器以及书写媒介于一身的青铜器；[①] 他在考察中西发誓作为沟通神人和人与人之间的社会传播现象的基础上，指出基于中国人的“天命信仰”，中国的“对天发誓”不同于西方向上帝宣誓，具有建构社会信任、促进社会沟通、整合社会秩序的

① 潘祥辉：《传播史上的青铜时代：殷周青铜器的文化与政治传播功能考》，《新闻与传播研究》，2015 年第 2 期，第 53—70 页。

功能，从而成为中国本土独特的沟通行为。① 此外汤景泰、刘海贵的《皇权专制与政治传播——以清朝前中期为例》，考察了清代早期是如何通过设置南书房和军机处，新创奏折制度，改进驿传系统，来加强了皇权对政治信息的控制。有趣的是，宋代开始的“经筵”方式，被视为政治传播仪式而引起学术关注。“经筵”制度是一种自上而下的传播机制，它给士人参与政治的机会，发挥教化帝王和政治进言的功能。从而一定程度上表明古代政府内部允许自下而上的传播机制存在。②

值得关注的是，史学领域也出现了传播学的研究视角，开始着重从信息传播的视角对传统社会的政治运作，进行了新的考察，成果很有新意。例如：李浩的《天子文书·政令·信息沟通：以两汉魏晋南北朝为中心》（复旦大学出版社，2014），邓小南、曹家齐、平田茂树主编的《文书·政令·信息沟通：以唐宋时期为主》（北京大学出版社，2012）、邓小南主编的《政绩考察与信息渠道——以宋代为重心》（北京大学出版社，2008）。这些都表达信息传播将是理解世界，把握社会运作的基本路径，某种程度上体现了传播学一定程度上具有元学科的性质。

9.2.6 诸子传播思想研究发展势头依然强劲

华夏传播研究近四十年来，诸子传播思想抑或儒释道传播思想研究始终是不绝如缕，且大有越发壮大之势。这种势头一方面得益于传统文史哲的研究积淀十分深厚，对史料等挖掘也十分充分，这就为从中提炼传播思想奠定了坚实的基础，另一方面得益于传播学的迅速发展，传播话语成为各个学科的主流话语，尤其是从事文史哲研究的学者和博硕士自觉地借鉴传播学的理论话语来观照自身研究领域的问题，如《西游记》《西厢记》版本传播等研究。当然其中最为突出的便对老子《道德经》与孔子《论语》传播思想的研究。例如，武汉大学的单波、肖劲草从对话、关系、互动三方面阐述了《论语》与西方在传播智慧方面的差异，突出孔子在建构“仁”的主体间性的交往精神方面的现代意义。③ 谢清果教授从事老庄道家研究20余载，特别是近

① 潘祥辉：《“对天发誓”：一种中国本土沟通行为的传播社会学阐释》，《新闻与传播研究》，2016年第5期，第30—46页。

② 朱鸿军，季诚浩：《经筵会讲：一种中国本土的政治传播仪式及其演变》，《现代传播》，2016年第10期，第18—24页。

③ 单波，肖劲草：《〈论语〉的传播智慧：一种比较视野》，《国际新闻界》，2014年第6期，第76—91页。

十年来，他着力将老学与传播学相结合，打造“老子传播学”这一跨学科交叉研究领域，推出了一系列著作：《和老子学传播——老子的沟通智慧》（宗教文化出版社，2010）、《和老子学养生——老子的健康传播智慧》（宗教文化出版社，2010）、《和老子学管理——老子的组织传播智慧》《和老子学养生——老子的健康传播智慧》（宗教文化出版社，2011）、《大道上的老子——〈道德经〉与大众传播学》（九州出版社，2016）。这些作品分别从语言传播、人际传播、组织传播、健康传播、大众传播等视角来剖析《道德经》文本及其流传，且重点探讨了“道可道，非常道；名可名，非常名”“无为”“小国寡民”在符号学、传播效果以及传播社会责任等方面的意义，最有特色的是将《道德经》与彼得斯的《交流的无奈》一书进行比较研究，探索了两者在语言的失真与意义之惑、文字的冒险与意义的曲解、交流无奈的破解之道等方面所进行的富有启发性的阐释，发表有《交流的无奈：老子与彼得斯的不谋而合》[①]《老子对人际传播现象的独特思考——与〈交流的无奈——传播思想史〉比较的视角》[②]《架构“交流的无奈”通向“人际的和谐”桥梁——论老子人际沟通的逆向思维》[③]等多篇论文。此外，北京印刷学院魏超教授的《老庄传播思想散论》（中国轻工业出版社，2010）一书以幽默风趣的笔触，散文的表现手法，在传播主体、传播符号、传播技巧、传播受众和传播过程与环境方面探讨了老庄传播思想的启示。暨南大学的蔡铭泽认为，老子的“道”是包括信息传播在内的宇宙间万事万物赖以发生发展的根本动因，“德”的范畴规定了真实性、以人为本和出以善心等信息传播的基本准则，而“无为”的人生态度体现出信息过滤、贵言、不尚贤和注重内在传播等基本方法。[④]中国传媒大学刁生虎在《老子思想的传播学解读》一文中依照拉斯韦尔的传播“5W”模式，归纳出老子的传播思想：传播主体面对“反者道之动，弱者道之用”的传播内容和“莫之令而自均”的受众，借助“名可名，非常名”的传播媒介，要达到“太上”之境和“上士”之行的传播效果，就必须做到“慈”“俭”而“不敢为天下先”，从而更好地完成传播活动。而孔子传播思

① 谢清果，杨芳：《交流的无奈：老子与彼得斯的不谋而合》，《阜阳师范学院学报（社会科学版）》，2016 年第 3 期，第 1—5 页。

② 谢清果，杨芳：《老子对人际传播现象的独特思考——与〈交流的无奈——传播思想史〉比较的视角》，《成都大学学报（社会科学版）》，2016 年第 4 期，第 1—7 页。

③ 谢清果，曹艳辉：《架构“交流的无奈”通向“人际的和谐”桥梁——论老子人际沟通的逆向思维》，《周口师范学院学报》，2012 年第 1 期，第 34—36 页。

④ 蔡铭泽：《老子传播思想探析》，《湖湘论坛》，2012 年第 6 期，第 94—99 页。

想研究方面，有代表性的著作有崔炼农的《孔子思想的传播学诠释》（湖南大学出版社，2008）、孔健的《阳光下的孔子：孔子与大众传播学》（中国民主法制出版社，2009）。前者探索了“仁者”的政治传播学、“智者”的实用宣传术以及君子的社会交换论；后者则漫谈孔子在游学、讲学、著书立说方面的传播业绩，总结了孔子的传播经验，探讨了孔子对传播者素质的思考以及传播境界的追寻表现。此外，先秦诸子的传播思想，亦传承早期的研究热点，仝冠军出版了《先秦诸子传播思想研究》（中国书籍出版社，2014），该书在探讨了先秦传播思想的价值、先秦诸子传播思想产生的背景及其前诸子时代的传播思想后，逐一探讨了孔子、孟子、荀子、老子、庄子、墨子、韩非子等七子的传播思想。其中最精彩之处是作者认为先秦存在“和而不同”与“尚同”两大传播思潮。前者以儒道为代表，注生个人与社会间的和谐传播关系；而后者以墨法为代表，要求个体服从于社会传播系统。最后，作者比较先秦传播思想的经验性与西方传播理论的经验主义的差异，比较了修齐治平模式与拉斯韦尔模式，赖利夫妇模式与尚同模式，颇有启发。值得一提的是，甘惜分教授早年的博士生何庆良的《先秦诸子传播思想研究》从传播功能论、传播效果论、传播媒介方式论、论辩思想、传播技巧、传播心理、受众需求论、传播控制论、传播道德论等九个方面重点论述了儒道法墨纵横家的传播思想。作者认为，“研究诸子传播思想不是整理国故，也不是发思故之幽情，而是探索如何利用历史遗产服务于今天、面向未来的严肃课题，这是中国传播学研究所不能忽视的。”[①] 廊坊师范学院的贾奎林主持河北省课题“先秦诸子传播理论研究”，他研究认为先秦诸子传播理论具有普适性，即都着眼于协调社会阶级矛盾关系，以实现全社会的和谐共荣为终极价值诉求，同时以“民”为本的治国策略和对“社会和谐”的共同追求也使得不同价值主体间取得了利益共享的主体际介质，有助于克服西方传播理论的狭隘性。[②] 他还借助拉斯韦尔的5W模式，撰文分析了先秦诸子传播理论，指出诸子在传播主体论、传播动机论、传播内容论、传播方法论和传播技巧论方面的贡献，也认为诸子虽然表达了对不同利益主体的关切，但在实践中未能通过博弈实现交往理性上的利益共享。

① 何庆良：《先秦诸子传播思想研究》，中国人民大学，1993年博士学位论文，第7页。
② 贾奎林：《先秦诸子传播理论普适性分析》，《现代传播》，2011年第1期，第165—166页。

9.2.7 以传播史的研究展现博大精深的华夏传播智慧

中国传播史的断代研究已然蔚为壮观，20 世纪至 21 世纪前十年里先秦两汉、唐、宋、明清等各个时期都已有专著，唯独魏晋南北朝以及元代付之阙如。令人欣喜的是，李漫博士的《元代传播考——概貌、问题及限度》（北京大学出版社，2013）弥足了这个缺憾。该书主要围绕元代“报纸”问题，元代官方信息传播的路径，官方信息向民间传播的路径、元代政治、经济、文化诸方面与传播的关系问题，“语言之边界”和“空间化的民族”（蒙古族）、“时间化的民族”（汉族）引发的元帝国限度问题，展开论述，从而呈现了元帝国中心与边缘、地域与地域、中央与地方，社群与社群之间沟通与运行的复杂问题。

巫称喜教授于 2015 年出版了《殷商文化传播史稿》。巫先生是研究甲骨文的行家，当他介入传播学的研究时发现“甲骨卜辞绝大多数都是商代官方预测性信息的记录，是研究商代传播史的重要资料。”该书有许多令人耳目一新的创见。他首先认定甲骨卜辞命辞是个有信息属性，进而指出商代占卜制度是为了保证占卜预测与信息采集、采信、宣示、传播顺利进行，为治国理政提供决策依据。而在这一过程中，卜人具有“命龟取兆权”，即将要询问的事项告诉“神龟”，并灼龟甲以取得兆象。贞人具有“信息初测权”，即对兆象做出初步推断与预测。占人具有“信息终测权”，一般由商王担任，他结合兆象与初测结果做出最终预测。作者还归纳出商代传播制度与传播模式。[①]

9.3 夯实的基础：2011—2016 年以来华夏传播研究的基本特征

上文已概述了近六年来华夏传播研究的主要成就，加之，对这一领域多年的考察，笔者发现，华夏传播研究领域已呈现出如下特征：

（一）研究主体年轻化。研究主以中青年学者为主。他们有的从传播学相邻学科如政治学、历史学、哲学等领域走向传播学议题的研究，如历史学博士白文刚、政治学博士陈谦、哲学博士谢清果等人。有的因为师从与对华夏传播研究有兴趣的导师，李漫师从清华大学的李彬教授，潘祥辉、姚锦云师从浙江大学的邵培仁教授；贾兵师从上海大学的许正林教授；仝冠军师从北京大学的肖东发教授；赵晟、杜恺健师从厦门大学的谢清果教授，等等。

（二）研究对象集中。目前华夏传播研究的对象相对集中在文艺传播、政

① 巫称喜：《殷商文化传播史稿》. 广州：暨南大学出版社，2015 年版。

治传播、语言传播、舆论传播、符号传播。传统文学经典作品的传播研究兴盛，如《西游记》《西厢记》以及诸子百家作品的海外传播研究，比如戴俊霞的《诸子散文在英语世界的译介与传播》（北京师范大学出版社，2014）、李亚宏的《中国古典说服艺术》（云南人民出版社，2011），等等。同时，与当下传播学界研究热点前沿问题相呼应，如符号学、舆论传播研究，也自然向传统回溯，向历史要智慧。

（三）研究态势呈学科交叉融合。文史哲学科与传播学的交叉融合，这一特征本身是华夏传播研究的特质所在。华夏传播研究致力于研究中国人的交往观与关系哲学，而这些研究离开文史哲的厚重积累，是不可能。尤其是华夏传播智慧的珍珠本就在于中华元典及其赓续的经典文献之中。例如，《周易》通常被认为是群经之首，是中华文化的源头。而从传播学的角度看，她实际上从思维方式（交通感应）和传播哲学（阴阳和合）上奠定了中国人的交往观。邵培仁、姚锦云在李国正、陈国明等诸多学者研究基础上，认为《周易》建构“交—通—合”的传播观，这种传播观沟通了现实交往与理想世界的鸿沟，使人与人的心灵交汇，价值观契合。毕竟《周易》是中华智慧的集大成，是中华先人试图以卦爻（符号）与辞（意义）的内在关系，建构起中华民族诠释千变万化的生活与世界的思想体系，将人类的一切传播活动都纳入“变易、不易、简易”的周延的解释系统中。①

（四）研究取向上，策略性明显。相关学者选择研究问题意识方面与自己所在地域和学校的传统优势相结合，从而更易于策略地在学界展现自己的学术成就。例如上文提到对民族文化的研究，则往往身处少数民族地区，或者参与到自己导师的课题或大项目中去，从而能够方便高效地利用资源凸显自我。

（五）论文发表阵地，分散中有聚焦。华夏传播研究的成果发表较为分散，各类人文社会类大学学报，各级社科院院刊都时有刊载，细致分析发现，往往未必凸显其传播学科类别，或在历史领域，或在文化领域，不一而足。同时，新闻传播学界的核心刊物中《国际新闻界》和《现代传播》时有相关论文，而《新闻与传播研究》侧重于发表华夏传播史类的文章，而《新闻大学》则更倾向发表华夏传播媒介方面的文章。而尚处于发展中的浙江大学传播研

① 邵培仁，姚锦云：《天地交而万物通：〈周易〉对人类传播图景的描绘》，《浙江社会科学》，2016年第8期，第70—81页。

究所办的《中国传媒报告》和厦门大学传播研究所办的《中华文化与传播研究》则因主办者均为华夏传播研究的不懈推动者，刊物自然成为华夏传播研究成果的展示平台，尤其是后者，则明确表示着力于华夏传播研究在新世纪的开展，并已筹备将于 2017 年创刊《华夏传播研究》。

（六）研究时段，与历史学研究热点有较高重合度。华夏传播研究的论文往往集中于先秦、汉代、唐代、宋代、清代晚期等历史上较为辉煌的时期。先秦时期注意对诸子百家传播思想的研究，也关注先秦社会传播活动。如赵云泽等人认为先秦社会传播活动，如史官记事、官方文书通讯、采风、乡校议政等具有大众传播功能，主要体现在“辅佑政事”和“延揽民意”方面。难能可贵的是作者进一步认为“新闻纸”出现之前存在大众传播活动，因此，中国新闻传播事业诞生的标准问题，应以“新闻传播的活动”为标志。①

汉代的研究备受关注。有学者探讨汉代檄文的形制、传播内容、传播方式，与露布的区别，及其作用和影响。②汉代的谣言等研究颇为突出，既有专著，如，吕宗力的《汉代的谣言》（浙江大学出版社，2011）；又有论文，如《“举谣言”考辨》。③

唐代是中国的盛世，回味唐代是中华民族复兴的重要意象，自然也牵引了学者的目光。有学者从研究当代的国家形象传播入手，回顾唐代的传播对外传播经验，认为唐朝在“我—他”关系的想象中，加强了自身的国家身份认同。④

宋代是个科技与文化昌盛的时代，当时传播制度方面也有许多值得关注的地方。例如有学者就关注宋代作为信息控制的“定本”制度的存废过程，进深刻指出：宋代定本制度的存废之争，实际上是新闻信息传播效率与新闻信息传播安全之间矛盾的外在反映。⑤还有学者探索宋代“榜”这种媒介的形态、张贴空间及其功能、传播范围，都做了深入细致的考察。⑥

---

① 赵云泽，丁琢，孟雅，李师贤：《辅佑政事和延揽民意：先秦时期社会传播活动的功能考察》，《国际新闻界》，2016 年第 6 期，第 129—140 页。

② 黄春平：《汉代军事信息的传播——檄文》，《新闻与传播研究》，2011 年第 3 期，第 41—47 页。

③ 陈建群：《“举谣言”考辨》，《国际新闻界》，2014 年第 8 期，第 148—160 页。

④ 陈雅莉，张昆，曾林浩：《唐代的对外传播与“中国”在前近代国际关系中的国家认同建构》，《国际新闻界》，2016 年第 6 期，第 6—27 页。

⑤ 魏海岩：《宋代定本制度存废新考》，《新闻与传播研究》，2012 年第 2 期，第 87—91 页。

⑥ 杨军：《宋代榜的传播学解读》，《新闻与传播研究》，2011 年第 3 期，第 48—57 页。

清代晚期由于社会处于近代转型期，媒介与社会的关系研究，较为突出。例如有研究《京报》与当时中英关系，探讨两国通过《京报》及其《字林西报》的“京报摘要”等围绕“觐见问题”引发的社会舆论，形塑了近代化过程中的中国与世界透过媒介的交流状况。[①]还有研究维新变法等时期的士人如何因应新媒介时代，具体来说，就是士人是如何借助新式报纸进行宣传与自我身份建构的。[②]

9.4 光明的未来：华夏传播研究的发展方向

华夏传播研究自20世纪70年代末开端，90年代兴盛，此后平淡发展，21世纪渐有勃兴之势。那么未来，该当如何把握和推动这一研究领域，健康有序发展，形成传播学研究的华夏学派呢？

9.4.1 在省思“传播学本土化”过程中定位华夏传播研究

刘海龙教授曾以特殊与普通、应用与理论二元划分四象限的关系。总体上华夏传播当前所处的阶段集中在特殊与应用，特殊与理论两个象限内，即应用西方理论解释中国传统思想与实践，和西方理论、中国经验，以中国实践印证西方理论，在修正中发展。其实，西方理论本身也是特殊的理论，因此，移植中国情境，仍需要在地化印证或检验。而相较西方，中国文化更多以思想的形式表达，缺乏理论的推演。不过，在西方传播理论的刺激下有可能基于中国文化传统与实践经验建构适合中国的理论。不过，传播学者的追求当不止于这一境界，那就在此基础上，借由中西传播学者的对话，可以进一步在应用与普遍、理论与普遍这两象限推进，即在全球化的时代，世界交往日益密切，中国可能也能够为世界传播实践贡献中国“方案”，例如和谐传播理论；基于中国实践，进而生发出带有普适性的传播理论，即由中国学者首先发现并被世界认可的理论，如面子理论。“应用 / 理论、特殊 / 普遍之间的张力既客观存在，同时又是中国传播研究保持活力的重要条件。这既符合中国现阶段以发展为主的国情（时间因素），同时也是全球化与多元主义、统

---

① 赵莹：《〈京报〉的流传与19世纪中英关系构建：以“勤见问题”为例》，《国际新闻界》，2013年第7期，第151—159页。

② 李滨：《试析谭嗣同的报刊角色观》，《国际新闻界》，2011年第6期，第112—116页。李秀云：《梁启超舆论观之演变及其成因》，《国际新闻界》，2012年第3期，第103—108页。

一的民族国家与其内部的多元主义等张力（空间因素）的体现。”[①] 诚然如斯。凭此路径与心境，既不会简单地否定从中国悠久的历史传统中去找寻传播惯习努力，又不会担忧丧失学术话语权问题，总之，立足中国文化传统与现实社会实践，研究中国问题，提出中国见解，解释并前瞻地分析中国社会，在此基础上生发的思想和理论，其实就是如同中国特色马克思主义一样，培育出有中国特色的传播学——华夏传播学（或称华人传播学、中华传播学）。其实，作为《华夏传播论》一书的主编孙旭培在介绍该书的文章中早就透露，当时海峡两岸暨香港、澳门的学者拟在三个方面着手研究，一是断代史，二是专题研究，三是理论探索。“从中国传统文化中找出原则与原理，结合现代社会实际进行研究验证，建立科学理论”。[②]

华夏传播研究，乃至传播学“华夏学派”的形成，到底发展之路在何方？在这一点上，邵培仁教授提出的六点路径富有启发。其一，验证主义：重新验证西方的研究发现；其二，寻根主义：反向的学术探寻与追溯；其三，融合主义：将西方学术融入中国文化；其四，问题主义：用西方理论与方法研究中国问题；其五，改良主义：改良旧理论，优化老办法；其六，创新主义：建构和创立新的理论和方法。这与陈韬文提出的本土化三阶段说法（简单移植，修订理论和原创理论）有异曲同工之妙。[③] 理论创新是中国传播学者追求的理想目标。而华夏传播学者当下在做的，重点在于“寻根”，邵培仁认为是“将现有的传播理论或提炼总结的学术元素和本土基因，通过寻根问祖式的分析研究，在中国五千多年文化典籍和历史记忆中探讨其学术渊源和发展规律，比对同西方传播学在思维特点、理论深度、研究方法等方面的差异，思考其进一步发展与繁荣的走向和趋势。”[④] 究其实质是以回溯的方式，在中国的历史与文化中找寻中国人对待传播问题的思维方式和行为方式，从而力争将“中国传统思想影响下的中国人传播行为”概念化，理论化，进而能够理解和解释在现实与历史共同形塑而成的中国人的传播习惯及其相适应的一系列制度规范。在此过程中，我们是无法拒绝和抛弃西方的传播理论，而是希望将它作为建构华夏传播理论的参照系，因为没有“他者”，是无法确认自我。因

① 刘海龙：《传播研究本土化的两个维度》，《现代传播》，2011 年第 9 期，第 43—48 页。

② 孙旭培：《探讨中国传播理论的可喜尝试——介绍《华夏传播论》，《新闻学研究》，1998 年第 57 期，第 238 页。

③ 陈韬文：《理论化是华人社会传播研究的出路：全球化与本土化张力处理》，摘选自：张国良，黄芝晓主编：《中国传播学：反思与前瞻》. 上海：复旦大学出版社，2002 年版。

④ 邵培仁：《华人本土传播学研究的进路与策略》，《当代传播》，2013 年第 1 期，第 1 页。

此，对话机制是华夏传播理论建构的必有路径。既探讨传播的人类共通方面，又深研中国在传播实践中的形成中国经验和中国模式。

笔者近期提出“中西传播理论特质差异”说，以“心传天下”概括华夏传播理论的特质，它强调和谐传播，注重生活经验，以“天下”为价值终极取向；而以“理剖万物”概括西方传播理论的特质，它强调科学追问，讲究实证方法，追求问题意识导向，以传播效果控制作为目标。并认为应当推动华夏传播理论“走出去”战略，以建构和谐世界的传播理想，抑制西方文化霸权主义，尊重文化多样化，奉行“和而不同”的相处交往之道。[①]我们相信在更深入地研究中西传播理论的差异基础上，来开展华夏传播研究，提出富有中国特色的理论与思想观点，如此开展中西对话利于对人类传播理论做出中国贡献。

9.4.2 继续在中国新闻传播史论的研究中夯实华夏传播研究基础

华夏传播学的建构必须在历史、理论、方法等方面加以着力。而事实上，中国历来有治史的传统，深厚的史学基础，为华夏传播研究奠定了坚实基础。对中国古代报纸的研究，是管窥华夏社会关系结构的重要路径，也是观察传统社会信息流通的必然要求。华夏传播媒介自我的变迁及其牵涉的国家管理，无疑是作为研究社会关系建构的华夏传播学所关注的。吉林大学程丽红主持国家社会科学基金项目“清代新闻传播史研究”，其成果之一《清代小报初探》论述了清代小报是独立的媒介这一观点，也肯定了小报有“混杂于邸报或报房《京报》的发抄事件之中”的可能。[②]这是当时小报非法存在而不得已运作形态。于此，亦可了解在传统专制社会里言论自由是何其艰难，但有需要就有满足这种需要的媒介形态。

此外，中国新闻传播史的研究成果中，有许多方面都涉及华夏传播研究议题，或研究传播思想，传播制度，传播媒介，都丰富了华夏传播的内容。例如，传播思想方面有：《被遗忘的中国早期传播研究——评朱希祖的〈道家与法家对于交通机关相反之意见〉》一文就是对希祖于1925发表的对古代道

---

① 谢清果，祁菲菲：《中西传播理论特质差异论纲》，《现代传播》，2016年第11期，第30—35页。

② 程丽红，焦宝：《清代小报初探》，《现代传播》，2013年第9期，第37—41页。

家与法家传播观的比较研究；[①] 赵尚博士探索了具有“保”性质的“报”观念的历史流变，分析与“报”与西方宣传的差异，并评价其积极与消极意义。[②] 传播制度方面：宋素红、齐琪对唐到宋进奏官的传播职能与对其管理制度方面的变化进行细致考察，这对于了解古代政治传播是很有助益的。[③] 面对四起的谣言，宋代政府一边布置谣言传播的政治禁区，一边建立预警、预案制度，并由此形成一套严密的传播与防控体系。[④] 此种研究本身可以以古鉴今，还可以探讨中华文化情境的信息传播规律及其治理的制度。

传播媒介方面：吴果中、夏亮透过“新闻画”的分析来把握晚清媒介、社会、国际三者互动的关系呈现，将时尚消费与政治批判融合在一起，体现媒介与当时上海社会关系的时代烙印。[⑤] 孔正毅、陈晨从明代“京报”是否存在这一问题入手，进而以丰富的史料表明明代“京报”不仅存在，而且以邸报与小报两种类型存在。[⑥] 魏海岩研究了王安石变法时期新出现的月报周期的官报在实际运作中的问题，并指出多样化与专门化为宋代官报发展的趋势。还有对元代是否存在邸报问题，学界展开争鸣。[⑦] 孔正毅主持国家社科基金“中国古代官报——邸报史”课题，其成果之一如《再谈元代的“邸报”“朝报”及“除目”问题——兼答李漫博士》与李漫的《元代邸报“新证”考辨》（《国际新闻界》2010 年第 6 期）进行商榷，此类研讨有助于推动对中国古代报纸的深入研究，期望将来学者能够在古代报纸与传统社会结构间的关系进行更有广度深度的研究。当然，晚清电报电话传入中国后，对中国政治、经济、社会、文化都有深刻影响。孙藜教授的《晚清电报及其传播观念（1860—1911)》（上海世纪出版集团，2007）便早已探讨了晚清社会对电报的接受过

① 高海波：《被遗忘的中国早期传播研究—评朱希祖的〈道家与法家对于交通机关相反之意见〉》，《国际新闻界》，2011 年第 1 期，第 37—41 页。

② 赵尚：《论“报”的中国文化背景——我国古代信息传播意义上的“保”“报”关系考》，《国际新闻界》，2015 年第 9 期，第 145—156 页。

③ 宋素红，齐琪：《进奏官从唐到宋的演变初探》，《国际新闻界》，2014 年第 10 期，第 21—31 页。

④ 刘大明：《试论宋代谣言传播的政治风险防控》，《新闻与传播研究》，2012 年第 1 期，第 103—107 页。

⑤ 吴果中，夏亮：《媒介的社会批判：清末〈图画日报〉的文本特色——以“新闻画”为中心》，《国际新闻界》，2011 年第 12 期，第 107—111 页。

⑥ 孔正毅，陈晨：《明代“京报”考论》，《国际新闻界》，2012 年第 2 期，第 122—127 页。

⑦ 魏海岩：《中国最早的新闻月刊——进奏院月报》，《国际新闻界》，2012 年第 2 期，第 87—101 页。

程及其思想观念的变迁的历程，揭示了新传播技术嵌入后的社会传播话语实践。2015 年孙教授又推出新作《再造“中心”：电报网络与晚清政治的空间重构》探讨了电报网络对驿传等旧媒介所建构、维系的空间与社会联系之网的重构，而这过程中伴随着晚清政府致力将电报的网络纳入于权力的结构之中，以维系中心和权威。

郭镇之、郭云强也关注了晚清电报与电话引进后产生的主权与利权之争，反映了晚清政府面对电报这种新媒介技术在传媒经济与政治经济两重观念的冲突。[①] 这一研究对于我们今天互联网主权、安全、交流权等的讨论可以提供历史经验。

9.4.3 从概念的辨析中开拓华夏传播学范畴的研究

对于华夏传播学的建构而言，需要像西方传播学一样对相关的核心概念，进行历史与现实的考索，使同行能够在合适的情境下探索中华传播问题。这方面也有些学者进行了开据性研究，如暨南大学的邓绍根对“舆论”一词的考证，还有学者对“传播”“宣传”“媒介”等概念进行历史梳理。其中，张振宇、张西子考证指出中国古代的“媒介”是媒人和推荐者之意，具有仪式感。而直到晚清才具有了指代“交流”的事物。[②] 很值得一提的是潘祥辉从传播考古学的视角，从“圣”的来源、演变、中西圣人差异等角度，进行探玄钩沉，认为圣人的原型是拥有超凡传播能力，能够沟通天地人神、偏倚耳听口传的“传播之王”。[③] 从中国文化观念入手，探讨华夏传播活动源流，无疑是促进理论生成的基础工作，因为概念及其群落的生成，将为华夏传播理论的最终铸就提供了范畴基础。

9.4.4 进一步培育华夏传播学的想象力

刘勇认为当前中国的传播学研究缺乏想象力，过多地围绕要不要本土化的无谓争论，而其实，“究竟什么是本土化？本土化意味着什么？怎样本土

---

① 郭镇之，郭云强：《晚清电子传播的引进：兼析“权”“利”之争》，《新闻与传播研究》，2013 年第 4 期，第 63—77 页。

② 张振宇，张西子：《自“名”而“动”由“人”及“物”——中国古代“媒介”概念的意义变迁》，《国际新闻界》，2011 年第 5 期，第 81—86 页。

③ 潘祥辉：《传播之王：中国圣人的一项传播考古学研究》，《国际新闻界》，2016 年第 9 期，第 20—45 页。

化？”才应该是传播学本土化命题的“真问题”。[①] 培育想象力是需要质疑精神的。而其实，华夏传播学可以克服西方传播学过于注重传播过程与效果研究的只见物不见人的研究缺欠，发扬中华传统以人为本，讲究人的性灵安顿的和谐传播智慧。

培养想象力的一大路径就是进行中西传播观念的对话，这一点其中从近代西学东渐以来，尤其是晚清时期，中国知识分子自身转型中自觉地省思中华文化，将相关思想与西方进行对照，以促使相关外来观念以中国人易于接受的形式落地。例如西方“言论自由”与传统的“开言路”进行对接思考。诸如之类的传播观念的思考是中国近代传媒事业发展的观念基础。[②] 而中国虽早有“自由”观念，但并不是近代政治学意义上的观念，有学者探索了晚清时期西方的“自由”如何历经跨文化传播而成为晚清以降的重要话语。[③]

9.4.4.1. 注重在地经验研究的回归

在地经验包括当下中国社会实践，也涵盖中国历史实践。只要能够充分利用传播学相关话语分析，对历史与现实的中国实践中呈现的问题，进行研究，都可以视为对在地经验或中国问题的观照。姜红就曾探讨近代报刊话语体系中的以“黄帝”为对象的种族民族主义与以“孔子”为对象的文化民族主义进行的符号斗争，这一斗争呈现了近代报刊为新媒介的中国近代社会话语与历史叙事的复杂面向。[④] 关注晚清报刊及其大众阅读研究，由于晚清社会处于转型时期，新媒介发行与阅读已经进入百姓的日常生活，“劝民读报”也成为知识精英的社会动员指向，白话报的兴起，推动下层百姓的阅报行为，如此，办报与读报，成为一种新型社会关系，并日益成为变革社会的力量。此类的研究关注中国情境的传播现象与传播问题，透过研究有助于世人把握

---

① 刘勇：《“想象力”缺失：中国传播学研究反思》，《西南民族大学学报（人文社版）》，2006 年第 6 期，第 84—86 页。

② 于翠玲、郭毅：《清末民国开言路与言论自由的比较视野考论》，《国际新闻界》，2013 年第 9 期，第 139—145 页。

③ 周德波：《晚清自由观念的跨文化传播进路》，《国际新闻界》，2015 年第 4 期，第 7—26 页。

④ 姜红：《“黄帝”与“孔子”——晚清报刊“想象中国”的两种符号框架》，《新闻与传播研究》，2014 年第 1 期，第 6—20 页。

蒋建国：《清末报刊的大众化与发行网络的延伸》，《新闻大学》，2014 年第 4 期，第 118—126 页。

蒋建国：《办报与读报：晚清报刊大众化的探索与困惑》，《新闻大学》，2016 年第 2 期，第 29—37 页。

具有丰富传播历史的中国是如何走向近代，拥抱现代社会。

反思中国传播学发展历程，传播学者都提出当研究中国问题。而华夏传播研究的一大努力方向正是将诸如“言论自由”等传播学议题引入中国情境，探索中国历史上的言论自由问题的演变史，这本身就是华夏传播学与西方传播学对话的重要路径，也是确立华夏传播学的前提条件，更是“问题”研究取向的体现。并且一个有趣的现象是，近代西方报纸及其思想传入中国的时候，无论是传教士的解释，还是中国知识分子都不由自主地采用了“附会”的方式，将报纸的社会功能比附中国古代的“清议”“教化”“规谏”等表述。[①] 研究指出，在中国古代言论专制形成过程中，统治者有意识地抛弃了民本的舆论思想，以“别黑白而定一尊”为政治目标，撷取了诸子思想中“齐言行”“尚同”“一教”等言论控制思想，以“焚书坑儒”“罢黜百家，独尊儒术”为手段，建构了封建专制主义言论思想传播秩序。研究中国历史与现实中的传播现象及其问题本身华夏传播研究的方向与研究富矿。同时也是回应学者对做好华夏传播研究的忠告。比如，台湾政治大学传播学院的汪琪教授在分析了“西方主义”与“东方主义”的后殖民主义情境后说：“东西方文明大规模接触的数百年间，东方人接受西方与否定自己其实是同时发生的，也是一体的两面。这种自我否定使得亚洲学者在从事研究的时候往往排拒或压抑本身的经验价值与文化观点。”[②] 诚然如斯，中国学者，大多一贯以学习西方以正途，以西方的思想、学说、理论来审视中国和中华文化，在思维方式上不由自主地以西方为标准，与西方不一致的方面常常斥之为愚昧落后。黄旦教授也曾质疑前些年的传播学“本土化”策略，认为其始终在中西二元对立的框架中，以西方的普遍来验证中国的特殊，为破解些困境，他提出以吉尔兹的“地方性知识”为路径，立足中国经验和场景，提出有意义的传播问题，参与世界的对话。作者希望通过建构中国自己的传播知识体系，“以文化为方法，以传播为目的；以文化为路径，以传播问题为出口”，他深刻提出：“我们的‘本土化’研究应该是从提问开始，是从中国现实的传播问题开始，

① 李滨：《“附会”与中国近代报刊思想的早期建构》，《新闻与传播研究》，2014 年第 3 期，第 99—116 页。李立广：《先秦言论传播思想与封建言论专制的建构》，《国际新闻界》，2013 年第 7 期，第 142—150 页。

② 汪琪：《“华化”传播研究：挑战、目标与取径》，摘选自：黄旦，沈国麟：《理论与经验——中国传播研究的问题与路径》. 上海：复旦大学出版社，2013 年版，第 109 页。

是从具有人类共通性的中国传播问题开始。”[①] 此论发人深省。

9.4.4.2. 继续建构能够回应中国传播问题的理论体系

浙江大学的邵培仁和他的博士生姚锦云，近年来在华夏传播理论体系建构方面颇为用心。例如，他们提出了“接受主体性”概念，并以庄子、慧能与王阳明为代表，分别探讨他们在思想交流、宗教信念传递、道德传承三大人类传播问题上的独特观念，认为中国传播观念重在“受”而不是“传”，即追求恢复内心本真的精神世界，亦称为“真宰”“本心”“良知”。从而，传达出与西方“传者为中心”的传播观不一样的“接受主体性”的传播观。[②] 邵、姚两人还提出了“传播辩证论”，能以表述中国古人在符号与意义的关系以及交流是否可能的问题上的理论思考。前者古人表达为名实之辨与言意之辨，而后者则表达为是非之辨与辩讷之争。《老子》开创，《墨子》《庄子》承续，而《荀子》以“解蔽”为集大成。总之，中国古人的辩证传播思想是我们理解中国人传播价值和传播心理结构的金钥匙。[③] 邵、姚两人还曾提出“传播模式论”，认为《论语》文本蕴含了四种传播模式：价值传播的“内化”模式（以仁释礼，情在理中）、道德传播的“情感”模式（众星共辰，风行草偃）、人际传播的“外推”模式（忠恕为仁，推己及人）、知识传播的“情境”模式（不愤不启，不启不发）。[④] 其深层结构是儒家一以贯之的传播思维，包括传受兼顾的主体意识、知行合一的实践精神和情理交融的实用理性。如此，至少建构了儒家的传播模式论，具有相当的解释力。厦门大学的杜恺健博士生探讨“华夏传播符号”的内涵、体系及其其功能，笔者认为中国古人注重语言符号的社会性质，一方面，通过对名学的考察，强调必须要有一个与社会相适应的语言符号系统才能够促进社会以及交往的发展。另一方面，古代中国人亦擅长使用非语言符号作为一种传播媒介，通过它们为人们提供了共通的传播理念，进而使得人们在一定交往背景下进行传播成为可能，同时也

---

① 黄旦：《问题的“中国”与中国的“问题”——对于中国大陆传播研究本土化讨论的思考》，摘选自：黄旦，沈国麟编：《理论与经验——中国传播研究的问题与路径》. 上海：复旦大学出版社，2013 年版，第 35—57 页。

② 邵培仁，姚锦云：《传播受体论：庄子、慧能与王阳明的“接受主体性”》，《新闻与传播研究》，2014 年第 10 期，第 5—23 页。

③ 邵培仁，姚锦云：《传播辩证法：先秦辩证传播思想及其现代理论转化》，《杭州师范大学学报（社会科学版）》，2014 年第 2 期，第 96—111 页。

④ 邵培仁，姚锦云：《传播模式论：〈论语〉核心传播模式与儒家传播思维》，《浙江大学学报》，2014 年第 4 期，第 56—74 页。

为传播活动提供了共识的规范。此外，华夏传播符号也具有协同继承的功能，周易卦爻辞的协同继承说明符号所继承不仅仅是中国符号原有的意义，同时也是对原有生活世界的阐扬。[①]赵晟博士生选取从华夏文明传播的安全角度重新诠释了“夷夏之辨”，认为“夷夏之辨”是一种民族中心、民族自觉的传播本位观，而其核心“夷夏之防”反映的是一种华夏文化传播的安全观与责任，观，此外，历代的和亲与朝贡则是夷夏博弈过程中一种战略选择和跨文化传播策略。[②]此类阐发颇有新意，使原来属于文史哲的议题转化为传播学的议题，体现了华夏传播研究注重与文史哲研究的学科交叉融合。

9.4.5 继续推进“民族文化传播学”的研究

华夏传播理论与实践的研究，一个重要的方向便是基于中华民族文化多元一体的特征，深入研究民族文化传播，将是华夏传播研究最有可能突破的领域之一。庹继光、刘海贵曾撰文分析了民俗传播的信源分析、程式化处理、受众认同与信息变异等传播要素，探索民俗成为民族符号，形成“集体记忆”的传播过程。[③]节日作为民俗的一个重要组成部分，它通过仪式的展演，增强了民族认同感。节日文化在当代时空下的传播，不是节日自身演变的不得不然，也是国家形象塑造的社会基础。[④]研究中华文化传播，不可能脱离当下的时空，只有贯通古今，以今溯古，才能使华夏传播研究接地气。也就是说，应当着重研究中华文化意象的诸方面如宗祠文化、乡贤文化、节日文化等对于民族精神与价值传承的关系，避免文化“乡愁”漫延开来。其实，郭建斌、吴飞等老师研究少数民族村落在因应媒介变迁过程中的生存样态，就不仅对于我们从文化传播的角度深刻体认少数民族文化自身传承的脉络，进而惜爱并保护好民族文化；而且也让世人明白民族文化如何应对媒介社会时代，走出民族发展新路子。这其实也是华夏传播学的现实关怀与历史使命。

其实，华夏传播研究未来推进的方向可以在建构“华夏传播学”为旗帜，继续推进。以往的华夏传播研究是“向后看”，研究传统社会积淀的传播智慧，而其实，还有一个可取的方向当是“向前看”，探讨中华优秀文化在现当

① 杜恺健：《华夏传播符号的内涵、体系及功能初探》，《中国传媒报告》，2016 年第 4 期，第 11—19 页。

② 赵晟：《夷夏之辨：华夏文明传播的安全观》，《中国传媒报告》，2016 年第 4 期，第 20—28 页。

③ 庹继光，刘海贵：《民俗传播要素简论》，《新闻大学》，2012 年第 4 期，第 7—12 页。

④ 崔莉萍：《节日传播的文化空间建构》，《新闻大学》，2012 年第 4 期，第 98—103 页。

代社会如何传承发展问题，这既是事关中华民族核心价值观的发扬问题，也事关中国传播学的学术话语体系建构的问题。因为只有能够回应时代问题的研究，才是有生命力。而说到底中华文化的当代传承问题，本质是传播问题，无论是国内传播，还是海外传播，因为一种独特的文化样态，本身正是一种有特色的传播方式。中华文化只有在当代能够自然自觉地融入人们的生活，那便是传播生活化了，便有了灵魂。例如，黄鸣奋认为儒家当因应数字媒体兴起的时代进行有效转型，而这个转型的方向便是“数码儒家”。“数码儒家”的要义在于儒家既要掌握基本信息技能，具备跨媒体素养，又要继承儒家经世济民的人生理想，并在新时期不断发扬光大。[①]

9.4.6 继续深化反思“华夏传播研究”的合法性与正当性

华夏传播研究当今虽然远不是传播学研究的前沿热点，但是她却具有推动与深化中国传播学研究，回应传播学基本问题的理论特质，也就是说未来必将成为研究热点，此乃时势的必然。因为植根于本民族文化的传播研究才是学术研究的根本生命力所在。有学者指出，中国人面临的传播困境是“如何共同生活”问题。“因为谎言、作假、不信任、谣言、暴力、不公、腐败……这些问题已经不再是西方学术界思考的核心问题，而这正是中国问题的独特之处”。[②] 笔者倡导建构“华夏传播学”，目的是团结一批从事中国文化传播、中国新闻传播史以及传播思想史研究的学者，甚至包括文史哲领域对传播媒介、信息流通感兴趣的学者，组成学术共同体，力争通过2013年创刊的《中华文化与传播研究》和拟于2017年创刊的《华夏传播研究》以及每年一次的“中华文化传播研讨会”来搭建交流平台，将相关学者集聚起来，相互分享信息与思想，共同打造“华夏传播学”学术高地。因为，笔者认为：“华夏传播学，又称华夏传播理论，是对中国传统文化与文化传统中的传播活动和传播观念进行发掘、整理、研究和扬弃的基础上，建构起来的能够阐释和推进中华文明可持续发展的传播机制、规律和思想方法的学说，亦是立足中国历史与现实，能够华文明传播现象，解决中国社会传播问题，运用中华术语建构起来的具有中国风格、中国气派的理论体系。”

---

① 黄鸣奋：《从电子媒体到数码儒家》，《中华文化与传播研究》，2013年第1期，第44—51页。

② 李红：《网络公共事件：符号、对话与社会认同》. 北京：中国社会科学出版社，2015年版，第302页。

笔者认为当采取适当聚焦与兼容并包的思想方法来建构华夏传播学。[①]华夏传播学的核心内容是文化传统的传播学研究，不仅包括古代的传播问题、传播事件，传播思想等的研究，还包括近现代对文化传统的海内外传播研究，如以新的媒介形态传播中华文化，也应当包括在其中。例如景宗虹撰文分析茶文化海外传播内容、渠道、误区以及搭建传播平台推动传播等议题做了有深度的思考。[②]理应纳入华夏传播研究的视域中来，这是华夏传播研究贯通古今的内在需要，也是中国传播学从传播汲取智慧，打造有中国特色的传播学体系奠定基础。在笔者看来，中国传播学侧重国别或疆域中国意义上的传播学。广义上讲，是指一切在中国的传播学或传播学在中国，可以包括从古至今一切从传播学视角或有传播学意蕴的学术研究，自然也包括华夏传播学；从狭义上讲，可以专指近现代、当代中国语境中的传播学，尤其侧重于包括新媒体、社交群体在内的大众传播研究。而华夏传播学侧重文化中国意义上的传播学。从狭义上讲，专指研究传统社会（鸦片战争以前，最迟五四运动新文化运动之前）中的传播问题，可称为“华夏传播研究”；从广义上讲，侧重研究从古至今的中华传统文化与文化传统中的传播问题，力求从中国历史、中国经验、中国实践出发，用中国传播话语体系，表述华人交往、交流及其关系建构与意义共享的传播理论，进而与世界传播学进行对话，从而丰富人类传播理论与经验。总之，侧重中华文化的传播与创新问题研究，可称为“华夏传播学”。循此思路，也有学者与笔者有共通之处，比如，邹利斌孙江波提出用“传播理论的本土贡献”观念来代替“传播研究本土化”，因为后者着力是西方的传播理论，并提出本土研究的进阶路径是“中国经验、中国问题、中国范式的三位一体”设想。[③]此种观念颇有启发，能够助于消解当前中国传播学界主体性的焦虑。

（谢清果）

① 谢清果：《华夏传播研究的前史、外史及其开端》，《中国传媒报告》，2016年第12期，第4—10页。

② 景宗虹：《论中国茶文化海外传播》，《国际新闻界》，2012年第4期，第69—75、100页。

③ 邹利斌，孙江波：《在“本土化”与“自主性”之间——从“传播研究本土化”到“传播理论的本土贡献”的若干思考》，《国际新闻界》，2011年第1期，第60—66页。

第十章 华夏传播研究的理论建构与主体意识彰显（2015）

华夏传播研究作为传播学本土化方向的一个研究领域，从传播学引入中国的那一刻开始便已启动。这是传播学作为一门诞生于西方的具有人文情怀的社会科学，从诞生她的文化社会情境转向中国社会文化情境，自然地激发了学者从本土文化回应传播学冲击的思考。从余也鲁、徐佳士到吴予敏、孙旭培、尹韵公、李彬、黄星民、关绍箕、陈国明、贾文山、邵培仁等一批海内外华人学者都曾致力于探究中华文化中的传播智慧，从而产生了《无形的网络》《华夏传播论》《中华传播理论与原则》《唐代文明与新闻传播》《明代新闻传播史》《中国传播理论》《中国传播思想史》等诸多鸿篇巨著，从而成为中国传播学中一道美丽的风景线。甚至，可以成为一门独特的学问——华夏传播学，亦即“是在对中国传统社会中的传播活动和传播观念进行发掘、整理、研究和扬弃的基础上，建构起来的能够阐释和推进中华文明可持续发展的传播机制、机理和思想方法的学说”。[①]

可喜的是华夏传播研究领域近四十年来，不断有新的成果问世，尤其是作为华夏传播研究的重镇，创立于1993年并以华夏传播研究为中心的厦门大学传播研究所在2013年创办了《中华文化与传播研究》年刊，2015年推出以“中国文化遗产传播：理论、方法与实践”为主题的第三期。传播所还先后开设“华夏传播概论”“中国传播理论研究”的本、硕、博课程，出版“中华文化与传播研究丛书”，开设“中华文化与传播大讲坛”，再次高扬华夏传播研究的旗帜，以推动创立传播学的“华夏学派”而不懈努力。

而要发扬“华夏传播研究”作为传播学本土化研究的一个进路的话语权，就应当整合研究资源，创立研究平台，形成一批有标志性的成果，以提高研

---

① 谢清果：《华夏传播学勃兴的东方视维、问题意识与方法自觉》，《中华文化与传播研究》2014年第2期，第35页。

究领域的显示度。在此过程中，做好“华夏传播研究年度报告”便是一种值得尝试的方法。为此，我们从刚刚过去的2015年度做起，然后再逐一回溯，以期形成类于“华夏传播研究史”的成果奉献给学界。

过去的一年，华夏传播研究领域涌现出一批有分量的论著，当中，有些学者明显有强烈的研究领域深耕意识，以求打造出“中国传播理论”，例如浙江大学的邵培仁和姚锦云、厦门大学的谢清果、陈昱成。现尝试报告2015年的华夏传播研究状况，与读者分享。

10.1 继续推进以建构“华夏传播理论”为目标的研究取向

值得注意的是，浙江大学的邵培仁、姚锦云主持的2013年浙江省哲学社会科学规划项目“华夏传播理论研究：新视野、新思维、新路径”，先后发表了一系列成果。邵培仁曾经呼吁：“来自不同地域的华人抛去意识形态与地区利益的隔阂，共同以中华传统文化为基础，共同找寻中华传播学中心理论，形成具有中华传统文化、价值观的本土传播理论和传播实践，应是以后中华传播学研究的发展方向和各地中华传播学人交往互动的原动力。同时，要共同研究内核创新，即通过对中华传播学中心理论的找寻，逐渐提炼出中华传播学研究的内核与基因，彰显中华文明的特色，显示与西方文化所不同的东方传播学术。”[①] 他和他的博士生姚锦云先后发表了《传播受体论：庄子、慧能与王阳明的“接受主体性”》，《新闻与传播研究》（2014/10）；《传播辩证论：先秦辩证传播思想及其现代理论转化》，《杭州师范大学学报（社会科学版）》（2014/02）；《传播模式论：〈论语〉的核心传播模式与儒家传播思维》，《浙江大学学报（人文社会科学版）》（2014/04）；这些文章都试图立足中华传统文化发掘其内含可供理论化的资源。2015年他们撰文认为中国历史上内部的不同文化系统，尤其是儒释道三家，以及中国文化与异域文化的“和而不同，交而遂通”的发展历程，进而指出“和而不同，交而遂通”是中华文化的当代价值核心所在，其本质意义是倡导“多元、共存、接纳、欣赏”的文明传播之道。[②] 厦门大学的谢清果和陈昱成将黄星民老师提出的“风草论”进行了系统分析，认为“风草论”是中国学者对传播理论本土化的一大尝试。“风草论”主要内含三个层面的传播观念：注重传播过程的风化风行，关注受众主

① 邵培仁：《建构中华传播学研究的新景观》，《东南传播》，2014年第3期。

② 邵培仁，姚锦云：《和而不同，交而遂通：中华优势传统文化的当代价值》，《新疆师范大学学报》（哲学社会科学版），2015年第6期。

体性的草偃草起，风吹草偃的传播效果“风草论”。文章认为“风草论”既体现了有别于西方魔弹论的传播效果理念，又表达了中国对传播主体德性的关注以及以民为本所生成的一定程度上的受众主体性。从抽象继承角度看，“风草论”一定程度上体现着中华民族在传播实践中追求“自然和谐”这一崇高目标，因此，当是一个具有中国风格的传播理论雏形。[①]

还有一些论文关注中国经典作品中蕴藏的传播思想。中华元典由于传播广，影响深，其观念往往已成为国民日用而不知的规范自己思想观念和言行举止的意识，这种意识其实包含传播行为规范，例如人际互动，组织沟通以及跨文化交流的实践之中。《道德经》《论语》便是经典中的经典。有学者就认为《论语》中蕴藏了现代传播学所涉及的传播者、受传者和传播内容相关的传播知识学结构，并体现有“把关人”意识、“实事求是”原则、“选择性”定律和“反馈”过程的传播学价值隐喻。[②]

2015年华夏传播研究领域很值得称道的是巫称喜先生出版的《殷商文化传播史稿》。巫先生是研究甲骨文的行家，当他介入传播学的研究时发现“甲骨卜辞绝大多数都是商代官方预测性信息的记录，是研究商代传播史的重要资料。”该书有许多令人耳目一新的创见。他首先认定甲骨卜辞命辞是个有信息属性，进而指出商代占卜制度是为了保证占卜预测与信息采集、采信、宣示、传播顺利进行，为治国理政提供决策依据。而在这一过程中，卜人具有“命龟取兆权”，即将要询问的事项告诉“神龟”，并灼龟甲以取得兆象。贞人具有“信息初测权”，即对兆象做出初步推断与预测。占人具有“信息终测权”，一般由商王担任，他结合兆象与初测结果做出最终预测。作者还归纳出商代传播制度与传播模式。[③] 等等。此外，郝雨教授的《中国媒介批评学》坚持立足中国传统文化，挖掘媒介批评思想与方法资源，例如从传统文艺批评理论中借鉴了“印象式批评”“诠释式批评“考据式批评”等方法。该书充分阐发了传统文化中的人文精神，并以此为内核，作为媒介批评的立场和理论涌泉，不失为一部华夏传播研究领域的力作。[④]

---

① 谢清果，陈昱成：《“风草论”：建构中国本土化传播理论的尝试》，《现代传播》，2015年第9期。

② 徐瑶，樊传果：《论孔子的传播思想》，《中国传媒报告》，2015（3）。

③ 巫称喜：《殷商文化传播史稿》．广州：暨南大学出版社，2015年版。

④ 郝雨：《中国媒介批评学》．上海：上海大学出版社，2015年版。

10.2 在传播学学科反思中追问“华夏传播研究”的主体性

近些年来，传播学科的主体性意识日强，中国传播学人一直在追问如何在传播学科中体现中国人在传播理论与传播实践中的立场、观点与方法，以改变传播研究亦步亦趋、唯人马首是瞻的总体格局。在此进程中，除了要立足于百年来中国道路的探索与实践，来探讨马克思主义的传播、新文化新思想的深入人心、无产阶级文化领导权的兴衰起落、党性人民性的现代传播意识等之外，中国数千年幽远的文化传统，从诸子百家的传播思想，到因人而异、因地制宜等传播习俗，都需要我们去发掘自己的一切优秀基因，当然目的在于发展繁荣现代中国的传播文化，而非陶醉于先人的荣光。不过值得注意的是，不要落入传播学中国化的话语陷阱，我们只需要而且应该学习一切先进的传播理论与实践，不管是哪个国家的，只要有益于我们的自主创新，都只管拿来，为我所用。只不过，关键在于以我为主，也只能以我为主，不能也不可能以古人为主，以外人为主。因此，李彬先生认为重思传播学当关注城市与农村、内地与边疆、古代与现代、中国与世界的四大关系。[①]与此相呼应的是《重构中国传播学》一文，该文以沙垚博士访谈赵月枝老师的形式呈现，文章特色在于从城乡关系切入来关注农民的主体性，来反射出传播学者研究的主体自觉。两位作者力求摆脱传播研究的城市中心主义和西方中心主义的渊薮，希望通过重构传播学，颠覆传播学的传统路径与视解，中国批判传播学、传播政治经济学的视角下，关注“城乡关系视野下的文化、传播与乡村转型”问题，这也正是2015在浙江缙云县举办的一场贯彻“城乡关系传播”取向的学术会议主题。[②]这或许正是“礼失求诸野”的时代。现代化的城市似乎挤压了传统文化的生长空间，失去生活化的传统文化传播是没有灵魂的。相反，离现代化相对有着时间隔离的乡村相对而言，似乎还能将传统文化在日常生活中持续下去，虽然在现代化的冲击下，如何让传统文化有“尊严”地实现当代转型，这是中国传播学应当介入研究的现实课题。

诚然如斯，中国传播学应当观照中国的现实关系，进而不仅能够解释从古至今中国社会与文化变迁，而且能够从全球视角回应中国当代的问题，进而提出解决中国问题的传播学路径。在此期许下，华夏传播研究就合理性地成为中国传播学不可替代的一个研究视角。因此，西方传播学毕竟是根植于

① 李彬：《重思中国传播学》，《现代传播》，2015年第4期。

② 沙垚：《重构中国传播学——传播政治经济学者赵月枝教授专访》，《新闻记者》，2015年第1期。

西方情境的本地化理论，虽然它们有领先中国的优势；然而，五千年文明的中华文明自然也有丰富的本地化的沟通智慧，这些都是西方不可替代的。中国传播学不是为了印证西方传播学而产生，而是为了中国因应全球化，建构中国话语以与西方对话的需要。所以，“传播学中国化”必然有两个基本路径，其一是在西方传播学的启发下研究中国文化传统与社会，力求归纳总结出传播观念、规律甚至理论，例如黄星民的“风草论”和“礼乐传播论”。其二，注重研究现当代中国社会的传播活动，如为中国对外传播、跨文化传播、孔子学院发展等问题提供传播策略，解决传播问题，并在此过程中探索新的传播理论。如此不难发现，中国传播学的发展过程中其实亦是秉持“师夷长技以制夷”思想，西方传播学始终是触发我们研究中国传播学的诱因，同时，也是中国传播学发展的参照系与对话对象，正是文化的他者，才显现自我。总之，作为中国传播学的有机组成部分的华夏传播研究，应自觉置身于全球知识生产的场域中，首先借鉴和进入西方理论之内，以研究中国特色的在地经验，彰显其理论的特殊性一面，进而超越和出乎西方理论之外，在全球视野中互映中西方传播理论，在对话融通中提升中国传播理论的普遍性一面，最终实现理论特殊性与普遍性辩证统一的全球在地化。[①]

2015 年 4 月在南京大学召开的“多闻论坛”，其主题是“中华传播学的反思：下一个里程”。李金铨认为向西方学习传播研究无可厚非，但是学到一定程度，便要深刻反省它对母社会、母文化哪些是适合的，哪些是不适合的。最后，一方面要超越西方的话语霸权，一方面要反对“义和团”式的学术民族主义借尸还魂 ，而切切实实从母社会发现真问题，拿出具有文化特色的重大业绩，回馈给西方乃至世界的学术圈。[②]

10.3 在历史与现实的情境中重思中国传统传播现象与实践

既然中国传播学的建构必须立足中国现实，那么具有五千年的文化传统便是不可回避的现实，因为具有中国特色的社会实践都有其政治、经济、文化的历史传承，研究我们的传播传统，不仅是增强民族文化自信的需要，更是中西传播学对话的内在要求。暨南大学的晏青老师关注中国传统文化的媒介生存，该书以史论结合，从仪式化、政治权力、娱乐修辞三个维度考察了

---

① 史冬冬：《传播学中国化：在地经验与全球视野》，《社会科学研究》，2015 年第 5 期。

② 李金铨：《无形的“多闻学府”与传播的问题意识》，《新闻记者》，2015 年第 7 期。

传统文化的电视传播现象。作者的问题意识是："传统文化与电视是如何镶嵌传播的？文化与媒介之间是如何协调共进的？五十年里，传统文化的电视传播是如何融入历史的逻辑的？意识形态是如何运作的？视觉文化背景下，传统文化现代意义生成的机制是什么？当代文化模式中，传统文化的电视传播是否存在更契合实践性主体的传播路径？这些问题在新的媒介环境、政治体制、文化前景中，越来越凸显出来，这其中形成的神话是进入这些问题的重要切入点。"①

比如中国的青铜时代便是中国媒介发展史上不容忽视的环节。殷周时代盛行的各类青铜器本身是礼制的化身，是承载"礼"文化的重要媒介。它们既用于沟通神灵，也用于纪念功绩，垂示子孙，还可以在记载历史事件、法律文书以及诸侯会盟等方面发挥书写媒介的功能，同时也彰显了政治传播的功能，因而别具特色。②

在政治传播学兴旺的当下，回顾传统中国政治实践，审视其建构政治合法性的策略，政治信息沟通中的言论环境，天朝形象的塑造维度都开启了理解传统中国古代政治传播的新路径。③政治隐语一方面是古代帝王构建政权的合法化的手段，或者群臣借以进谏而降低风险和提升进言效果的方式，当然也可能沦为权力争斗斗争的工具；另一方面，百姓也可以利用它就进行政治讽刺，或者作为增进组织的身份认同来组织社团的政治口号或行动纲领。④

而从观念传播史探索中国传统社会向近代社会转变的"自由"，是个有趣的命题。"自由"作为外来的政治观念在晚清通过传教士翻译活动和办报刊实践，以及中西政治交往过程等途径逐渐"层累式传播"而在中国生根发芽的。⑤

在对外传播方面，唐宋时期的文化传播对中国当代文化"走出去"战略的实施也是有莫大的启发作用。唐代的文化和宋代的科技均是中国历史上的高峰时期，依托当时相对发达的经济和活络的对外商贸交流，形成了中华文

---

① 晏青：《神话：理解中国传统文化的媒介化生存——基于对电视传播的考察》.北京：中国社会科学出版社，2015年版，前言第7页。

② 潘祥辉：《传播史上的青铜时代：殷周青铜器的文化与政治传播功能考》，《新闻与传播研究》，2015年第2期。

③ 白文刚：《从中国古代实践看制约政治传播效果的政治因素》，《青海社会科学》，2015年第4期。

④ 赵立敏：《政治传播学视域下中国政治隐语的多维向度和现代转变》，《新闻大学》，2015年第5期。

⑤ 周德波：《晚清自由观念的跨文化传播进路》，《国际新闻界》，2015年第4期。

化对外传播的兴盛时期。当时有设“蕃坊”，立“蕃学”，颁法令等系列国家层面的制度安排；民间层面有留学生与留学僧，承担起文化交流使者的角色；此外，旅行，经商、通婚等个体传播形式的大量互动，都促进了文化交流。总之，唐宋的文化传播可以概括为“五种基本理念”，即文化精神的确立、文化符号的创设、文化制度的保障、文化产品的输出和文化服务的支撑，这些理念对当代中国文化的海外传播依然是富有启发意义的。①

此外，中国文化要传播出去，首先当关注如何呈现中国文化，从这个角度看，探讨中华文化元素符号就很有必要。我们不仅要清楚哪些是中华文化具有标志性的元素符号，而且要明白如何结合时代审美等价值取向，更要运用现代的传播技术与媒介，例如让原本静态《清明上河图》动起来，打算动漫产业，让中华优秀传统能够让民众喜闻乐见，为此尤其要充分运用“微博”“微信”与“客户端”等平台去更快更精准更有效地传播中华文化。②此外，海外华文报纸对中华文化的传播价值也不容忽视。彭步伟在其新作中认为：“海外华文报纸如果能够在海外建立中华文化传播的基地，不仅有助于海外华文报纸传播华人消息，传承中华文化，对中华文化的海外的传播也有相当积极意义。”③

当代人的情感传播日益受到关注，因为数码时代交流的便利性反而让人的情感表达有退化的势头。胡河宁先生独辟蹊径，研究微笑传播。他在新作《微笑传播与文化创新》一书专辟一章谈“中国古代社会的微笑传播与文化规范”，作者认为微笑是一种符号建构活动，他的功能与作用是由其所处的文化决定的。中国的微笑注重合乎“礼”，讲究“和”，也显重着“心性”修持，融入于知行合一之中，体现出追求“和谐”为特性的中国文化价值观。④

10.4 华夏传播研究日趋显出新特点

文化强国战略意识崭露，推广中华优秀传统文化已成气候。传播学自然不能置身事外。

---

① 杨威，关恒：《当代中国文化“走出去”路径探究——基于唐宋文化对外传播方式的考察》，《学术论坛》，2015 年第 10 期。

② 李冰洁：《全球化现代化背景下传统文化符号在中国影视作品中的运用研究》，华南理工大学，2015 年硕士学位论文。

③ 彭步伟：《海外华文报纸的本土化与传播全球化》. 广州：中山大学出版社，2015 年版，第 148 页。

④ 胡河宁：《微笑传播与文化创新》. 北京：人民出版社，2015 年版。

10.4.1 相关以关注中华文化传播的学术会议明显增加

2015 年 9 月 19 日至 20 日，“中华经典海外传播国际研讨会”在中国传媒大学召开。与会专家共同探讨中华经典海外传播的历史、现状、路径和未来。2015 年 11 月 28 日由“中国新闻史学会台湾与东南亚华文新闻传播史研究委员会”主办的“海外华文传媒与中华文化传播”学术研讨会在厦门筼筜书院举办。会议在分论坛中围绕“美国华文电视里的中国故事”“一带一路上传媒外交的发展趋势与展望”“海外华文传媒视域下的中国模式论析”“菲律宾华文媒体与闽南文化的传播”等议题展开研讨。

10.4.2 传播研究的主体与现实意识增强

在笔者看来，华夏传播研究不仅仅关注中华传统文化中的传播，而且要关注传统文化在当代的传播、传承及其社会影响，关注传统社会沿袭至今的传播方式、手段、机制是怎样影响着中国当代社会转型。套用柯林武德的表述：中国的历史文化传统“那不是死掉了的过去；通过历史地理解它，我们就把它合并到我们现在的思想里来，并且使我们自己能够通过发展它和批判它而用这种遗产来促进我们的进步。”[①] 通过华夏传播研究来认识中国的传播（沟通、交流）的传统，从而更能深刻地理解现实。反过来说，正是因为中国传播学必须正视中国社会现实，进而必须立足当下，来凝视历史，正如克罗齐强调的那样“一切真历史都是当代史”，且“过去不异于在现在而活着，它作为现在的力量而活着，它融化和转化于现在中。”[②] 而在这个过程中作为传统文化相对保存较好的乡村切入来进行传播学创新研究，是正当其时。2015 年 3 月 26 日至 3 月 30 日，由中国传媒大学传播政治经济学研究所、华东师范大学康奈尔比较人文研究中心、中国社会科学院新闻与传播研究所缙云国情调研基地、缙云县河阳乡村研究院等联合举办的、以“构建平衡互哺的城乡关系”为主题的首届河阳论坛暨“乡村、文化与传播”学术周在浙江省缙云县举行。学术周包括观摩缙云河阳村祭祖活动和参观河阳古民居、《舌尖上的缙云、烧饼中的乾坤：缙云烧饼品牌推广与产业培育调研报告》发布会、首届“河阳论坛”“2015 年批判传播学年会”，以及“绍云文化与传播研究专

---

① [美] R.G. 柯林武德：《历史的观念》，何兆武、张文杰译 . 北京：中国社会科学出版社，1986 年版，第 261 页。

② [意] 贝奈戴托·克罗齐：《历史学的理论和实际》，傅任敢译 . 北京：商务印书馆，1982 年版，第 2、68 页。

场”等一系列活动。[1] 而这一切的努力，诚然是要关注如何培育中华文化自身发展过程的“内生性”动力，从而固本培元，凝精聚神，使中华文化的当代传播不至于失根，这也正是增强中华文化软实力的关键一招，也是华夏传播研究的当代价值与使命所在。

10.4.3 华夏传播研究现状总体薄弱但前景可期

能够纳入华夏传播研究领域的论文，就新闻传播学四大主流期刊（《新闻与传播研究》《新闻大学》《现代传播》《国际新闻界》）2015 年度发文来看，总数在个位数以内，这说明该领域的研究虽一直有所推进，但缺少持续研究的团队，还处在散兵游勇的状态。从 2015 年度国家与教育部课题立项来看。2015 年立项的国家社科基金项目“新闻学与传播学”中有“器物文化传播对中国国家形象影响机制研究”“中国近代报刊阅读史及其史料库建设（1815—1919)”，教育部立项的新闻传播类中有“基于田野调查的少数民族象征性符号的话语生产研究：以云南布朗族‘布朗弹唱’为个案”和“隐秘仪式与媒介在场：贺州瑶族度戒仪式传播研究”可以纳入华夏传播研究领域中来。不过，基于华夏传播研究的主体对象是中国传统文化，因此，我们把视野扩大到语言学、历史学、宗教学等领域，不难发现，就 2015 年的国家社科基金项目中就有“中国典籍英译的传播与评价机制研究”“南方丝绸之路与中国文明对外传播研究”“基于黑水城的丝绸之路科技传播研究”“中国文化典籍英译史研究”“19 世纪稀见英文期刊与汉语域外传播研究”“典籍英译国外读者网上评论观点挖掘研究”“唐乐府曲调源流考与唐诗传播关系研究”“清代藏传佛教在蒙古地区的传播与发展研究”“近代中国茶叶欧洲传播史研究”等等 10 项。由此看来，只要加强传播学与历史学、文学等其他相关人文社会科学进行跨学科研究，就一定能够更大地推进这项研究工作。显而易见的是，开展华夏传播研究需要传播学者要有比较深厚的史学和文学方面的学术修养，而史学、文学等领域的学者如果能够加强传播理论汲取，进而从传播学视角来观照问题，那么华夏传播研究的成果将更丰富。

2015 年出版的《从精英文化与大众传播——明代商业出版研究》正是两方面结合的典范。该书诚然首先是史学著作，其次也是华夏传播研究的作品，

---

① 龚伟亮，张志华：《植根乡土中国对话城乡关系：开启“跨学科理论与实践相融合的新型学术模式”——首届河阳论坛暨“乡村、文化与传播”学术周综述》，《新闻大学》，2015 年第 6 期。

这是因为作者有着自觉的传播学研究视角，并且书的主题古代商业出版涉及传统媒介与社会问题。[①] 浙江大学的姚锦云博士生用《周易》来解析电影《一代宗师》，作者认为周易卦象可以作为电影等艺术形式的观念原型来展开创作，或者以此来分析艺术背景或明或暗，或有意识或无意识的观念原型。以《一代宗师》为例，其故事中的六个主人公的个性与命运正好合乎明夷卦的六爻。[②]

总而言之，华夏传播研究的新生代力量正在涌现，一些训练有素的新闻传播学方面博士充实到研究行列中来，他们的研究视角开阔、研究路径与方法日益规范和多元；从研究的选题来看，虽有宏大叙事手法，但更多倾向于精耕细作的研究路数日趋成为主流方式；学科交叉研究日渐突出，不同学科与传播学的跨学科研究，有助于推动华夏传播更上一层楼。

（谢清果）

① 张献忠：《从精英文化与大众传播——明代商业出版研究》. 桂林：广西师范大学出版社，2015 年版。

② 姚锦云：《〈周易〉作为华莱坞电影分析的新框架：以“经”解“影”之〈一代宗师〉》，《中国传媒报告》，2015 年第 1 期。

第十一章　华夏传播研究：传播话语权的建构视角（2016）

对华人学者来说，缺乏“中华传播理论”是一个极大的焦虑。这种焦虑体现在两个方面：一是对“西方理论”在本土语境中适用性的怀疑；另一个焦虑体现在，亟迫构建一种具有自身特色并且能与西方理论展开对话的传播理论，但在现实中却常陷入难以实现的尴尬境地。衡量一个学科知识生产的最直接指标是理论，巩固学科合法性的路径是打造区别于他者的差异化核心理论。但是时至今日，我们的传播学中仍然面临着没有公认的“华人传播理论”的窘地，在与西方乃至其他学科的直接对话中，常常由于自身的先天不足而缺乏底气。而陈韬文大声疾呼式地指出：“理论化是华人社会传播研究的出路”，[①] 实则是摆脱这种焦虑感与无奈的理性求索的体现。

建构华人传播理论的结果还未实现，但并不代表着我们未曾努力。事实上，自传播学引入中国以来，中国学者便开始着手“对中国传统社会中的传播活动和传播观念进行发掘、整理、研究和扬弃”，试图建构起“能够阐释和推进中华文明可持续发展的传播机制、机理和思想方法”的学说。[②] 这也正是黄星民教授提出的“华夏传播研究”的研究路径和研究目的。简言之，是通过在中华民族五千年中的传统文化中锻造出以我为主，适用于中国语境的“华夏传播理论”。因此，华夏传播学研究作为中国传播学研究的一个重要领域，也是中国学者积极构建本土化传播理论的一次实践。在这种强烈的文化使命感和寻求学科与理论自主意识的感召下，海峡两岸暨香港、澳门的传播学者余也鲁、徐佳士、孙旭培、吴予敏、尹韵公、黄星民、关绍箕等人相继

① 汪琪，沈清松，罗文辉：《华人传播理论：从头打造或逐步融合？》，《新闻学研究，2002年第70期。

② 黄星民：《华夏传播研究刍议》，《新闻与传播研究》，2002年第4期。

投入到华夏传播研究中来。1988年，学者吴予敏的《无形的网络——从传播学的角度看中国的传统文化》出版，是大陆第一本华夏传播研究专著问世。1993年厦门大学传播研究所举办首届“海峡两岸中国传统文化中传的探索座谈会”，并出版论文集《从零开始》。1994年孙旭培在其主编的《新闻与传播研究》创刊号上发表了《为“传播学中国化”开展协作——兼征稿启事》，号召海内外的华人学者共同努力将“传播学中国化”完成。文章刊登后，反响热烈，青年学者李彬[①]和王怡红[②]发文公开质疑，孙旭培[③]迅速做出解答与回应。一时间，成为学界热议的焦点。学术争鸣带来学术界的广泛关注，吸引了一批年轻的学者投身到探索传播学中国化的研究中，这也为华夏传播研究的发展提供了良好的基石。1997年，众多学者合著的概论性著作——《华夏传播论》付梓出版，第一次打出“华夏传播”研究的旗帜。吊诡的是，该书的问世并没有起到“一石激起千层浪”的效果，相反华夏传播研究的热度却开始逐渐冷却，尤其是进入到21世纪，学者纷纷转向了其他研究领域，而传播学中国化也走向了“西方理论，中国经验”削足适履式的研究路径上。[④]近几年，当西方理论在中国处处碰壁之时，越来越多的学者开始反思，回到“最初的原点”，才认识到“蓦然回首，那人却在灯火阑珊处”，从中华传统文化中提炼升华传播思想内核，打造适用于本土语境的传播学“中华学派”才是迫切而值得走寻的道路。星星之火可以燎原，如今海内外一批有影响力的文章与专著问世，也让华夏传播学研究大有复苏之势。

过去的一年，华夏传播研究中一批有分量的文章，相继刊登在《现代传播》《国际新闻界》《新闻与传播研究》等核心刊物中，涌现出一批有志在此领域深耕的有见地、有思想的年轻学者，博得学界的瞩目与热议，代表着华夏传播研究逐渐回归主流学术圈，并开始在舞台中绽放出绚丽的光芒。其中，笔耕甚丰，学术研究成果最为丰富和代表性的当属邵培仁、姚锦云所在的浙江大学传播研究所团队和谢清果等人所在的厦门大学传播研究所团队，这两个团队分别从两个方向和维度上开拓、建构和完善着“华夏传播研究”，是当下华夏传播研究的主力军。此外，还有潘祥辉、朱鸿军、李红等相关学者也

---

① 李彬：《反思：传播研究本土化的困惑》，《现代传播》，1995年第6期。

② 王怡红：《对话：走出传播研究本土化的空谷》，《现代传播》，1995年第6期。

③ 孙旭培：《“传播学研究中国化”的探索》，《新闻记者》，1997年第9期。

④ 胡翼青：《传播研究本土化路径的迷失——对”西方理论，中国经验”二元框架的历史反思》，《现代传播》，2011年第4期。

明显有着强烈的华夏传播主体意识，在他们的共同努力下将华夏传播研究推向了更高的层次。现尝试回顾 2016 年华夏传播研究状况，并与读者分享。

11.1 在反思与对话中积极构建华夏传播研究的主体性

传播学研究的本土化问题，不在于“是否”或者“为何”本土化，而在于“如何”本土化的问题。如今的播学界不再认同“西方理论，中国经验”的路径，而是要求研究者者具有主体意识、自觉意识和创新意识。[①] 换句话说，是如何以“独立之精神、自由之思想”建构自身研究“以我为主”的主体性路径。因此，华夏传播研究在构建自身理论时，必须要做到先“破”后“立”，“破”在于破除唯西方理论的神化色彩，“立”在于真正将代表中国人与中国社会“特质”的元素融入华夏传播论的主体建构中。

一是，通过在于西方世界的他者关照和差异性对比中，发现本土语境下的传播现象和传播特点，进而提炼“中国化”的传播理论。厦门大学谢清果、祁菲菲通过反思当下的中国传播理论，剖析中西传播理在特质方面的差异，彰显华夏传播理论的中国风格，认为西方传播理论重科学精神与方法，具有“理剖万物”的特质，其经验学派研究重点侧重大众传播效果研究，缺乏价值与道德判断，而华夏传播理论则以仁兼济天下，具有“心传天下”的理论特质。[②]

二是，通过回应质疑，在与对方的交流反思自身，借用跨学科（包括社会学、哲学、人类学、自然科学等）理论启迪与完善传播理论的建构，从而推动华夏传播研究走向成熟。学界对于传播学本土化的论争一直不曾停止，有相对性的共识，却难有统一的定论，争鸣不断，这也或许是人文学科区别于自然学科通而有之的独特之处。客观地说，华夏传播学研究虽然发端较早，早在 1982 年第一次全国传播学研讨会上就提出了“中国传”的问题，20 世纪 90 年代伊始，《华夏传播论》与《华夏传播研究丛书》等相关华夏传播研究论著也相继出版，但是华夏传播研究依然是尚处在急速成长中的“一颗小苗”，理论与实践难免会出现偏颇，无可避免地面临着来自学界的一些质疑。为此，浙江大学邵培仁、姚锦云连续发文，致力于在回应与反思中逐步完善对“华夏传播”研究的理论建构。事实上，他者的质疑反倒是自身理论建构

---

① 李彬，刘海龙：《20 世纪以来中国传播学发展历程回顾》，《现代传播（中国传媒大学学报）》，2016 年第 11 期。

② 谢清果，祁菲菲：《中西传播理论特质差异论纲》，《现代传播》，2016 年第 11 期。

中重要的一环。

在回应学界对“华夏传播”有无可能性的质疑上，邵、姚二人基于对英国社会学家吉登斯的“双重解释”和美国传播学者詹姆斯·凯瑞的“仪式传播观”进行考察分析，认为社会学家通过对人类生活中“共有常识”的理解与超越，建构更为精致的理论，进而用这些理论解释共有的常识，从而为生活提供“整体的形式、秩序和调子”，指导大众的行动。这些普通人“日用而不知”的“共有知识”在理论的层次上通过在历史中反复不断地“仪式”建构而成解释世界的现实。理论、经验与思想间的互动性给我们建构华夏传播理论一些启迪：类似于基督教仪式原型中发展出的仪式传播观，儒家倡导的“上行下效”“风行草偃”“行重于言”“礼重于仪”或“为善去恶”等传统思想都有可能走向“传播理论”的路径。[①]在邵、姚二人的另一篇文章中，将“可能性”进一步落实到实践探索中。他们认为，中国传统思想有着足以发展成理论的“胚胎”，至少有十对传播的基本观念，既是中国传统思想的重要范畴，又是中国人日常传播行为和行动的“释义系统”，或可称之为“华夏传播观念”。它们是：“阴－阳”“和－合”“交－通”“感－应”“中－正”“时－位”“名－实”“言－行”“心－受”“易－简”。[②]而这些扎根于中华民族传统思想中机具“中国特色”的观念对发展“华夏传播理论”至关重要。

在回应“华夏传播”的研究意义为何方面，我们需要“跳出”传播学这座“庐山”中。通过回溯历史发现，无论是自认科学还是社会科学，他们所获得的经验与知识都离不开在时间的“演化”中，“意义之网”和“释义系统”不断层累的建构。“没有‘无根的现实’，一切现实经验都渗入了历史经验，理解现实的最好办法是回顾过去……历史的关怀只会使我们对现实的理解更加深入，甚至还能弥补实证主义研究的盲区。”[③]这也即是以历史为对象的华夏传播研究的意义所在。

针对如何拓展华人本土传播学研究的问题上，邵、姚二人提倡在空间维度上站在中西语境中看待“传播学本土化”，在时间维度上将“传播学本土化”放在二十世纪整个人文社科思想“中国化”的思潮中。他们认为，应该

① 邵培仁，姚锦云：《从思想到理论：论本土传播理论建构的可能性路径》，《浙江社会科学》，2016 年第 1 期。

② 邵培仁，姚锦云：《传播理论的胚胎：华夏传播十大观念》，《浙江学刊》，2016 年第 1 期。

③ 邵培仁，姚锦云：《为历史辩护：华夏传播研究的知识逻辑》，《社会科学战线》，2016 年第 3 期。

努力将"'返本'与'开新'结合起来，即返传统思想和现实经验之'本'，开现代传播理论之'新'，在时间经线上立足本土、古今联通，在空间纬度上扎根本土、中外沟联。"①

三是，在历史维度中关照华夏传播学主体性建构。怀特·米尔斯认为，"如果不运用历史，不具备心理事件的历史感，社会科学家就不可能对现在应成为研究定位点的那些问题进行完整的表述。"② 事实上，与社会学科有着紧密关系的传播学科也需从历史中寻找"自我"。复旦大学殷晓蓉教授认为，"比起其他领域，在理论积累和准备时间上，以学科名义出现的传播学更多地受到外界压力的影响，相对急促。独特的学科性质，独特的产生背景，独特的演变过程，时而尴尬、时而耀目的学术处境，连同其他，使传播学常常带有更多的不明晰和不确定……对于传播学历史维度的特点，需从思想渊源、时间线索、技术逻辑三个相互关联的部分进入和展开讨论。"③ 基于此，谢清果教授的《华夏传播研究的前史、外史及其开端》通过理清华夏传播研究的历史，为将来建构华夏传播学奠定了基础。④

如此看来，华夏传播学研究这颗小苗在与其他研究领域和其他学科的交流对话中，吸收汲养，在自我反思中，迎风成长。

11.2 在历史与现实的关照中自觉拓展"华夏传播学"研究领域

邵培仁和姚锦云主要试图与外界对话、主体反思与合法性阐释等方面建构华夏传播研究的主体性。然而，厦门大学谢清果教授的研究团队则从中国传统文化的内部发掘与提炼华夏传播研究的理论内核与实践意义，拓展与细化研究领域。

首先是，"华夏公共传播概念"的提出。公共传播是现代性社会语境之产物，但古代中国有无公共传播？公共传播的渠道和机制是什么？这些在历史语境中的公共传播负载了何种文化和情感内涵？如若回答这些问题，需深入华夏文化的根基之上，对中国古代公共生活进行历史"田野"式的考察，并与现代公共传播概念内涵进行关照，才能发现华夏公共传播在古代社会制度

① 邵培仁，姚锦云：《返本开新：从20世纪中西学术交流看传播学本土化》，《广州大学学报（社会科学版）》，2016年第5期。

② [美]C．赖特·米尔斯：《社会学的想像力》，陈强、张永强译．北京：生活·读书·新知三联书店，2001年版，第154页。

③ 殷晓蓉：《传播学历史维度的特点》，《新闻记者》，2016年第3期。

④ 谢清果：《华夏传播研究的前史、外史及其开端》，《中国传媒报告》，2016年第4期。

设计、文化现象与政治经济的变迁中的嬗变，进而才能在历史脉搏中真切地把握住华夏公共传播概念之内涵。谢清果、王昀二人从夏商周时期、春秋战国时期、秦汉、魏晋南北朝一直到明清时期的公共传播形态进行梳理，发现，华夏公共传播现象在这三大特征——"'辩言之外'的公共情怀，'礼法一体'的传者结盟与'至公无私'的诉求困境。"[①]

其次是，"华夏媒介批评"研究的进入。"媒介批评"这一概念自20世纪60年代出现在西方的学术界，并成为一个颇具生命力的学科。90年代进入中国，但遗憾的是，研究的焦点却局限在当代的媒介问题，甚少出现中国古代的媒介批评史料和思想研究。就笔者目前掌握的材料来看，以郝雨著的《中国媒介批评学》努力汲取中国传统文化中的人文精神，尝试借鉴传统文艺批评的概念和方法来建构媒介批评的中国学派，最值得赞赏。[②]此外，学者李红的《老子思想与媒介批评》，通过符号学研究方法分析老子思想的内在逻辑，也堪称佳作。[③]学者谢清果与曹艳辉博士发文从概念界定、批评思想、价值取向三个维度构建华夏媒介批评研究的理论框架，进一步提升了华夏媒介批评的理论高度。他们认为，"口语批评方面，诸子主张'慎言'、崇尚'信言'、批判'修辞'；文字批评方面，史官推崇'实录'，官方批判小报'伪造假传、煽惑人心'；非语言批评方面，古人重视其传播效果，批判不合礼仪规范者。华夏媒介批评共通的价值取向是'仁义礼仪''诚信朴实''固国利民'。"[④]后续学者亦可在此领域深耕细作，丰富华夏媒介批评研究的领域。

再次是，"华夏舆论传播"研究的深入。中国传统社会的舆论研究已不少见，学者陈力丹[⑤]、刘建明[⑥]等人也有过专门的论述。但都把中国古代社会当成舆论生成的一种语境之一，并没有注意到古今场域中舆论机制的差异，也没有深入到古代王朝的兴衰更替、政治制度的改革变迁、社会阶层的流动角力下的看待舆论的生成机制及舆论介入政权、改造现实的能力。谢清果、王

---

① 谢清果，王昀：《华夏公共传播的概念、历史及其模式考索》，《华侨大学学报（哲学社会科学版）》，2016年第1期。

② 郝雨：《中国媒介批评学》.上海：上海大学出版社，2015年版。

③ 李红：《老子思想的符号逻辑及其传播伦理》，《暨南学报（哲学社会科学版）》，2016年第10期。

④ 谢清果，曹艳辉：《华夏媒介批评的概念、思想流变及其价值取向》，《南昌大学学报（人文社会科学版）》，2016年第2期。

⑤ 陈力丹：《舆论学：舆论导向研究》.北京：中国广播电视出版社，1999年版，第2—3页。

⑥ 刘建明：《中国古代十大舆论定理》，《新闻爱好者》，2015年第3期。

昀通过回溯华夏舆论传播，梳理历史，探究舆论传播机制的生成。并初步提出了华夏舆论传播研究的范畴：“即针对中国古代传统社会舆论传播活动、现象及其思想积淀的研究，包括经史子集等浩瀚文献中的舆论传播智慧以及五千年文明中各朝代政府的舆论管控与士人、百姓等社会阶级的舆论抗争实践。”[①] 以古为镜，华夏舆论传播研究对当下社会的舆论监管、舆论治理都大有裨益。

另外，一些学者也通过跨学科的研究视角，扎实的学术功底，极大地丰富了华夏传播研究的研究领域和研究路数。其中华东师范大学的学者潘祥辉便是其中的佼佼者之一。2016 年，潘的两篇文章分别刊载在《新闻与传播研究》和《国际新闻界》。在《“对天发誓”：一种中国本土沟通行为的传播社会学阐释》一文中，潘分析“对天发誓”这个日常生活中常见的现象，分析其传播机制。认为“发誓是一种通过立言来表达承诺的‘言语—行为’活动，也是一种信息传播机制，它具有宗教与世俗层面的双重沟通功能。”[②] 将其放在社会学语境的关照下，便会发现“‘对天发誓’是源于中国本土的一种沟通方式，其‘以誓取信’的功能具有重要的社会学意义。”发誓的社会功能在于增进信任，形成契约，促进合作，根本意义上中国人对天的信仰。[③] 在潘的另一篇文章《传播之王：中国圣人的一项传播考古学研究》中，采用一种“传播考古学”（这种说法也类似于福柯所说的“知识考古学”）的方式，由汉语圣字的结构入手，分析“圣人”形象与地位在中国古代文化中的嬗变，从最早期的“圣”“巫”同源，到圣人向儒圣、王圣的演变过程看待“圣”的传播属性的变与不变。并对中西方的圣人进行比较，试图发现圣人的“媒介学特征”。[④]

传播学与考古学研究方法的相互采借，也可为我们传播史或新闻史的研究，提供一种路数。比如，学者张远山根据考古、文献双重证据，论证上古南蛮族首创的华夏万字符，是四季北斗合成符。华夏独有的文字符在传播的

---

① 谢清果，王昀：《华夏舆论传播的概念、历史、形态及特征探析》，《现代传播》，2016 年第 3 期。

② 潘祥辉：《“对天发誓”：一种中国本土沟通行为的传播社会学阐释》，《新闻与传播研究》，2016 年第 5 期。

③ 潘祥辉：《“对天发誓”：一种中国本土沟通行为的传播社会学阐释》，《新闻与传播研究》，2016 年第 5 期。

④ 潘祥辉：《传播之王：中国圣人的一项传播考古学研究》，《国际新闻界》，2016 年第 9 期。

过程中，彰显了历史与社会的变迁。[①②] 学者付晶晶则以中国古钟为研究对象，探讨“钟”这一文化符号与文化传播的关联，从古钟文化的传播语境入手，考察了宫廷钟文化、寺庙梵钟文化以及民间钟楼文化，揭示出钟在不同传语境中的文化特质。[③]

此外，厦门大学博士生赵晟从华夏文明传播的安全观角度重新诠释了“夷夏之辨”，认为“夷夏之辨”是一种民族中心、民族自觉的传播本位观，而其核心“夷夏之防”反映的是一种华夏文化传播的安全观与责任。[④] 此类阐发颇有新意，使原来属于文史哲的议题转化为传播学的议题，体现了华夏传播研究注重与文史哲研究的学科交叉融合。

在政治传播研究日趋兴旺的当下，一些研究也逐渐细化。考虑到历史背景的宏大与庞杂，传播学视角的切入，如若选取某种较小的研究对象或常见的传播仪式，有时更能把握和管窥历史中的现实。比如，考察先秦时期“史官记事”“官方文书通讯”“采风”“乡校议政”等活动，认为先秦时期的社会传播活动主要承担着“辅佑政事”与“延揽民意”的功能。[⑤] 比如，选取中国古代中央政府内进行的一种政治传播仪式——经筵会讲，从“士人对帝王进行儒学教化”和“士人向帝王提供政治咨询”两种传播行为的基础上，分析经筵会讲“自下而上”的政治传播传统在历史中的变化，进而影响了“建构政治共同体”的战略功能实现。[⑥] 总结传播机制的变化对功能实现的影响，以此为当下的政治传播提供历史的借鉴和启示。再如，通过对宋代进士科考试的政治宣传进行分析，再现政治势力抢夺“舆论号角”下的战场。[⑦]

这些研究，不见得选取多么宏大的研究对象，但却视角新颖，而且研究中大量的跨学科知识的论证与应用，着实也给人一种耳目一新的感觉。这些独辟蹊径的研究方式，为华夏传播学研究增添了一抹亮丽的色彩。

---

① 张远山：《华夏万舞是万字符之舞——万字符传播史（上）》，《社会科学论坛》，2016年第11期。

② 张远山：《华夏万舞是万字符之舞——万字符传播史（中）》，《社会科学论坛》，2016年第12期。

③ 付晶晶：《中国古钟文化传播述论》.北京：社会科学文献出版社，2016年版。

④ 赵晟：《夷夏之辨：华夏文明传播的安全观》，《中国传媒报告》，2016年第4期。

⑤ 赵云泽，丁琢，孟雅，李师贤：《辅佑政事与延揽民意：先秦时期社会传播活动的功能考察》，《国际新闻界》，2016年第6期。

⑥ 朱鸿军，季诚浩：《经筵会讲：一种中国本土的政治传播仪式及其演变》，《现代传播》，2016年第10期。

⑦ 魏海岩：《宋代进士科考试的政治宣传价值分析》，《中原文化研究》，2016年第4期。

11.3 在传统文化宏大背景下挖掘“儒释道”文化中的传播现象

中国传统文化中，最具代表性的当属儒释道文化。正如南怀瑾先生所言：“中国文化，儒道二家之学为二大主流，如黄河长江，灌溉全国，久已根深蒂固。佛法在后汉、两晋、南北朝期间，陆续输入。……传授心法，简捷提示，深合中国民族文化特性。”[①]而儒释道文化又博大精深，蕴含着无数的宝藏，当然也包含着丰富的传播思想与传播实践，而这一切亟须传播学者的发掘与开垦，才能将传统文化在当下焕发出新的活力。现在的问题是，该用何种研究方法去目前为止，传者学者的对此的研究旨趣有三个方向。

一是，通过符号学的研究方法，关注儒释道文化中的内向传播活动。比如，儒家的“慎独”就是一种通过“内省”而完成的内向传播活动，其本质是“通过符号化圣人形象为客我，进而与当下的主我进行自我互动，力争实现由凡入圣的心灵升华过程。在此过程中，儒家巧妙运用了视觉修辞，设置了‘观看’的姿态，以圣人为镜子，彰显了客我的内生动力，督促主我，效法客我，同时，充溢着‘平天下’的强烈社会责任感，从而既成人，又成己，体现出‘慎独’作为内向传播活动的社会功能。”[②]佛教倡导的众生自我彻悟与解脱，“修炼”的过程是“通过人格结构中本我、自我、超我三者相互之间不断的沟通与协调来呈现其独特的内向传播智慧。”[③]老子通过“否定”“二分”“反”和“去”等符号逻辑的运作，将其思想建立在对传统价值形态批判的基础之上，以建构“贵无”“欲望批判”“收敛”“圆满”“贵身”等新的伦理价值，成为中国人处理传播问题的新的思想形态和观念形态。[④]此外，厦门大学的杜恺健博士探讨了“华夏传播符号”的内涵、体系及其其功能，作者认为中国古人注重语言符号的社会性质，一方面，通过对名学的考察，强调必须要有一个与社会相适应的语言符号系统才能够促进社会以及交往的发展。另一方面，古代中国人亦擅长使用非语言符号作为一种传播媒介，通过它们为人们提供了共通的传播理念，进而使得人们在一定交往背景下进行传播成

---

① 南怀瑾：《南怀瑾著作珍藏本（第五卷“禅海蠡测”）》. 上海：复旦大学出版社，2000年版。

② 谢清果：《作为儒家内向传播观念的“慎独”》，《暨南学报（哲学社会科学版）》，2016年第10期。

③ 谢清果，季程：《内向传播视域中的佛教心性论》，《扬州大学学报（人文社会科学版）》，2016年第4期。

④ 李红：《老子思想的符号逻辑及其传播伦理》，《暨南学报（哲学社会科学版）》，2016年第10期。

为可能，同时也为传播活动提供了共识的规范。此外，华夏传播符号也具有协同继承的功能，周易卦爻辞的协同继承说明符号所继承不仅仅是中国符号原有的意义，同时也是对原有生活世界的阐扬。[①]

二是，运用阐释学的研究方法，审视古代典籍中的传播文化。比如，对孟子传播思想的研究，剖析其核心“性善论”，对其内向传播进行探讨，并通过对孟子和孔子传播思想的对比；分析孟子对人际传播、社会传播的认识，指出“仁”和“礼”对人际传播的束缚作用；从传播方式、传播技巧等方面来阐述孟子的“动之以情，晓之以理”传播技巧等。[②]值得注意的是，阐释学的研究路径很容易被扣上“西体中用”的帽子，正如学者李金铨所说，关键是不能将现象与问题简单的概念化、命题化或框架化，“最根本的在掌握文化脉络里的内在理路，然后援引外在理论，刺激我们思考问题，帮助我们解释证据和意义。”[③]三是，与西方理论的对话中碰撞出美妙的火花，凸显儒释道文化的魅力。将古代的老子与现代的传播学者彼得斯相关联，即是一种创新。面对传播的困境，交流的无奈之时，老子则以大音希声、大辩若讷、以静制动等方式调控自我而实现交流的超越，彼得斯则呼吁“己所不欲，勿施于人”，保持一颗“仁爱”之心，解救人类孤独的困境。[④]这不仅是一种巧合，更是东西方文化，古今智慧的碰撞之后产生的火花。人类的思想本质上都具有相通性，正如歌德所说，“凡是值得思考的事情，没有不是被人思考过的；我们必须做的只是试图重新加以思考而已。”[⑤]当然，老子的人文思想特质所呈现的人际传播思想和价值取向和彼得斯的观点也有这很多相异之处。将两者对方分析，更能凸显老子人际传播思想本身的独异性。[⑥]

11.4 在跨文化传播中建构华夏传播学话语权

近年来，国家推行文化强国与增强文化软实力的政策下，中华文化传播，

① 杜恺健：《华夏传播符号的内涵、体系及功能初探》，《中国传媒报告》，2016 年第 4 期。

② 毕雪梅：《孟子的传播思想与传播技巧研究》，2016 年河北大学硕士学位论文。

③ 李金铨：《视点与沟通：中国传媒研究与西方主流学术的对话》，《新闻学研究》，2003 年第 77 期。

④ 谢清果，杨芳：《交流的无奈：老子与彼得斯的不谋而合》，《阜阳师范学院学报（社会科学版）》，2016 年第 3 期。

⑤ [德] 歌德：《歌德的格言和感想集》，程代熙、张惠民译 . 北京：中国社会科学出版社，1982 年版，第 3 页。

⑥ 谢清果，杨芳：《老子对人际传播现象的独特思考——与〈交流的无奈—传播思想史〉比较的视角》，《成都大学学报（社会科学版）》，2016 年第 4 期。

尤其是海外传播方面，日益成为优先关注的问题。对中国而言，文化的海外传播自然就成为中外联通的心理桥梁。中国文化走出去，不只是儒家文化的传递，更是包括儒释道文化在内的中华民族传统文化聚力融合向外传递的过程。华夏传播研究者有责任有义务践行文化传播的使命，这不仅是中国学者在国际舞台争夺传播学话语权的实践，也是对民族情怀的感念。

中华文化博大精深，除了宏观上的学理探索，还需要从微观处的传播方式与路径、效果等方面进行细致剖析。因此，寻求文化传播的方法与路径就显得极为重要。2016 年，同济大学主持出版的的《中华文化国际传播系列丛书》中便有被指定为作为汉语国际教育硕士系列教材的《中华文化国际传播：途径与方法创新》等一系列著作。[①] 蒙象飞的《中国国家形象与文化符号传播》则站在建构主义理论视角，探讨了符号尤其是文化符号在传播信息、形成共识、建构身份、塑造形象中的重要作用，具体提出了当前中国国家形象建构中文化符号的价值取向、选择原则和传播策略。[②] 此外，柯楚的《大国崛起：舆论传播策略》，[③] 王海燕的《中国文化传播软实力研究》，[④] 张昆主编的《华文传播与中国形象——第九届世界华文传媒与华夏文明国际学术研讨会论文集》都在从不同的角度上，[⑤] 包括媒介的宣传政策方面、国际舆论的引导方面，为提升国家形象与增强文化软实力献计划策。

值得一提的是，研究中华文化传播，不可能脱离当下的时代背景和民族环境，民族文化作为中华文化中的重要组成部分，“民族文化传播学”议题也应值得关注。近期，复旦大学的刘海贵教授主编了《中国少数民族传播研究系列》，已在复旦大学出版社出版有《土风巴韵：土家族传播研究》，通过田野调查和文献梳理，分析了土家族语言文字、口头民俗等传播现状，指出了传播中的失真问题，并提出了当代土家族传播的策略和方向。[⑥] 这项研究对民族文化的传播（包括跨文化传播）提供了借鉴的标本。

在论文成果方面，以陈雅莉等人的研究最为新颖。他们通过回溯历史，

---

① 孙宜学：《中华文化国际传播：途径与方法创新》. 上海：同济大学出版社，2016 年版。

② 蒙象飞：《中国国家形象与文化符号传播》. 北京：五洲传播出版社，2016 年版。

③ 柯楚：《大国崛起：舆论传播策略》. 西安：世界图书出版公司，2016 年版。

④ 王海燕：《中国文化传播软实力研究》. 北京：社会科学文献出版社，2016 年版。

⑤ 张昆：《华文传播与中国形象：第九届世界华文传媒与华夏文明国际学术研讨会论文集》. 武汉：华中科技大学出版社，2016 年版。

⑥ 庹继光，李缨，庹继华：《土风巴韵：土家族传播研究》. 上海：复旦大学出版社，2016 年版。

考察隋唐代的国家形象建构，认为为“隋唐帝国正视自我提供了以他者多元化反馈为内容的‘三棱镜’，这些对外交往中的不同实践都为建构‘我—他’关系背景下‘中华帝国’的主导式身份提供了意义来源，进而促使唐代的中国能够形成更为立体、全面的国家社会认同。”[①]他们的研究贯通古今，以今溯古，提出中国见解，解释并前瞻性地分析中国社会传播问题，使华夏传播研究更接地气。

在跨文化传播研究方面，一些学者的研究视野很开阔，往往把研究的“面”给打开了。学者唐淑宏以“孔子学院”为研究对象，分析中华文化对外传播的效果。[②]学者毕冉考察中国文化典籍英译的状况，审视中国文化对外传播的发展现状。[③]学者冯小钉的研究注重传播心理的作用，他认为文化传播的“民族中心主义”心理是造成文化误读的最主要原因，我们再跨文化传播中值得警惕。[④]而学者张婧和王旭则以美国文化的传播为比照对象，认为“我们的文化产品竞争力不足、创新性不够……已经无法在新的历史时期为我们赢得太多竞争力。”只有以多种方式走出去，加强多方合作，才能掌握传播的话语权。[⑤]此外，今年出版了2015年在中国传媒大学召开的“中华经典海外传播首届国际学术研讨会”的论文集，着重探讨中华经典在当代各种传播形式的整理、改编、演绎案例，中华经典海外传播的翻译融合以及冲突现象等议题深入探讨。[⑥]

笔者认为，中华文化在国际舞台上的话语权抢夺不是一朝一夕的，也不是某一种文化单方向突进就可完成的，只有汇聚中华民族更多地智慧，融汇多种传统文化、民族文化，打造成一艘真正的文化航母，才有希望在世界文化的海洋中掌握更多的话语权。关世杰领衔的研究团队推出《中华文化国际影响力调查研究》一书，该成果借鉴跨文化交流学和国际传播学理论，根据中国国情，针对中华文化国际影响力提出了理论框架，创建了评估体系，设

① 陈雅莉，张昆，曾林浩：《唐代的对外传播与“中国”在前近代国际关系中的国家认同建构》，《国际新闻界》，2016年第6期。

② 唐淑宏：《试析中国文化对外传播效果——以孔子学院为例》，《沈阳师范大学学报（社会科学版）》，2016年第2期。

③ 毕冉：《中国文化典籍英译与对外传播之思考》，《出版广角》，2016年第4期。

④ 冯小钉：《文化误读与中国文化内容传播的现代置换》，《荆楚理工学院学报》，2016年第3期。

⑤ 张婧，王旭：《美国多元文化传播中的中国文化定势》，《现代传播》，2016年第9期。

⑥ 李怀亮，王永主编：《中华经典海外传播——首届国际学术研讨会论文集》.北京：光明日报出版社，2016年版。

计出包括50多个问题的针对美国、德国、俄罗斯、印度、日本、韩国、越南、印尼的《中华文化印象调查》问卷，根据调研数据，评析了中国文化对如上八国民众的影响力，提出增强中华文化对外影响力的对策建议。这是运用实证研究方法探讨中华文化海外传播力的优秀成果。可以预见，随着我国"一带一路"倡议的逐步实施，这种针对中华文化海外传播的历史溯源、现实困境与解决方案、未来展望等研究课题必然会是未来几年华夏传播学研究的热门领域。从这个意义上讲，华夏传播研究的振兴是历史与社会发展的必然。

综上所述，2016年，华夏传播研究取得了一定的成果，"华夏传播理论研究"备受关注。从2016年课题立项来看，当年立项的国家社科基金项目（含后期资助）"新闻学与传播学"中有"华夏传播研究""世博会在中国近代百年传播研究（1851—1949）""中国文化传播与国家软实力"；教育部立项的新闻传播类中有"民国报刊的客观性观念研究""晚清民国女性报刊对国民性别观的现代性启蒙研究"等。从在新闻传播类核心期刊发表的论文来看，《新闻与传播研究》《国际新闻界》《现代传播》之中皆有相关论文刊发，而浙江大学传播研究所主办的《中国传媒报告》和厦门大学传播研究所主办的《中华文化与传播研究》也已逐渐成为华夏传播研究者聚集的成果展示平台。《中华文化与传播研究》2016年推出二期，第一期（总第四期）中推出"中华文化与大众传播研究"专栏刊载了同年同名会议的9篇文章；第二期推出"华夏文明传播研究"专栏，包括有"社会转型期传播儒家义利观的传播路径创新研究"等7篇论文。当然将来会有更多的华夏传播研究论文在学界展现。从2016年开始，厦门大学在九州出版社推出《华夏文明传播研究文库》，推出的第一部作品是《大道上的老子：〈道德经〉与大众传播学》，[①] 该书是继《和老子学传播——老子的沟通智慧》（宗教文化出版社，2010）、《和老子学养生——老子的健康传播智慧》（宗教文化出版社，2010）、《和老子学管理——老子的组织传播智慧》（宗教文化出版社，2011）、《〈道德经〉与当代传媒文化》（世界道联出版社，2014）之后，谢清果教授在老子传播学领域的又一作品。

诚然如斯，我们应清醒地认识到华夏传播研究回归主流学术圈中心位置的道路还很漫长，但是我们坚信，道路是崎岖的，前途是光明的，只要沿着

① 谢清果编著：《大道上的老子：〈道德经〉与大众传播学》. 北京：九州出版社，2016年版。

正确的方向，定能有所斩获。因此，我们坚信只要有更多的年轻一辈学者投入到华夏传播研究中来，就能推动华夏传播研究更上一层楼。

（张　丹　谢清果）

第十二章　华夏传播研究：构建中国特色传播话语体系的坚定初心（2017）

进入21世纪以来，华夏传播研究大有兴盛之势。哲学社会科学间的跨学科融合，自然科学研究方法的针对性应用，中华传统文化中的传播介质、观念、理论被提取、整合和建构，华夏传播研究不断走向深入，有力地丰富了中国特色传播话语体系建构，时至今日（2017年）华夏传播研究取得了丰硕的成果，让我们看到华夏文明中绚丽多彩的传播景观。

话语是指涉或建构有关某种实践特定话题之知识的方式。它为人们谈论特定话题，进行社会实践，形成特定社会制度提供一定的方式和知识形式，并以此来引导人们。[①]应该说，话语是来自于人类社会长久的实践活动中所形成的较为固定的观念、制度等的呈现，而且具有相应的引导和解释的能力。福柯认为，话语不是简单地指个人的语言表达方式，更强调隐藏在人们观念之下的深层意蕴，支配着不同主体的言语表达、思维方式、价值取向和行为准则，甚至体现意识形态的语义。[②]在福柯看来，话语总是和知识、权力等关键概念扭结在一起，更多的考察话语背后的意识形态和权力形成及运用。当然，话语权的表达也是一种经济和政治实力的体现，而当前提出构建中国特色话语权问题，是我国特色社会主义事业取得重大发展和进步的一种需要，也是扩大中国发展道路国际影响力的必然要求。同时，也是打破西方话语强势与垄断、结束中国被动状态的战略举措。[③]从这个意义上讲，福柯的话语理论能够给我们构建中国特色话语体系提供一定的策略性启发。本章则更多地

① 周宪：《福柯话语理论批判》，《文艺理论研究》，2013年第1期，第122页。

② 杨鲜兰：《构建当代中国话语体系的难点与对策》，《马克思主义研究》，2015年第2期，第60页。

③ 杨鲜兰：《构建当代中国话语体系的难点与对策》，《马克思主义研究》，2015年第2期，第61页。

从学术研究的视角，以中华传统文化中的观念和传播现象入手，探寻中华文化特色的话语内容，力争构建中国特色传播话语体系。对一个民族和一个国家来说，话语体系展示的是这个国家或民族特有的语言符号、思想观念和价值体系、制度特色等，是国家特色民族文化的体现。我们看到，中华民族的话语蕴藏在华夏文明的传播过程中，而且这些话语体系具有多民族、多种类的共通共融的特征。也就是说，虽然不同民族有不同的话语类型，但其中蕴含中华民族基本的价值观念是共通和稳定的。这是华夏文明传播的基础，也是构建中国特色传播话语体系合法性来源。

当前中国话语研究逐渐从微观的话语内部，走向宏观的话语秩序、话语文化和话语文明，从个体或群体话语走向国家话语，从国家形象话语建构走向国家软实力建设，从单一话语文化走向国家文化研究。[①]这些话语研究范式的转向也体现了当前中国学术话语热点研究领域，反映了当前国家传播话语体系的转向，特别是向哲学社会科学话语体系建构领域拓展。[②]2016年5月，习近平总书记在哲学社会科学工作座谈会上的讲话中指出，构建中国特色哲学社会科学，要体现继承性、民族性，要构建具有自身特质的学科体系、学术体系、话语体系，我国哲学社会科学才能形成自己的特色和优势。[③]学者李金铨曾表示，鉴于西方长期占领学术霸权，我们需要发挥文化的特殊性，去消解他们（也是我们）"西方就是世界"的世界观。[④]也就是说，我们需要从我国优秀的传统文化中吸取有益的成分，将之进行整合传播，形成富有中国特色的话语体系。中华优秀传统文化，其核心思想的形成和发展，大体经历了先秦诸子百家争鸣、两汉经学兴盛、魏晋南北朝玄学流行、隋唐儒释道并重、宋明理学发展等几个历史时期，产生的文化精髓是中国特色社会主义话语体系的根脉。[⑤]所以说，中国特色传播话语体系建构或者说华人传播研究视野应该要基于丰富的中华传统文化，或者"共同民族文化"的基本假设上

① 陈汝东：《论话语研究的现状与趋势》，《浙江大学学报（人文社会科学版）》，2008年第6期，第137页。

② 陈汝东：《论国家话语体系的建构》，《江淮论坛》，2015年第2期，第6页。

③ 新华社：《习近平主持召开哲学社会科学工作座谈会》，新华网，http://news.xinhuanet.com/politics/2016—05/17/c_1118882832.htm，2016—5—17。

④ 李金铨：《华人的传播学术视野在哪里？》，《对外大传播》，2004年第1期，第28页。

⑤ 安文华：《传承优秀文化，构建中国特色社会主义话语体系》，《甘肃社会科学》，2015年第2期，第216页。

面。[1] 这样才有构建体系的基础和根基。

1988 年，吴予敏教授出版了《无形的网络：从传播学的角度看中国的传统文化》的专著，大陆学者开始意识到中国传统文化中的“传”的问题。进入 20 世纪 90 年代后，国内学界的本土化研究意识日渐彰显，至 1993 年“首届海峡两岸中国传统文化中传的探索座谈会”召开，并于 1994 年出版《从零开始——首届海峡两岸中国传统文化中传的探索座谈会讨论文集》。传播研究本土化开始兴起，有学者呼吁，我们不能紧跟洋人亦步亦趋，必须走出自己的路已成天下共识。[2] 王怡红教授也曾谈到，中国传播史有自己的线索，有特殊的现象，这些并不能用西方的理论框架或术语进行解释，而且构建特色传播话语体系，进行传播学本土化研究——华夏传播研究是强调民族特性，是我们追求学术独创性和理性思考的结果，同时又是传播学深入研究的必然发展，也只有进行华夏传播研究，才能传播我们自身的形象和声音。[3] 余也鲁认为：“我们除了可以在中国的泥土上学习与实验这些（西方传播 ）理论外，以中国人的智慧，应该可以从中国的历史中找寻到许多传的理论与实际，用来充实、光大今天传学的领域。”因为，“传的艺术已深潜于中国文化中，流淌在中国人的血液里，只差作系统性的与科学性的发掘与整合。现在该是开始的时候了。”[4]

在中国走向世界的今天，华夏传播研究逐渐兴起，是传播学本土化的一种实践，更是构建中国特色传播话语体系的一种努力，从而丰富世界的传播研究，形成具有中国特色的传学理论，[5] 充实华人传播想象，[6] 增强国家文化软实力，提升国际形象的重要学术工程，这是中国学者的责任和担当。传播学传入中国的四十年，也是华夏传播研究不断推进的四十年。这里，我们以 2017 年为例，来管窥学人在新时期推进华夏传播研究的新作为。

---

① 戴元光主编：《传媒·传播·传播学：新闻传播学的价值重构》. 上海：上海交通大学出版社，2005 年版，第 77 页。

② 李彬：《反思：传播研究本土化的困惑》，《现代传播》，1995 年第 12 期，第 7 页。

③ 王怡红：《对话：走出传播研究本土化的空谷》，《现代传播》，1995 年第 12 期，第 11 页。

④ [美] 宣伟伯著：《传学概论——传媒·信息与人（最新修订本）》，余也鲁译述 . 香港：海天书楼，1983 年版，译者代序。

⑤ 余也鲁，郑学檬主编：《从零开始——首届海峡两岸中国传统文化中传的探索座谈会论文集》. 厦门：厦门大学出版社，1994 年版，第 292 页。

⑥ 冯应谦，黄懿慧：《华人传播想象》. 香港：香港中文大学香港亚太研究所，2012 年版，序言。

12.1 华夏传播研究理论体系建构的坚定意识和积极行动

一直以来，西方传播学理论尤其是美国经验学派占据着新闻传播学理论研究的制高点，传播学作为一个舶来品，其学科范式在很大程度上具有鲜明的西方烙印，特别是美国烙印。他们的理论话语构成了传播学科知识地图上的主流话语。[①] 面对这种现状，甚至有学者认为，假如华人传播学术圈照搬美国这套主流的东西回去自己的文化脉络，不假思索改造，只顾一径奋勇再生产，那么注定要沦入“边缘的边缘的边缘”的命运。[②] 这是一种警醒，要求我们跳出西方传播理论话语的窠臼而另寻出路。随着中国国际地位提高，中国对外传播能力的加强以及学科的开放和多元化，华夏传播研究对中华传统文化进行深入的传播学本土化研究是一种意识的觉醒和理论建构行动上的自觉，虽然至今我们依然无法提出任何一种独立、权威、受到学界公认的“中华传播理论”，甚至对于我们当前的研究方向应向何处去，尚无一个学界的广泛认同。但是，整理具有中华文化特色的统摄性理论，搭建独树一帜的中华传播学问，使之真正成为对中华传播事件与传播方式的思考聚焦、理论投射与文化溯源，与西方传播学界产生独立、平等的对话与交流，无疑为华人传播研究之崛起须当致力的共同方向。[③] 这是华夏传播研究宏观的发展方向，是构建中国特色传播话语体系的应有之义，其将有利于引导传播学本土化的创新性发展。

12.1.1 历史视野：华夏传播研究的媒介省思

纵览 2017 年华夏传播研究刊发的论文和著作来看，其研究对象包括作品（典籍、诗词、歌谣、小说）、法律条令以及政治传播活动等。尤其是对作品的考察是以其作为一种媒介，探讨它们的传播过程和传播思想。实际上，在古代由于中国特殊的政治环境以及个体强调内省和参悟，个体思想的表达往往蕴藏在一些作品典籍中，以比较隐晦的方式进行传播。考察这些传播活动在一定程度上能够揭示中国古代的传播话语形态和历史传播环境的变迁。

从传播学的角度挖掘作品中的智慧则能给我们提供新的视角和启发，谢

---

① 姜红：《新媒介形态下新闻传播学话语体系的转型》，《南京社会科学》，2017 年第 1 期，第 17 页。

② 戴元光主编：《传媒·传播·传播学：新闻传播学的价值重构》. 上海：上海交通大学出版社，2005 年版，第 74 页。

③ 徐来，黄煜：《“向何处去？”“倚何处立？”与“以何为本？”：新媒体时代中华新闻传播学（刊）的发展前景与格局》，《传播与社会学刊》，2017 年第 41 期，第 258—259 页。

清果教授的《生活中的老子——〈道德经〉与人际沟通》将老子的智慧系统性的与人际交流和传播结合起来，[①] 从人内在修为到外在的处世之道做深刻的剖析，具有很强的现实指导意义，也从一个侧面说明华夏传播理论和观念是来源于实践并能有效指导实践。心学作为儒家思想的延续和发展，在宋明时期有着重要的发展，最终成为一个对后世有着重要影响的思想体系，其思想和著作传播也是一些学者考察的重点。于雯霞的《文辩哲思三位一体——杨简心学体系及传播的示例论证》一文深入分析了杨简的心学体系和思想，以辩证的视角——心与理、心与正、心与意论证杨简树立起“心”的本体论，同时也详细介绍了他的著作《月赋》及其为心学传播做出的重大贡献。[②] 而张菁洲则从较为宏观的传播过程考察了《传习录》在明代的传播特点，包括传播的群体、传播的媒介，认为《传习录》的传播为阳明心学地位的确立、思想的传播发挥了重要作用。[③] 另外，一些学者从文献出版的视角考察了历史文献如对宋元明清时期《列女传》的版本、刊行方式和传播路径来考察《列女传》的传播效果。[④] 此外，也有对作品的媒介多样性传播进行考察，如苏轼《赤壁赋》在宋代的自媒体和“多媒体”传播形态及传播效果研究；[⑤] 再如从石刻、纸绢和版刻三种媒介传播屈原图像，考察艺苑点评、题画诗文和仿写临摹三种接受屈原图像的基本方式。[⑥] 实际上，这也是从绘画史与传播相结合对屈原图像的发展和传播效应进行考察。而从新闻媒体《申报》上的新闻、广告、评论和文学知识等多种内容形式考证《牡丹亭》的传播，[⑦] 则给我们提供了新的视角，也即能够更加准确的把握当时社会的传播和接受语境以及文本传播的话语形态。在《〈弟子规〉的历史溯源与传播过程》一文中全面的梳理《弟子规》的传播和接受过程，从《弟子规》的一隅之地，窥得中国的社

---

① 谢清果编著：《生活中的老子——〈道德经〉与人际沟通》. 北京：九州出版社，2017年版。

② 于雯霞：《文辩哲思三位一体——杨简心学体系及传播的示例论证》，《宁波大学学报（人文科学版）》，2017年第6期，第8页。

③ 张菁洲：《〈传习录〉在明代的传播特点研究》，《辽宁工业大学学报（社会科学版）》，2017年第3期，第85页。

④ 靳力：《论〈列女传〉的刻印和传播》，《山东女子学院学报》，2017年第5期，第69页。

⑤ 王兆鹏：《宋代〈赤壁赋〉的“多媒体”传播》，《文学遗产》，2017年第6期，第4页。

⑥ 周建忠：《何继恒. 屈原图像在中国古代的传播与接受》，《中州学刊》，2017年第4期，第138页。

⑦ 尹丽丽：《〈申报〉所载〈牡丹亭〉的晚清传播》，《文化遗产》，2017年第4期，第33页。

会思潮在三十年间出现的天翻地覆的剧烈变化。[①]这是研究古代典籍传播过程所带给我们的启发，是我们总结华夏传播理论，概括传播话语框架的基础。

此外，学者也考察古代的一些传播活动，譬如对北宋的抄写传播、[②]“行卷式”传播进行考察，[③]揭示北宋时期文人文集的传播特点和专制社会对文集传播的压制背景，为我们描绘了宋代文学领域的传播现象。刘大明的《宋代新闻传播与政治文化史稿》专著从新闻史和传播史的角度研究了宋代邸报的新闻和谣言传播活动，以及从政治史的角度探讨了宋代文人谈兵论战的时代背景，具体策略以及兵学文化繁荣等系列议题。并且，通过个案的描述来分析，使读者能够认识宋代新闻传播的具体运作逻辑和构成方式，从而提高解析当今社会问题的能力。[④]而王仙子则考察了《渝报》与西南地区近代新闻传播事业的开展，同时讨论“复古即维新”问题，认为《渝报》具有自己独特的运思路径，也即“复古即维新”论。这一运思在西学东渐以及华夏文化面临严峻危机的情形下，其实质是儒学的自我转化。[⑤]

中国古代歌谣、小说和法律等是中国文化繁荣的集中反映，研究中国古代歌谣也是华夏传播研究的一个重要领域。对这种文化结晶的传播学考察，不仅研究它们的传播载体，而且更多考察诗歌的社会功能，尤其是其在政治领域方面的影响。何丽的《汉乐府古辞在唐代的传播之研究》[⑥]论文以及孔敏出版的《唐代小说在明清时期的传播研究》[⑦]专著对汉乐府古辞和小说在不同朝代的传播发展概况，对中国古代文学发展脉络有较清晰的梳理，也展示了它们的社会影响力。也有学者从媒介的角度来探讨唐宋诗歌的传播，譬如艺术、生活、印刷等三种媒介类型及其差异化的媒介传播效果对唐宋诗歌的发

① 王立刚：《〈弟子规〉的历史溯源与传播过程》，《教育学术月刊》，2017年第5期，第104页。

② 潘明福：《北宋时期文集的抄写传播》，《赣南师范大学学报》，2017年第4期，第78页。

③ 潘明福：《北宋时期文人文集的“行卷式”传播》，《江汉论坛》，2017年第6期，第67页。

④ 刘大明：《宋代新闻传播与政治文化史稿》.北京：中国传媒大学出版社，2017年版。

⑤ 王仙子：《〈渝报〉与西南地区近代新闻传播事业的展开——兼论“复古即维新”问题》，《新闻与传播研究》，2017年第12期，第92页。

⑥ 何丽：《汉乐府古辞在唐代的传播之研究》，《南京艺术学院学报》，2017年第3期，第20页。

⑦ 孔敏：《唐代小说在明清时期的传播研究》.北京：商务印书馆，2017年版。

展产生的影响。[①] 张利亚的博士论文《唐五代敦煌诗歌写本及其传播、接受》，从写本学的角度对写本时代诗歌的传播方式进行深入的研究，探究诗歌写本的传抄、接受等概况，以新颖的视角展示古代写本的新传播方式。[②]

实际上，中国古代歌谣与政治舆论具有密切的联系，歌谣的传播具有明显的政治舆论功能。潘祥辉的《"歌以咏政"：作为舆论机制的先秦歌谣及其政治传播功能》一文详细探讨了先秦歌谣的类型，以及先秦歌谣在政治表达、宣传教化、政治监督、舆论动员以及权力博弈中都发挥着重要的作用，这也使得它在人类早期的文化与政治史上独具特色。中国先秦歌谣不仅开创了"歌以咏志"的传统，也开创了"歌以咏政"的传统，这既包括"美刺"的传统，也包括对"歌舆"争夺和控制的传统。[③] 歌谣的政治功能为我们挖掘中国传统文化中的传播观念和信息传播功能提供了启示，从这里也看出中国传统文化的博大精深，具有丰富的传播资源和细腻的传播理念。吴大顺的《汉魏六朝的徒歌传播述论》也对古代的歌谣的创作、传播和社会功能做了研究。[④]

当下，政治传播备受学术界关注，其中不乏对中国古代政治传播的深入研究和探讨，以期给予当下社会传播和政治治理经验。徐燕斌的《中国古代的政治传播与社会控制述略——基于媒介史的视角》从中国多数王朝的多种媒介如诰、悬书等，阐述时间偏向和空间偏向媒介的政治功能，通过古代媒介来探讨古代社会秩序的维持和王权的有效运转。[⑤] 而古代律令作为统治者管理社会的法律，其传播过程也是学者研究的内容之一，正如，朱腾的《秦汉时代律令的传播》对律令在官方和民间的传播做了分析，认为对律令传播的重视并非秦汉朝廷的创造，而是对先秦时代的法规范重构运动之结果的继承和改进。[⑥] 当然也有学者另辟蹊径，选择对清代京杭运河的旗丁群体进行研究，考察研究他们的信息传播情况，是民间信息传播的重要载体，为信息

---

① 徐红漫：《媒介变化与唐宋诗歌的公众传播》，《南京师大学报（社会科学版）》，2017年第3期，第127页。

② 张利亚：《唐五代敦煌诗歌写本及其传播、接受》，兰州大学，2017年博士学位论文。

③ 潘祥辉：《"歌以咏政"：作为舆论机制的先秦歌谣及其政治传播功能》，《新闻与传播研究》，2017年第6期，第68页。

④ 吴大顺：《汉魏六朝的涂歌传播述论》，《百色学院学报》，2017年第3期，第41页。

⑤ 徐燕斌：《中国古代的政治传播与社会控制述略——基于媒介史的视角》，《现代传播，2017年第10期，第51页。

⑥ 朱腾：《秦汉时代律令的传播》，《法学评论》，2017年第4期，第182页。

“人际”传播提供了条件，甚至间接成为政府控制与反控制的对象。[①] 这也从一个侧面反映了古代传播载体和传播活动的多样化，折射出特殊的社会历史语境。而潘祥辉在研究晚清政治革新和启蒙上认为，面对大众的“送字下乡”是政治和知识精英的一种共识，并且参与扫盲的主体和规模和影响在不断扩大。作者认为，从传播社会学的角度看，“扫盲”本身是一种社会教化的渠道，“送字下乡”所铺就的识字网络也为通过文字而进行的社会宣传和政治传播铺平了道路。普通民众第一次在政治社会生活中被视为主体力量。[②] 从传播社会学的角度探讨中国传播现象能更清晰地展示其中社会力量的博弈，传播目的及其社会功能和影响。此外，也有学者对蕴含中国传统文化的国礼结合政治和文化传播进行研究，[③] 体现了中国文化特色。

最后是从传播学的视角探讨中国最具特色的孝、礼文化的内涵，[④⑤] 从而展示中国丰富的传播思想和传播价值。另外，芮必峰等从“致中和”的角度切入，分析“中和”思想的内涵，揭示其之于“传播”和“传播学”的意义，总结归纳了中国古代先贤实现“致中和”传播价值的四项基本原则，尝试在当代背景下与西方“传播学”以及传播思想进行“对话”。[⑥] 挖掘中国传统文化中的传播价值，是华夏传播研究主体意识是觉醒，是构建中国特色传播理论的自觉。总的来说，中华传统文化中的典籍、诗词、歌谣、小说、法律等介质以及抽象层面的孝礼、致中和等观念都集中反映了中国特有的文化内涵，挖掘其中蕴含的传播思想对构建中国特色传播理论，深入推进华夏传播研究，构建有中国特色传播话语体系有重要的意义。

---

① 沈胜群：《清代京杭运河沿线民间信息传播与扩散——以漕运旗丁为载体的考察》，《聊城大学学报（社会科学版）》，2017年第1期，第1页。

② 潘祥辉：《“送字下乡”：晚清及民国时期扫盲运动的传播社会学考察》，《浙江学刊》，2017年第5期，第145页。

③ 徐键：《当代中国“国礼”中的政治传播及文化输出研究》，《现代传播》，2017年第7期，第167页。

④ 张兵娟，苏安宁：《中国孝礼文化的传播与社会价值——以央视“寻找最美孝心少年”为例》，《新闻爱好者》，2017年第11期，第33页。

⑤ 张兵娟：《传播学视野下的中国礼文化与认同建构研究》，《新闻爱好者》，2017年第2期，第31页。

⑥ 芮必峰，石庆生：《致中和：中国文化中的主流传播价值观》，《现代传播》，2017年第2期，第27页。

12.1.2 理论自觉：华夏传播研究的理论体系建构

从上文看出，许多学者从微观的层面寻找和总结华夏传播理论，而也有学者从宏观的角度，以宏大叙事的手法构筑华夏传播研究理论体系。其中厦门大学传播学研究所谢清果教授在这方面做出了重要的贡献。谢清果，祁菲菲在《华夏传播理论的内涵、特征及其未来展望》一文中概括了华夏传播理论的内涵和特质，认为华夏传播理论具有“心传天下”的特质，以仁兼济天下为指归，具有区别于西方理性的实证研究的人文精神特征。[①] 这是对华夏文明中传播思想特质的准确概括，凸显了华夏传播理论的特征。而后，谢清果在此基础上不断提炼和统摄华夏传播研究理论和框架，发表了《传播学“中华学派”建构路径的前瞻性思考》，文章充分研究这一领域前沿热点的研究成就，并归纳出其显著特征，进而从反思“传播学本土化研究”问题入手探讨“华夏传播研究”的合法性，再基于四十年来华夏传播研究的历史变迁与近年来发展的丰硕成果，从核心概念辨析、中国新闻传播史研究、民族文化传播学建构、华夏传播学的想象力培育、华夏传播理论体系构建等维度，全方位、前瞻性地展示出传播学“中华学派”建构的基本态势与发展路径，以期推动华夏传播研究向建构“华夏传播学”的方向挺进，最终为“中华传播学”的形成奠定历史与文化的基石。[②] 可以说，这篇文章明确了华夏传播研究的路径和方向，确立了华夏传播研究的核心概念和范畴，构筑了华夏传播研究体系，进一步奠定了华夏传播研究的合法性及“中华传播学”的基石，是一次较为全面的华夏传播研究学术话语的阐述与总结。另外，谢清果和张丹在《话语权建构视角下的华夏传播研究报告（2016)》论文中，展示了2016年华夏传播研究的成果，提出了华夏传播研究的话语权建构的主体意识，为探索传播理论中国化提供更为明晰的方向。[③]

除此之外，谢清果在《华夏文明与传播学本土化研究》基础上又推出了《华夏传播学引论》，[④] 该书从传播学基本框架入手，介绍中国古代传播模式，从华夏文明智慧中提炼出区别于西方的传播理论，搭建华夏传播学的基本框

① 谢清果，祁菲菲：《华夏传播理论的内涵、特征及其未来展望》，《今传媒》，2017年第1期，第4页。

② 谢清果：《传播学“中华学派”建构路径的前瞻性思考》，《新疆师范大学学报（哲学社会科学版）2017年第6期，第63页。

③ 谢清果，张丹：《话语权建构视角下的华夏传播研究报告（2016)》，《中国传媒报告》，2017年第4期，第89页。

④ 谢清果编著：《华夏传播学引论》. 厦门：厦门大学出版社，2017年版。

架。从中国特色语境出发，寻求与西方理论话语对话，在中西文化和思维碰撞中体现华夏传播智慧。同时，由谢清果、钟海连主编的作为华夏传播研究的重要平台和刊物——《中华文化与传播研究》（第一辑）也出版了，在此集刊中，设有“中国文化对外传播研究”“乡村传播与文化空间”“盐文化研究与传播”“贤文化管理与组织传播”等重要栏目，这些栏目的文章都是关涉华夏传播研究的内容，有效地开拓华夏传播研究视野，而且与企业合办栏目，能够实现双方优势互补，精诚合作，共同为实现中华民族的伟大复兴而鼓与呼！①

此外，胡正荣也呼吁要提升中国传统文化的当代传播力，认为我们需要在保证器物文化传播数量的基础上，着力提升制度文化和精神文化的传播数量。无论对内传播，还是对外传播，都需要提升现代人对中国传统文化从“认知”到“认同”的过程，从而实现深度的有效传播。②这是对当前华夏文明传播的有效性和正当性的思考，提示我们应该注重华夏文明的“认同”化传播，也是我们构建中国特色传播话语体系的题中之意。

总的来说，华夏传播研究学者已经有了对理论挖掘和整理的自觉意识，也在学理层面论证了华夏传播研究的概念、范畴、研究进路，确立了华夏传播研究的合法性，搭建了华夏传播研究的理论体系，这对我国构建哲学社会科学话语体系，尤其是特色传播话语体系具有重要的意义。诚然，当代中国哲学社会科学话语体系，更应该是根植于中国文化生活基础、代表当代中国发展实践方向、具有中国风格与中国气派、特色鲜明且具有世界影响力的话语体系。③

12.2 区域文化的传播研究：华夏传播研究的学术增长点

华夏传播研究不仅着眼于儒释道等中国影响深远的思想观念的传播，而且也关注地区特色文化传播，区域文化研究也逐渐成为华夏传播研究一个新的学术增长点。

---

① 谢清果，钟海连主编：《中华文化与传播研究·第一辑》．北京：九州出版社，2017年版。

② 胡正荣：《中国传统文化在当代传播中的困境》，《人民论坛》，2017年第26期，第134页。

③ 蔡先金：《中国传统话语体系的秉性、境遇与创造性转化》，《东论论丛》，2015年第7期，第37页。

12.2.1 区域文化：构建华夏文明传播的坚实基石

中华民族是由56个民族组成的，每个民族都有着自己悠长的历史和文明，形成了独具特色的民族文化，这些有着相同习俗和生活习惯的民族或人口集聚在一起形成了区域文化，这为华夏文明传播增添了丰富的文化资源，奠定了华夏文明传播的坚实基石。中华民族的区域文化是对外传播的重要窗口，区域文化代表该地区的特色的价值观念和思想特性，对此的研究不仅表明了华夏传播研究内容的多样性，而且也体现了华夏传播研究范畴的完整性。基于此，华夏传播理论内涵和话语体系才能更加丰富和完整，展现中华文化的多姿多彩。文化是一个多侧面多层次的复杂的有机体，如果单从一个角度一个侧面来观察研究，尽管在某一方面说对了，但总体上也未能全面深刻地揭示文化的全部内容和实质。我们需要多角度多层次的研究，需要研究民俗传播、文化起源发展（文化进化）、文化结构、文化功能，以及文化模式、文化生态等。总之，我们要批判地吸收各种学术流派的研究成果，而不是抱残守缺。[①]应该说，这是对待文化研究的态度，更是华夏传播研究所应该具备的一种认识，因为华夏传播研究面对的是多样化的民族文化和话语表达。应该看到的是，虽然华夏传播研究中囊括了各个区域的文化，但中华民族的核心价值观和思想理念是一致的、稳定的和可传承的，区域文化中的传播现象和思想是统一于中华民族的核心价值体系中，是组成因子和文化多样性的点缀。正如美国知名人类学家莱斯利·怀特所说：文化是一个连续统一体，是一系列事件的流程，它穿越历史，从一个时代纵向地传递到另一个时代，并且横向地从一个种族或地域播化到另一个种族或地域。[②]

12.2.2 区域文化与民族文化的融合：华夏传播研究的独特优势

区域文化的研究往往涉及民族的语言、艺术、习俗等多个层面的复杂传播样态，并呈现与民族文化的融合态势，因此，这方面的研究往往会选择跨学科的方法进行研究，以更全面的视角展示区域—民族文化，彰显华夏传播研究的独特优势。这方面代表性的著作有云南师范大学李丽芳、邱昊、谢晓霞编著的《民族文化传播研究》。该著作关注了建筑、服饰、语言、艺术、宗教、手工艺等少数民族文化传播介质，意在探讨这些介质作为一种特殊的符

① 仲富兰著：《民俗传播学》．上海：上海文化出版社，2007年版，第133页。

② ［美］莱斯利·A. 怀特著：《文化的科学》．济南：山东人民出版社，1988年版，第2页。

号来表征少数民族文化的意义，并在少数民族的生产生活中进行意义的传播和建构。[①]书中还运用了符号学、艺术学、宗教学等交叉学科来研究少数民族文化的传播，体现了少数民族文化的丰富性。另一本著作是中国传媒大学谢丹的《连接：民族文化传播的网络与结构研究》，这本著作选择我国云南省丽江地区的纳西族东巴文化作为民族文化传播的案例对象，从传播学、民族学、社会学的交叉领域出发，探讨"社会传播网络与民族文化传播的关系"，尝试将西方社会网络理论和网络科学与传统的文化传播加以融合，探寻在飞速发展的现代社会中，对文化传播的发展裂痕的弥补。[②]以学科交叉融合的视角探寻社会传播网络与民族文化的关系，能够揭开民族文化在社会中的表达，发出应有的民族之声。

在期刊论文方面，有学者对西方佛教文化传播方式的嬗变进行考察，探析西安佛教文化社会角色的定位变迁，把握西方佛教文化产业发展的规律。[③]也有从传播媒介的角度研究宜春禅宗文化传播，[④]或者是采用文献资料和实地调查法研究发源于山东淄博的蹴鞠文化。[⑤]同时一些硕士学位论文也有涉及地方文化的研究，譬如《徽州祭祖中的宗族社会文化传播研究》[⑥]、《开封胡同文化传播研究》[⑦]《福建省畲族传统体育文化传承的传播学研究》[⑧]等。这些论文都从不同的角度展示了区域文化的传播。区域文化的多元化传播话语是华夏传播研究的一个面向，更是一个新的学术增长点，构建中国特色传播话语体系理应更加开放地展示区域文化的声音和话语。

12.3 中华文化对外传播研究：华夏传播研究的时代召唤

中华文化对外传播研究也即是对华夏文明的域外传播的话语、方式、规

---

① 李丽芳，邱昊，谢晓霞：《民族文化传播研究》. 北京：人民出版社，2017 年版。

② 谢丹：《连接：民族文化传播的网络与结构研究》. 北京：中国广播影视出版社，2017 年版。

③ 杜超凡，李红岩：《西安佛教文化传播方式的嬗变》，《新闻知识》，2017 年第 9 期，第 32 页。

④ 韩鹏飞：《传播媒介视域下的宜春禅宗文化传播》，《宜春学院学报》，2017 年第 98 期，第 10 页。

⑤ 宋晓楠，杜淑琳，孙健：《传统蹴鞠文化传播的策略及意义》，《当代体育科技》，2017 年第 7 期，第 215 页。

⑥ 郭云涛：《徽州祭祖中的宗族社会文化传播研究》，安徽大学，2017 年硕士学位论文。

⑦ 陈萌莉：《开封胡同文化传播研究》，郑州大学，2017 年硕士学位论文。

⑧ 顾军：《福建省畲族传统体育文化传承的传播学研究》，集美大学，2017 年硕士学位论文。

律等的探究，它展示的中华民族文明的面貌。在当前中国由大国迈向强国的进程中，华夏文明的域外传播研究，占领国际话语权，构建特色传播话语体系显得尤为必要和紧迫。

12.3.1 走出国门：中华文化的对外传播

中国有许多优秀的文化资源可以进行优化、创新传播，这是中国走出国门，建构中国形象和话语的一条有效路径。在当前全球化进程和国家之间跨文化交流的背景下，中华文化的对外传播研究有兴起之势。从微观层面上看，这方面的研究更多的是从中国传统文化精粹入手，探讨它们对外的传播与影响。如从传播要素和模式来探讨《三国演义》在日本等海外国家的特点，为古典文学作品的海外传播提供了经验与启示；[①] 或者借助拉斯·韦尔的“5W模式”对中国戏曲海外传播进行探析，提出了研究中国戏曲走出去的一个崭新视角。[②] 而武术作为中国文化精粹的一部分，其传播现象也引起学者的关注和研究。如对武术海外传播的语言和手段进行探讨，[③] 或者采用文献研究资料方法探讨其在美国的传播。[④] 在中日文化交流上，中国道教在日本的传播及其对日本文化的影响也有学者关注。[⑤] 值得一提的是，韩国留学生金洙京和泰国留学生李吉娜在山东大学分别完成的博士论文《“剪灯二话”在韩国的传播与接受》[⑥] 和《〈水浒传〉在泰国的翻译与传播研究》[⑦]，探讨中国文学作品在韩国和泰国的传播，以海外留学生的身份讲述中国文化的对外传播，则能更加有效地和有针对性地传播中国文化，增强对中国文化的认同。而在著作上，则有张德瑞，孔雪梅主编的《汉语文化国际传播实践与推进策略研究》，[⑧] 陈

① 陈甜：《古典文学的海外传播及启示——以〈三国演义〉为例》，《社会科学家》，2017年第9期，第145页。

② 张安华：《当代中国戏曲对外传播的策略探析》，《戏剧文学》，2017年第5期，第122页。

③ 卢安，姜传银：《中国武术国际传播的语言原则与手段》，《现代传播》，2017年第5期，第159页。

④ 吴文峰，薛红卫，张晓丹，徐宇浩：《中国武术在美国传播现状解读》，《体育文化导刊》，2017年第3期，第16页。

⑤ 梁桂熟，杨乔君：《论道教在日本的传播与影响——以日本道教遗迹为线索》，《江南大学学报（人文社会科学版）》，2017年第4期，第13页。

⑥ 金洙京：《“剪灯二话”在韩国的传播与接受》，山东大学，2017年博士学位论文。

⑦ 李吉娜：《〈水浒传〉在泰国的翻译与传播研究》，山东大学，2017年博士学位论文。

⑧ 张德瑞，孔雪梅主编，贾涵副主编：《汉语文化国际传播实践与推进策略研究》.广州：暨南大学出版社，2017年版。

颖的《美国华人社区汉语传播研究》等考察了汉语在国外传播和认同等问题，为我们推进汉语海外传播提供经验启示。[①] 这些研究从中国文化中深入挖掘资源，着眼于海外传播场域，对中华文化的海外传播不断进行尝试。

从宏观层面上看，以“一带一路”倡议以及国家走出去为大背景，学者从宏观层面思考中华文化走出去的战略和对策。[②] 实际上，在文化走出去主题上，学者研究的视角立足中国文化，或探究文化自信和传统文化对外传播的关系；[③] 或研究中华文化对外传播能力，强调主体之间的调试和共享；[④] 另一方面，从海外的视角审视中国文化，也即研究话语海外传播和中华民族文化认同的建构问题；[⑤] 或研究中国的民族文化传播与认同。[⑥] 内外视角的考察开辟了话语建构的多维空间，当然，研究中华文化价值传播机制也是一种策略和思路。[⑦] 应该注意到，这些研究中都对中华文化走出去战略的重要意义，以及中华文化对外传播过程中遭遇或已经存在的问题进行论证，进而提出文化走出去、增强文化自信，提升中国话语权的战略举措。

诚然，中国拥有丰富的文化资源，在对外传播过程中不仅需要微观层面上对深厚文化的考究，而且也需要在宏观层面搭建传播框架指引方向，纠正问题，更需要国家在政策和战略层面上的统一谋划，由此推进华夏传播研究，构建中国特色传播话语体系才有稳健的基础。

12.3.2 文化自信：中华文化对外传播话语体系的构建

在国家提出“一带一路”倡议，增强国家文化软实力的背景下，国内学者对华夏传播研究以更加开阔的视野和更高的站位，探索华夏文明在海外的传播。这是文化自信的体现，是中国特色传播话语的表达。对外传播话语体

---

① 陈颖：《美国华人社区汉语传播研究》. 武汉：武汉大学出版社，2017 年版。

② 谢伦灿，杨勇：《“一带一路”背景下中国文化走出去对策研究》，《现代传播》，2017 年第 12 期，第 110 页。

③ 王莹：《文化自信与中华优秀传统文化的对外传播》，《广东社会科学》，2017 年第 5 期，第 75 页。

④ 李建军：《关于提升中华文化对外传播能力的思考》，《暨南学报（哲学社会科学版）》，2017 年第 7 期，第 119 页。

⑤ 丁和根：《海外华语传播与中华民族文化认同的构建——兼论华文媒体的特殊作用与发展进路》，《新闻界》，2017 年第 9 期，第 73 页。

⑥ 覃杰，张海兵：《“一带一路”视阈下中国的民族文化传播与认同》，《新闻研究导刊》，2017 年第 5 期，第 6 页。

⑦ 程林顺：《“一带一路”倡议下中华文化价值传播机制研究》，《广西社会主义学院学报》，2017 年第 4 期，第 80 页。

系的构建彰显的是文化自信，这需要我们对自身文化进行创造性的整合和提升，使之具有较强的传播能力，其中也包括对华夏文明的创新性研究。而在当前，在西方话语仍然在国际话语权上具有一定优势或主导的时候，我们在理论建设和话语建构上应该用开放、包容的态度，用国际化的视野和全球性的话语策略阐释中国文化和价值，[①] 切实让中华优秀传统文化在世界发展的舞台上的积极作用发挥得更加有益，增强中国话语在道义上的国际感召力，让中华优秀传统文化的阐明确实有力。[②] 也就是说，对外传播话语体系的构建，应该借鉴西方成功的经验，充分考虑国际话语体系的现实，以开放的姿态吸纳优秀文化，融入国际文化传播大格局，彰显中国特色传播话语的张力和特色。

12.4 新媒体语境下中华文化传播研究，华夏传播研究的历史机遇

随着互联网、通信技术等快速发展及其广泛运用，而基于这些技术的新媒体则成为文化传播的重要载体，这也成为学者研究文化传播的新视角，为华夏传播研究提供新的历史机遇。

12.4.1 新旧结合：新媒体语境下的华夏传播研究

在当前新媒体语境下，要弘扬传统文化，提升话语权，增强文化软实力，借助新媒体进行传播是一种必然，而如何将传统而古老的文化精髓和新媒体进行融合传播则是当下学者探讨的一个课题。周建新，肖玉琴在《“微传播”中的客家文化呈现：基于微博的样本》中采用内容分析的方法，以微博中客家文化传播为对象考察大众媒介在客家文化共同体、形塑客家族群意象过程中的作用。[③] 赵海霞，赵育林对秦腔的传播载体进行研究，考察了秦腔传播载体的演变，认为当下的新媒体使秦腔的传播方式更趋多元化，同时也为秦腔的流传和发展提供了更为广阔的空间，有益于秦腔这一非物质文化遗产的

---

① 张传民：《文化自觉、理论自觉与中国话语体系的建构》，《山东社会科学》，2012 年第 10 期，第 186 页。

② 王宁霞：《建设中华优秀传统文化对外传播话语体系之思》，《发展》，2017 年第 8 期，第 82 页。

③ 周建新，肖玉琴：《“微传播”中的客家文化呈现：基于微博的样本》，《现代传播》，2017 年第 4 期，第 159 页。

保护和传承。[①] 吉峰则是在现代传媒语境下考察儒学的娱乐化传播，分别从文化价值言说，传播方式言说和传播效果言说三个方面进行分析。[②] 实际上，儒学的娱乐化是在现代传播媒体环境中生成的一种现象，是另一种传播形态，对其考察则能对传统文化传播方式进行反思。而陈彧在《碎片化与重构：微传播语境中的中国传统文化》以较为抽象和严谨的理论逻辑对当前微传播的媒介环境中传统文化传播面临的机遇和挑战进行反思，较为深刻地揭示了当前传统文化在微传播过程与传播主体之间的内在关联，虽然微传播的特性是碎片化，但微传播空间的传统文化碎片会遵循一定的引力得以重聚，并且认为，而分享主义、传播仪式、交往实践则是重建我们与文化有机关联的三种途径。[③] 这些研究立足当前新媒体语境，探究新媒体环境下的传统文化传播规律和特征，也是文化传播中新媒体话语的一种体现。

12.4.2 与时俱进：华夏传播研究的新媒体话语

在当前新媒体浸透文化研究的背景下，关注华夏传播研究中的技术特征或技术传播特色是一种趋势和必然，这也反映了新闻传播学话语的一种转换和探索，[④] 也即更加注重文化的创新及其对生活的实践运用，这也将成为学者推进华夏传播研究的一个面向和进路。诚然，利用多种媒体传播文化，树立国家形象，提升话语权，能够助推华夏传播研究，提供更多维度的研究视角，当然更是赓续华夏文明的一种手段。当然，笔者以为，新媒体语境下，对华夏传播研究的考察应该更加注重当下传统文化的接受和认同以及社会环境因素对传统文化传播的影响等问题，才能够明晰华夏传播研究可能遭遇的困境以及能够根据社会变迁和文化传播路径的转变而调整研究策略，以适应时代的变迁。以此，华夏传播应该考虑当下传播语境，保持华夏传播研究的学术敏锐，从而保证华夏传播研究能够不断扩展和深化研究领域，这也是其理论与话语体系在建构上一种进步，增色中国特色话语传播。

---

① 赵海霞，赵育林：《弘扬传统文化 奏响大秦之音——秦腔的传播载体研究》，《新闻知识》，2017年第5期，第34页。

② 吉峰：《现代传媒语境下儒学的娱乐化传播研究》，《河北师范大学学报（哲学社会科学版）》，2017年第3期，第123页。

③ 陈彧：《碎片化与重构：微传播语境中的中国传统文化》，《当代传播》，2017年第4期，第65页。

④ 姜红：《新媒介形态下新闻传播学话语体系的转型》，《南京社会科学》，2017年第1期，第18—19页。

时代的更迭、文化的深厚，为华夏传播研究提供了取之不竭的宝贵研究素材，它们具有人类传播行为的普遍共性，更有巍巍东方文化浸染而出的浓厚的本土性特点。对这些颇具文化特色的话语、行为与事件进行本土化、系统化的事件研究与规律提炼，建立独立、权威的“中华传播学”充满了无限希望与可能。[①]2017 年华夏传播研究取得了丰硕的成果，学者们深挖华夏文明中的宝贵资源，强化了理论自觉，积极建构华夏传播研究的理论体系，同时也致力于面向世界传扬中华文明，构建富有中国特色传播话语体系。深入系统地研究构建中国特色传播话语体系的策略和方法，不仅对提高我国的国际传播能力，提高中国文化的全球传播效率具有积极意义，同时也对增强国家软实力,助推大国迈向强国具有重要的战略意义。[②] 宣伟伯在《传学概论——传媒，信息与人》一书的增订本序言中说道，我们在西方的文化背景中学习科学研究方法与理论的人，看见中国长春的文化，和她悠久的传的艺术传统，总免不了会肃然起敬。我们常想，中国人那种深邃的智慧与洞达，要是有一天能用来帮助西方人多了解自己的工艺智识，增深我们在实验方面的体会，该是多么好的事。许多人已注意到现代中国人在传的学问上认识的深刻与精到，不但反映了悠长的历史传统，且常能推陈出新。[③] 一个外国学者尚有如此的期待，我们华夏传播研究的学者甚至广大民众更应该坚定初心，以推进华夏文明传播，构建中国特色传播话语体系为责任担当，为世界贡献中国智慧。可喜的是，2017 年教育部、全国哲学社科规划办等部门对“先秦儒家传播思想与春秋战国的政治沟通”[④] 和“‘一带一路’背景下中国价值观的国际传播研究”[⑤] 等项目进行立项，这说明国家加大对华夏传播研究的关注力度，更加系统性的支持华夏传播研究。这将为后续的华夏传播深入地、系统地研究奠定基础。

（林　凯　谢清果）

① 徐来，黄煜：《“向何处去？”“倚何处立？”与“以何为本？”：新媒体时代中华新闻传播学（刊）的发展前景与格局》，《传播与社会学刊》，2017 年第 41 期，第 257 页。

② 陈汝东：《论国家话语体系的建构》，《江淮论坛》，2015 年第 2 期，第 9 页。

③ [美] 宣伟伯著：《传学概论——传媒 · 信息与人》（最新修订本），余也鲁译述 . 香港：海天书楼，1983 年版，新订本序。

④ 教育部社科司：《教育部社科司关于 2017 年度教育部人文社会科学研究一般项目评审结果的公示》，http://www.moe.edu.cn/s78/A13/A13_gggs/A13_sjhj/201706/t20170628_308183.html，2017—6—23。

⑤ 全国哲学社会科学规划办公室：《2017 年度国家社科基金重大项目立项名单公示》，http://www.npopss—cn.gov.cn/n1/2017/1107/c219469—29632360.html，2017—11—7。

下篇　华夏传播研究的专题探讨

第十三章　华夏情感传播述评

华夏文明中蕴含着丰富的哲学思想，华夏情感传播观念是其中一部分，而且情感通过礼乐、语言文字等符号形式展现出来，在中国社会广泛而深入的流通，构筑了中国文化的情感特质底色。本章试图从华夏情感传播的主体、承载媒介、对象范畴、伦理效果、文学批评等角度梳理和评述华夏情感传播观念，尝试构建华夏情感传播体系，建构中国特色传播理论。

厦门大学传播研究所谢清果教授提出华夏传播理论具有“心传天下”的特征，这明显区别于西方传播理论“理剖万物”的理性特征。[①] 也就是说，华夏传播理论或中国文化的特质在于具有感性的人文意味，而这明显体现在中国社会注重情感交流的文化语境中。情感是与特定社会的独特文化密切相关的一种社会现象，情感是由特定社会的文化所塑造。[②] 在华夏文明发展进程中，中国古代社会各阶层用各种形式表达情感，以情感为中介进行交流，构建特殊的人际社会关系，形成中国特有的信息传播之网。研究中国古代情感交流和传播，对探究中国文化特质，提炼中国特色传播理论具有一定的现实意义。

何为情感传播？情感传播是指传播活动主体思维采用情感逻辑的结构和指向方式，通过情感主体活动影响传播受体，以情感为基础和传播纽带力求达到传播活动的目的和需求。[③] 从这个定义来看，情感传播需要有明确的情感主体和情感传播受体，它既是一种人际传播形态，也是大众传播形态。在华夏文明的背景下，尤其是在儒家的思想观念中，情感传播是信息传播活动主

---

① 谢清果，祁菲菲：《中西传播理论特质差异论纲》，《现代传播》，2016 年第 11 期，第 30 页。

② [意] 史华罗著：《中国历史中的情感文化：对明清文献的跨学科文本研究》，林舒俐，谢琰，孟琢译 . 北京：商务印书馆，2009 年版，译者序，第 1—2 页。

③ 李建军，刘会强，刘娟：《理性与情感传播：对外传播的新尺度》，《江西社会科学》，2015 年第 5 期，第 240 页。

体，通过一定的媒介载体如礼乐等形式传递仁义等包含道德情感的内容影响传播对象，塑造道统思想，促进道德情感感化，增进双方互动和沟通，进而实现社会和谐，天下太平。这种情感传播观念贯穿于中国文化，尤其是儒家思想观念中。谢清果教授编著的《华夏文明与传播学本土化研究》中第四章以“情深意切：华夏文明的传播情感论”首次以“情感传播”为切入点，针对儒道佛三家思想内容，研究、提取其中的传播情感观念，探讨对现实各类交流传播活动启示和意义。[①]可以说从传播的视角揭示中国特有的情感文化本质，是一种理论的创新也是凸显华夏情感传播的普适性和实践意义。虽然在华夏传播研究的文献中很少以“情感传播”名称命名的专题文章或专著，但实际上，很多文献资料都从不同角度考察古代文化中的情感传播现象。笔者整理和归纳了这些资料，从华夏情感传播的哲学体系和理论建构；华夏情感传播的主体：诸子的情感传播观念和现实启示；华夏情感传播的媒介：情感符号系统；华夏情感传播的对象范畴：对外传播；华夏情感传播的伦理效果：审美与情感教育体验；华夏情感传播的批评等六个方面对华夏情感传播研究进行评述。

13.1 华夏情感传播的哲学思考与理论建构

华夏文明中的情感传播特质根植于深厚的中华文化。对于这种特质，众多中华文化研究学者都对此进行了归纳性的总结，从哲学层面思考华夏情感传播的特质，建构相应的理论体系。首先，对中国古代哲学的情感理论和特点进行总结，如有学者总结了古代情感的学说类型：情性说；情欲说；情波说；脏腑说；六情说；动力说；损益说。[②]以及它的情性相依；情理交融和情景合一的等特点，[③]实际上，这在一定程度上也反映了情感的发生形态，也即“物感”说原始，到“兴”之演变，再到“情”之初义。[④]另外，柴尚金认为，中国古代哲学思维是一种情感思维，情感不只是心理因素，而且也是思维中

① 谢清果编著：《华夏文明与传播学本土化研究》. 北京：九州出版社，2016 年版，第 109 页。

② 燕国材：《我国古代关于情感的几种学说》，《心理科学通讯》，1982 年第 6 期，第 34—37 页。

③ 庞学铨：《中国古代情感理论的特点》，《杭州大学学报》，1993 年第 4 期，第 27—32 页。

④ 陈良运：《论中国古代情感观念的发生形态》，《苏州大学学报（哲学社会科学版）》，1992 年第 1 期，第 46—50 页。

介物，情感思维是中国古代哲学思维形式之一，它对中国传统思维乃至传统文化的发展有着重要影响。[①]这些概览式的总结，从整体上揭示了中国传统哲学的特征。

其次，在哲学高度上思考中国文化的情感特征。蒙培元在这方面做了深入的探讨和研究，他在《情感与理性》一书中，从存在问题入手，讨论儒学在人的存在、价值及其人生体验问题上的基本主张，认为情感是全部儒学理论的基本构成部分，甚至是儒学理论的出发点。而理性是一种与情感有关的价值理性，其由情感决定。由此，儒家主张情感与理性同一，这是儒家哲学的最大特点。[②]他将人视为情感的存在，由此解决人的存在及其意义、价值的问题。[③]可以说作者从一个现实存在的较为新颖的视角考察了儒家哲学的特点，凸显了情感在中国传统哲学中的重要地位，或者说传统哲学具有强烈的情感色彩。这也与西方理智型哲学形成鲜明对比，[④]蒙培元以独特的视角考察和建构了“情感儒学”。[⑤]而作为儒家的代表人物，孔子以“仁是理性的普遍情感”这一论断解决了理性和情感的统一。宋明新儒学以“生生”为核心，重新肯定了被佛学消解的理性和情感，在自然目的论中理性和情感完成了统一。[⑥]同样地，黄玉顺也认为，在本源层级上，儒家的情感观念不是一个伦理概念，而是一个存在观念。[⑦]正如有学者提出，情感上升为哲学本体，这是唯中国古代所独有的文化现象，“感之为道”的哲学认识为情感本体的生成提供了哲学基础。[⑧]可以看到，情感是儒家或者中国传统哲学中的重要元素，也对社会个体的修养有重要影响。特别是当下社会科学技术的发展，人文素质的提高和培养显得尤为重要，儒家的情感理性学说，为我们提供了极其宝贵的

---

① 柴尚金：《论中国古代哲学的情感思维》，《社会科学战线》，1995年第1期，第50页。

② 蒙培元著：《情感与理性》.北京：中国人民大学出版社，2009年版，自序，第1—2页。

③ 蒙培元：《人是情感的存在——儒家哲学再阐释》，《社会科学战线》，2003年第2期，第1页。

④ 蒙培元：《论中国传统的情感哲学》，《哲学研究》，1994年第1期，第45页。

⑤ 蒙培元，郭萍：《情感与自由——蒙培元先生访谈录》，《社会科学家》，2017年第4期，第3页。

⑥ 谢寒枫：《儒家哲学的新课题：理性与情感》，《泉州师范学院学报（社会科学）》，2002年第1期，第92页。

⑦ 黄玉顺：《儒家的情感观念》，《江西社会科学》，2014年第5期，第5页。

⑧ 周远斌：《中国古代情感本体的生成及其哲学基础》，《沈阳师范大学学报（社会科学版）》，2007年第1期，第45页。

价值资源，对于提高人的素质具有不可替代的意义和作用。[①] 当然也有学者另辟蹊径，从宗教的角度切入对中华民族情感的研究。[②] 整体上看，中国儒家是以“情”为本的“情本哲学”，它包括形而上之“道”的含义（“情性”），形而下之器的意义（“情实”），以及居于二者之间的起到联通作用的意蕴（“情感”）。“情性”“情实”与“情感”恰是三位一体从而构成了三角架构。[③] 这从哲学高度勾勒了中国儒家哲学情感特质的基本结构和面向。

再者，从微观一点看，有学者对“情”的理论探讨，其就“情”、性情观念是如何进入先儒的伦理视野，以及性情观和其相关的理念在先儒思想史上如何逐步地获得展开等进行分析。[④] 也有就“情”与“礼”“义”关系进行辨析和探讨的论文，如有硕士论文《试论先秦儒家情、礼关系的演变》，以先秦儒家中的人物为对象，从礼的起源、礼的制度的角度探讨情感与礼仪的关系，以此说明情感是礼仪规范的基础及其对时代的价值。[⑤] 而也有学者分析“情”的各种义项，从而探究情的深厚文化内涵和功能。[⑥] 值得一提的是，黄玉顺将西方情感理论与中国古代情感观念进行比较研究，打开一个新的研究视角，譬如将“恻隐”与“同情”的比较，认为恻隐是一切形而上学与形而下学的本源。[⑦] 同样地，在儒学与基督教文化中，儒学以“仁”为核心观念，情感现象学以“爱”为核心观念。在二者的比较中，爱是奠基性、精神人格性、在者性的，而仁则是本源性、生活情感性和存在性的。[⑧] 这二者的比较实际上也在某个侧面揭示了中西文化的差异，更是华夏情感传播特质的展示。杨少涵在《中庸原论：儒家情感形上学之创发与潜变》一书中，则系统论证了儒学内化发展中《中庸》的哲学思想，认为《中庸》初步建立起来的儒家形上学

---

① 蒙培元：《中国哲学中的情感理性》，《哲学动态》，2008 年第 3 期，第 24 页。

② 单纯：《“儒教”：认识民族情感的新视野》，《中国图书评论》，2013 年第 5 期，第 105 页。

③ 刘悦笛：《“情性”“情实”和“情感”——中国儒家“情本哲学”的基本面向》，《社会科学家》，2018 年第 2 期，第 12 页。

④ 马育良：《先秦儒家对于“情”的理论探索》，《安徽大学学报（哲学社会科学版）》，2001 年第 1 期，第 30 页。

⑤ 王海：《试论先秦儒家情、礼关系的演变》，上海师范大学，2013 年硕士学位论文。

⑥ 郭卫华：《先秦时期的“情”义辨析——兼论“情”的文化意蕴》，《学术论坛》，2007 年第 12 期，第 29 页。

⑦ 黄玉顺：《论“恻隐”与“同情”——儒学与情感现象学比较研究》，《中国社会科学院研究生院学报》，2007 年第 3 期，第 33 页。

⑧ 黄玉顺：《论“仁”与“爱”——儒学与情感现象学比较研究》，《东岳论丛》，2007 年第 6 期，第 113 页。

可以说是一种情感形上学。[①]这也更进一步论证了儒家文化的情感特质。

在中国传统哲学中，情感是一个重要因素和交流传播的纽带，它甚至是指导人的思想观念的重要导向，是形而上的哲学思想。学者从情感理论的类型、发生形态进行归纳，概括中国传统哲学的情感思维特征，也以情感为切入点，探究情感观念的存在性内涵，探究中国情理合一的传统哲学特征及其对人的素质提升的意义。可以说情感是中国哲学生存和发展的重要基础。而探讨“情”与“礼”“义”或者与西方情感文化的比较，则更能凸显中国情感文化的特征。这些从哲学层面考察了情感的内涵和意义，构建了中国特有的情感理论体系。

13.2 华夏情感传播的主体：古人的情感传播观念和现实启示

中国古人著书立说，阐释中华文明的精髓，传递华夏文明的情感传播观念。这部分从华夏情感传播的主体及其思想观念出发，探究其中的情感传播思想和现实启示。情感不仅是一种个体的自我体验，也是外化于社会的一种行动，实际上，情感传播具有很强的社会学意义，是一种“主观社会现实”。[②]正如，理解古人的情感，应弄清楚那个时代的背景和观念，既要注重外在的社会环境和利益等因素对人的意识反应的影响，又要关注思想方面的内在因素。同时，还要理解人的情感反应如何能普遍化为社会的情感规范，以及这种情感规范是如何影响当时人的行为的。[③]这样能够较为全面考察古人情感观念及其影响。

13.2.1 跨学科研究古人情感传播观念

情感传播观念可以从不同的学科背景进行解读，由此阐发不同的意蕴。如张节末从美学、伦理学和文学艺术以及情、知、意诸角度，对先秦史籍和诸子书中的情感观念进行辨析和梳理，并做了理论上的阐述。文章认为，在较早的先秦文献中，“情”这个词的含义与指称情感所用的词的含义是不同的，仅是“情实”的意思。到了庄子、屈原和荀子，“情”字才比较明确地有了情感的含义。中国古代情感诸观念在先秦已经有了初步的展开，如主节情

---

① 杨少涵著：《中庸原论：儒家情感形上学之创发与潜变》. 北京：社会科学文献出版社，2015 年版。

② 郭景萍：《情感社会学：理论·历史·现实》. 上海：上海三联书店，2008 年版，第 20 页。

③ 张清江：《论理解古人情感》，《湖南人文科技学院学报》，2016 年第 2 期，第 41 页。

的中和情感论、主气的性善情感论、主教化的性恶情感论、主无情而实有情的自然情感论以及诗歌创作上的抒情论。① 常怀林编著的《中国善良：慢品善文化》一书，从整体上讲述“善”文化的历史渊源，“善”文化的作用、“善”文化的内容以及“善”文化的现状和继承情况做出反思和展望，并以相关实例加以佐证。② 从文艺学角度来看，刘延福认为，荀子在文艺的众多因素中，率先发现了文艺中的情感因素并加以系统论述，将对文质观的探讨由伦理道德的内容上升到情感因素，使文学艺术的研究回归其本身，儒家的文质观乃至整个艺术研究活动也由此开始了情感论的转向。他提出的“情文俱尽”的文艺标准和“称情而立文”的文艺创制原则，为中国诗学的情感论传统奠定了基础。③ 这是荀子的文质观的创新和突破。也有学者从文学创作的角度概述了刘勰的情感论 ④ 及探讨了刘勰在文学创作中对情感的认识以及刘勰情感论的意义。⑤

另外，中国传统文化中诸如《周易》《黄帝内经》等数学和医学领域的著作也有一些学者对其进行研究。譬如对《周易》的情感思维进行考察分析；⑥ 对《黄帝内经》中的与情感有关的文章进行分析认为情感可以用来治疗疾病等功效，也突出《黄帝内经》对于情感功能的重视。⑦

13.2.2 儒家情感传播观念

儒家文化是注重道德情感的文化，因此，关于儒家情感观念和理论的研究成果较多而且研究层次丰富，视角多样。首先，儒家关于情感的整体思想及其现代价值。当下社会转型，面对道德失范现象，有学者认为，从人的本性来看，儒家以情为主、情理统一的情理精神为我们超越现代道德哲学困境能够提供有益的价值启示：通过以“情”论“性”为人类提供终极关怀系统，

① 张节末：《先秦的情感观念》，《文艺研究》，1998 年第 4 期，第 93 页。

② 常怀林编著：《中国善良：慢品善文化》. 北京：北京工业大学出版社，2012 年版。

③ 刘延福：《论荀子与儒家文质观的情感转向》，《江西社会科学》，2013 年第 10 期，第 84 页。

④ 宋效永：《刘勰的情感论（上）》，《松辽学刊》，1988 年第 1 期，第 91 页。

⑤ 宋效永：《刘勰的情感论（下）》，《松辽学刊》，1988 年第 3 期，第 47—49 页。

⑥ 傅云龙，柴尚金：《〈周易〉情感思维初探》，《周易研究》，1995 年第 1 期，第 41 页。

⑦ 王蓓，孙越异，李品品，刘洪：《浅论〈黄帝内经〉中情感的功能及在当代的意义》，《当代医药论丛》，2017 年第 15 期，第 192 页。

以道德之“情”构筑意义世界，以伦理之“情”重塑人的“伦理整体性”。[①] 也有从心理学角度探讨儒家文化的情感智慧对深入理解情感心理现象，解决一些心理问题的重要作用，凸显儒家的情感智慧的价值。[②]

儒学的情感特质对当下社会生活与人生的具有一定的启示意义。华军的《情感与人生——论儒学的情感特质与当代启示》，展示了儒学情感特质的丰富思想意涵及其为当代社会深入思考人的真实而合理的存在方式、探讨具体情境下理想人格化成提供了有益的参照。[③] 而作者也在另一篇文章《情感与幸福——论儒学情感诸面向及对当代情感危机的启示》中认为在儒学视界中，人生可呈现为五重情感世界，即：原生情感世界、厚生情感世界、德生情感世界、义生情感世界、乐生情感世界。此五重情感世界各自蕴含不同的幸福体验。儒学的五重情感世界彰显了人生情感与幸福逐次发展的演绎之路，揭示了情感与幸福多向而有序的关联，为化解当代情感危机、追求理想的人生幸福提供了有益的借鉴。[④] 此外，有学者探讨中国具体的“孝”观念，认为“孝”是儒家思想的核心观念之一，其本质上是生活情感本源，在当下社会我们需要立足儒家“孝”观念的生活情感本源来重建孝道。[⑤] 当然也有学者从儒家道德情感出发，探讨儒家道德中对情感的重视与坚持，强化主体的道德规范和意识，这些对于把握儒家道德的精神实质以及启示当代道德文化建设都具有重要的裨益。[⑥] 而企业的情感管理也同样可以从儒家情感文化中吸取有益成分，儒家的以中道为特色的情感论对企业的情感管理中自我控制情绪、以情用人富于启迪意义。[⑦] 从国家建设层面来说，儒家的情感文化内涵也能提供一定的启示。有学者认为，中华民族伟大复兴与以儒家为主流的中国传统德性精神的现代振兴密不可分。作为生命之大全的“幸福”理念，将是儒家德

---

① 郭卫华：《儒家道德哲学的情理精神及其现代价值》，《唐山师范学院学报》，2010 第 1 期，第 94 页。

② 孙俊才，石荣：《儒家文化的情感智慧》，《南京师大学报（社会科学版）》，2006 第 5 期，第 101 页。

③ 华军：《情感与人生——论儒学的情感特质与当代启示》，《陕西师范大学学报（哲学社会科学版）》，2015 年第 2 期，第 91 页。

④ 华军：《情感与幸福——论儒学情感诸面向及对当代情感危机的启示》，《吉林大学社会科学学报》，2015 年第 4 期，第 179 页。

⑤ 李龙：《孝道的重建——论儒家“孝”观念的生活情感本源》，《北京青年政治学院学报》，2007 年第 4 期，第 34 页。

⑥ 赵芳：《求“心安”，致“理得”——儒家道德的情感意涵及其当代启示》，《云梦学刊》，2017 年第 5 期，第 72 页。

⑦ 葛荣晋：《儒家性情论与企业的情感管理》，《理论学刊》，2007 年第 2 期，第 30 页。

性精神现代振兴的核心价值理念，也将是人类在情感层面实施现代性启蒙的最高理念。“幸福”“和谐”“包容”应该成为当前社会的核心价值观和儒家德性现代精神的启蒙价值系。① 另外，生活儒学以情感为本源，其制度伦理学层面的中国正义论建构，重在说明差等之爱的情感如何导致利益冲突，而一体之仁的情感则如何通过确立正义原则（义）并据此建构制度规范（礼）来解决利益冲突问题。② 学者的这些观点从各个层面阐释了儒家情感文化中的情感观念对当代社会的多个方面的启示，彰显了它的理论价值和传播意义。

也有学者从交叉融合的观点探讨儒家的情感与其他学派在思想上的交流和互动。例如曹晓虎在《儒家“情”的观念的发展及其与佛、道关系》一文中，在历史的纵向顺序和文化思想的横向坐标两个维度上对先秦至唐儒家“情”论的尚情、性恶情恶、性中有性善情恶、去情复性等发展阶段和不同观点进行了系统地考察，探讨了儒家“情”的概念的发展以及情感在其性情论中的地位。③ 也有学者对比了儒家和道家两种情感类型，也即儒家重理性认知的道德情感和道家重感性体验的审美情感，而且认为这两种情感类型的互补，使主体既可获得合乎规范的社会情感，又可享受精神自由的个体情趣，进而使情感对主体心理生活的调适功能得到最大限度的发挥。④ 而明末清初的王夫之创立的情感论，船山突破朱子阐释学方法，自创“性自行于情中”，得以彻底否定“情本体”之根基。以儒家为旨归，开启儒释道视域融合。⑤

其次，孔子的情感传播观念。孔子是儒家的代表人物，其思想深邃而有代表性。孔子的著作和思想观念中包含着强烈的情感色彩和情感传播特征。耿爱英的《孔子“仁”理论的道德心理结构视角省察》从心理学层面考察了“仁”的思想，认为，孔子关于“仁”的理论明确强调了道德兼具精神特质和实践特质，从现代道德心理学的角度来说体现了对于道德认知、道德情感和

---

① 方德志：《情感与存在：儒家德性精神现代振兴的方法论构建——基于一种人类学情感启蒙的视角》，《道德与文明》，2015 年第 2 期，第 47 页。

② 黄玉顺：《情感与存在及正义问题——生活儒学及中国正义论的情感观念》，《社会科学》，2014 年第 5 期，第 117 页。

③ 曹晓虎：《儒家“情”的观念的发展及其与佛、道关系》，《中州学刊》，2004 年第 2 期，第 130 页。

④ 彭彦琴：《中国传统情感心理学中“儒道互补”的情感模式》，《心理学报》，2002 年第 5 期，第 540 页。

⑤ 谭容培，匡代军：《船山情感论之真义：儒释道视域融合》，《湖南师范大学社会科学学报》，2006 年第 3 期，第 37 页。

道德意志三维度及其互动性的关注和重视。[①] 这是仁的道德情感特征的体现。实际上，在人类广泛交流中，无不体现人的性情交涉的一面，其中孔子的情感观在其中及其推进和谐社会上起到重要的助推作用。[②] 同时，“忠”和“恕”是两种直接相关但又互不相同的心理过程，在孔子的伦理思想中，它们也代表着两类密切关联但又彼此区别的道德原则。通过对这两个概念的剖析，我们可以揭示出孔子道德哲学的内在理路。它们也是整个社会道德秩序建立和遵循的基础。[③] 这些都对现代社会道德具有启发意义。同时，作为孔子思想的集中体现的论著《论语》也是学者研究的对象，从《论语》中解读孔子的情感观念。有学者认为，《论语》是一部未言“情”字而又处处关“情”的著作。[④] 或者有学者研究《论语》的情感论、[⑤] 从文学角度探讨《论语》人物情感论以及以《论语》为对象，[⑥] 研究个人情感作为孔子之仁的根本和基础。[⑦] 孔子的情感观念内涵丰富，关涉人类内心最基本的道德伦理，因此具有永恒持久的传播力。

再者，孟子等圣贤的情感思想。儒家除了孔子之外其他圣贤也有关于情感传播的思想，也是学者研究的内容之一。如论述孟子的道德情感主义，认为这是孟子道德哲学的实质。[⑧] 而孟子的情感道德本质主义的基调是导向思想之善的个性主义，但也具有强大的群体感召力，他的情感理论偏于个体情怀而兼顾了提挈群体。恻隐之心（同情心）与浩然之气（狂）构成了孟子的情感世界的两极，创生出一种突出的狂者气质，是一种独立个性的象征。[⑨] 孟子的恻隐之心实际上是“不忍”的一种表现，这是孟子仁爱思想的情感根基，[⑩] 是每个人的基本道德情感，也是社会和谐稳定的基本要素之一。同时，有学者将孟子的道德情感置放于当时社会的历史环境中，考察社会环境和孟子的

---

① 耿爱英：《孔子“仁”理论的道德心理结构视角省察》，《山东大学学报（哲学社会科学版）》，2013 年第 4 期，第 119 页。

② 黄意明：《性情交涉中的孔子情感论》，《兰州学刊》，2006 年第 8 期，第 27 页。

③ 曾小五：《孔子道德哲学的内在理路——从对“忠”和“恕”的剖析入手》，《湖南大学学报（社会科学版）》，2008 年第 6 期，第 101 页。

④ 马育良：《〈论语〉：一种可能的情感解读》，《孔子研究》，2004 年第 2 期，第 46 页。

⑤ 崔积宝：《〈论语〉情感论》，《哈尔滨学院学报》，2001 年第 1 期，第 93 页。

⑥ 刘静：《〈论语〉人物情感论》，《忻州师范学院学报》，2012 年第 4 期，第 4 页。

⑦ 王嘉威：《论个人情感作为孔子之仁的根本和基础——以〈论语〉为研究对象》，《怀化学院学报》，2016 年第 4 期，第 67 页。

⑧ 邵显侠：《论孟子的道德情感主义》，《中国哲学史》，2012 年第 4 期，第 78 页。

⑨ 张节末：《论孟子的情感理论与狂者气质》，《哲学研究》，1997 年第 5 期，第 33 页。

⑩ 吴先伍：《不忍：孟子仁爱思想的情感根基》，《齐鲁学刊》，2012 年第 1 期，第 21 页。

心理结构，从而更深刻真实地认识孟学的文化底蕴。① 此外，也有学者从西方情感道德主义入手借以重释孟子四端（四德）说，② 在学说对比中体现中国孟子情感道德思想的特色。而荀子提出“处仁以义”，学者认为这是荀子道德思想的情感与理性的体现，荀子的这种提法展现了早期道德话语发展中的一种理性化转向，这与战国时代社会变迁有内在联系。③ 这为我们打开了认识荀子道德思想的情感内涵的深度和广度。

13.2.3 其他学派的情感传播观念

中国传统哲学中，学派众多，学说思想丰富多彩。庄子作为道家的代表人物，其思想中也蕴含着丰富的情感传播观念。比如对庄子情感理论进行粗略探索；④ 从文学角度探讨庄子情感哲学与文人的颠倒思维及其现实意义；⑤ 郭洪林的硕士论文《老庄情感哲学研究》，则从三个方面阐述庄子情感哲学，即天与人一：自然之情；庄惠辩情：道是无情却有情；“鼓盆而歌”：以理化情。同时作者也探讨了庄子情感哲学的现代意义。⑥

宋代朱熹的思想成果丰硕，内涵丰富，值得研究和探讨。在《道德与情感——朱熹中和问题研究》一书中，以朱熹的“中和”问题为研究对象，对朱熹的哲学、美学、伦理思想做了专门的研究和深入的探讨。作者从中国古典哲学天人关系之展开，从朱熹对心、性之安顿，朱熹功夫论之成立与完成，阐述了“中和”问题属于人在宇宙、世界中的地位问题这一命题。⑦ 明代王阳明的心学思想自成体系，其关于道德情感的思想是其伦理思想中的重要组成部分。他的道德情感内含特有的结构关系，是“良知”的重要成分，对人的自然情感与行为有着极其重要的作用。反思王阳明的道德情感思想，对提升

① 宁登国：《孟子道德情感的心理透析》，《淄博学院学报（社会科学版）》，2001 年第 3 期，第 35 页。

② 赵广明：《情感的道德意义与孟子“四端”说重释》，《齐鲁学刊》，2017 年第 5 期，第 77 页。

③ 王楷：《处仁以义：荀子道德基础中的情感与理性》，《哲学门》，2010 年第 11 期，第 227—241 页。

④ 刘泽民：《庄子情感理论探溯》，《益阳师专学报》，1991 年第 1 期，第 47 页。

⑤ 张松辉，周晓露：《庄子情感哲学与文人颠倒思维》，《文学评论》，2007 年第 4 期，第 93 页。

⑥ 郭洪林：《老庄情感哲学研究》，湖南师范大学，2015 年硕士学位论文。

⑦ 李有兵著：《道德与情感——朱熹中和问题研究》. 北京：中国传媒大学出版社，2006 年版。

当代中国的社会道德风尚具有重要的理论参考价值和实践意义。[①]而有学者从《红楼梦》人物的塑造来展现晚明自然心性论哲学特点，[②]从《牡丹亭》到《红楼梦》展现晚明哲学情感本体论发展，[③]以及探讨《红楼梦》情感本体的宗教根源和运转。[④]也有外国学者迈克尔·斯洛特探讨阴阳和道德情感主义，认为情感主义伦理学中，阴可以理解为接受能力，阳可以理解为定向的理性目标，二者具有必然的互补性。阴阳可以视为个体和整体意义上道德情感主义的基础所在。对接受能力重要性的强调能够逐渐转变成对阴阳规范意义的信仰，从而使情感主义伦理学成为规范情感主义。[⑤]中国传统哲学的其他学派对情感观念具有不同的认识，这为多角度研究情感传播提供了方向。

总的来说，作为华夏情感传播观念的主体——中国古代圣贤和思想家，他们都具有丰富的思想观念，其内涵深刻而具有多面性。作为主体他们能够在情感传播观念的生成和传播中具有较强的引导力，而这些情感传播观念对现实社会也具有明显的有益启示。

13.3 华夏情感传播的媒介：情感符号系统

情感也是一种由独特的语言构成的交流系统。[⑥]在任何时代、任何社会中，语言都是传递和组成情感的最为重要的方式，人们一旦把握了情感的语言表现形式，也就感受到并吸取了情感的内涵。[⑦]语言作为情感传播的一个符号系统，是情感传播的一个重要媒介。但是我们看到，在中国古代承载情感的媒介各式各样，除了语言还有音乐等载体形式。透过语言和音乐等载体了解情感传播观念和传播形态对把握中国传统哲学具有重要的意义。

---

① 胡军方：《论王阳明的道德情感》，《贵州师范大学学报（社会科学版）》，2015 年第 3 期，第 24 页。

② 司马云杰：《〈红楼梦〉的情感本体论（一）》，《美与时代（下）》，2011 年第 6 期，第 38 页。

③ 司马云杰：《〈红楼梦〉的情感本体论（二）》，《美与时代（下）》，2011 年第 7 期，第 90—93 页。

④ 司马云杰：《〈红楼梦〉的情感本体论（三）》，《美与时代（下）》，2011 年第 8 期，第 40—43 页。

⑤ [美] 迈克尔·斯洛特《阴阳与道德情感主义》，《湖北大学学报（哲学社会科学版）》，2017 年第 1 期，第 7 页。

⑥ [意] 史华罗著：《中国历史中的情感文化：对明清文献的跨学科文本研究》，林舒俐，谢琰，孟琢译 . 北京：商务印书馆，2009 年版，译者序，第 2 页。

⑦ [意] 史华罗著：《中国历史中的情感文化：对明清文献的跨学科文本研究》，林舒俐，谢琰，孟琢译 . 北京：商务印书馆，2009 年版，译者序，第 5 页。

13.3.1 语言、文学典籍及其情感研究

语言的基本单位是汉字，其也是中国传统文化精髓的体现。一般来说，汉字的最大特点就是它的意象性，而意象则是人的表象和情感反复相互作用所形成的既有高度概括性，又有鲜明个性的意中之象或者内心形象。汉字的意象性使得汉字的情感表达最具形象性、模糊性、空间性。[①] 这给中国人的情感表达和传播提供了巨大的空间。如在中国浩瀚的文学典籍中，通过语言文字来传递情感则是诸多作者的选择。如唐宋词通过语言形式作为情感符号传递词人的情感。[②] 当然有学者用实证的方法，以评价理论为指导，把情感看作人类经验的一部分，把语言看作解释经验的手段，分析汉语是如何释解情感的[③]，从而诠释汉语与情感内涵的关联。我们看到“女书”是目前世上绝无仅有的妇女专用文字，主要流传于湖南省江永县潇水流域一带，在《女书和女歌的文化心理情结：从“诉可怜”到“歌功颂德”》一文中，学者对以竹宜、刚珍、胡美月三位妇女所编唱、书写的“诉可怜”为例，提出由情感、展演、对话为三大轴承的理论雏形，来揭示同理心的思考角度，并探讨其中所纠结的文化心理情结。[④]

另外，一些经典作品，如《红楼梦》等也是研究对象，如曹诣珍著述的《〈红楼梦〉情感讲述语词的叙事功能》一书，在文学视域下，以文学情感与讲述关系的深入阐释为基础，对《红楼梦》中情感讲述语词的构成、含义及其展现出来的叙事功能，作一系统梳理和全面考察。这本著作不但试图阐明中国古典小说情感讲述语词的叙事功能和文体价值，亦有助于从中国古典小说自身的语言、历史和文化出发，探索一种新的小说叙事的研究模式，并有助于对《红楼梦》情感世界与语言艺术的考察。[⑤] 另一些文学作品《论衡》与《文心雕龙》等也都有特定的情感内涵。[⑥] 而魏晋南北朝的哀祭文文体也出现

---

① 张玉能：《汉字的意象性与情感表达的模糊性和空间性》，《湖北工程学院学报》，2016年第2期，第33页。

② 吴惠娟：《略论唐宋词的情感表达形式与符号》，《上海大学学报（社会科学版）》，1997年第1期，第39页。

③ 宋成方著：《评价理论视角下的情感意义研究》. 北京：对外经济贸易大学出版社，2015年版。

④ 刘斐玟，朱瑞玲主编：《同理心、情感与互为主体：人类学心理学的对话》. 台北：“中研院”民族所，2014年版，第299页。

⑤ 曹诣珍著：《〈红楼梦〉情感讲述语词的叙事功能》. 杭州：浙江大学出版社，2015年版。

⑥ 刘银清：《〈论衡〉与〈文心雕龙〉对情感功能认知的演进》，《运城学院学报》，2015年第5期，第1页。

变化，其哀祭范围扩大、抒情性强化，情感内涵有了新的突破。[①] 当然，还有学者从情感表达的角度研究学术思潮对明词的影响，[②] 或者从艺术情感本体论的角度探讨魏晋南北朝时期艺术情感的发展变化。[③] 这些研究有一定的专业范畴，但也抓住情感传播的载体，尤其是语言符号的表达，对情感内涵进行研究。

当然，语言学研究还有一个重要的方面就是语言的认知和隐喻功能，它能够从一个侧面展示情感的内涵。譬如有学者对汉语的情感隐喻进行研究，以概念音乐理论和情感隐喻理论为基础，结合汉语情感隐喻的认知特征和文化阐释，建构汉语情感隐喻的认知模式。[④] 这是汉语在传达情感上的优势，而中国文化中一些特定的词汇具有特殊的内涵。如传统名号在情感上除了表达亲近外，还表达敬重和鄙薄、谦卑和戏谑等态度，其也是传递情感的一种重要语言形式。[⑤] 还有中国的经典著作中的词语，如《左传》《国语》中敬、让、仁、忠、信等表示五德的词汇在一个程度上展现了春秋时代有关道德情感的思想观念。[⑥] 此外，隐喻理论被广泛运用于对中国古代名著的考察研究中，如对《红楼梦》中情感表达的隐喻、转喻及其界面研究。[⑦] 从认知语言学有关理论从情感隐喻的角度探讨《黄帝内经》中情感隐喻的类型、功能以及认知机制，从中理解和挖掘中医理论语言的特点及其规律。[⑧] 或者在认知外译视域下探讨先秦传统哲学文化思维模式与《黄帝内经》中情感隐喻的关系等。[⑨] 语言是情感传播的一种符号和媒介系统，在不同的语言学理论下，对语言进行研究，探究语言携带的情感内涵，在一定程度上能够呈现多维的情感思想和表

---

① 米臻：《魏晋南北朝哀祭文情感与功用的新变》，《临沂大学学报》，2017年第5期，第53页。

② 张彤彤：《从情感表达看明代学术思潮对明词的影响》，《黑龙江教育学院学报》，2016年第6期，第95页。

③ 祝菊贤：《论魏晋南北朝艺术情感本体的高扬及情感范围的拓展》，《西北大学学报（哲学社会科学版）》，1995年第2期，第9页。

④ 邵彤：《汉语情感隐喻的认知模式构建》，《哈尔滨师范大学社会科学学报》，2017年第2期，第93页。

⑤ 徐天云：《传统名号的情感表达》，《东疆学刊》，2015年第4期，第42页。

⑥ 黄君良：《春秋人士的道德情感——以敬、让、仁、忠、信五德为例》，《寻根》，2017年第6期，第8页。

⑦ 赵欣欣：《〈红楼梦〉中情感表达的隐喻、转喻及其界面研究》，《阜阳师范学院学报（社会科学版）》，2017年第4期，第42页。

⑧ 李孝英，陈丽丽：《〈黄帝内经〉中情感隐喻类型及其认知机制研究》，《西安外国语大学学报》，2017年第1期，第46页。

⑨ 李孝英：《认知外译视域下〈黄帝内经〉情感隐喻与先秦哲学思维交融研究》，《中华文化论坛》，2017年第7期，第5页。

达方式。

13.3.2 “乐”的符号与情感传播

中国古代的礼乐文化发达，是古代社会甚至包括现代社会维系秩序的一种重要的方式。而古代中国的乐包括音乐、戏剧、诗歌甚至舞蹈等多种形式，它们都是传递情感的重要的符号形式。项阳在《中国人情感的仪式性诉求与礼乐表达》一文中认为中国先民将乐分为礼乐和俗乐两大类型，乐可表现哀心、乐心、喜心、怒心、敬心、爱心，每一种心境都是情感的具体显现，礼的意义在于“著诚去伪”，礼乐负载“天地之情”，以达“神明之德”。人类需要仪式化情感诉求，这仪式化情感诉求中所用的乐当属礼乐情感。礼乐协同是人类情感表达的基本方式。以音声为主体，艺术化表达彰显情感的丰富性意义。[①] 譬如，中国古琴曲是能够传递丰富情感的一种音乐形式，它能够从调式、音色、音程、节奏等方面展示古琴音乐的情感表现力。[②]

儒家是强调礼乐文化的秩序的重要学派，对乐给予高度的重视。儒家从人的情感结构出发理解音乐，强调雅乐对情感固有的中正常态秩序的巩固作用。“审一以定和”的命题表达了乐的结构原则和乐与礼的同构性，这不仅使音乐能够切中人的中和情感，而且突出了音乐的政治教化功能。[③] 也有学者认为，儒家的“乐无隐情”体现了先秦儒家论乐本于性情，关照个体生命的情感体验，强调情感之安顿。在先秦儒家的音乐世界中，音乐情感实包括艺术情感、道德情感和自由情感等三重境域，所谓的“乐无隐情”，既体现为道德情感的“实有诸己”，又呈现为一成己、成物生生转化的“自由的自我”的实现历程，即由艺术情感、道德情感向自由情感的逐层升进。[④] 而孔子将音乐的情感特征与社会伦理向勾连，彰显了孔子音乐伦理思想的情感向度：乐以成善；乐以节礼；乐以发和。以情感为中介，实现理想化社会。[⑤]

---

① 项阳：《中国人情感的仪式性诉求与礼乐表达》，《中国音乐（季刊）》，2016 年第 1 期，第 35 页。

② 吕兰兰，周昌乐：《古琴音乐的情感分类及表现力浅析》，《心智与计算》，2010 年第 4 期，第 242 页。

③ 张岩磊，高苑：《儒家乐政思想刍议》，《社会科学战线》，2016 年第 4 期，第 243 页。

④ 雷永强：《“乐无隐情”：论先秦儒家的音乐情感世界》，《山西师大学报（社会科学版）》，2013 年第 2 期，第 119 页。

⑤ 彭丽，周寒千：《孔子音乐伦理思想的情感向度》，《伦理学研究》，2015 年第 5 期，第 52 页。

在传统戏剧方面，其具有“大团圆”和“重义轻利”两种情感模式，都是中国文化重视情感的一种文化特质。[①]另外也有学者探讨戏曲舞台中的色彩符号中蕴含的情感内涵。[②]中国古代诗歌也是中国文学作品的一部分，其更多的通过语言来表达诗人的情感思想，也是诗人情感的一种传播渠道。谢艳明的《文化视阈下的中西诗歌情感符号》专著，运用符号学理论，从文化的角度探讨中西诗歌中的情感表达方式，深入挖掘情感意象的内涵，引导读者细品情感符号的诗意和文化情趣。全书着眼于文化对比研究，在探讨爱情诗词的同时，也呈现了不同的文化思维和价值取向。[③]应该说这是较为典型的运用传播学的相关理论去阐释中国古代诗歌的情感内涵，揭示了诗歌情感符号的传播特征。对诗歌方面的研究，从宏观上看，郁沅的《中国诗学的情感本体论》文章讨论了中国诗学的发展过程经过“言志”“主气”“缘情”三个阶段，其中“缘情”论成为中国诗论的主导思潮，形成中国诗学的情感本体论。[④]由此可以看到中国诗歌强烈的抒情性和情感传播的特征。也有学者从理论高度探讨诗歌的传播和接受，一方面，中国古代诗论既强调情感的抒发，同时又以“理（礼）”来节制和规范情感的表达，形成了古代诗歌情感表达细腻含蓄的特点。另一方面，在诗歌的接受上，中国古代诗论强调读者不仅应该“披文入情”，而且还必须“以心会心”地加以体会，从而才能与作者发生情感上的共振和默契。[⑤]

当然，诗歌情感方面的研究还包括其他方面，如对孔子“诗论”情感性的探讨，认为孔子的“兴、观、群、怨”说提示了诗歌情感表现的特质，他的“无邪”说概括了诗歌情感表现的根本原则，他的“兴于诗”的看法强调了诗歌培养情感的社会功能。[⑥]也有从诗歌类型或作品进行研究，譬如《论先秦至唐五代哀悼诗的情感内涵》从不同角度探讨哀悼诗包含的丰富而深刻的

---

① 齐建华：《中国传统戏剧的情感模式》，《艺术百家》，1996年第3期，第8页。

② 杨蕾：《中国古典戏曲色彩传达中的情感建构》，《河南科技大学学报（社会科学版）》，2013年第2期，第57页。

③ 谢艳明著：《文化视阈下的中西诗歌情感符号》．武汉：武汉大学出版社，2016年版。

④ 郁沅：《中国诗学的情感本体论》，《东南大学学报（哲学社会科学版）》，2002年第5期，第106页。

⑤ 戴岳：《中国古代诗论中的情感表达与情感接受》，《重庆交通学院学报（社科版）》，2003年第4期，第48页。

⑥ 于光荣：《孔子“诗论”的情感性》，《船山学刊》，2005年第1期，第37页。

情感内涵。[①] 再如《〈诗经〉情感研究三题》从《诗经》所抒发的世俗人伦情感，忧患情感和类型化性质的群体情感三个角度将《诗经》的情感内容置于特定的历史文化背景中加以观照，以便从中挖掘出一些深层意蕴。[②] 复旦大学杨雅君的硕士论文《〈诗经〉名物的情感表现功能——以乐、酒为中心》，专门探讨《诗经》中名物的情感内涵和艺术功能。[③] 或者对文学作品《诗经·国风》中河洛地域婚恋诗的情感特征及文化内涵进行研究，从这些婚恋诗中，不同角度地反映出上古时期河洛青年男女上巳节相会、赠物结情、以舞挑情、以歌传情的风俗。[④]

此外，中国各个民族的音乐素材丰富，表达了各民族同胞的情感内涵。如当前的民族声乐艺术研究课题包括对民族声乐演唱艺术情感特色的研究，加强对民族声乐演唱艺术的社会传播[⑤]，提升民族声乐的传播影响力。又如刘瑾怡从传播学的角度，对民族声乐演唱艺术中的情感表达特征与要求进行分析，提出了推动我国民族声乐演唱艺术发展的传播路径。[⑥] 这有利于民族声乐演唱艺术传承发展。除此之外，有作者对赫哲族民歌的歌词和曲调在表达“情感”方面进行研究。[⑦] 陈朝霞在《土家族“哭嫁歌”的文化艺术特征和情感传播功能》一文中，以土家族“哭嫁歌”作为研究对象，探讨了这种民间音乐形成的文化渊源，重点剖析了“哭嫁歌”独特的音乐文化特征，并探讨了土家族“哭嫁歌”的情感传播功能，认为它是土家族姑娘出嫁时宣泄心中真情实感的一种音乐表达方式。[⑧] 值得注意的是，在地方文化研究上，田野调查等方式经常被用到研究中，如宋红娟的《歌谣与情感——从情感人类学看西和

---

① 温瑜：《论先秦至唐五代哀悼诗的情感内涵》，《荆楚理工学院学报》，2016 年第 5 期，第 5 页。

② 刘送来：《〈诗经〉情感研究三题》，《江西社会科学》，1999 年第 1 期，第 77—80 页。

③ 杨雅君：《〈诗经〉名物的情感表现功能——以乐、酒为中心》，复旦大学，2014 年硕士学位论文。

④ 冯源：《〈诗经〉所见河洛地域婚恋诗的情感特征及文化内涵》，《河南工程学院学报（社会科学版）》，2016 年第 3 期，第 75 页。

⑤ 孟妍：《民族声乐演唱艺术的情感特色及社会传播价值》，《艺术研究》，2017 年第 4 期，第 66 页。

⑥ 刘瑾怡：《民族声乐演唱艺术中的情感表达及传播路径探索》，《艺术研究》，2017 年第 2 期，第 20 页。

⑦ 邢容，邢铁红，邢铁志著：《赫哲族民歌情感蕴涵》. 哈尔滨：黑龙江教育出版社，2010 年版。

⑧ 陈朝霞：《土家族“哭嫁歌”的文化艺术特征与情感传播功能》，《学习与实践》，2006 年第 6 期，第 155 页。

的乞巧歌》文章，在情感人类学的脉络里提出“非定向性情感”的概念来理解西和的乞巧歌，遵循实践理论的主张，强调在历时的视角中来看待人的情感以及情感表达形式，强调主体与文化形式变迁之间的紧密关系。[①]从理论上说，传统中国哲学对于情感的问题作了非常详细的探讨，涉及情感的本源、发生、内涵以及意义、价值等诸多方面。基于此，有学者从中国哲学基本文献出发，对“情”的问题做一番梳理，以重新理解和把握中国哲学的基本特质，从而更好地理解“情”在中国传统艺术中价值和意义。[②]更具体一点说，也即从艺术理论角度看，中国古代的艺术理论，从先秦一直到汉末都是以音乐理论为主。张节末对此撰文探讨了自先秦至汉末（含阮籍）乐论中情感理论的发展。[③]

整体上看，语言和“乐”是人类在交流过程中使用频度最高的两种符号，当然还有民俗活动等其他符号形式。不同地方的民俗是这个区域文化的反映，也是民众情感的一种表征方式。如有学者对粤西民众在传统节庆中的乡土情感进行研究，年例习俗在情感主体的主导下，不断地产生新的文化特征和情感意蕴，情感主体则在年例习俗传承中获得心灵的满足和归依。[④]它们往往寄托传播主体的丰富情感，而通过这些符号的传递有效地进行情感传播，凸显对个体和社会的娱乐和教化功能。

13.4 华夏情感传播的对象范畴：对外翻译

值得注意的是，随着中华文化的兴盛传播，中国古代经典著作也不断翻译成外文推向海外，在情感传播翻译方面也有不少论著。从这个意义上看，海外读者也是华夏情感传播的对象之一。当然这部分主要是从翻译理论入手进行阐述。

华东师范大学潘震的博士论文《中国传统情感英译研究——以中国古代短篇小说及其英译本为语料》，以中华民族的情感文化体系为主体，以中国古

① 宋红娟：《歌谣与情感——从情感人类学看西和的乞巧歌》，《民俗研究》，2014年第1期，第98页。

② 何善蒙：《中国传统艺术中“情”的哲学诠释》，《文化艺术研究》，2008年第2期，第59页。

③ 张节末：《先秦至汉末乐论中情感理论的发展》，《文艺理论研究》，1991年第2期，第48页。

④ 罗远玲：《乡土情感：传统节庆现代转型的文化血脉——以粤西茂名年例为例》，《广西师范大学学报（哲学社会科学版）》，2016年第5期，第1页。

代短篇小说及中外译者的英译本为语料，以自然情感的语言表达为切入点，立足于语言与文化的关系层面，全面深入研究各种情感范畴及所蕴含的中国传统文化思想，并对效果进行考察。[①]而苏州大学付玉珊硕士论文《格式塔理论视角下〈诗经〉翻译的情感传达》，通过对《诗经》翻译中情感传达的分析，认为格式塔理论的应用有助于情感效果的实现，认为译者在翻译的时候应从整体出发，挖掘语言形式所表现出来的整体情感意义。[②]中国古典诗词往往寄情于物，借物抒情，出现了很多生动的情感隐喻表达而成为学者研究的对象，有学者以愁、相思、爱情为目的域的隐喻表达及其英译为分析对象，对古典诗词翻译中情感隐喻进行技巧分析。[③]或者有学者借助法国释意理论三角模型对《梦游天姥吟留别》进行法译研究，认为在法译时，译者需要具备充分的认知情感知识才能完美的译出原文。[④]此外，刘源甫在《〈红楼梦〉英译本情感信息处理刍议》一文中，通过对《大中华文库》1999年版《红楼梦》英译本若干经典实例的探讨，证明情感信息流失是翻译教学实践中应重视，但又常为人忽视的问题。[⑤]实际上这也是针对中国文学作品中如何有效采用翻译理论和技巧的论述，这能够为中国情感文化的对外传播提供有效参考。最后，在对外传播问题上，李建军等学者有深入的研究。他认为在对外传播上，理性传播具有语言的精确性、内容的客观性、行为的理智性、目的的工具性等特征；情感传播具有语言的感染性、内容的主观性、行为的亲近性、目的的价值性等特点。理性传播和情感传播各有千秋，关键是把握好契机、场合和火候，注重双向主体性，得体变通施力。理性传播可概括为针芥相投、实事求是、刚柔相济等策略，情感传播可析出动之以情、情感运作、触景生情、托物寓感等途径。[⑥]这是从宏观的层面对理性传播和情感传播提出归纳总结，

① 潘震：《中国传统情感英译研究——以中国古代短篇小说及其英译本为语料》，华东师范大学，2011年博士学位论文。

② 付玉珊：《格式塔理论视角下〈诗经〉翻译的情感传达》，苏州大学，2012年硕士学位论文。

③ 冯全功，李琳：《中国古典诗词中的情感隐喻及其英译研究》，《语言与翻译》，2017年第3期，第57页。

④ 彭逸红，杨丽英：《认知情感对唐诗〈梦游天姥吟留别〉法译的运用分析》，《哈尔滨职业技术学院学报》，2017年第5期，第153页。

⑤ 刘源甫：《〈红楼梦〉英译本情感信息处理刍议》，《外语学刊》，2003年第1期，第108页。

⑥ 李建军，刘会强，刘娟：《理性与情感传播：对外传播的新尺度》，《江西社会科学》，2015年第5期，第240页。

这也是针对如何传播中国情感特质文化提出的策略。

概而言之，随着中国国际影响力的提升，中华文化的读者对象范畴也不断扩展到海外，对中华经典文学作品的推介尤其对其中情感内涵的把握和翻译则成为华夏情感传播研究的一个部分，这既可以看成是跨文化传播交流也可以看作是构建中国特色传播理论的一种实践。

13.5 华夏情感传播的伦理效果：审美与情感教育体验

华夏情感在漫长的历史过程中，其借助各种符号形式进行传播，中国民众甚至海外民众都认可中国传统文化中的情感特质，并内化于心，渗透在民众的日常生活中，成为民众认知和处理各类事务的一种方式。可以说华夏情感传播具有普遍性和明显的感化效果，具体来说，有两个方面，一个是审美上的效果，一个是情感教育体验的效果。当然这两方面是基于中国传统伦理情感，尤其是从儒家伦理情感的角度阐发的效果。

对于情感，可以从心理学、社会学等其他学科角度进行研究。而如果是情感在人际关系中或社会传播中则可能更多地从伦理的角度进行论述。王云萍在《儒家伦理与情感》一文中，认为从理论上讲，如果情感是建设性的，就必然会对实践推理做出贡献；更深一层讲，如果情感是伦理学的核心，那么情感自身就必须得到重视，而不应只是消极地等待理性的矫正。总之，这样来理解情感将会拓展和深化我们对伦理生活的理解，也有助于我们领会伦理生活的生命力所在。而且作者也发现了可以在早期儒家伦理的概念架构内找到当代西方情感理论的印证。基于这样的背景，作者探讨了儒家伦理如何看待和运用情感的重要性的。[①] 可以说，儒家伦理中重视人的情感存在和情感关怀，在构建伦理体系，探讨伦理修养、伦理教化和伦理价值实现的社会途径等问题时，既注重个体情感的疏导、约束，又注重社会规范的维护，是社会、伦理、政治秩序的保证，也是实现社会和谐的有效途径。[②] 周天庆也在另一篇文章中对儒家伦理中的情感因素进行探讨，认为儒家在伦理体系建构过程中形成了一个情感培植、体认、强化、疏导机制，强化了它的实践功能，并为人们安身立命确立了根据。[③] 而王美玲则探讨了情感主义中的儒家伦理问

① 王云萍：《儒家伦理与情感》，《哲学研究》，2007 年第 3 期，第 86 页。

② 周天庆：《情感关怀：儒家伦理视野中的社会和谐之道》，《河南师范大学学报（哲学社会科学版）》，2007 年第 1 期，第 161 页。

③ 周天庆：《论儒家伦理中的情感因素》，《求索》，2007 年第 5 期，第 142 页。

题，从中华孝文化的大背景下对“子为父隐”“窃负而逃”“埋儿葬父”的孝行实践进行阐述。[①] 南开大学左剑峰的博士论文《感性学视域下的先秦儒家情感观念研究》，用感性学（美学）来探讨先秦儒家情感观念，对它们所具有的美学内涵和普遍美学意义进行考察。[②] 而辽宁大学赵阳的硕士论文《先秦时期“情理”论研究》，侧重于阐明“诗言志”的情理兼容性与先秦时期的儒道两家的“情理”美学观，同时也说明“情理”论产生的哲学基础和发生背景。[③] 而南京师范大学季良琴的硕士论文《孟子的情感主义美德伦理学研究》强调了孟子的道德哲学实质上是一种美德伦理学的学说，是一种情感主义的美德伦理学。文章探讨了孟子情感主义美德伦理学的内容及其在中国传统哲学上的意义。[④] 此外，有学者以不同角度对伦理中的情感进行研究，如对生活儒学中的情感观念和情感主义德性伦理学中的情感观念进行比较。[⑤] 或者将苏格拉底与孔子伦理思想中的理性和情感进行比较。[⑥] 也有学者从《礼记》关于儒家伦理关系谱系的论述中儒家的身份及其情感焦虑进行研究，这种焦虑是儒家不得不在道德理想和现世伦理间奔突冲撞，承受其内心的情感焦虑。[⑦]

13.5.1 情感传播的审美研究

在审美方面，学者从不同角度梳理审美与情感的关系。以朝代为背景，对秦汉时期审美情感及其形式进行探析。[⑧] 从个人方面来说，如研究孔子道德情感的审美意识，在孔子那里，道德的提升和审美的超越都落实在人生当中。[⑨] 也有对孔子的情感论及其诗乐美学进行研究，认为仁的自然情感根基

① 王美玲：《情感主义的儒家伦理——再论“子为父隐”》，《华东师范大学学报（哲学社会科学版）》，2011 年第 2 期。

② 左剑峰：《感性学视域下的先秦儒家情感观念研究》，南开大学，2014 年博士学位论文。

③ 赵阳：《先秦时期“情理”论研究》，辽宁大学，2011 年硕士学位论文。

④ 季良琴：《孟子的情感主义美德伦理学研究》，南京师范大学，2013 年硕士学位论文。

⑤ 李海超：《情感观念比较：生活儒学与情感主义德性伦理学》，《江西社会科学》，2014 年第 5 期，第 21 页。

⑥ 黄书孟，曹峰旗：《苏格拉底与孔子伦理思想中的理性与情感》，《浙江学刊》，2002 年第 6 期，第 163 页。

⑦ 徐宝锋：《〈礼记〉儒家的身份与情感焦虑》，《黑龙江社会科学》，2010 年第 2 期，第 79 页。

⑧ 祝菊贤：《秦汉时期审美情感及其形式初探》，《淮北煤师院学报（社会科学版）》，1994 年第 4 期，第 12 页。

⑨ 杨黎：《道德与审美——孔子道德情感的审美意识探源》，《道德与文明》，2014 年第 2 期，第 150 页。

和道德指向规定了诗乐的感性情感属性和生发的方向性。而孔子诗乐艺术又反过来塑造了仁的情感，美又成为仁的基础。仁与美在一种互为基础、相互生发的关系中，实现了生命向“天命”的情感超越。[①]荀子的美学思想中有关“礼”的诗化的阐释，是在倡导从宗教情感向审美情感的转化，这一创发性见解至今仍值得关注。赵士林从新的视角全面探讨荀子的美学思想，并着力开掘其“礼”的诗化思想的现代意义。[②]而汤显祖的情感美学观与明清时代情感解放理论不同，他的独特之处在于具有对情感表现形式的审美眼光和自觉意识，高度重视情感内容与表现形式的统一，在情感表现形式上求奇出新，自觉以富有浪漫情调和理想色彩的梦幻形式来表现情感解放与审美超越，从理论与实践的结合上解决了情感的内容本身和表现形式的统一，鲜明突出了情感表现形式的浪漫性和理想性特征，在情感美学发展史上做出了卓越的贡献。[③]

从古代文学作品中探究审美与情感也是一个研究方向，如刘士林认为，“人是一根有思想的芦苇”，这一提法可以一直追溯到中国文明奠基时期的周代社会。《蒹葭》一诗，既是中华民族生命意识最早的流露，也把这种精神体验提到审美的高度。如何使每一根“有情感的芦苇”，内在地生产出属于他个体的理性机能，是中华民族在其现代启蒙中最重要的任务。[④]也有对唐人道蕴诗的审美情感进行研究，[⑤]或者以较新颖的视角研究唐代诗歌，如黄家雄的《情感信息传播的速率审美刺激——论唐绝句的悖论审美思维》，认为唐代绝句在传播情感信息时，具有速率审美刺激，其奥妙之一，就是在创作上运用了悖论审美思维。这种审美思维的运用，在构思上把相互矛盾、相互对立、相互冲突的事物组合在一起，构成惯常诗境和悖反诗境既相矛盾又相统一的绝句的整体内容。这一构思方法的运用，给唐代绝句速率审美刺激以生成机制，建构了一种审美鉴赏的瞬间连续刺激模式。悖论审美思维的运用，源自唐代诗人“奇异感”的心理机制，它符合生活的真实和情感世界发展的内在

① 余开亮：《孔子情感论与诗乐美学再阐释》，《中国人民大学学报》，2009年第1期，第121页。

② 赵士林：《“礼”的诗化：从宗教情感到审美情感——荀子美学新解》，《哲学研究》，2001年第6期，第39页。

③ 黄南珊：《论汤显祖的情感美学观》，《江汉论坛》，1990年第2期，第53页。

④ 刘士林：《人是一根有情感的芦苇——〈诗经·蒹葭〉与中华民族审美情感的历史源流》，《上海师范大学学报（哲学社会科学版）》，2006年第1期，第48页。

⑤ 黄世中：《论唐人道蕴诗的审美情感》，《温州师范学院学报（哲学社会科学版）》，1994年第5期，第28页。

逻辑。[1] 从这里我们也可以看到唐代诗歌的情感传播的技巧。此外也有学者从艺术理论的角度探讨“情”在中国古典美学中的地位。[2]

13.5.2 情感教育体验

情感的传递不仅需要受体自身内部的感悟与体验，而且需要与他者、社会的互动和共鸣，才能促进情感的感应与召唤。情感的教育与体验，实际上就是一种互动的过程，它通过一定的仪式来传递情感，从而使得受体在互动过程中增强了情感，产生了共有的兴奋状态——“集体兴奋”，以及产生其他类型的情感，如道德团结或愤怒等。情感教育与体验也遵循着情感唤醒、互动和共鸣的情感传播过程。[3]

情感与教育方面，儒家文化注重用仁爱感化教育民众，尤以道德情感心理内容具有突出的以教化民作用，它是增进人与人之间的和谐关系、构建和谐社会的黏合剂。[4] 因此仁爱道德情感的培养及其方法具有重要的意义，邓旭阳认为，先秦儒家道德情感的培养是一个逐渐养成的过程，其培养机制路径体现在由“仁爱情感表达”到“同理推恩”，进而经由“情感反应——理解宽容——愉悦心境——情感升华”具体推进的三层次、六个环节过程。[5] 王云梅则从儒家的“崇德重仁”出发，探讨儒家伦理思想的基本价值取向和儒家在道德教育中的情感理念，同时反思当下社会道德教育建设的问题及其儒家“崇德重仁”的启发意义。[6] 而在儒家注重礼仪教育的观念中，执手礼是一种常见和重要的礼仪形式。实际上，无论先秦还是两汉，执手礼有一个最根本的共同功能，即表达对他人的与正向价值有关的情感，而且具有极强的稳定性，能够不可逆转地传承下去。[7] 从孔子个人角度而言，郭沂从比较宏观的

① 黄家雄：《情感信息传播的速率审美刺激——论唐绝句的悖论审美思维》，《湖北大学学报（哲学社会科学版）》，2009年第4期，第79页。

② 王又平：《“情”在中国古典美学中的地位》，《华中师院学报》，1984年第3期，第1页。

③ 蒋晓丽，何飞：《互动仪式理论视域下网络话题事件的情感传播研究》，《湘潭大学学报（哲学社会科学版）》，2016年第2期，第122页。

④ 徐仪明：《论儒家早期情感心理的教化作用及其重要意义》，《孔子研究》，2011年第6期，第88页。

⑤ 邓旭阳：《试论先秦儒家仁爱道德情感培养机制》，《东南大学学报（哲学社会科学版）》，2013年第2期，第38页。

⑥ 王云梅：《儒家“崇德重仁”的情感教育理念及其意义》，《湖北社会科学》，2010年第12期，第112页。

⑦ 梁满仓：《先秦两汉执手礼及其情感内涵》，《社会科学》，2014年第4期，第147页。

角度概括了孔子的情感理论与情感教育思想。[①] 当然结合当前人类文明情感缺失，孔子的情感教育也显得尤为重要。[②] 具体来说，孔子的情感德育理论认为，德性的养成，是一个以自然情感为基础，通过对自然情感的感发，再以“礼”对其进行适当的规约与引导，最终达到受教育者在情感上完全认同道德规范，道德规范完全内在为人的内在德性的“从心所欲不逾矩”的过程。这一过程的三个阶段，用孔子的一句话来概括就是：“兴于诗，立于礼，成于乐”。孔子德育理论的这一特点对当前学校德育工作有着重大的启发和借鉴意义。[③] 还有孔子的诗教也是一种伦理化的情感教育。[④]

从当下道德情感教育来说，中国传统文化中的情感教育思想对当下社会具有较强的启示意义。如河南大学刘倩影的硕士论文《中国传统节日文化对幼儿道德情感的影响》通过问卷法和观察法，深入了解和分析节日文化对于幼儿道德情感的发展所起的作用，幼儿在亲社会行为、同情心、移情三个维度上的差异等。[⑤] 同样地，在台湾地区，也有学者以“情绪、文化与道德教化：以羞耻感为例的探讨”为题，用实证研究方法，观察羞耻感如何运用于台湾幼儿家庭道德教化中，以检视羞耻情绪经验与道德价值、文化脉络密不可分的关系。[⑥] 可以看出，当前社会对道德情感教育的重视，尤其重视对幼儿的影响。而李建华则从学理性的角度试图提出当下中国道德建设的一个视角——道德情感论，讨论道德建设的着力点由道德理性转向道德情感，梳理道德情感的特征、类型、功效，并从历史、现在、未来三种角度，论述了道德情感与道德建设的关系。[⑦] 应该说，中国传统文化中的道德情感理论在当下社会具有较强的引导效果。

---

① 郭沂：《孔子的情感理论与情感教育思想》，《东岳论丛》，1986 年第 3 期，第 72 页。

② 王书云，胡伟，王淑洁：《孔子情感教育》，《河北理工学院学报（社会科学版）》，2003 年第 2 期，第 66 页。

③ 王海成：《“兴于诗，立于礼，成于乐”——孔子的情感德育论中的三个阶段》，《西安建筑科技大学学报（社会科学版）》，2012 年第 5 期，第 1 页。

④ 阳欣：《论孔子诗教的情感特征》，《广西师范大学学报：哲学社会科学版》，2008 年第 1 期，第 62 页。

⑤ 刘倩影：《中国传统节日文化对幼儿道德情感的影响》，河南大学，2011 年硕士学位论文。

⑥ 胡台丽，许木柱，叶光辉主编：《情感、情绪与文化：台湾社会的文化心理研究》. 台北：中研院民族所，2002 年版。

⑦ 李建华著：《道德情感论：当代中国道德建设的一种视角》. 北京：北京大学出版社，2011 年版，导言，第 11—12 页。

情感体验方面，有学者从“敬”与“乐”出发探讨儒家的情感体验。[①]或者以较新颖的视角研究古代社会的情感体验，如赵崔莉在《被遮蔽的现代性：明清女性的社会生活与情感体验》一书中，基于女性主义视角，从明清女性的生活、情感和体验出发，对明清女性的社会生活，诸如经济活动、文化才情、休闲娱乐、行旅生涯、宗教信仰、公益慈善、法律诉讼、参政议政以及社会属性等诸多方面进行细致考察，为读者塑造和呈现出明清女性不断创造、勇敢追求、具有独特审美和愉悦体验的群体形象，打造出鲜活生活而又不乏闲情逸致、妙趣天成的明清社会生活场景。[②]台湾另一本著作《数位易经谈感情》则以《易经》的研究作为基调，探讨情感的本质与两性的互动。[③]而明清时期司法与情感的勾连则别有新意，在徐忠明的《情感、循吏与明清时期司法实践》一书中，通过解读基本史料，包括司法档案、讼师秘本、正史传记、公案文学、官箴书和回忆录来挖掘明清时期司法裁判的“表达与实践”的精神结构，展现司法实践中情感表达的文化意义，建构其心态模式。[④]中国古代丰富的社会实践中处处蕴含情感要素，社会实践的运行实际上也是在传播情感，这构成了中国的情感传播系统。

总之，中国的情感文化，尤其是在儒家的道德情感理论的社会化实践过程中或者情感观念传承的过程中，情感伦理的审美和情感教育体验是对情感传播观念或思想的践行，也是古代儒家推行情感伦理教育效果的一种体现。更应该看到的是儒家的情感观念对当下推进和谐社会建设的积极意义。

13.6 华夏情感传播的批评

华夏情感传播的批评主要是从文学批评的角度加以阐述。这也为读者提供了一些反思和借鉴。蔡英俊主编的《中国文学的情感世界》中提到在文学理论的领域里，有两种观点是最难调和并存的：一是强调每一件艺术作品都是一个内涵的世界、是一个完整自足的自体，因而强调艺术作品的自律性；

---

① 崔锁江，周柏红：《敬与乐——儒家的情感体验》，《社会科学论坛》，2005 年第 12 期，第 28 页。

② 赵崔莉著：《被遮蔽的现代性：明清女性的社会生活与情感体验》. 北京：知识产权出版社，2015 年版。

③ 陈文德著：《数位易经谈感情：磁场来电 · 情感卦象的分析与建议》. 台北：远流出版社，2000 年版。

④ 徐忠明著：《情感、循吏与明清时期司法实践（2 版）》. 上海：上海三联书店，2013 年版。

一是把艺术作品看成是表征社会文化现象的材料，从而探讨艺术作品与其他文化活动或社会现象间的关系。但是作者无意去检讨两者的正误，而是从综合考察的立场出发去研究中国文学最常见和最具文化特色的主题，展现中国文学与中国人心灵的真实形貌。[①]

孙蓉蓉在《论古代文论中情感论的流变》一文中提到，情感论是我国古代文学批评中的一个重要的理论范畴。在先秦、魏晋和晚明这三个时期中情感论内涵变化表现得尤为突出，因此作者通过分析这三个时期在情与志、情与物问题上的不同观点和认识，来探讨情感论内涵的流变，从而揭示出我国古代文学批评中情感理论的特点。[②] 沈顺福也对儒家情感论提出批判，认为在儒家情感理论体系中，情感是被动的，自己无为。与西方的依靠自由意志而产生的情感以及能够掌控的情感能动性不同。[③] 而有学者则看到了儒家仁爱思想中的情感逻辑悖论，认为儒家仁爱的施予从人走向物，仁爱的性质从伦理走向生态，这便构成了这种情感逻辑的基本线条。但是，这种“仁爱”思想的情感在施与的过程中却产生了问题。尤其是在处理人与自然的关系的时候，我们会遭遇到一个仿佛不可克服的悖论。对于这个悖论的两极，我们只能通过实践来达到一种动态的平衡。[④] 这对于给我们了解儒家仁爱思想中情感理论提供了新的视角，看到了情感传播的局限所在。也有较为另类的研究，如从亚文化视角研究《金瓶梅词话》，客观正确评价其中的人物，开拓多学科融合的学术研究。[⑤]

总的来说，以批判角度对华夏情感传播的研究相对较少。但实际上，在华夏情感传播观念研究过程中，恰恰需要对情感传播过程的局限性进行揭示和反思，充实中国传统文化中的情感论，扩展华夏情感传播研究视野，提高中华传播理论适用性具有重要意义。

中国传统哲学中古人提出诸多情感思想甚至形成系统的情感理论，这构成了中国传统哲学的文化底蕴，彰显中国的文化的情感特质。情感在中国社会中具有重要的纽带作用，它是中国社会道德秩序和政治秩序重要精神支撑。

---

① 蔡英俊主编：《中国文学的情感世界》. 合肥：黄山书社，2011 年版。

② 孙蓉蓉：《论古代文论中情感论的流变》，《文艺理论研究》，1992 年第 1 期，第 35 页。

③ 沈顺福：《儒家情感论批判》，《江西社会科学》，2014 年第 5 期，第 14 页。

④ 冀志强：《儒家仁爱思想中情感逻辑的悖论分析》，《山东教育学院学报》，2009 年第 5 期，第 28 页。

⑤ 陈家桢，周淑芳著：《金学视点：情感与亚文化》. 北京：中国三峡出版社，2007 年版，代前言，第 11、15 页。

中国的情感主要通过语言文字、音乐、礼仪等各种形式为表征符号进行传达，从这些表征符号或文学艺术形式的传播和传颂来看，中国传统文化中的情感表达蕴含着一种信息的传播和交流系统，或者从广泛意义上说也可称为情感传播观念，是一种情感传播的形态。而梳理华夏文明中情感传播观念，展示情感传播活动，对于总结提炼中国特色传播理论，构建中国特色传播话语体系具有重要的理论意义。当然，更应该看到，因为情感是弥散在中国社会人际关系中的一个重要因素，如果能够以“情感”作为一种中介 / 媒介，以传播的视角看待情感在中国古代社会中的政治、文化、经济等各领域的影响，揭示情感作为媒介在其中发挥的枢纽、联结作用，甚至作为个人与社会之间交涉的场所以及将人们团结在文化中的黏合剂，[①] 展示情感在中国人际传播、大众传播中的角色和地位，不仅是传播学本土化的一种创新，而且在一定程度上能够为当下中国社会现实中道德秩序的建设和加强提供有益的启发和参照。

（林　凯　谢清果）

① Sally Planalp. *Communicating Emotion: Social, Moral and Cultural Processes*, Cambridge university press 1999. 该书的首页对情感交流的总结性介绍。

第十四章 华夏政治传播述评

中国古代政治传播研究是华夏传播研究的一个重要面向。理解当下需要追溯历史，本章通过梳理学界关于中国古代政治传播媒介、制度、功能三方面的研究成果，总结了目前政治传播研究本土化的局限。

14.1 中国政治传播研究

政治传播，古来有之。根据学者考证，早在古罗马庞贝的遗迹中就发现了许多竞选性的政治广告。“有了政治传播也就有了对政治传播现象的关注和研究。”① 中国的政治传播研究始于20世纪80年代。我国最早研究政治传播学的学者是台湾学者祝基滢，在1893年出版的专著《政治传播学》中介绍了西方学者关于政治研究的基本内容、理论和方法，提出“理想的政治传播是一种政治符号的共识（共同解释）。”② 这本书的局限在于，没有对政治传播学的研究对象做出明确界定，仅就一些研究课题做了介绍。台湾学者彭芸在1986年出版的《政治传播：理论与实务》一书中系统地介绍了20世纪80年代中期西方学者关于政治传播研究的产生、发展和理论分歧，对于我国的政治传播研究做出了贡献。③ 荆学民2014年出版的《政治传播活动论》，从哲学高度把“政治传播”作为人类一种独特的实践活动做系统的理论探索。④ 全书围绕着政治传播主体、政治传播客体、政治传播中介、政治传播关系、政治传播效应、政治传播形态五个部分，用逻辑与历史统一的研究方法阐述政治传播的基本原理。

有学者提出，现代政治传播研究主要有三种不同的理论取向：一是前苏

① 李元书：《政治传播学的产生和发展》，《政治学研究》，2001年第3期，第68—77页。

② 祝基滢：《政治传播学》. 台北：三民书局，1980年版。

③ 彭芸：《政治传播——理论与实务》. 台北：巨流图书公司，1986年版。

④ 荆学民：《政治传播活动论》. 北京：中国社会科学出版社，2014年版。

联和中国等社会主义国家以马克思主义为指导的政治传播研究。二是以美国为代表的探讨政治传播的效果和政治传播行为的行为主义研究。三是以西方马克思主义为指导的大众媒介政治经济学批判。无论研究的理论基础是什么，政治传播研究始终是社会科学的一个分支，采用的仍是经验主义的和实证的、定性的和批判的研究方法。① 李书元（2005）提出："政治传播是由政治系统的结构和功能导致的政治信息的传递和处理过程。"② 荆学民和施惠玲（2010）讨论了政治传播理论研究中的三大关系：政治传播中的宣传与传播、政治传播中的内传播与外传播和政治传播中的媒体与政治，将政治传播定义为："政治共同体的政治信息和政治价值观的扩散、接受、认同、内化等有机系统的运行过程。"③ 政治传播学产生有两个历史背景：一是大众媒介对政治生活的影响，二是两次世界大战的爆发及宣传学、政治宣传分析的出现。著名学者邵培仁（1991）在其著作《政治传播学》中提出："政治传播是通过多通道、多媒体、多符号传播政治信息，以推动政治过程、影响受传者的态度与行为的一种对策。"④

这些学者大都是从"政治传播功能"的角度上讨论政治传播，是一种工具型的定义。缺乏从历史的维度，对近代以前中国悠久的政治传播实践活动的研究。总体上，中国学界已经将政治传播作为传播学研究的一个重要面向，有了自己的研究成果，迈出了重要的一步。

14.2 中国古代政治传播研究

华夏传播研究是传播学本土化的一种尝试。中国古代政治传播研究，学者将传播学方法引入历史学研究，以透视中国古代政治实践。陈谦的著作《中国古代政治传播思想研究——以监察、谏议与教化为中心》，通过对中国古代王朝政治活动材料的梳理，论述了中国古代王朝监察、谏议与教化活动中的传播思想与政治控制意义。⑤ 作者对中国古代政治传播思想的论述，涉及儒法道墨四家。认为儒家以"德"同"政"，以"礼"为则，重视教化与民意；法

① 郑一卉：《我国政治传播研究百年回望》，《武汉大学学报（人文科学版）》，2005 年第 3 期，第 380—384 页。

② 李元书：《政治传播学的产生和发展》，《政治学研究》，2001 年第 3 期，第 68—77 页。

③ 荆学民：《政治传播理论研究中的三大关系》，《中国社会科学报》，2010 年 7 月 29 日 2006 年版。

④ 邵培仁：《政治传播学》. 南京：江苏人民出版社，1991 年版。

⑤ 陈谦：《中国古代政治传播思想研究》. 北京：中国社会科学出版社，2009 年。

家“以法为教”——释为：法家主张“政（法）”即“教”，是依靠强制、威慑来直接进行政治控制的思路，以权监控；墨家一天下于义；道家是政治传播取消观。有学者强调，中国儒家治国思想之核心理念也是将政治思想与传播活动结合起来，借助各种传播活动实现统治者对百姓潜移默化一般的“洗脑”，从而实现统治者的政治目的以及维护社会秩序。① 白文刚的《中国古代政治传播研究》以中国古代的政治历史与经验，自觉地以政治传播的学科意识对中国古代政治统治中的重要政治传播现象展开比较系统的初步研究。② 展现其面向、揭示其特点，总结中国古代政治传播的现代启示，为中国特色政治传播理论体系的建立提供历史资源，为中国当代的政治传播实践提供经验借鉴，是政治传播拓展于中国古代的开创之作。

在微观层面，陈谦基于萨丕尔–沃尔夫假说，开辟了“一言兴邦，一言丧邦”的政治传播观作为分析传统政治文化的途径，从新的角度审视中国传统政治制度及政治文化，有助于省察话语对思维的控制和影响。③ 巫称喜（2009）在《神权政治与商代信息传播》中引用了美国传播学家丹尼尔·勒纳关于政治与传播的关系的一段精辟论述：“生活于同一政治形态中的人们，形成信息传播的特定方式，犹如形成其他商品流通的特定方式。这些信息流动的方式在许多点上，都与权力、财富、地位及其他有价值事物的方式相互作用，形成一个大的系统。也就是传播方面的深刻变化，总是伴随着其他方面一定的有规模的变化。”④ 他的研究发现，商代诸王依靠预兆和神谕的神权力量来统治管理民众与国家，形成了独特的政治形态。与这种政治形态相适应的传播形态是人神之间的交流沟通。神权政治与人神传播互相依存共同发展是商代政治传播形态的主要特点。

14.2.1 关于中国古代政治传播媒介

美国历史学家威廉·麦克高希在其贯穿媒介史视角的《世界文明史》一书中指出：在一个文明中占统治地位的制度和支撑它的文化技术之间存在一

① 郭剑：《“政治传播”定义发展探究》，《中国科技术语》，2014 年第 6 期（总 16 期），第 51—54 页。

② 白文刚：《中国古代政治传播研究》. 北京：中国社会科学出版社，2014 年版。

③ 陈谦：《传播学视野中的中国古代政治——以“一言兴邦，一言丧邦”的传播观为例》，东方论坛：《青岛大学学报》，2005 年第 4 期，第 89—94。

④ 巫称喜：《神权政治与商代信息传播》，《新闻与传播研究》，2009 年第 4 期（总 16 期），第 34—38、108 页。

种联系。“在历史的特定时期，新的文化技术的相继引进标志着新的文明的开始。”[①] 法国媒介学者雷吉斯·德布雷则提出了“媒介域”的概念，他用这一概念来描述信息传播的媒体化配置所形成的包含社会制度与政治权力的一个文明史分期。[②] 在德布雷看来，每个时代的传媒方式的主旨就是对其时代进行定义。媒介域的形成具有与社会的历史性结构相匹配的自然性。加拿大学者伊尼斯在《传播的偏向》中按照不同的质地将媒介分为时间偏向型（time bias）和空间偏向型（space bias）的媒介两种类型。[③] 前者是质地较重、耐久性强的媒介，较能长久保存，适用于克服时间的障碍。后者是质地较轻、容易运送的媒介，适用于空间上的运输和携带。

潘祥辉（2015）认为青铜器作为殷周时期最为重要的礼器，“中国青铜器既用于沟通神灵，也用于纪念功绩，垂示子孙，还可以记载历史事件、法律文书以及诸侯会盟等方面发挥书写媒介的功能，别具特色”。[④] 在人类社会的初始阶段，即便是文字出现之后，歌谣仍然是重要的政治传播媒介。[⑤] 关于宋代邸报的研究主要是讨论其性质与功能，得出一些有价值的结论。主要观点有：宋代邸报具有的官报与民间报纸的双重性、宋代邸报发挥的舆论监督的功能以及在朝廷与地方间文字传递的作用，官员与邸报的关系。张涛（2001）研究发现 20 世纪以来，从居延和敦煌两个地区的塞垣线烽燧遗址上出土了数万枚汉简，其中相当部分的汉简内容是制书。西汉朝廷不断地向西北烽燧发送制书，是为了达到政治传播的目的。[⑥] 汉简制书应是西汉的木简报，使我国古代成制度的官方新闻的开始可以前推到公元前 2 世纪的汉武帝时代。杨立新（2003）对《开元杂报》提出质疑，认为《读开元杂报》一文不是信史，而是文学体类，历史上是否有《开元杂报》尚不可知。[⑦] 陈力丹（2004）提出了“府报”，府报涉及的事务是一些发生在中原地区、东南沿海

---

① [美] 威廉·麦克高希：《世界文明史：观察世界的新视角》. 北京：新华出版社，2003 年版。

② [法] 雷吉斯·德布雷：《普通媒介学教程》. 北京：清华大学出版社，2014 年版。

③ [加] 哈罗德·伊尼斯, HaroldInnis, 伊尼斯, 等：《传播的偏向》. 北京：中国传媒大学出版社，2015 年版。

④ 潘祥辉：《传播史上的青铜时代：殷周青铜器的文化与政治传播功能考》，《新闻与传播研究》，2015 年第 2 期，第 53—70、127 页。

⑤ 潘祥辉：《“歌以咏政”：作为舆论机制的先秦歌谣及其政治传播功能》，《新闻与传播研究》，2017 年第 6 期，第 68—86、27—128 页。

⑥ 张涛：《论西汉“木简报”》，《新闻与传播研究》，2001 年第 2 期，第 67—71、96 页。

⑦ 杨立新：《开元杂报》质疑》，《新闻大学》，2003 年第 1 期，第 53—54 页。

地区和中央政权内部的政治、经济实践，甚至还有汉武帝的养老诏书。“传播的目的不在于发布命令和指导工作，而在于通过告知官方认为重要的新近发生的事实而形成某种舆论”。[①] 徐燕斌（2017）讨论了法律传播媒介与中国古代王朝政治的关系，提出“各种法律媒介成为中国古代政治统治的重要工具”。[②] 在古代社会，是否能够及时下达朝廷意向、保证政令畅通，直接关系到中央集权体制的效能，关系到能否自上而下把握住国家的统治命脉。在中国历史的政治实践中，多数王朝都注重借助于各种法律传播媒介，将抽象的法律条文以通俗易懂的方式诠释为日用之常，达到有效控制社会的目的。[③] 指出时间偏向型媒介强调的是在时间上对一个社会的建构和维系，而非跨地域的信息扩张与控制。在中国古代法律传播活动中，传播媒介既有时间偏向型的，如铭金、刻石与粉壁等；也有空间偏向型的，如扁书、露布与榜文等。

伊尼斯曾论及中国历史上王朝更替与传播的关系：儒家势力由于国家的影响和儒家经典的大量刊布而壮大，中国的文字给行政管理提供了基础，它强调的是按照空间来组织帝国，但无法满足时间的要求，因此中国总是暴露出改朝换代的问题。传播媒介与古代地王朝更替相关“超稳定结构”是台湾学者金观涛在《兴盛与危机：论中国社会超稳定结构》中首先提出的，学者从中国封建社会延续两千余年与每两三百年爆发一次大动乱之间的关系入手分析，提出中国社会是一个超稳定系统的假说，并用这一套模式去解释中国社会、文化两千年来的宏观结构变迁及其基本特点。[④]“超稳定结构”的提法不失为探讨中国古代政治制度史与社会史一个极具创见的思路。透过空间偏向型媒介系统，统治者将朝廷意志予以贯彻执行，以实现国家对民间社会事务的有效管理与控制；通过时间偏向型媒介的作用，当世的王朝统治从传统权威中获得了统治的合法性，在历史的纵向维度上与以往的王朝共享了神圣的信仰和道德。基于此，虽然中国历史上王朝屡有更迭，制度兴废往复，但以王权为中心的体制却贯穿于古代社会的始终，形成了世界历史上独具特色的所谓“超稳定结构”。

---

① 陈力丹：《发现“府报”——我国古代报纸的历史前推 800 年》，《当代传播》，2004 年第 1 期，第 27 页。

② 徐燕斌：《国家社科基金后期资助项目中国法律媒介史考述负责人武汉理工大学教授，法律传播媒介与中国古代的王朝政治》，《中国社会科学报》，2017 年，第 2 页。

③ 徐燕斌：《中国古代的政治传播与社会控制述略——基于媒介史的视角》，《现代传播（中国传媒大学学报）》，2017 年第 10 期，第 51—56 页。

④ 金观涛，刘青峰：《兴盛与危机》. 北京：法律出版社，2011 年版。

14.2.2 关于中国古代政治传播制度

黄东英（2010）讨论了政治制度与传播制度的关系，“在传播制度的建立与发展过程中，政治制度起到重要的决定性作用，政治力量从未放弃对传播制度的控制和利用。传播制度也以自己特有的功能和特性影响着政治制度的发展，成为社会生活中不可小视的力量”。[①] 目前，学界对政治传播制度的研究主要集中在近现代，关于中国古代政治传播制度的研究不多。

专制政治是中国传统社会运转的杠杆，传播的形态是直接表现着社会政治文化的活的机制。吴予敏（2001）分析了古代帝制中国的媒介权力，指出它是通过控制信息载体来传播特定的“符号—意义”体系，建构人们的认知概念世界、价值系统，形成对人们社会行为的隐性支配。[②] 孙顺华（2001）分析了中国古代专制政体下的传播控制特点，以思想统制和暴力强制并用的手段来控制人们的思想和舆论，导致社会信息流动的不均衡。[③] 陈谦（2005）揭示了“一言兴邦，一言丧邦”中蕴含的政治传播观，认为它是中国式的“魔弹论”。[④] 还有学者讨论了宋代的新闻控制以及古代新闻法规的形成及其特点。[⑤] 陈谦（2013）以拉斯韦尔提出的社会传播学的三大功能为框架，以中国古代王朝政治信息控制的三种手段——信息监控（以监察为中心）、信息调控（以谏议为中心）、信息规范（以教化为中心）为主线，说明古人提出的信息控制思想、主张并不逊于现代西方传播学理论。[⑥] 他还对“政治传播制度”作了定义：政治统治者为满足信息控制的需要而制定和施行的使信息传递、扩散、存储等活动程式化的模式。[⑦] 陈谦总结了中国古代政治传播制度体系的主要内容：信息中枢的政治决策制度、政治信息传递渠道（包括媒介）制度、政治信息收集与反馈制度、谏议制度（与说服传播有关）、政治文化传

---

① 黄东英：《论政治制度与传播制度的关系》，《云南行政学院学报》，2010 年第 6 期，第 18—20 页。

② 吴予敏：《帝制中国的媒介权力》，《读书》，2001 年第 3 期，第 74—80 页。

③ 孙顺华：《中国古代专制政体下的传播控制特点》，《聊城师范学院学报（哲学社会科学版）》，2001 年第 3 期，第 58—61 页。

④ 陈谦：《传播学视野中的中国古代政治——以“一言兴邦，一言丧邦”的传播观为例》，东方论坛：《青岛大学学报》，2005 年第 4 期，第 89—94 页。

⑤ 郎国华：《宋代的新闻控制现象浅析》，《华南师范大学学报（社会科学版）》，2000 年第 2 期，第 74—79 页。

⑥ 陈谦：《中国古代政治传播思想及制度概说》，《广西社会科学》，2013 年第 1 期，第 87—92 页。

⑦ 陈谦：《传播、政治传播与中国古代政治传播制度体系》，《广西社会科学》，2006 年第 1 期，第 第 115—118 页。

统的信息存续与维护制度。李凯（2010）评价陈谦对中国古代政治传播制度体系的概括，“仅是一种以传播学为视角的理论建构，当时现实政治中并非有此称谓”，这一概括为学界研究政治制度史、传播史开拓了新的路径，不可小觑。[①] 潘祥辉（2010）通过对秦汉帝国的组织结构分析，看到官僚科层制与政治传播之间的内在关联。政治传播系统与官僚科层制相互耦合、嵌套，强化。[②] 官僚科层制依靠一种自上而下的政治文书系统维持运作，官僚科层制保证政治传播的畅通，政治传播的设置巩固官僚科层制的权力建构。

大部分学者通过对史料的梳理与分析，可以看出古人在政治传播（或信息控制）诸领域的许多认识与现代传播学的认识相合，有时其认识的深刻程度并不逊于西方现代传播学。从总体上把握政治传播制度的状况或基本模式及不同制度间的关联，有助于形成与传统政治制度史研究有别的新的研究取向。

14.2.3 关于中国古代政治传播功能

政治传播的功能是政治传播研究的重要内容，在这方面国内外学界已取得了一定的成果。美国传播学者威尔伯·施拉姆把大众传播对发展中国家社会发展的功能概括为六个方面，即增强国家意识；理解国家计划；发展必要的技巧；扩大有效市场；帮助人民发挥新的功能；形成民族国家意识。[③] 英国政治传播学者布赖恩·麦克奈尔（2005）把政治传播的功能归纳为五点，即告知民众；教育民众；提供公共讨论的平台；曝光政府和政治机构；鼓吹政治观点。[④] 李元书（2005）把政治传播的功能概括为八种，即传播政治信息；设置政治议程；影响公共舆论；促进民主；政治社会化；塑造政治形象；监督政府；政治控制与稳定。[⑤] 周鸿铎（2005）分析了政治传播的意义，表现为维护政治系统平衡；推动政治体制改革；提高公众政治参与意识；塑造

---

① 李凯：《读〈中国古代政治传播思想研究〉》，《东方论坛》，2010 年第 1 期，第 129 页。

② 潘祥辉：《官僚科层制与秦汉帝国的政治传播》，《社会科学论坛》，2010 年第 21 期，第 148—157 页。

③ Lucian W.Pye (eds.): *Communications and Political development*, Princeton University Press,1963：38—42，295。

④ [英] 布赖恩·麦克奈尔：《政治传播学引论》，殷祺译 . 北京：新华出版社，2005 年版，第 4、21—22 页。

⑤ 李元书：《政治体系中的信息沟通：政治传播学的分析视角》. 郑州：河南人民出版社，2005 年版，第 41—47 页。

国家形象。[1] 李彦冰等（2010）强调，国内政治传播功能研究基本依循了西方学者的经典理论框架，很多学者的论述仍然是在其中打转，即使有变化也只是对西方经典传播功能论述的微调，大部分是拿中国的例子去印证西方提出的范式。[2]

政治传播功能本土化研究。白文刚（2015）围绕政治传播的三个主要功能论述了建构政治合法性的传播活动离不开社会共享的政治文化；良好的政治传播效果有赖于宽松的政治言论环境；国家形象从根本上来说是由政治文明的特质及发展水平决定的。[3] 并强调了政治传播在中国古代政治中居于重要地位，在王朝合法性的建立、政治文化的传承、日常政治的运转、对外形象的塑造与“天朝”地位的建构以及王朝的更迭等方面起着重要的作用。[4] 白文刚的研究中多次提到中国古代政治传播实践能为当代中国的政治传播实践提供有益的借鉴，有助于更全面、准确地把握提升当代中国政治传播能力的着力点，但并没有明确地回答如何将这些理论应用到当代政治传播的实践中。周靖（2009）认为“儒家传播思想的核心是传播与现实政治紧密相连，借助传播实现对道德的规范，影响社会舆论，维护社会秩序的安定。”[5] 但有关儒家思想的论述大部分关注的还是蕴含其中的“仁政”思想。刘坚（2008）等人指出，“仁政作为治理国家的‘政道’有稳定政治秩序、获得民众的政治拥护、形成支持性民意的功能。作为平治天下的‘王道’，有协调诸侯国之间的政治关系、争取天下民众的政治舆论支持的功能。”[6] 并对孟子主张的“推恩”思想所蕴含的政治传播价值进行了论述。对法家政治传播思想的论述则主要关注其“法治”思想。张翅（2002）认为，法家思想重视“义利教化传播的功能”,“舆论传播对治国的重要性”,“重视法律传播的社会管理功能”。[7] 但黄春平等（2009）则对法家的传播控制思想进行了论述，指出“愚民”“禁

① 周鸿铎：《政治传播学概论》. 北京：中国纺织出版社，2005 年版，第 56—64 页。

② 李彦冰，荆学民：《我国近几年政治传播研究述评》，《东南传播》，2010 年第 6 期，第 12—15 页。

③ 白文刚：《从中国古代实践看制约政治传播效果的政治因素》，《青海社会科学》，2015 年第 4 期，第 8—12、20 页。

④ 白文刚：《政治传播在中国古代政治中的地位与作用》，《哈尔滨工业大学学报（社会科学版）》，2013 年第 2 期，第 28—32 页。

⑤ 周靖：《浅谈先秦儒家的传播思想》，《新学术》，2009 年第 1 期，第 92 页。

⑥ 刘坚：《仁政思想与孔子的政治传播观》，《华夏文化论坛》，2008 年第 2 期，第 56 页。

⑦ 张翅：《先秦法家传播思想述论》，《安庆师范学院学报》，2002 年第 5 期，第 14 页。

书”“禁言”是法家进行传播控制的主要方法，[①] 这对我国古代的政治思想和文化产生了深远影响。潘祥辉（2015）认为中国青铜器作为一种礼器与古代礼乐制度融为一体，发挥了重要的文化和政治功能。殷周青铜器的政治传播功能体现在如下方面：通过青铜器宣示和合法化政治权力；通过青铜器实践政治仪式，进行政治沟通；用青铜器述功纪行，进行政治宣传和教化。[②] 潘祥辉（2017）总结了先秦“歌舆”的几种政治传播功能：政治表达与舆论监督功能；“舆情”调查与政治沟通功能；政治宣传、教化与动员功能；政治博弈与“舆论造势”功能。[③] 历朝历代总是十分注重通过歌谣来引导舆论，以进行政治治理。

综上，学界虽然对中国古代政治传播，或者说政治传播的本土化研究，做出了一些成果，但目前学界对中国古代政治传播的实践和理论还缺乏系统的研究。部分学者的研究囿于西方政治传播的研究理论框架，注重历史个案的分析，用中国的例子去印证西方的政治传播研究范式。学者们更倾向于构建中国古代政治传播的理论体系，通过对史料的梳理，窥探中国古代政治传播的实践，就文献而论文献，或者使用西方传播理论的框架来套《论语》《孟子》等中国古代典籍和圣贤言论。在研究方法上，比较单一，研究相对简单，使用实证研究方法的相对较少。无疑，这些论文和著作对拓宽政治传播研究领域有着积极的意义，但大都带有强烈的西方传播学色彩。理解当下需要追溯历史。只关注当下，会发现许多看起来让人信服的答案和解释，却不能建立一个思考、观察的框架。现存的许多理论并非是思考的终点，反而是起点。政治传播研究的本土化已经迈出了重要的一步，取得了不小的成果，但仍亟待加强。通过对中国古代政治传播理论和实践的研究，为当代中国政治传播和国家形象建构提供一定的参考。

（李彤欣　谢清果）

---

① 黄春平，余宗蔚：《论法家的传播控制思想》，《深圳大学学报（人文社会科学版）》，2009 年第 2 期，第 124—128 页。

② 潘祥辉：《传播史上的青铜时代：殷周青铜器的文化与政治传播功能考》，《新闻与传播研究》，2015 年第 2 期，第 53—70、127 页。

③ 潘祥辉：《“歌以咏政”：作为舆论机制的先秦歌谣及其政治传播功能》，《新闻与传播研究》，2017 年第 6 期，第 68—86、127—128 页。

第十五章　华夏说服传播述评

所谓说服，就是使某种刺激给予被说服者一个动机，使之改变态度或意见，并依照说服者预定意图采取行动。赵继伦等在《辩说的艺术》一书中指出，辨说是辩论说理的总称，是一种常见的活动。[①]在《修辞学》中，亚里士多德这样定义修辞术：“即一种能在任何一个问题上找出可能的说服方式的功能。”亚里士多德认为修辞演说就是对观众的一种说服，让听众形成某种判断，认同、赞成并采纳自己所持有的观点或采取某种行动。虽然在《修辞学》中只涉及了演讲与辩论的场合。而我国自古以来就十分注重说服传播，荀子曾说：“谈说之术，矜庄以莅之，端诚以处之，坚强以持之，分别以谕之，譬称以明之，欣欢、芬芗以送之，宝之珍之，贵之神之，如是则说常无不受。虽不说人，人莫不贵，夫是之谓为能贵其所贵。”我国古代，无论数劝谏君主还是辩驳同僚，说服传播都发挥了重要的作用。

早在春秋时期，孔子就周游列国，游说各国君主以儒家思想治国，尽管效果不甚理想，但说明我国在很早的时期就有了说服传播的实践。战国时期，有邹忌鼓琴劝谏齐威王，烛之武退秦师；三国有诸葛亮舌战群儒；西晋有李密撰写《陈情表》劝说皇帝不要任用自己；唐朝有魏征进谏李世民；明代更有许多臣子冒死进谏；清朝康有为、梁启超等公车上书，也是为了说服皇帝，君主立宪。总之，在我国历史的长河中，人们对说服传播的实践，从未停止过。黄鸣奋在《中国古代的讽谏传播》中指出，在进谏的过程中，君主常常以势压人，使自己和进谏者的矛盾尖锐化，这个时候灾难可能会降临在进谏者身上。[②]这说明说服是具有一定危险性的，但是我国古人依旧没有停止过对说服的尝试。

---

① 赵继伦等著：《辩说的艺术》. 太原：山西教育出版社，1997 年版。

② 黄鸣奋著：《说服君主 中国古代的讽谏传播》. 北京：文化艺术出版社，2000 年版。

我国说服传播，最早的著述可能就是战国时期王诩的《鬼谷子》了，这本书囊括了不少谈判辩论的技巧，在今天看来仍有一定的实践意义。而华夏说服传播研究，目前能够查到的，最早的论文就是张立伟 1998 年发表于《新闻大学》的《喻以明理——说服传播的中国特色》。该文对华夏说服传播研究进行回顾。

在所查找到的文献中，有很多篇都是在研究说服传播的技巧性问题，包括说服传播的原则、理论、思想、艺术、观念等，但是总的来说都是在围绕说服的技巧展开。而另外的，则主要是在探讨华夏说服传播的特点和传播观念。因此本章主要从说服传播的技巧，华夏说服传播的特点和华夏说服观三个方面来对华夏说服传播进行综述。

15.1 说服的技巧

15.1.1 了解受众心理和特点

在这些文献中，因为有很多都是下级对上级的说服，也就是对皇帝的进谏，所以很多都谈到了要尊重对方的想法和需要。这就现在来看是站在受众的角度思考问题，充分体现了对受众的顾虑，这与我们今天的“以受众为中心”的思想不谋而合。

谢清果在《华夏传播学引论》中提到了说服传播的“攻心之术”。[①] 陈禹安在《三国的说服智慧》中也指出，巧辩不如攻心，充分说明古代的说服注重对方的心理特点。[②] 要在孙梦诗《说服成功之策略选择初探——以〈战国策〉为例》中指出，说服有针对性是说服成功最重要的因素之一，说服方法的灵活得体是说服成功的保证。[③] 陈谦在《论中国古代臣谏君的若干原则》中指出，“进谏时要揣度君主心理、情绪，争取信任，毋犯忌讳”。[④] 说服者必须要掌握对方的心理状态，考虑对方的需要，充分考虑对方是否能够接受自己的建议，再进行建议。贸然的规劝，进谏和游说是不够理智的，而且是比较危险的；王亚涛在《〈鬼谷子〉的说服性人际传播观念》一文中提到，“得

① 谢清果编著：《华夏传播学引论》. 厦门：厦门大学出版社，2017 年版。

② 陈禹安著：《巧辩不如攻心 三国的说服智慧》. 北京：华文出版社，2010 年版。

③ 孙梦诗：《说服成功之策略选择初探——以〈战国策〉为例》，《沈阳大学学报（社会科学版）》，2011 年第 4 期，第 72—74 页。

④ 陈谦：《论中国古代臣谏君的若干原则——说服学与传播学视角》，《东方论坛》，2008 年第 2 期，第 87—93 页。

其情而说之”的观念，[①] 也就是说，在进行说服前要充分了解对方的情况和心理，而且要善于洞察受众的“隐情”，不能仅仅以说服对方为目的，更要与对方感情相合。此外他还提到了要“因人而异”，也就是对不同的受众要采用不同的说服策略，否则再华丽的说服手段都可能无功而返。而且《鬼谷子》中对此也有详细的解释：《权》篇明确指出了应对方式：“故与智者言，依于博；与拙者言，依于辩；与辩者言，依于要；与贵者言，依于势；与富者言，依于高；与贫者言，依于利；与贱者言，依于谦；与勇者言，依于敢；与过者言，依于锐。”这里指出，受众不仅仅有性格上的差异，还有贫富阶级上的差异。

而且，王亚涛在《〈鬼谷子〉的说服性人际传播理论》一文中还总结了一个说服的基本过程模型：“前期准备—试探内情—取得信任—揣摩欲求—言语说服—谋略说服”，[②] 其中“试探内情”“取得信任”都和揣摩受众心理有着千丝万缕的联系，要求说服者要去了解对方的意见、立场，而且提出了如果和对方意见一致，对方显然更容易接受的观点，这和西方提到的一致性原则也很相似。陈雪军在《谏术：中国古代语言传播中的讽谏理论》中提到的，“揣情量权”“信而后谏”的原则，[③] 也是这个道理。郑应子在《〈论战国策〉中的说服艺术》中提到的说服型对话，谈判型对话，以及雄辩型对话从某个角度来看，也是从不同的受众出发而提出的。[④]

15.1.2 传播者角度

《浅谈春秋战国时期的说服思想》中，岳改玲指出：影响说服传播效果的重要因素之一就是传播者自身的因素，包括传播者的可信度、传播者的态度、传播者的知识修养等方面。[⑤]

孔子认为，“其身正，不令而行；其身不正，虽令不从”。传播者要想说

---

① 王亚涛：《〈鬼谷子〉的说服性人际传播观念》，《现代交际》，2012 年第 5 期，第 87—87 页。

② 王亚涛：《〈鬼谷子〉的说服性人际传播理论》，《现代交际》，2012 年第 5 期，第 48—49 页。

③ 陈雪军：《谏术：中国古代语言传播中的讽谏理论》，《广州大学学报（社会科学版）》，2016 年第 5 期，第 69—75 页。

④ 郑应子：《论〈战国策〉中的说服艺术》，《安徽文学（下半月）》，2011 年第 4 期，第 105、108 页。

⑤ 岳改玲：《浅谈春秋战国时期的说服思想》，《湖南大众传媒职业技术学院学报》，2005 年第 3 期，第 46—48 页。

服别人，让别人信服自己，首先要做到的就是让自己成为一个值得信赖的人；而传播者的知识修养方面，则主要是说传播者在说服的过程中起到的是“教育者”的作用，所以他必须先弄明白这一道理，才能把道理传递给别人，才能让别人明白这一道理，从而才可能产生说服。这就是孟子所说的“贤者以其昭昭使人昭昭，今者以其昏昏使人昭昭。”美国的学者霍夫兰1951年在耶鲁研究中提到的信源的可信度和专业性是很一致的，而这两点，我国的孔子和孟子在春秋时期就提出了。王亚涛在《〈鬼谷子〉的说服性人际传播观念》中也指出说服的“自知而后知人”的观念，说的也是要“知己知彼”，明确自己的身份，对自己有清楚的认知，才能推己及人，说服才会发挥良好的效果。而陈雪军在《谏术：中国古代语言传播中的讽谏理论》也提出了“身谏”为上的原则，意思是要以身作则，身体力行，先把事情做好，才能说服别人去做。陈谦在《论中国古代臣谏君的若干原则》也认为传播者的说服态度要适度，不可言辞过激。传播者用良好的态度去争取受众，说服才能发挥最好的效果。李亚宏也在《浅论韩非子的说服思想》中提出的：“说服者必须具备的基本素质。”[①]这充分说明了在我国古代的说服模式中，特别注意“推己及人”，先自己做好，才有资格说服别人；只有信誉好的人说服力才会强，还很注意传播者的说服态度。华夏说服传播中，很强调传播者的修养以及诚信，在进行说服时，说服者的态度同样发挥着重要的作用。

15.1.3 说服内容

在说服内容方面，针对不同的时期，不同的说服对象，很多学者都提出了不要直接指出对方的过错这一观点，这一点上与现代广告说服中，不直接指出消费者的错误略有相似，其实也是在了解了受众的基础之上，做出的一种反应。另外还有学者提出应该避开争端，也就是对那种双方不能达成一致的内容，要尽量避开，求同存异，说服效果更佳。

在《谈古代进谏公文的说服修辞》中冒志祥和侯吉永指出要避重就轻，减少对立，要以美为刺，照顾颜面，说的也是要给说服对象保留颜面。[②]陈谦指出，不可扬君之过，要尽力控制传播范围。规谏君主过失，要防微杜渐，

---

① 李亚宏：《浅论韩非子的说服思想》，《普洱学院学报》，2009年第5期，第87—90页。

② 冒志祥，侯吉永：《谈古代进谏公文的说服修辞》，《当代修辞学》，2007年第6期，第76—78页。

"必谏其渐"。[①]说的就是不可直接指出受众的过错，而且在古代，皇帝具有至高无上的权利，轻易的直接戳破皇帝的错误，不但说服效果难佳，说服者的性命都可能不保。张立伟在《喻以明理说服传播的中国特色》中也提出，要沟通已知与未知，而要尽量避开争端，要利用双方共同的经验，来迂回说理。[②]

15.1.4 修辞技巧

我国的文人大都学富五车，在说服的过程中，引经据典，文采飞扬，自是不在话下。但是对于要不要在说服的过程中使用修辞，我国古人却有着不同的意见。老子强调"信言不美，美言不信"（道德经·八十一章），认为朴实的话用不着雕琢，过于雕琢的话则不够朴实。孔子也指出："巧言令色，鲜矣仁。"（论语·学而）他们二者都是反对夸夸其谈，过于修饰，以及用华丽的语言迷惑别人。荀子则持相反的观点，他认为人们乐于接受漂亮的话以及美丽的语言，所以要善于说好听的话，如果不讲究语言的修饰则容易流于庸俗。"人莫不好言其所善，而君子为甚。故赠人以言，重于金石、珠玉；观人以言，美于黼黻文章；听人以言，乐于钟鼓、琴瑟。故君子之于言无厌。鄙夫反是，好其实不恤其文，是以终身不免埤污、庸俗。"这是我国古代文人对说服过程中使用修辞的不同看法。马兰州在《中国古代谲谏型政治说服传播中的隐喻叙事策略》中指出：中国古代谲谏型政治说服传播中往往采用"工执艺事以谏"的隐喻叙事策略，说服者常在治庖、养牛、牧羊、弋射、鼓琴等专业职事和政事治理间建立起映射关系，生成庞大的隐喻系统，取得了化生为熟和化熟为新的双重效应。[③]但无论使用修辞与否，语言都要做到通常清晰。在这里我很同意王亚涛的观点，他认为：面对不同类型的人，有着不同的语言表达技巧：对聪明的人说话，要显得渊博；对愚笨的人说话，要明白易懂；与有地位的人说话，要懂大局、有气势；与有钱的人说话，要显得高雅、廉洁；和贫穷的人说话，要注重实际利益；和地位低的人说话，要注意

① 陈谦：《论中国古代臣谏君的若干原则——说服学与传播学视角》，《东方论坛》，2008年第2期，第87—93页。

② 张立伟：《喻以明理——说服传播的中国特色》，《新闻大学》，1998年第4期，第31—34页。

③ 马兰州：《中国古代谲谏型政治说服传播中的隐喻叙事策略》，《云梦学刊》，2011年第3期，第104—107页。

谦逊；对勇敢的人说话，要果敢决断；对犯过错误的人说话，要尖锐直率。[①]总结来说就是要根据说服对象的文化水平，理解能力去选择说服语言，语言的形式要因人而异，要有针对性，受众的接受程度、理解程度才会高。

15.1.5 寻求互动

“互动”这个观念是近代以来传播学研究的一个重要课题，而早在我国古代，鬼谷子就提出了“捭阖”的观念，王亚涛在《〈鬼谷子〉的说服性人际传播观念》中指出，所谓的“捭阖”指的就是要拨动对方表达意见，在互动中了解对方的喜好，要主动让对方表达意见，了解对方的看法和立场，从人性的角度去转变对方的看法。[②]陈雪军在《谏术：中国古代语言传播中的讽谏理论》提到了“主客互动”，[③]讽谏传播是一个传播主客体之间的双边互动活动，所以，中国古代的讽谏传播理论中也同样重视对传播客体的研究，而且由于讽谏对象的特殊性，甚至可以说对传播客体的研究更加重视。也就是说，中国古代的学者并没有把讽谏传播活动看成是讽谏传播主体本身孤立的语言传播活动，而是将之视为主、客体之间互相影响、互动的过程。这与米勒提出的“符号互动”略有相似。

15.1.6 说服媒介

这个部分是我国说服传播十分有意思的一部分，除了语言、文字说服，我国的学者陈雪军还提出了我国古代“身谏”的概念，也就是说，说服有时不必使用语言，只要身体力行，做出表率，有时也可以此时无声胜有声，起到很好的效果。而且在《唐宋优谏戏中的戏剧化说服传播范式特征分析》中马兰州等还提到了以优谏戏为媒介进行说服，[④]可见，虽然古代的科技还远不如今天发达，但古人已经灵活运用了多种媒介，这是古人智慧的体现。

---

① 王亚涛：《〈鬼谷子〉的说服性人际传播理论》，《现代交际》，2012年第5期，第48—49页。

② 王亚涛：《〈鬼谷子〉的说服性人际传播理论》，《现代交际》，2012年第5期，第48—49页。

③ 陈雪军：《谏术：中国古代语言传播中的讽谏理论》，《广州大学学报（社会科学版）》，2016年第5期，第69—75页。

④ 马兰州，马骁：《唐宋优谏戏中的戏剧化说服传播范式特征分析》，《贵州民族大学学报（哲学社会科学版）》，2011年第2期，第135—139页。

15.1.7 说服禁忌

赵平在《孔孟的说服学思想和说服技巧》中指出了孔子认为，说服的过程中是不要争辩的。[①] 而李亚宏在《浅论韩非子的说服思想》中指出韩非子创造性地提出了进言的“四忌”：一忌，无意中泄露人主心中的隐秘。他认为，任何人都有自己不愿言之与人的秘密，轻易地说出别人的秘密，很容易引发受众的心理不适，而且很可能会引起被说服者的怀疑和不安，不利于说服。二忌：揭人之短。这一点和上面提到的，不轻易指出别人的错误是相似的，“打人不打脸，揭人不揭短”，揭人短处只会引来相互仇视，不会对说服有任何益处。三忌，交浅言深。彼此交情很浅，却把心里话和盘托出，这不仅是人际交往的大忌，更是说服的大忌。在《说难》一文中韩非子明确地指出，游说者如果还没有完全享受到君王的恩泽，可是却将所知道的都讲出来，倘若意见被采纳并且有功效，那么他应得到赏赐将会被君王忘记；倘若他的意见不被采纳并且事情以失败而告终，那么他就会被君王怀疑，在此情形下，游说者的生命就会有危险。而这一点在今天的人际交往中依旧有重要的意义，这启示着我们和交情不深的人，切忌和盘托出，要有所保留。四忌，逞才争功。[②] 韩非子认为，一个好的说服者要懂得怎样巧妙地把功劳让给被说者。有的说者，为人主出了个好主意，成功了就到处宣扬吹嘘，这当然不足取，而有的说服者，虽然不吹嘘，但也还不算尽善尽美，因为大家都知道，这主意是你提出来的，有的人主就会不高兴，因为他不能容许他的下属比他更聪明、更有能力，如果这个说服者的威望很高，人主就会把他看成是潜在的威胁。

在说服技巧方面，古人已经提出，不可过度恐吓被说服者，否则只会适得其反，这也可以算作我国古代对恐惧诉求的一些理解。关于恐惧诉求，我国古代的说服中经常是“威逼”中夹杂着“利诱”，如战国时期的烛之武退秦师，就是一个“威逼利诱”的典型案例。关于我国古代的恐惧诉求，未来的研究者也可以多做深入探讨。此外，从这几位学者的研究中，除了赵静在《中国古代判词的修辞蕴涵：说服与劝导》提到古代判词经常通过情感和道德来对人们进行说服外，还没有看到对诉求方式的探讨，[③] 而且一面说服和双面说

---

① 赵平：《孔孟的说服学思想和说服技巧》，《常熟理工学院学报》，1996 年第 4 期，第 61—66 页。

② 李亚宏：《浅论韩非子的说服思想》，《普洱学院学报》，2009 年第 5 期，第 87—90 页。

③ 赵静：《中国古代判词的修辞蕴涵：说服与劝导》，《当代修辞学》，2006 年第 4 期，第 72—76 页。

服的研究也还存在欠缺，我觉得这是一点遗憾，我国古代的说客，常常晓之以理动之以情，如李密的《陈情表》，情理结合得如此巧妙，让人读之动容；而且我国古人的正反论证技巧也十分高超，早在三国时期，诸葛亮的《出师表》里就写道“亲贤臣远小人，此先汉所以兴隆也；亲小人远贤臣，此后汉所以倾颓也。”正反两面，对治国之道进行了生动的说服。因此我觉得之后的研究可以从这一点着眼推进。同时也有学者对我国古代说服传播的特点进行了分析，下面将对此进行分析。

15.2 说服传播的特点

马兰州和马骁在《唐宋优谏戏中的戏剧化说服传播范式特征分析》中阐述了我国戏剧化说服的特征。他指出，古优在说服传播中确立了 Walter Fisher 所谓的戏剧化或故事化范式。优谏戏确立了融政治劝谏和取悦人主二重功能为一体的戏剧化说服传播范式，该范式在形态上形成三元式结构：铺垫性事件群—关键性事件—点睛式评论。滑稽戏的每个小单元独立看并无意义，其审美意义要在整个系统中才显示出来。铺垫性事件群的设计充分利用了悬念效果：一个个事件层层展开，将受众全身心都唤醒，使其处于蓄势以待的准备状态，等到最后谜底揭破时才点燃观众快乐的火花，博得满场爆笑；说服对象对所反映的问题在认识上也获得了顿悟。[①] 同时还表现出说服目标一元化、说服动机潜隐化、说服主题隐喻化以及说服意向后置化等特征。这也体现了我国古代说服传播的独特智慧，这些特点对今天的说服实践依旧有积极的借鉴意义。

在《喻以明理说服传播的中国特色》中，张立伟提到，我国说服传播的特征有沟通已知与未知、避开争端的锋芒、喻之两柄与多边。[②] 前两个特点在上文中已经提过，而喻之两柄同一事物做比喻可以褒贬好恶异用，那么，接过对方的比喻，转换“含义”就可以打回去，最有名的例子就是“自相矛盾”。而与之多边则是指同一事物可以做出不同的比喻，那么，接过对方的比喻，在“边”上做文章也可以打回去。一种情况是，仍用那条边，但略加改进。孔子教导子路：“君子不可以不学。”哪知子路那纠纠武夫却听不进去，反

① 马兰州，马骁：《唐宋优谏戏中的戏剧化说服传播范式特征分析》，《贵州民族大学学报(哲学社会科学版)》，2011 年第 2 期，第 135—139 页。

② 张立伟：《喻以明理——说服传播的中国特色》，《新闻大学》，1998 年第 4 期，第 31—34 页。

而逞能打比方：南山上的竹子，不用加工自然直，砍下来，做成箭，射出去，能穿透犀牛的皮。还学什么呢？孔子说，在箭的尾部装上羽毛，把箭头再磨锋利些，它射得不更深吗？这样接过对方的比喻也可以“打”回去，这体现了我国说服传播的独特修辞智慧。

15.3 说服观

孔孟的说服学思想是具有我国民族特色的说服学思想的源头，孟子的说服技巧对今人仍有很高的研究价值。赵平在《孔孟的说服学思想和说服技巧》中指出了孔孟二圣提出了“仁”的说服思想，社会说服和人际说服都要以德化人。① 而李亚宏在《浅论韩非子的说服思想》则指出要“听用而振世”，为了自己治国思想被君主采纳，即使做一些卑贱之事，忍辱负重也并不可耻，如为了让君主采纳自己的建议，伊尹甘愿去做厨师。②

华夏说服传播，目前来说研究还是比较少的，而且研究人员中，有很多都不是新闻传播领域的学者，很难给出较专业的传播领域的观点。未来的研究还是“路漫漫其修远兮”。而从研究方法上看，很多学者都是从古人的著作中寻找论据，很少有学者使用定量的研究方法，但是在阅读的过程中，发现有一位学者张海东《战国策中的游说研究》中使用了内容分析法，③ 也算是研究方法上的一个突破。华夏说服传播中隐藏着古人与人交流的智慧，是一座文化的宝库，值得我们去细细品味，细细研究，相对国外的一些说服方式，对于我们来说，古人的智慧也许更有地缘性，对我们的日常实践也许更有帮助。

（朱　丹　谢清果）

① 赵平：《孔孟的说服学思想和说服技巧》，《常熟理工学院学报》，1996 年第 4 期，第 61—66 页。

② 李亚宏：《浅论韩非子的说服思想》，《普洱学院学报》，2009 年第 5 期，第 87—90 页。

③ 张海东：《〈战国策〉中的游说研究》，兰州大学，2008 年硕士论文。

第十六章　华夏民俗艺术传播述评

人类文化主要有两种，一种是由文献构成的表层文化；另一种是在民众中流行的地质文化。[①] 民俗文化涉及了经济、政治、精神等领域，称其地质文化，是一国一民族具有传承性的文化，其生命构建是必要存在。

在民俗文化中，民俗艺术的传播是一种传播早且常见的传播样式，其历时性与共时性对于保留民俗文化起着至关重要的作用。集体记忆与符号代码是其最大利器，是外界了解一个族群，一种文化的重要符号印记。传播为民俗艺术在文化、艺术、社会之间建立了关联，[②] 可以说民俗艺术离不开传播。在民俗艺术传播研究中，关于民俗传播要素的探讨是主体，同时研究者也注意到传媒手段在传播民俗艺术时的积极与消极影响，着重探究大众传播对民俗文化的传承意义。本章将梳理国内关于民俗艺术传播的相关文献和理论，从概念、传播要素（传播内容、传播主体、传播媒介）、传播环境、儒释道与民俗传播进行综述。

16.1 概念辨析与解读

16.1.1 民俗艺术概念辨析

第一，民俗艺术的范畴。陶思炎指出“民俗艺术”特指“民间艺术中融入传统风俗的部分”。[③] 作为文化传统的艺术符号，在岁时节令、人生礼俗、民间信仰、日常生活等方面广泛应用。民俗艺术的特征，总结起来包括：共享性：W. 施拉姆说：“我们在传播的时候，是努力想‘共享’信息、思想或

---

① 张士闪，耿波：《中国艺术民俗学》. 济南：山东人民出版社，2008 年版。
② 陈启新：《中国民俗学通论》. 广州：中山大学出版社，1996 年版。
③ 陶思炎：《民俗艺术学》. 南京：南京出版社，2013 年版。

态度。”[①] 这种共享是民俗艺术传播的出发点和归宿；继承性：民俗艺术信息总是保持着不变的程式化特质，并世代相传；[②] 媒介性：民俗艺术的传播需要借助某种媒介方可实现；象征性：民俗文化符号以象征的方式来表达特定意义，传递特定信息。[③] 此外陶思炎还指出民俗艺术具有传统性和群体性的特征。并非所有的民俗都可以纳入民俗艺术传播研究的范围，民俗艺术传播是民俗传播的一部分。同时一些民俗事象并不一定具有艺术特征，但是当它和艺术形式融合，逐渐成为艺术中的一部分时，也可以纳入民俗艺术传播的范围。

第二，“民俗艺术”与“民间艺术”“民艺”“民间文化”的概念区分。“民间艺术”强调创作与应用视域的下层性。其类型与作品既包括来自传统的成分，又包括各种民间的新创，甚至还包括庶民中非群体的个人创作。“民艺”，系日本传入的外来语词，同“民谣”“民具”“民俗”等名称一样强调主体为民的性质，有“民众艺术”“庶民艺术”的含义。“民间文化”与“民间艺术”或“民俗艺术”等是属与种的关系。民间文化包括民间风俗、民间文学、民间艺术、民间宗教，以及其他的民间知识与民间创造。“民俗艺术”的概念是从传承性、风俗性所做出的文化判断，“民间艺术”的概念乃立足于社会空间的分野，至于“民艺”则出于对创作与应用主体的身份所做的类型划分。它们都具有“民”的性质，就具体作品而言有时彼此难分归属，这也是它们易被混用的原因。[④]

第三，文人艺术与民俗艺术。在人类的初始阶段，艺术活动属于民俗日常，成为其重要一环，后来逐渐独立脱离直接的民俗功用，但仍有大量的民俗艺术处于一种民俗形态。被认为“纯粹”的文人艺术作品也多与民俗相关，取材于或挪用民俗图式，离不开区域民俗生活与民俗心理的潜在影响。但二者的根本差异在于创造主体的不同，文人艺术的创造主体是精英阶层，而民俗艺术则是民间大众。

16.1.2 民俗艺术概念解读

民俗与艺术难以分解，其本身就含有大量的，尚未分离的分化为艺术自

① [美]施拉姆：《传播学概论》. 北京：中国人民大学出版社，2010 年版。

② 张兰芳：《民俗艺术传播四要素》，《名作欣赏》，2013 年第 12 期，第 56—58 页。

③ 仲富兰：《民俗传播学》. 上海：上海文化出版社，2007 年版。

④ 陶思炎：《论民俗艺术学的研究》，《东南大学学报（哲学社会科学版）》，2008 年第 1 期，第 75—77 页。

足形式的“艺能”。它常常融合于民俗的信仰、祭祀、婚丧、庆典、巫术等形式中，成为一种与生活等非艺术因素混合于一体的艺术因子，是一种披着民俗艺术的前艺术。1922 年一批北大著名学者、教授的《歌谣》创刊词中提道：搜集歌谣的目的有两种，一是学术的，二是艺术的。张士闪教授也认同此观点：“注重用民俗学的方式与视角来分析艺术活动，同时又用艺术学的视野来拓宽民俗学的研究。”[①] 民俗艺术的提出意在提倡从生活与文化整体的角度进行解读。其基础是认同艺术以及信仰、民俗、宗教等一起成为了社会文化整体中的部分。

16.2 民俗艺术传播要素分析

16.2.1 民俗艺术的传播内容

第一，民俗艺术的分类。研究者对民俗艺术的认识有：民俗造物艺术、民俗表演艺术、民间口承文学艺术三种分类。民俗造物艺术即木雕、石雕、纸扎等有形有色的具象成果、传统工艺和风俗应用。民俗表演艺术即民间小戏、民俗歌舞、傩戏傩仪、商卖吆喝、绝技绝活、民俗游戏、民俗礼仪等，依存于民俗氛围，以动态的展演为特征。民间口承文学即神话、传说、故事、笑话、歌谣、谚语、谜语等，伴随着生产、生活形成以语言为媒介的特征。综合文献研究，学者还从以下几个方面进行分类：宏观层面上，民俗艺术符号可以分为语言符号和非语言符号两大类。但是在民间小戏中，语言符号和非语言符号往往可以结合起来，当属于综合性符号。从人的感受方式看，造型类民俗艺术诉诸人的视觉属于视觉性符号。口承类民俗艺术诉诸人的听觉当属听觉性符号。表演类民俗艺术往往既有听觉性也有视觉性。如民间小戏属于视听综合性符号。此外，也可以按作品的存在方式分为动态符号和静态符号。口承类、表演类民俗艺术属于动态符号。而造型类民俗艺术则属于静态符号，制造出来就以静态的图像或实物形态存在，具有久长性。[②]

第二，富有艺术意趣的民俗活动。民俗具有二重性，一方面是现实的生活方式，另一方面是超现实的生命意义，承担着历史积存，社会和谐，审美娱乐三种功能。最初人们出于安全，社交政治等需求主动融入民俗，后来则

---

① 张士闪，耿波：《中国艺术民俗学》. 济南：山东人民出版社，2008 年版。

② 孙发成：《民俗艺术符号及其现代传播》，《民族艺术研究》，2011 年第 2 期，第 92—96 页。

集中于娱乐审美，宣泄情感的功能。[①] 这种艺术化的民俗生活，是民俗艺术所依赖的深厚土壤。具体而言民俗艺术形式包含：物质民俗的艺术意趣（传统居住建筑、传统服饰、饮食、生产、交易以及运输）；社会民俗；信仰民俗；岁时人生（岁时节日）；人生仪礼（诞生礼、成年礼、婚姻礼、丧葬礼）；游艺民俗（民间游戏、民间歌舞、民间工艺、民间口承）。民俗艺术传播中的传播内容往往没有明确指向的单一信息来源，实质内容是人类在实践过程中形成的主体能力与本职力量的凝结，沉积，破译，复活的双向过程。[②]

第三，民俗艺术符号的象征意义。民俗艺术符号具有情感，是一种生命的意象，一方面是民间展示特有精神风貌和价值观的一种行为方式；另一方面是一种民间自我继承的文化现象。[③] 作为一种特有的社会文化现象，民俗艺术符号是民族宗教、哲学以及风俗产生的源泉。其象征意义例如：求真弃假：受到儒家哲学的很大影响；扬善抑恶：理性是我国艺术审美取向的一大特点，民间下层文化也反映了这些伦理思想，进而在一定程度上影响了他们的艺术创作。尚美避丑：大量民俗艺术作品都出审美出发；祈福求财：摇钱树，聚宝盆，元宝等民俗艺术形态；生殖繁衍：传统社会“不孝有三无后为大”的观念导致很多以求得子嗣的民俗艺术作品出现，传统年画中“麒麟送子”的图案，广西青年男女“碰蛋求偶”的习俗都体现了其生殖繁衍的象征意义；福寿康宁：长命锁、寿桃、金龟等民俗艺术作品；重视团圆：体现在除夕“团圆饭”、月饼、“每逢佳节倍思亲”等民俗艺术形式中；避邪免灾：体现在燃放鞭炮，清明插柳户上，五彩缕等民俗艺术形式中。俗民们创造性地编制出大量民俗文化符号，扩展其外延，极大地丰富了民俗文化的内涵。[④]

16.2.2 民俗艺术传播传授者

对于民俗艺术传播来说，作为传播主体的传、受双方是多重角色的统一体，既是传播者也是受众，既是文化的创造者也是文化的享用者，更是文化延续、坚守的传承者和保护者。信源与信宿两端往往连接在一起。在传统农

---

① 柴楠：《中国民俗文化的宣泄功能研究》，辽宁大学，2006 年硕士论文。

② 仲富兰：《中国民俗学通论（第二卷）：民俗传播论》. 上海：复旦大学出版社，2015 年版。

③ 陈苏婷：《民俗艺术符号的象征意义及传播》，《知识窗（教师版）》，2017 年第 5 期，第 85 页。

④ 乌丙安：《走进民俗的象征世界——民俗符号论》，《江苏社会科学》，2000 年第 3 期，第 39—53 页。

耕社会，民俗艺术传播在师徒之间点对点地单线传播。进入现代社会后，民俗艺术传播主体人群逐渐扩大，呈现出多层性特点。[①]也有学者指出对于具体的民俗艺术活动，表面上看也许是单个人或少许人，但实际上绝大多数民俗艺术活动都是传统力量。族群、社群的集体力量推进的，这就是它与传播学中的联系，族群或者社群共同担当了传播者的角色。从与民俗艺术之间的关系来分类：从艺者是民俗艺术的直接传承人，直接参与生产、表演和创作，长期坚守和行业规约的遵从使民俗艺术技艺、门派风格、特色带着深刻的"顽固性"。收藏者和研究者对于民俗艺术的把玩、品味和研究位于民俗艺术传播的第二层级。通过陈列、展览等活动扩大某个品类民俗艺术的社会影响。民俗艺术工作者和出版者属民俗艺术传播是第三层级。广泛而集中地展示和再现民俗艺术的形态和传承现状。民俗艺术爱好者和普通民众是大众欣赏者，也是传播的最大促进力量。千百年来坚守民俗艺术，贴窗花、挂年画、看乡戏、赏花灯、唱歌谣、扭秧歌、赛龙舟……成为民俗艺术传播的根基。[②]在民俗艺术传播语境转向消费时代的时候，民俗艺术的传受双方也有了趋向职业化的倾向。在早期的乡土社会中，民俗艺术的表演者（传者）与观众（受者）都因为共同的生产身份融合在一起，而随着传播媒介改变，民俗艺术的观赏者就不能通过积极介入的方式参与民俗艺术，而是以消费者的旁观者态度，对民俗艺术进行欣赏、把玩，民俗艺术的美学意味也得以凸显。

仲富兰在谈及民俗文化传播双方时提出这样的观点，在民俗文化传播过程中存在特殊的"把关人"现象，一般把关人是传播者自身，但是在民俗传播中，把关人是接受者，当然在集群意义上也是传播者，只有经过信宿的接纳，民俗信息来可以最终得到进一步的传播[③]。

16.2.3 民俗艺术的传播介质

民族文化，民间艺术形式的多元特点，必然导致文化传播介质的多元化。[④]

（一）"言传身教"有助于民俗艺术的纯粹性、地域性和独特性，但存在

① 张兰芳：《民俗艺术的传播特征》，《武汉理工大学学报（社会科学版）》，2014 年第 4 期，第 717—721 页。

② 张兰芳：《民俗艺术传播四要素》，《名作欣赏》，2013 年第 12 期，第 56—58 页。

③ 仲富兰：《中国民俗学通论》. 上海：复旦大学出版社，2015 年版。

④ 李丽芳：《民族文化原传介质与艺术传播》，《云南师范大学学报（哲学社会科学版）》，2007 年第 2 期，第 36—41 页。

传播速度缓慢、传播范围狭窄、传承人数有限等问题。第一，口语传播。口语传播的具体方式不断丰富，有个人之间的交谈，三五成群的议论，部落的集会，田边地头的传闻，口口相传的民谣等等。口语传播有很大的机动性、伸缩性，取舍信息有相当大的自由。口语传播实际所传达的信息比说出来的语句所包含的信息更为丰富。早期乡土社会中多以口耳相传，不落文字的形式传播。第二，身体传播。身体媒介在人类学家弗雷泽的《金枝》中便有所体现。身体媒介具有不需要悬念，直接参与的特点，以神圣的身体作为媒介在指向对于超验的神圣价值的认同。风俗"囿人"的力量来自身体参与时体验到的神圣感，嵌入感官之中，先入为主地代表了一些似乎"天经地义"的东西。这种身体传播来自日常生活，是一种经验性的示范传播。仲富兰在民俗传播通论中提到行为举止的共性传播，这也属于身体传播，这种人际传播一般指的是人与人之间不通过传媒工具直接交流的非语言形式，是无组织性的，在非语言的传播模式中，有纯粹个人之间的非语言传播和群体共享的非语言传播，个人之间的非语言传播可能是偶然性的，但在民俗文化，民俗艺术的传播中，大量信息是约定俗成，具有大众化，开放性的特点。这种非语言传播与个人之间的传播，语言传播都有区别：没有严格意义上的传播者和接受者，每个人即是主动的，也是被动的，在这种民俗语境下，不需要语言概念和理性判断，它充满神秘的宗教和艺术享受气氛。第三，视听传播。一些与民俗相关的音乐、舞蹈都属于民俗艺术的传播范畴，音乐可以形成共同的音乐气氛，这是一种由非合乎语法的语言表达的传播符号。舞蹈传播的形式可以分为直接的舞蹈语言传播以及间接的舞蹈语言变体传播，例如舞者的图像、文字等进行二次传播。绘画与雕塑是一个"综合体验源"，同样具有传播符号信息的作用。第四，加拿大历史学家英尼斯在《帝国与传播》中提出了时间媒介和空间媒介，同样适用于民俗艺术传播。

（二）大众传播。大众传播是以机械化、电子化的大众媒介即报刊、广播电视等为手段的传播方式。这种传播方式是社会进步、技术发展、信息越来越走向流通畅快的衍生物。[①]民俗艺术的大众传播具有文本的特征和公共的性质。大众传使民俗艺术传播获得了新的生命和发展契机，关于民俗艺术的各类印刷品、录音录像、影视作品、民俗艺术专题片、纪录片、民俗艺术网站、民俗艺术资料库、数字民俗艺术博物馆等等使人们足不出户了解民俗艺术信

① 张国良：《传播学原理》. 上海：复旦大学出版社，2009 年版。

息。[①] 但同时很多学者也提出要正视大众传媒所带来新挑战。“虚拟环境”下无法真正实现实体性沟通和有效性传播，更不可能外化为实际的行动去贯彻实施。因此现代传媒在扩大其传播影响、范围、速度等的同时也压缩了其生存发展空间。

（三）趋势。传播语境转变之后，民俗艺术的传播媒介也随之改变，同时其包含的文化隐喻也随之改变，从神圣转向世俗。虽然身体媒介仍存在，但更多地被大众传播，科学技术所代替。民俗艺术传播的第二个媒介趋势是媒介形态的逐渐融合，时间媒介与空间媒介的融合，视觉与听觉符号的结合，以及符号形式与物理形态的融合不断发生，民俗艺术的传播媒介显现着兼容与融合的趋势。

（四）媒介形式对民俗艺术的改变。第一，对其意义空间的改变：首先，初始意义：作为文化共享的过程：传播的意义并不在于这个仪式行为本身，而是在于追寻这个行为所表征的文化含义的具体过程。[②] 对于风俗传承的认同：在现实的社会生活中，当一种民俗刚刚兴起之时，对于此种风俗的认同只在少数个体中产生，其后才逐渐得到较多数人直至族群或区域性群体的共同认可。这种认可导致了这种民俗的最终形成，也形成了对其传播的认可。其次，意义演变：带有强烈的技术熏染气息的媒介在民俗艺术传播过程中所表现出迅捷化、复制化与展览化的特点，导致了民俗艺术“本真性”的退化。“敬仰”或“膜拜”的精神情绪在媒介拟态环境中转向了被“表述”或“展览”。第二，媒介形式对民俗艺术形式的改变。首先，积极改变。媒介的科技化拓展了民俗艺术呈现的新空间，引发了民俗艺术表现的新类型，还使民俗艺术形式和内容的传播意义在某种程度上被重塑；“通过在原有文化基础上移植、嫁接和重新生长，就有可能形成和传统民俗生活显著不同的新民俗”，[③] 仲富兰在《民俗传播学》中提到德国民俗学家辛格尔的观点：现代技术为民俗提供了更加广阔的空间涵盖面，使之可以通过互联网的通信技术传递到超地方的领域中。[④] 其次，负面改变。现代媒介使人们接收到的关于民俗艺术信息不再是前媒体时代的那种以实景媒介呈现出的原初的自然形态，而是加工

---

① 张兰芳：《民俗艺术传播四要素》，《名作欣赏》，2013 年第 12 期，第 56—58 页。

② 李颖：《论民俗艺术传播的“意义空间”》，《民俗研究》，2016 年第 2 期，第 133—139 页。

③ 邵培仁，范红霞：《传播仪式与中国文化认同的重塑》，《当代传播（汉文版）》，2010 年第 3 期，第 15—18 页。

④ 仲富兰：《中国民俗学通论》. 上海：复旦大学出版社，2015 年版。

过滤后而呈现的带有“人工修饰”痕迹的信息。媒介在给民俗艺术提供一个足够宽广以供展演的舞台的同时，也在为诸种民俗艺术形态如何找到更适合自身生存与表现的媒介环境给出考题。

16.3 民俗艺术的传播环境嬗变

农耕背景下生成的民俗艺术，其传播的环境是民间。持续几千年的分野在 20 世纪初随着现代社会体制的兴起被打破。“民间”被窄化、缩小为专指“农村”以及在农村形成的一系列带有传统色彩的观念和制度。① 直到 20 世纪 90 年代以后这一具有时代特征的“民间”概念才被改变，国家体制改革，城乡差别缩小，农村人员流动，生存空间的融合使“民间”概念突破“农村”的范围，新民间环境由此产生。民俗艺术从“重乡土，轻城市”的模式逐渐发生变化走向城市，具有商业性；政治性；娱乐性（城市语境下的民俗艺术祛除了神圣性，成为完全以世俗价值为核心的组织形态。在乡土语境中，民俗艺术在娱神的同时兼具娱人的属性，但其娱人的一面大多是一种潜抑的状态，在公共领域中，其娱乐性获得了畅快地表达）等特点。

消费语境下民俗艺术被赋予了不同的时代内容。过去人们要切身参与其中，成为民俗艺术的“表演者”，但在消费语境下，更多的人成为“欣赏者”，大众参与度的弱化也推动了视觉文化的兴起。同时民俗艺术的研究视野与研究内容也发生了显著的变化。在乡土本位下，专家学者们侧重于对“民俗”的发掘与研究，研究内容就是乡土社会民俗文化的变更。但是在消费语境下，“移风易俗”的现象不断发生，并且频率也逐渐加快。美国著名社会学家帕克对于这一现象，这样说道：城市中的生活与文化十分多变，但是其发展的动因与乡土社会所差无二。② 民俗艺术的传播与发展离不开对于民俗的更高层次的发掘与研究。

16.4 民俗艺术与儒释道文化

上以为政，下以为俗。民俗艺术，民俗文化具有集体性与仪式性，这些特点对于向大众传递价值观，规范具有良好效果。在民俗艺术中蕴含着主体心理积淀模式，其直接会直接影响人的行为继而形成一种向心力，因此作为

---

① 张兰芳：《现代语境下的民俗艺术传播》，《民俗研究》，2013 年第 2 期，第 129—134 页。

② [美] R.E. 帕克等著：《城市社会学》. 北京：华夏出版社，1987 年版。

儒释道三教中的主体，都在竭力发挥自己的手段和优势，以宣传自身，贯彻自己的主张，力求扩大社会影响。他们将目光投向了民俗文化和艺术形式，想通过自己的“教化”传播思想，达到移风易俗的效果，取得一般民众的信仰。

16.4.1 儒家

儒家大多重视正人伦，美风俗。“人之寿夭在元气，国之长短在风俗。”儒家将重礼乐与正民俗联系在一起，使之相互依仗，礼中也有正风俗一条。在朝廷中，汉武帝独尊儒术之后，儒学在政治精神中基本位于支配地位。儒学家擅长制作礼乐，各个朝的礼制虽然不尽相同，但是以礼为内核推广民俗的主张还是至少在官样文章上推行着。在朝廷之外，儒家也通过拟定大量的家礼，私礼对民俗进行制约影响。对于平民来说，体现在收到婚、冠、葬、祭四大礼的影响，构成民俗活动，民俗艺术中的思想内涵。例如民间在新人结婚时会在撒帐时唱撒帐歌，洞房歌或者送房歌都是一种儒家思想与民俗艺术结合的体现。包括中国民俗服饰也深受影响。同时，儒家还通过乐化民齐俗的方式传播思想，生成民俗，例如王阳明认为对于民间戏曲：“何以化民善俗？今要民俗返朴还淳，取今之戏本，将妖淫词调删去，只取忠臣孝子故事……与风化有益。”但对于整个宏观的“乐”来说，并没有完全被用在影响传播民俗上，特别是礼崩乐坏之后，民俗艺术中的思想自觉提高，并不都被儒家思想制约。[①] 除了通过礼乐制约民俗内容，儒家还通过教学的方式进行传播“化民成俗，教学为先”。东汉王符强调民俗中的“道，德，教，化”要素。一些教学教材中的内容通俗易懂，传到民间，耳濡目染。通过传播民俗艺术，文学内容扩大了其影响。

16.4.2 佛教与道教

很多民俗艺术在传播中也蕴含了佛教思想。例如佛教中的因果报应，六道轮回等观点，通过构想地狱的阴森恐怖，以及极乐世界的美妙影响民俗艺术创作。唐朝吴道子的《地狱变相》便有佛教的观念基础。同样，民俗中一些悬挂明镜，绘八卦图，用天宫锁和项圈将孩子锁住的民俗与道教思想相关，甚至在中国的饮食，酒水等方面的民俗文化也可以看到佛道的影子。以道教

---

① 刘仲宇：《儒释道与中国民俗》. 桂林：广西师范大学出版社，2016 年版。

为例，道教重视饮酒之“养”，讲究饮酒与养生结合，因此一些民间的，药酒文化与饮酒艺术都受其影响。佛教道教的传播对于民俗艺术的很多方面产生了影响。同时这些民俗艺术作品或活动在传播扩散时也使得佛教道教思想更加深入人心。

儒佛道三家思想，曾是中国封建社会的意识形态主流，这也决定了三教在支配中国民俗艺术上是三种基本力量。他们在民俗艺术的土壤上相互排斥又相互容纳，构成了中国民俗艺术上的一个重要特色。民俗艺术中蕴含着很多传统的价值观念、道德精神，以其年复一年的演示，加固着这些观念思想，并使其在生活中不断传播。但在传播过程中，经过近现代的冲刷，民俗艺术与儒释道三教也经历了巨大变迁，对于民俗艺术中的精华与糟粕进行选择性地宣传与传播是重大的社会责任，可以更好地通过民俗艺术传播进行民族文化重建。

民俗艺术学是艺术学科下的一个分支，与传播结合形成一个新的研究方向。民俗艺术传播的研究，从某种意义上来讲根本上是为了增强对这些原传介质以及介质本身所包含的民俗文化的重要性的认知，从而加强对于民俗文化、民俗艺术的传播、保护与延伸。综合文献研究来看多集中于对于民俗艺术传播要素的分析，同时主体多为民俗，而关于民俗艺术传播的文献研究相对较少。研究方法上主要通过田野调查和个案分析的方式，通过史料分析将两个学科进行交叉。由于民俗艺术依赖语境与传统的特点，在研究方法上有所限制，但可以根据其学科特点适当引入其他研究方法，促进民俗艺术研究的学科发展。民俗艺术传播与符号学、社会学、语言学等很多学科相关，传播过程中不仅仅只包含艺术传播，还包含其他传播形式。其丰富的传播手段与媒介变革也为民俗艺术传播的未来研究提供了多样化的出口。

（张瀚文　谢清果）

第十七章　华夏古代报纸研究述评

中国古代报纸是指中国封建社会出版的各类报纸，主要刊载有官方文件，政府官方新闻和朝庭讯息。世界上最早从纸张（出现在9世纪）抄写的报纸和印刷出版（10世纪出版）的报纸都起源于中国。起初只限于官方报纸，宋代后有非官方报纸。在中国古代的报纸上，报纸上的新闻报道很少。没有评论和广告，与现代报纸有明显的不同。[①]新闻传播在任何时代都有自己的发展规律。作为世界上最早制作报纸的国家，中国新闻发展史对报纸也备受关注，特别是中国古代新闻发展史。中国古代报纸主要有两条线索。一个是官方报纸，另一个是私人报纸。中国古代官报和小报的出现是社会发展一定时期的产物。与封建社会人民一样，它们一定会受封建统治者的控制，为其政治利益服务。封建统治者永远不会允许自由报道所有新闻和自由发布一切资讯。[②]由于种种原因，它们最终被现代报纸和杂志所取代，注定不会形成良好的气候。从某种意义上说，官方报纸和小报已经出现在同一个普遍的环境中，并且具有共同的促进因素。最终的结果也是一样的命运，但发展过程是不同的。

17.1 中国古代官方报纸

17.1.1 中国古代报纸的起源

中国是世界上报纸最多的国家，也是第一个在封建官僚机构中的出现报纸的国家。当时官方报纸通常称作报纸。而对古老的报纸出现时间，学术界有不同的看法。主要有三种：第一，来自周朝。在宋代，王安石曾称孔子的“春秋时期”为“断烂朝报”。在20世纪30年代，日本的新闻学者如滕武南

① 刘家林：《中国新闻史》. 武汉：武汉大学出版社，2012年版。

② 黄有汉：《中国古代宗庙制度探源》，《河南大学学报（社会科学版）》，1998年第4期，第15—18页。

和杉村光太郎公布了这一声明。第二，来自汉代。20 世纪 20 年代，中国学者戈公振在他的《中国报学史》中就提出了这一观点。这个观点影响很大。戈公振提出的主要论点是：汉代已经有新闻传播事件；但是，这些论点还不足以证明汉代有报纸。有学者认为，汉代的邸报与后来的“报道”无关。在现存的汉代文献中，“报道”一词无法看到。第三，来自唐代。当代新闻史学家普遍肯定这一观点。最具代表性的是方汉奇先生。他认为，中国报纸起源于唐代，经过确认，证实现存的中国唐代报纸实物在伦敦大英图书馆是中国最早的报纸。①

17.1.2 唐代官方报纸的发展

唐代是中国封建时代空前繁荣的时期：政治开放，经济繁荣，文化繁荣，交通发达，纸张印刷技术进步等，为报刊的诞生提供了必要条件。从唐代中期开始，一些边疆地区建立了宗族，成立了州长，所有的州长都在首都设立了办事处——这个办事处设立的首府的地方叫作“邸”，后来公元 777 年更名为“上都知进奏院”，简称“进奏院”。这些进奏院里的进奏官除了执行地方官员的公务外，还有收集和报道朝廷政治信息的重要义务。从现有资料来看，这些信息主要包括皇帝的活动，皇帝的命令，官僚的任免，官员的官印以及重要的军事和政治信息。在唐代书籍及相关史料中，出现了“报”“状”“条报”“杂报”等名词以及与阅报相关的记载，甚至出现“新闻”“编辑”等名词。但是，这些文字提到的报道并不是通常的官方文章，它们是最新的信息和情报。它们通常比官方文件更古老。学术界也倾向于考虑士人发出的这种书面文字具有新闻报道性质。邸报是官方报纸的早期形式。这些报刊从一开始就是由封建统治者掌握的。因此，我们可以将唐代报纸的报道定义如下：当地官员根据发布的信息向州长收集并发送的官方报告。②

“开元杂报”。前面已经提到，唐人有很多关于报纸的记录。其中，孙樵的《经纬集》第三卷“读元杂报”是最著名的文章。孙樵是唐代著名散文家，关东人。他当时担任中书舍人。这篇文章它在历史上一直被认为是研究古代报纸最重要的文件，写于公元 851 年。

① 胥亚：《中国古代报纸发展论要》，《湖南大众传媒职业技术学院学报》，2002 年第 4 期，第 33—38 页。

② 廖基添：《邸报是古代报纸吗？——中国古代报纸发展线索再梳理》，《新闻与传播研究 2010 年第 1 期，第 12—20 页。

樵曩于襄汉间，得数十幅书，系日条事。不立首末。其略曰：某日皇帝亲耕籍田，行九推礼。某日，百僚行大射礼于安福楼南。某日，安北奏诸蕃君长请扈从封禅。某日皇帝自东封还，赏赐有差。某日宣政门宰相与百僚廷争一刻罢。如此，凡数十百条。樵当时未知何等书，徒以为朝廷近所行事。有自长安来者，出其书示之，则曰："吾居长安中，新天子嗣国及穷虏自溃，则见行南郊礼，安有籍田事乎？况九推非天子礼耶？又尝入太学，见丛甓负土而起若堂皇者，就视得石刻，乃射堂旧地，则射堂废已久矣。国家安能行大射礼耶？自关以东，水不败田，则旱败苗，百姓入常赋不足，至有卖子为豪家役者。吾尝背华走洛，遇西戍还兵千人，县给一食，力屈不支。国家安能东封？从官禁兵安能仰以谷耶？北虏惊啮边甿势不可控，宰相驰出责战，尚未报功。况西关复惊于西戎，安有扈从事耶？武皇帝御史以窃议宰相事，望岭南走者四人，至今卿士噤舌相戒。况宰相陈奏于仗罢乎？安有廷争事耶？"语未及终，有知书者自外来，曰："此皆开元政事，盖当时条报于外者。"

樵后得《开元录》验之，条条可复。然尚以为前朝所行，不当尽为坠典。及来长安，日见条报朝廷事者，徒曰今日除某官，明日授某官，今日幸于某，明日畋于某，诚不类数十幅书。樵恨不生为太平男子，及睹开元中书，如奋臂出其间。因取其书帛而漫志其末。凡补缺文者十三，改讹文者十一。

是岁大中五年也。

在中国的唐代，至少在唐代元年，有一种大众传播的重点是传播政治信息。所谓“开元杂报”是指传播新年元旦发生的政要通知信息。文中对“开元杂报”的外观、内容和发行方式有着详细的描写，从这些描写看，它具有报纸的一些特点。尽管对此新闻史学家仍有不同的看法，但大多数学者都认为它应该属于古代报纸的范畴。这是一个早期的原始报纸。[①]

“敦煌进奏院状”。“开元杂报”已经失传，对此的研究只能从古人的记载开始，这样也增加了研究的难度。现在谈论的“敦煌进奏院状”是唐代唯一的官方报纸。作为唐代的真实对象，它成为唐代官报起源的最有力的解释。这两份进奏院状于 1900 年在敦煌出土，被称为“敦煌进奏院状”，1907 年左右先后被英国和法国科学家取走，现在被安置在英国伦敦的大英图书馆和法

① 吴廷俊：《中国新闻传播史稿》. 武汉：华中科技大学出版社，1999 年版。

国巴黎国家图书馆。其内容是归义军派出特使会见，以及特使在首都进行活动的报道。目的是为张淮深向皇帝索要“旌节”的事情经过，但没有成功。这两份“进奏院子状”实际上是我们国家，同时它们也是世界上两份仅存最早（公元 887 年）的报纸。[①]

17.1.3 古代官报在宋代的发展

在宋代，沿用了唐代的传播方式，但进行了改革。与政治权力集权相一致，宋代加强了官报管理体制中央控制的力量。公元 981 年开始，朝廷重新组织分散的各州奏报，实行统一管理，由门下省负责，其职责主要是收受和传递官文书。此后，该部门的主管部门和报告程序发生了一些细微的变化，但一直由中央部门管辖，并以一定的制度和风格发行。经过这样的改革，宋代的官方报纸成为中央级的官方报纸。[②]

宋代的“邸报”。“邸报”这个名字首次出现在宋代。这是古代封建政府报纸最常用的名字，也是最常用的名字。我们将其定义为：在封建政府中央政府部门统一管理下发行的政府报纸。与唐代的报纸相比，它具有更多的报刊特色和封建政府的色彩。

首先，它已经不像唐代进奏院状那样，那只是一封新闻信，驻京的官员将朝廷信息报告给藩镇政府官员，这是由封建中央部门进行统一管理向地方通报报告中央层面信息的官方报告。其次，它与官方文件完全分开，成为官方的新闻传播工具，并成为当时朝廷传播政治信息的重要载体。它的读者已从一些藩镇官员延伸到政府官员和一般的学者官僚。第三，它从非正规的发布变成了正规的发布。报告的主要内容包括皇帝的命令，皇帝的日常生活，官员的任免，军事情报和惩罚等六个方面。与唐代进奏院相比变化不大，但变得更加丰富和充实。通过编辑审阅后，报告被传递给了四方。宋代的驿递主要有步递、马递、急脚递、水运步递等几种。

宋代的“定本”制度。宋代大统一制度统治后，封建王朝的统治阶级也对报刊内容施加了很多限制。仁宗之后，社会秩序不稳定，农民起义不时发生。官方为防止一些农民起义利用异常的天文现象，就开始限制各种灾难的报道。其他报道如叛变，农民起义，朝廷机密和尚未批准出版的典册都受到

① 丁淦林：《中国新闻事业史》. 北京：高等教育出版社，2002 年版，第 15—16 页。

② 吴廷俊：《中国新闻传播史稿》. 武汉：华中科技大学出版社，1999 年版，第 16 页。

严格限制。为了更好地控制传播内容，宋代自公元999年以来也实施了“定本”制度。所谓“定本”，指的是根据进奏官采集来的各种发报材料，经本院监官编好，送请枢密院或当权的宰相审查通过后产生的“邸报”样本。这一制度一直沿用到宋末，它加强了政府对“邸报”的控制，使“邸报”能够更好地贯彻统治者的意图，为它们的统治服务。

17.1.4 古代官报在明代

明朝的官方报纸仍然由中央政府发布，但管理过程略有改变。明代不设进奏院，由中枢部门统一管理官报的发布传抄事宜。主要有三个环节：一是通政司，主要任务是汇集地方官员的信息和礼遇；二是六科，主要任务是收集与发布奏章，记录皇帝见部长的“谕旨”；三是提塘，负责将诏令和提奏从六科抄出，经过筛选，编成邸报，往下传发。提塘的办公地点通称提塘报房，经由提塘报房发出的官报通称“邸报”。明报每日印刷并复制。从前面唐代和宋代的官报主要内容可以看出，朝廷动态、臣僚章奏、官员升降等政治信息一直是封建官报的主要内容，明代邸报也是如此。但明代报纸中的社会新闻明显增多，主要读者和宋代一样，是政府官员和士大夫知识分子。[①]

《万历邸钞》《天变邸钞》和《急选报》。《万历邸钞》和《天变邸钞》不是明朝报纸的原样，而是当时人民的摘录和当时“邸报”的翻印件。《万历邸抄》共32册，这是万历朝代在时间上的一个摘录。现存台北“中央图书馆”。《天变邸抄》是一份专门报道北京特别灾难性事件的报纸。《急选报》是迄今为止唯一保存的原始明朝报纸。它于1580年5月5日出版，现存北京国家图书馆。它采用雕版印刷，以列举皇帝紧急选中的官员为内容，它是世界上现存最早的自称为“报”的印刷品，所以是非常珍贵的。

17.1.5 古代官报在清代

清代官报的发布方式、发行渠道和明代都十分接近，同样的通政司、六科和提塘三个环节，以宫门抄、上谕、臣僚章奏三部分为内容，同样的属于日刊，读者也同样是各级政府官员。清代的提塘分为京塘和省塘两种。京塘就是各省设在北京的提塘，在京的提塘一般都有自己的办事机构，北京提塘有16位工作人员。主要有三项任务：一是接受地方当局向中央政府的汇报

① 丁淦林：《中国新闻事业史》. 北京：高等教育出版社 . 2002年版。

等。二是接受和发布中央政府向省出具的正式文件和皇帝向省官员发布的一般法令；三是发行邸报。省塘是指驻扎在各省省会的提塘，也有 16 名工作人员，主要负责京省之间官文书和官报的传递工作。

17.1.6 中国古代的非官方报纸

首先，“小报”的出现和初步发展。“小报”出现于宋代，北宋时期，是中国历史上最早出现的非官方报纸。而直到到了南宋，“小报”才得到较大发展，这一称呼也开始流行，在南宋的各朝公私文献中都有相关的描述。根据这些描述，我们可以了解宋代小报的基本情况：一是“小报”是一份非官方的报纸，主要包括新闻和现行政治材料。其次，“小报”始于北宋，盛行于南宋。第三，“小报”的发行人包括邸吏、使臣、在省寺监司等政府机关内工作的中下级官员和从事书籍印售工作的“书肆之家”。第四，“小报”的主要内容和官报差不多，但是和官报相比，它的内容有两个特点：信息比较灵通，新闻的时效性较强；所发表的大多是中枢部门还没有公开的“朝廷机事”，但往往不太准确。第五，小报是手写和印刷。第六，小报有广泛的读者群，包括北京官员、地方官员，普通知识分子，王室成员以及关注社会朝廷事务的人。综上所述，与报纸相比，私人报纸的新闻时效性、专业性和商业化程度明显提高。[①]“小报”的出现从一个侧面印证了报纸的产生与社会需求的关系。宋代地方经济的发展与边关军事活动的增多，使得人们对于时事动态更加关心。而邸报严格的管理制度又限制了消息来源，影响了传递信息的时效性，小报因此有了生存的空间。

其次，明清时期的非官方报纸。明代的民间报房和非官方报纸。官方报纸在发行过程中经常受到财务限制，副本数量很少。宋代的《靖康要录》里就已经出现“凌晨有卖朝报者”的记载。在明代，专门从事复制工作和复制报纸和私人组织的行业向政府报告。学者们估计，最早的私人报社与提塘的官方报社是分开的。这些报社在明朝万历年间可能已经成为一个开放的社会职业。而清代的非官方报纸主要来自两个方面，其一为提塘报房出版的“小报”，二为民间报房出版的京报。提塘报房出版的“小报”又称小抄，所刊载的主要是提塘官们和提塘报房的工作人员自行采集的消息，目的是为该省官员提供更多朝廷信息。主要见于清初的顺、康、雍、乾四朝。这样的小报是

① 黄瑚：《中国新闻事业发展史》. 上海：复旦大学出版社，2001 年版。

公开可用的。在普通官员的心目中，它被认为是官方报纸的补充。清代的私人报房盛名。这些报社逐渐脱离了官方，成为完全独立的私人报刊编辑和出版商所管理的报社。清代北京地区见于记载的民间报房不下 10 余家，有些报社有很长的历史。例如，聚贤新闻室从咸丰年间开到民国时期，是报房中历史最长的。

17.2 中国古代官报与小报的比较

17.2.1 性质和地位不同

古代政府报纸一直占主导地位，具有鲜明的政治色彩。戈公振先生 1927 年在《中国进化之概观》中说："自报纸历史上言之，邸报之产生，为政治上之一种需要。"这个功能对应于中国的社会系统。[①] 从诞生之日起，古代官方报纸基本上服务于政治事务。报刊的编辑和发行都在国家的行政系统内。报纸的读者主要是各级官员或全国的学者，可以说它的出现和发展是一个历史的需要。过去的统治者也使用这一工具来维护和实现他们对国家的统治和管理。小报是中国新闻传播史上首次出现的非官方报纸。从一开始，它有一个不合理的地位，它总是以非官方的形式出现。它一直被称为"肆毁时政，摇动众情""造谣欺众""诳惑群听、乱有传播""撰造无根之言"。小报在传递信息上有一定的优势，但对于掌权者来说也是禁忌。

17.2.2 报纸出现称谓及演变不同

中国古代官方报刊发表的地方制度雏形始于唐代中期，即"进奏院状报"的出现。报纸不时从门厅传到当地的乡镇。大部分信息是国家政治活动，时间往往早于朝廷发布的正式官方文件。后来孙樵《经纬集》卷三《读开元杂报》中提到，"杂报中也都是国家政事"。所以有学者认为"开元杂报是当时中央朝廷所编发的政府公报性质的官报"。[②] 因此，有学者认为"开元杂报是当时由朝廷发布的政府公报"。事实上，古代官方报纸本身就是政府声明和报纸之间的混合体，两者之间没有严格的界限。唐代现存的两份官报，是

---

① 张贤俭，李文，夏祖德：《中国近代期刊概观》，《图书馆杂志》，1984 年第 1 期，第 59—60 页。

② 方汉奇，宁树藩，陈业劭：《中国新闻事业通史》. 北京：中国人民大学出版社，1992 年版。

1900 年在敦煌莫高窟出土的两张进奏院状的残页。除了朝廷官报外，还有一种“藩镇情报”，这种“藩镇情报”由藩镇自置于京城的进奏院抄发，故称为“邸报”“邸吏状”。官报被概称为“邸报”，始见于宋代。首次出现“邸报”一词，应是在《宋史·韩琦传》中，范仲淹写给韩琦的信中提及“顷接邸报”的有关内容。此后，“邸报”基本从官方文书中分离出来，成为官方传播政事信息的重要载体。宋代的邸报是唐代朝廷官报和藩镇情报的统一体，到了宋朝末年，开始流行“朝报”这一名称。历代文献中，有关元代报纸的记载甚少，以至可以说从唐代开始的邸报制度至元代中断。明朝后，恢复了朝廷官报，我们一般称为“邸报”，有时也称为“邸钞”。清代朝廷官报称为“邸钞”，有时称为“京钞”“阁钞”“科钞”。这是古代官报的出现及其称呼的变化。而在社会上流行的小报不是基于一个人的手。它始于宋代中后期，盛行于南宋，并被正式称为“小报”。宋代以后，小报不灭绝，明清两代不时出现。那时他们被称为“小本”“小钞”或“报条”。这些小报都同样受到当局的严厉查封。

17.2.3 报纸的特征不同

与唐代的“开元杂报”和两份存世的“敦煌进奏院状”相比，宋代的官报具有更多的报纸特征和封建官报的色彩，更接近于大众传播工具，具有历史性的、开拓性的进步。这主要表现在宋代官方报纸是统一管理，批准下发给中央政府各部门的机关和地方军政部门，读者从各级官员向知识分子扩展，信息量逐渐增多，新闻的及时性也得到加强。它每五或十天编辑一次，并定期发布。为了管理，宋代还实行了“定本”制度。明朝的封建官方报纸与以往不同。它没有建立一个学院，但中央当局统一来发布和传播它。有三个环节：通政司、六科、提塘。总务部汇集了各种问题和地方报告，如果皇帝看到他们，他必须经过总务部。因此，统治阶级对这个部门非常重视，称之为“朝廷的喉舌”。六个部门收集并公布相关的命令和问题；提塘将这六个部分的皇室命令和问题抄录，复制后传送到省，并转发给各县，它在官邸中流传。清代的官报参考明代的建制，继续在全国范围内发行。直到 20 世纪才被《政治官报》之类的新型官报取代。

从某种意义上说，小报比上述官方报纸更先进。首先，小报的内容更丰富，更具可读性。邸报内容非常有限，只不过是皇帝的活动、诏旨、官吏的任免，官方对这些正常的朝廷事务的礼节。小报内容比报纸综合得多。有关于这些附属官员未报告的事件的报道。也有从朝廷泄露出来的和报探从大街上窃听到的，内容多、来源广，人们读小报的积极性大大超过读邸报。其次，小报的传播速度迅速，时效性强，由于小报不用审查，因此小报往往比邸报传播得快。另外，小报读者更广泛。

17.2.4 意义作用不同

官方报纸占据主导地位，为政治服务。表面上看，报纸只是支配地位的工具。实际上，它也具有客观记录历史的作用。尽管报纸的主要内容之一是官员的升降和皇帝的诣意，但如果从现代的角度来看，这是一件关于国家经济和民生的时事，它有一定的价值。自明代以来，日报一直是日常刊物，更能真实记录当时的社会状况。《剑桥中国史》的编者之一就提到他们曾经借重明代邸报撰写明史，将其视为“可资利用的各类历史著作以外的另一种文献资料的重要来源”。同时，古代官报既提供朝廷的政事信息，“庶几朝廷命令之出，天下通知”，也向读者强化纲常伦理，“欲以迁授，降黜，勉励天下之为吏者”。而小报作为民报身份出现，虽然屡遭禁止，它的意义仍是重大的。因为小报第一次突破了官方对新闻传播活动的垄断和朝廷政事的封锁，打破了封建官报一统天下、舆论一体化的局面，满足了一部分政府官员和士大夫知识分子对时政信息的需求，增加了他们议论朝政的资料和机会，并突破朝廷官报作为政治宣传品的范围走向市场。

总体来说，古代官方报纸和小报是两种不同形式的报纸。我们从宏观的角度比较它们，这更有利于我们对整个古代报纸的理解，因为有许多微观方面是历史资料无法比较和证明的。在中国漫长的历史进程中考察它们的异同。不管最终报纸的命运如何，它们都显示出从无序到有序的飞跃，给人一种日渐清晰的感觉。

（达丽娅 Aliakseikava Darya　谢清果）

第十八章　华夏文明早期的传播与融合述评

一个民族的文明是通过长年累月的历史沉淀下来的，它是人们所创造的财富的总和，特指精神财富，如文学、艺术、信仰、宗教观念、教育、科学等。文明涵盖了人与人、人与社会、人与自然之间的关系。英文中的文明（Civilization）一词源于拉丁文“Civis”，意思是城市的居民，其本质含义为人民生活于城市和社会集团中的能力。引申后意为一种先进的社会和文化发展状态，以及到达这一状态的过程，其涉及的领域广泛，包括民族意识、技术水准、礼仪规范、宗教思想、风俗习惯以及科学知识的发展等等。

一个民族文明的发展强烈地受到外来文明的影响，两种文明以主动或被动的形式相互传播，相互作用，最终影响着各自文明发展的轨迹。自人类发生认知革命形成合作意识，并由狩猎社会逐步转型农耕文明形成部落以来，人类的历史便不断上演着冲突与纷争，各种文明在残酷的厮杀中或是被吞并、奴役，或是流亡他乡，这种过程所带来的直接效应就是文明的传播与融合，比如清朝政权作为一个外来民族的统治政权，但却受到汉族文化的极大影响。两种文明不断地相互传播、影响，最终融为一体，成为华夏文明中的一大瑰宝。在《民族文化传播理论描述》这一著作中，作者也谈及了他对于民族文化融合的定义：从文化传播的互动效果来看，传播对文化的影响首先表现在文化融合。文化融合是指两种以上不同文化彼此借鉴、吸收、认同并最终融为一体的过程。同时，作者还提到，先进、文明程度较高的文化对落后、文明程度较低的文化具有较强的同化作用。①

在中国这片古老的土地上，几千年的历史中涌现出无数的部落、民族，他们的文明在漫长的岁月沉淀中，或以战争的形式永远的消失在了历史长河中，又或以迁移、归顺等形式与其他民族不断地融合，最终形成了我们今天

① 郝朴宁：《民族文化传播理论描述》. 昆明：云南大学出版社，2007 年版。

强盛多元的中华民族。华夏文明无疑是全人类历史上最光辉靓丽的一页，它古老而壮丽，诞生出众多文明的奇迹。它也有着异常顽强的生命力，以至于经过几千年岁月的洗礼仍能延续至今，这是我们每一个中国人的骄傲。诚然，大多数中国人都或多或少地了解华夏文明的壮丽事迹，但却少有人思考它的起源、发展。在生活之中，也少有人会去思考我们的日常习俗文化究竟从何而来？

笔者对此颇感兴趣，并阅读了大量相关文献书籍，试图叙述自华夏民族诞生起，与其他民族文明相互传播交流、融合的过程中那点点滴滴的结晶，正是这些岁月的结晶共同构成了我们今天伟大的中华文明。然而中华文化博大精深，文献著作浩瀚如海，若对五千年民族交流史的相关文献进行叙述梳理，显然笔者一人之力无法做到。且在秦国以后，中国已然形成统一的多民族大国，“汉族”的观念也渐渐形成，相对于先秦时期扑朔迷离、复杂难解的民族部落关系，秦国以后的民族关系相对简单，且史料丰富。因此，笔者更加愿意研究探讨先秦时期华夏民族文明与其他文明的传播交流史。在下文中，笔者将以四个时间维度——史前文明、夏、商、周，以此对各时期相关的文献著作进行内容的梳理、汇总。

18.1 华夏民族的起源

首先，笔者认为要梳理华夏民族与其周边各个民族的文明传播活动，必须要先弄清楚华夏民族的起源和发展，因为随着历史进程的推进，“华夏民族”这个概念也随之不断变化着。田继周在其所著的《先秦民族史》一书中，非常详细地论述了华夏民族的由来。他说到，夏族这个族称是随着夏朝的建立而正式产生的，随后不断发展、壮大，经过夏朝四百多年的统治，夏族这个名称也就牢固地定了下来。至于华夏的“华”字，根据《尚书》注“冕服采章曰华”，华是由于夏族的服饰和文化特征而得名，后演变为华与夏为同义语，或合而为一称之为“华夏”了。在夏时，存在着夏国和不同诸侯国的不同国人的名称，但凡是和夏国的人们具有共同民族特点的诸侯国人，都会接受夏族这一族称，也都把自己视为夏族的一部分。正如以后的商、周、秦各代，虽然他们也称为商人、周人、秦人。但同时也都接受和继承了夏族这个统一的名称。而当汉朝建立，“汉人”或“汉族”的名称也随之固定下来，后继的汉族所建立的各个朝代，虽然也自称魏人、蜀人、晋人、唐人、宋人等，但又都接受和继承了“汉族”这个统一的族称。后来这些朝代的汉族仍然把自己称为夏人、华人、或华夏。因此，古人千年来都一直把汉人、华人、夏人或华夏人视为同一个民族的不同名称。①

18.2 华夏民族的演变

正如上文所说，华夏民族的由夏朝正式确立，之后便不断扩张壮大。在中国漫长的历史长河中，华夏民族由原始时期的纯粹，历经岁月洗礼，逐渐与各个部落、民族、国家进行文明的相互传播、交流，甚至是融合，这才形成了我们今天具有多元文化的汉族。因此，要谈华夏民族的演变，必然离不开自古以来熙熙攘攘的那些外来民族，即“蛮夷”。这个称呼是自古以来华夏民族对外来民族的统称。在关健英的《夷夏之辨与中华民族共同体意识的形成》论文中，提到了三个观点阐述自古以来夷夏的演变关系。第一，作为一个地理空间的概念，夷和夏的范围自然是不断变化的。在三代时期，所谓“夏”，指的是生活在黄河中下游地区的华夏族，所谓“夷”，指的是夏周边的少数民族。到了春秋时期，夷夏的地理空间意义发生了变化，生活在原黄河流域的华夏族，势力范围已经扩大到了长江流域、长城以南区域，在这些区域以外，即是“夷”。随着秦朝大一统和民族的迁徙，“夷”的地理位置又发生了变化，在秦朝版图之外的匈奴、鲜卑、乌恒等构成了汉民族周边的“四夷”。第二，血统意义上的夷夏关系演变。随着春秋战国时期民族冲突融合的发展，血统意义上的夷夏界限在不断模糊。各民族间的迁徙、经商、通婚频繁进行，政治、经济、文化的融合不断上演。比如，隋文帝的皇后是鲜卑人；唐朝皇室有胡族血统；种族或者血统意义上的夷夏在民族融合的历史进程中早已生长在一起，成为血脉相连、血浓于水的中华民族共同体。第三，文化意义上的夷夏关系演变。②

中国历史上的夷夏之辨，是在凸显文化上的高低贵贱，以华夏文化为贵、以夷狄文化为贱的观念是主流价值取向。然而，《民族文化传播理论描述》一书的观点认为，先进、文明程度较高的文化对落后、文明程度较低的文化具有较强的同化作用，在历史典故中我们也能找到丰富的例子，比如北魏孝文帝的汉化政策、将鲜卑姓改为汉姓，放弃鲜卑语改说中原话，改穿汉人服饰。因此，即便作为落后的夷狄文化，随着华夏民族版图的不断扩大、文明传播

① 田继周：《先秦民族史》. 成都：四川民族出版社，1996 年版。

② 关健英：《夷夏之辨与中华民族共同体意识的形成》，《船山学刊》，2016 年第 1 期，第 44—45 页。

交流的不断进行，最终都融合在了中华民族这一共同体中来。当然，文明的传播从来不是单向的，华夏文明也往往受到外来民族的影响，比如魏晋南北朝时期，“胡化”现象大量出现，胡俗直接影响了北朝至隋唐的寡妇再嫁之风、妇女专持门户之风、男女私通之风等。[①]

上述作者的观点已经阐述了华夏文明的起源、演变过程。总结来看，我们今天辉煌的中华文明就是由早期生活在黄河中下游的华夏先民一步一个脚印，不断地与周围的民族文明进行传播、交流、融合的结晶。在今天的语境下，我们谈的华夏文明传播更多的是一种对外的传播，旨在向世界各族人民传达中华文明的先进、和平的理念，是中国人渴望向世界展现自身实力，争取更多话语权的一种方式。而笔者所想要探讨的华夏文明传播，是一种对内的传播，即几千年的历史中，这片神州大地上的各个民族之间的文明传播和融合，正是因为这种文明的碰撞才催生出了我们今日伟大多元的中华文明。笔者认为，对古代的华夏文明传播研究，应当要回答两个问题：我们究竟为何是我们？我们的习俗文化究竟从何而来？

18.3 先秦文明传播与交流

18.3.1 史前文明

中国史前文化是指没有文字记录之前的中国人类社会所产生的文化。按照考古年代主要分为旧石器时代、新石器时代、金石并用时期以及青铜时代。这个时期的民族文明传播，在周月亮所著的《中国古代文化传播史》有详细的叙述。中国史前文化发达区在今日西安—洛阳—开封一带形成，它是东部沿海文明、西部高原文明、北部草原文化、南部长江流域文明相互交错交融的结果。中国大地上先民们的文化传播、融合的历程奠定了华夏文化的结构性特征。早在更新世，在环渤海地区的一些平原地区就出现了当时的海岸文明，但许多可能遭到海水的侵扰，迫使人们向内陆方向撤退，产生了沿海文化向内陆扩散的传播过程。[②] 在旧石器时代，“北京人”向北部草原、西北部高原迁徙，孕育了今内蒙古地带的早期文明。到了新时期时代，山顶洞人受地貌影响经常迁徙，其线路一般沿着沿河流向海拔较低的地方，这种迁徙有

① 戚万法，张荣花：《论隋唐时期的民族融合》，《广西社会科学》，2010 年第 12 期，第 108 页。

② 更新世亦称洪积世（从 2588000 年前到 11700 年前）。

其不得已的客观原因，但结果就是造成了文化的传播、扩散，最直接的体现就是仰韶文化在黄河流域绝大部分地区都有分布。无论上游的甘、青地区，还是中下游的广大地区，都发现了灿烂的古代文化。总体而言，仰韶文化的发展由东向西扩散，形成了马家窑、半山、马厂、齐家文化等。凡此种种发现都说明了史前文明之间存在着相对可观的往复交融的文化传播行为。[①]

作为中国民族图腾的“龙”，也是起源于这一时期。据李泽厚先生的《美的历程》一书中关于闻一多对于龙起源的看法，他表示：龙由蛇演变而来。早期存在着崇拜蛇的氏族，在神话中也常出现蛇身人面的形象与之对应，比如女娲伏羲。后来以蛇为图腾的氏族随着战争的扩散，不断吞并其他民族，更是将他族的图腾进行融合，经过长年累月的扩张，“蛇”融合了马的尾巴、鹿的角、鱼的须和鳞、鹰的爪等等，最终才形成了“龙”。[②] 在叶舒宪的《文化传播：从草原文化到华夏文明》的论文中也提到了这一时期的玉石文化和牧马文化的传播。他提到，玉石文化由蒙古赤峰地区的兴隆洼文化发端，经过同一地区的赵宝沟文化和红山文化，南下到中原文化和其他地区。玉石文化传播的不仅是物质，更是一种信仰观念，以此才发展出夏商周秦汉时代的豪华奢侈的玉礼器祭神制度和统治阶层的普遍佩玉制度。具体而言，就是以玉为神、以玉为天、以玉为生命永生的象征概念。甚至由玉石引申出的人格理想（玉德说）和教育学习范式（切磋琢磨）；以佩玉为时尚的社会规则（君子必配玉）；以玉为核心价值的各种成语、俗语、大量的汉字等等。而家马的驯化和传播，则是一种典型的草原文化传入华夏文明的现象，这期间还伴随着大量神话观念的涌入，比如文学作品里对于马、马车等神话描述比比皆是。[③]

18.3.2 夏商时期

根据周月亮《中国古代文化传播史》记述，夏王朝是龙山文化的时代，是中国历史上一个大动荡、大改组的转型期，也是一个民族大冲突、大融合的历史新时期，因此更是一个文化大传播、各区域文化间相互影响、融合的时期。而大规模的民族迁徙则是文化传播的主要形式。例如，夏代五百年的都邑自始至终都没有固定过，他们打下一个地方就在那里定都。军事征服为

---

① 周月亮：《中国古代文化传播史》. 北京：北京广播学院出版社，2000 年版。

② 李泽厚：《美的历程：修订彩图版》. 天津：天津社会科学院出版社，2002 年版，第 7 页。

③ 叶舒宪：《文化传播：从草原文化到华夏文明》，《内蒙古社会科学（汉文版）》，2013 年第 1 期，第 6—12 页。

文化大一统的出现铺平了道路，简而言之，夏代以刀剑传播其文明。禹在完成统一大业以后，铸九鼎以象征九州，自此九鼎才成了中国历代传国的重器。也有学说表示中国的夏文化起源于良渚文化，[①] 比如良渚文化的饕餮纹就被夏朝所完全继承，并成为夏文化的核心内容。无论该学说是否成立，都反映出一个事实，黄河文明并非是华夏文明的唯一代表，长江文明无论起源之早、程度之高均不亚于黄河文明，且二者之间的传播交流也深刻影响着对方。到了商代，商汤经过鸣条一战，打败了夏桀的军队，还将祝融集团从黄河赶到了南方的偏僻地区，形成了青铜文化在南方的扩散。[②]

18.3.3 春秋战国

周的先民原居住于晋南的汾水，后受戎狄的逼迫而迁徙。周人喜和平，不大通过兼并战争扩大其版图，而是通过联姻扩大宗族，通过道德、文化的吸引扩大他的实力。周起源于山西，不忘与山西古族夏人的渊源，认夏族是正宗，正面继承了夏代的文化遗产。武王牧野一战，灭商，并先向西发展，整合了东夷文化，融合了黄河的西、中、东三段，又继续向南扩张。周朝的建立，使中国成为大一统的领土国家，也奠定了中国文化的基本特质和结构。在任晓晶所著的《论春秋时期晋国与狄戎的民族融合》论文中也提到了晋国与戎狄当时在经济文化上的交流。在当时的大卤之战中，晋国为了对抗深居山林的戎狄，舍车弃卒，适应山地作战，最终战胜了戎狄。这是诸夏最初采用步战的实例，也是诸夏吸收戎狄军事文化的结晶。而当时在语言、饮食、穿衣、货币等方面皆于诸夏大为不同的戎狄也深受华夏文化的影响，其贵族竟然能以《诗经》典故作为讽刺的材料，所指极其准备，说明当时戎狄的贵族已对诸夏文化有了相当大的了解，这正是双方文化传播和融合的表现。[③] 周月亮的《中国古代文化传播史》中，还提及了周穆王的事例。周穆王是直到战国为止，象征着中国和西部民族交往的神话人物，有关中西关系的很多事情最后都假托到那个时代。在这部传奇中，可以看出中国和中亚细亚的希腊人、栗特人已经建立了定时往返的商队贸易。通过新疆的中西贸易大道，中国的丝绸和金属制品、玉石等进入了亚洲西部，同时又从遥远的西方获得了宝石、毛皮和玻璃等制品。在这条中西贸易的古老道路上，文化的传播不仅

---

① 距今 5300—4500 年左右，分布的中心地区在钱塘江流域和太湖流域。

② 周月亮：《中国古代文化传播史》. 北京：北京广播学院出版社，2000 年版。

③ 任晓晶：《论春秋时期晋国与戎狄的民族融合》，《沧桑》，2009 年第 1 期，第 10 页。

仅是物质的传递，还存在着精神文明的传播，最直观的便是乐器、音乐、艺术方面的文化传播。在陈晓静所著的《华夏古乐与外族外域音乐的传播与交流》中，谈及了周穆王西征时的事例。当时，周穆王在漯国为祭死去白鹿，以西巡时随带的盛大乐队举行演奏。前后两次演奏在阿富汗附近的山下和与里海相邻的黑湖边上进行。这次西巡具有华夏音乐史上第一次大规模传播并影响外域音乐的意义。当然，传播并非单向的，周代也有外族音乐融入华夏文明的事例，于是形成了"南蛮之乐""东夷之乐"等四方之乐的周代宫廷乐舞。①

综合以上各时期的材料来看，任何一个民族或一个文化在其发展过程中，都不是完全封闭独自成长的，而是一个开放、吸收、传播、融合的过程，是同周边文化不断交流、相互影响、彼此融合才不断壮大的。虽然关于华夏文明传播的相关文献、著作众多，但它们大多散落地分布于各类历史材料之中，并没有以传播学视角独立出来。周月亮地《中国古代文化传播史》是笔者所看过的以传播学视角讲述古代文化传播的最翔实的著作，以时间为维度，从先秦到清代都进行了粗略的叙述。但一本书自然装不下几千年文明传播的历史史料，各个时期的资料还有待学者们进一步深入地考察和挖掘，最终形成详细的华夏文明传播史。

（邱　臻　谢清果）

① 陈晓静：《华夏古乐与外族外域音乐的传播与交流——分析强势文化对弱势文化的冲击》，《文教资料》，2011 年第 18 期，第 70 页。

第十九章　华夏唐诗传播研究述评

唐诗是中国优秀传统文化中的瑰宝，自其诞生以来，便和传播紧密联系在一起，可以说传播是包括唐诗在内任何种类文学得以发展的前提条件，唐诗需要依靠传播来进行传承，反之，唐诗传播也为唐诗创作良性环境的形成提供了养分。不同于关注唐诗后世传播的研究，本章主要关注唐诗是如何在当时传播的，即唐诗如何在唐朝得以传播。唐代，印刷技术和通信手段皆不完善的情况下，诗歌为什么并且是怎么样传播的呢？同时，传播对唐诗本身的创作又产生了怎么样的影响呢？这些都是本章集中探讨的问题，分析这些问题有助于了解唐代的科举制度、唐代的人际交往情况、唐代的交通情况、唐代的歌舞欣赏习惯等。本章分析汇总了前人关于唐诗传播的研究，在综述的基础上，创新性地提出了自己关于唐诗传播的见解。

唐代是中国诗歌史上的黄金时期。唐代诗歌的传播，不仅是华夏文学传播中浓墨重彩的一笔，更是人类传播活动中的一个重要部分。通过以“唐诗”“唐诗传播”为关键检索文献和书籍，我发现唐诗的传播研究是目前学术的研究热点，但相关研究往往集中于唐诗的后世流传，而对于唐诗在唐代的传播关注度却略显不足。本章从多角度分析汇总唐诗在当时的传播，希望能抛砖引玉引发研究者对该领域更深层次的关注。

前人关于唐诗在唐朝的传播研究主要分为以下三个部分。第一部分是关于唐诗传播原因及传播环境的研究。第二部分是关于唐诗传播方式的研究，第三部分是关于唐诗传播影响的研究。笔者以“唐代传播”为关键字在中国知网期刊专栏、博硕士论文专栏并结合谢清果教授提供的华夏传播研究核心论著编目，经过初步内容筛选，集中引用了一些代表性的论文与著作。

19.1 唐诗兴起的原因及环境

唐诗在唐朝得以顺利传播原因可以从政治、经济、文化三个方面入手展开分析。从经济角度分析，唐代发达的水陆交通基础设施建设是唐朝人员自由流动的前提，也为唐诗的创造和传播提供了客观条件。陶涛认为："唐代水陆交通的发达加速了人员的流动，是唐诗能够顺利传播的一个主要客观条件。"[①] 的确，唐代已形成以长安为中心，东至河南商丘、开封、山东半岛；西至陕西凤霞、成都；西北至甘肃武威，通向西域；北至太原、北京；南至湖北江陵、广州的国内陆路交通。同时，唐朝与国外交通往来的线路有西北的陆路（"丝绸之路"）和东南的沿海海陆。[②] 四通八达的陆路、海陆网促进了人员更加频繁的互通有来、人际交往自然变得更加紧密，大量诗歌爱好者齐聚一地进行集中的文学交流。诗歌作为当时文人交往的主要手段，渗透在各种交流活动中，因此催生了许多酬、寄、赠、答等诗篇。

从文化角度分析，科举制度为诗歌创作和传播提供源源不断的新生后备军。隋代确定了通过考试选拔人才的科举制。唐代建立以后，沿袭了隋朝的科举制，并且进一步发展了科举制的优势，唐初的科举不仅要考察试时务策，而且也有考诗赋的情况存在，即诗歌是重要应试内容之一。唐代一扫六朝以门第取士的弊政，施行"诗赋取士"，在法律意义上确定了唐诗传播的合理性。正如"丹霄路在五言中"，[③] 这句话寓意考生撰写诗词歌赋的能力可以帮助他们在仕途上走得更顺利，表明在唐朝诗歌领域的造诣是和仕途前景挂钩的。从政治角度分析，中国古代统治者对诗歌创作传播的支持使得唐诗能够将当时的辉煌一直传承到现世。如果说推行"诗赋取士"的科举考试制度是统治者通过显性的、有意识的方式对社会施加影响的话，那么他们自身对诗歌的爱好以及以主人翁的身份参与诗歌创作和传播则是一种隐性的、无意识的方式，这些努力都为唐诗在宫廷内的盛行提供了广阔的传播环境。"唐朝的皇帝都爱诗写诗，整个皇帝集团便在以皇帝为核心的放射状影响下，形成了一个聚集诗歌、评论诗歌的大本营。"[④] 这表明唐朝历代皇帝倾向于将诗歌看作选拔贤士、巩固统治的方式，因为诗歌具有歌功颂德、维系人心、传承文化的作用。除了提倡文学创作之外，唐朝皇帝更是亲自参与到诗歌创作当中，历代统治者不仅掌握着国家命运，也寄情于文学。唐朝统治者对诗有着普遍

① 陶涛：《唐诗传播方式研究》. 合肥：安徽大学出版社，2010 年版。

② 李德辉：《唐代交通与文学》. 长沙：湖南人民出版社，2003 年版。

③ （唐）方干：《赠李郢端公》，见《全唐诗》卷六百五十二. 上海：上海古籍出版社，1986 年版，第 7486 页。

④ 方丽杰：《唐人：唐诗》，《呼伦贝尔学院学报》，2005 年第 5 期。

的爱好，唐文宗李昂好五言诗，唐宪宗读白居易讽谏诗而善之因招为学士，唐穆宗读元稹诗歌而善之立征为舍人。朝廷宴会类似于现在的文化沙龙，为统治者和大臣们写诗传诗提供良好平台。皇帝爱诗写诗、爱传诗，群臣以皇帝为中心唱和，这在全国上下起到了树立范式的带头作用。君主主导型的传播为唐诗的传播开辟新天地，为其迅速传播提供坚实基础。“传播与环境关系密切，任何传播都在一定的政治和人文环境中进行。”①唐诗的兴盛固然与其全民化的传播主体、多样化的传播方式、丰富的传播媒介、广阔的传播途径、庞大的受众群体有关，然而王书艳老师同样认为：“传播环境也是一个不可忽视的要素”。②任何文学作品要想得到社会的认可、人民的支持必须有与其自身发展相契合的传播环境，唐诗同样也需要这样一个整体的传播环境。

概括来讲，三个集团共同构建了唐诗传播的大环境。王书艳提道：“官僚文人集团构成唐诗传播的核心，宫廷皇族集团为唐诗传播提供了宽松的政治环境，普通民众集团创造了广阔的人文社会环境”。③

唐代的官僚文人有双重身份，他们在创作诗歌的同时，也兼有传播唐诗的责任。任何一种文明都是在先在小圈子里发源流行，继而不断由点及面再到三维空间的辐射式传播，诗歌也是如此。而官僚文人集团就是这个传播环境的内核，他们构成了大传播环境中的虽然很小但确是最重要的环境。唐诗诗人喜欢寄情于景、寄情于诗、以诗会友，文人墨客通过以诗记事的方式随时随地传播着自己的作品，写诗像现代人写日记一样常见，不难想象这是一个即良好又开放的传播小环境。另外，宫廷皇族集团的力量也不可忽视，正像前文提到的，他们通过两种方式为唐诗的传播提供了一个宽松的政治环境，一是唐朝皇族创新了“诗赋取士”的科举制度。二是唐朝统治者的第二重身份是诗人。讲到第三种力量，那便是同样不可忽视的普通民众，普通民众作为社会的主要组成部分，即是诗歌传播的信息接收者，也是诗歌信息的传播者。虽然普通民众与居上的宫廷和居中的文人相比占有的资源少，处于社会的下层，然而他们以其人员之众与阶层之广为唐诗传播贡献了比文人、皇室更为巨大的助推力。其中歌妓、乐工在唐诗传播上的贡献更是功不可没，因为“以乐传诗、以歌传诗”的方式是唐诗传播最重要的方式之一。同时，寺

① 郑学檬：《传在史中——中国传统社会传播史料选辑》. 北京：文化艺术出版社，2001年版。

② 王书艳：《浅谈唐诗的传播环境》，《红河学院学报》，2008年第6期。

③ 王书艳：《浅谈唐诗的传播环境》，《红河学院学报》，2008年第6期。

僧作为一个特殊的群体在唐代也为唐诗的传播提供了独特的传播环境。他们是有意识地传播和保存各个阶层创作的诗，他们不仅收集宫廷皇族集团写的诗，也收集普通民众集团创作的诗篇。唐诗正是在这样一个上面支持下面响应的大环境中迅速传播的，可见环境对唐诗兴盛至关重要。另外，关于唐诗传播背景、传播环境的论述，钱锡生有自己更为独特的见解。钱锡生先生将唐诗的传播环境归结为以下三点："一是城市化为唐宋词的欣赏提供了庞大的受众群；二是商业化为唐宋词的消费提供了适宜的温床；三是'去道德化'为唐宋词的创作摆脱了精神的束缚"。[①] 唐代城市化进程加快，大部分人群由乡村"涌入"城市，这些人属于新兴的中产阶级。城市化不单单是农村人口进城这么简单，这个群体会带来新的文学需求，需求激发供应，强大需求为唐诗的创作提供了肥沃的土壤。城市化和商业化是相辅相成的。文人志士作为唐诗的"生产者"，城市化催生的新兴中产阶级是唐诗的"消费者"，连接生产者和消费者之前的桥梁就是商业化的运作模式。唐朝是中国历史上最繁荣最强大的时期，对外贸易、文化交流也达到鼎盛，它的开放程度、"去道德化程度"也达到了顶峰。唐朝之所以出现繁荣局面，主要是由于唐朝时期文化的包容性，开放性决定的，人们对思想的解放达到封建社会的最高端。去道德化使得诗人的选题以及用词可以更加随性、不受束缚，自然创作出的作品内容也会更加多元、精彩。

19.2 唐诗的传播方式

唐诗在当时传播广泛、辽远，且能在当时和后世都产生良好的传播效果，这与唐诗传播方式的多样化有重要关系。关于唐诗的传播方式，众多学者见仁见智，发表了各自的不同见解。

王立增将唐诗传播方式概括为音乐传播和文本传播两种方式。音乐传播可分为徒歌与乐歌：徒歌便于操作，传播主体广泛，促进了唐诗的大众化传播；乐歌由乐工歌妓演唱，所唱之词多选自当时流传的文人诗歌。文本传播因物质媒介与书写手段的不同可分为固定文本与流动文本，其实际发生过程则经历了单篇传播和结集传播两个阶段。[②] 唐诗的传播常常是音乐传播与文本传播交互进行，因二者本身的局限而互为补充，互相促进。诗歌的音乐传

---

① 钱锡生：《唐宋词传播方式研究》. 北京：中国社会科学出版社，2009 年版。

② 王立增：《论唐诗的音乐传播与文本传播》，《南昌大学学报》，2010 年第 1 期。

播是瞬间性的现场行为，难以长久保持和稳定流传，这种局限可以由文本传播来弥补，因为文本传播能够打破时空的局限。同时，音乐传播是以音乐为载体进行表演式的诗歌传播，不仅可以调动受众的视觉感官，还可调动听觉感觉，因此比文字传播更加形象生动。展开来讲，王立增提出唐诗的音乐传播有徒歌与乐歌两种艺术方式。徒歌包括“吟”“诵”“歌”“咏”“讽”“讴”等。一般认为，徒歌不配乐器，没有固定的曲调和旋律，大多是随口即兴而发，通过调控语气“字声”节奏来展现其音乐性。因便于操作，所以人人皆可为之，传播主体十分广泛。上至皇帝“嫔妃，下至儿童”妇女，皆是诗歌的传播者。诗歌凭借乐曲的载体流传于世间，这种方式往往具有传播永久性。专业化的乐歌演唱大多是由乐工歌妓承担，在当时颇有名气的演唱家有李龟年、米嘉荣、许永新、念奴、张红红、田顺郎、樊素等人，其中有男有女，并不像后来的宋词那样独重女音。[①]

文字作为传播符号，在唐史传中占有突出地位。王立增提出文本传播因书写手段与物质媒介的不同，可分为固定文本和流动文本两类。文本固定有以下三种缺陷：阅读者有限，传播面不广；承载文本的物体表面难以长期保留，无法保证传播的持久性；易受人为破坏，致使传播活动中断。而流动文本一般采用的是轻捷的纸质媒介，通过抄写或刊印进行传播。它可以避免固定文本所带来的局限，马承五先生分析说：首先，传抄表现出一种流动性，它的传播范围更广、速度更快；其次，传抄显示出互递性，它可以通过人们的不断传写，成几何级数增加，不断扩充传播对象。刊印的传播效率更是不言而喻，它能快速复制出大量文本，以满足更为广泛的接受需求。[②] 关于唐诗的音声传播，柯卓英的观点有别王立增，柯教授认为：“唐诗的音声传播方式主要有两种，即吟诵和歌唱。歌唱又可以分为乐歌和踏歌 / 徒歌。徒歌之声诗虽无乐器伴奏，但于集体歌唱时，每作集体之舞蹈。”[③] 唐诗的音声传播是通过人声吟诵和传唱的面对面的声音艺术传播形式，体现出唐诗格调的抑扬、节奏的明快、语音的顿挫等韵律之美。

关于唐代传播方式最完整的论述当属钱锡生《唐宋词传播方式研究》一书中记载的。钱锡生将唐诗传播方式系统性地、全面地概括为歌舞传播、吟

---

① 王灼：《碧鸡漫志》. 北京：中华书局，1986 年版。

② 马承五：《唐诗传播的文字型态与功能》，《华中师范大学学报（哲学社会科学版）》，1988 年第 1 期。

③ 柯卓英：《唐代的文学传播研究》. 北京：中国社会科学出版社，2009 年版。

诵传播、手写传播、题壁传播、石刻传播、印刷传播六种方式。[①] 歌舞传播主要指的是官妓、家妓、市井妓表演的宫廷宴席歌舞、公私宴席歌舞、酒楼茶馆歌舞、街市瓦肆歌舞，同时歌舞传播通常伴随乐器伴奏、舞蹈伴唱、歌舞演唱，兼具声色之美的观赏性、交流反馈的即时性和传播时空的广泛性。吟诵传播包括赏诵、背诵、传诵三种形式，传播主体在吟诵诗歌的同时可以同时传递出言语符号和非言语符号，对受众来说，这视觉听觉的双重享受，吟诵者在娱乐受众的同时也可以娱乐自己，达到双双陶醉的境界。手写传播主要包括手写自己的作品和手写传播他人作品两种形式，这些手写的作品具有文献和经济双重价值。题壁传播主要是指的是题写在邮亭驿站、寺庙道观、公署私宅的诗词，这类诗词记载的内容主要诗人词人即景抒情、实录变迁、传者心声。石刻传播主要是以单体石碑和摩崖石刻为传播载体，载有诗文的石刻主要通过自行传写、馈赠传送、拓印传卖的方式进行反复辗转传播。最后一种是印刷传播，分为官刻、私刻、坊刻三种。同时钱锡生在唐诗传播阶段研究也造诣颇深，他提出唐诗传播经历了三个阶段：分别是以声音传播为主的“乐人之词”、以文字传播为主的“诗人之词”和以印刷传播为主的“词人之词”。

19.3 唐诗的传播影响

传播效果，指的是传播行为引起的客观结果。传播活动的目的所在、价值所在就是产生一定的传播效果，传播效果也是评价传播者、传播媒介所取得成就的重要依据。诗歌的传播，是诗人或传播者与受众或信息接收者相互交换和分享信息的双向传播过程。在这个双向的传递过程中，诗人或者传播者把信息传递给受众，受众反过来也会将信息反馈给传者。为保证信息能够顺利地实现双向传播，传者应该将受者的接受能力列入考虑范围之内，只有传播内容在接受者的理解范围之内，传者才可以得到恰当的反馈。受者的接受能力主要由接受者的社会位置，包括职业、文化修养等因素决定。不同职业、不同文化修养的接受者会有不同审美需求、受众能否接受并理解诗歌的信息，要看诗歌输出的信息与受众的需求是否契合。若受众有接受的需求，诗歌的信息恰巧能满足读者的需求，那么诗歌的价值就真正实现了。在唐朝，形成了一种“皇帝主导示范、百姓跟随自主创新”的唐诗创作风潮，正是诗

① 钱锡生：《唐宋词传播方式研究》. 北京：中国社会科学出版社，2009 年版。

歌实现双向传播的例证。

唐诗在唐代的广泛传播，不仅对唐人的生活和诗歌发展都产生了深远影响，也为现代世界各地的诗词爱好者理解唐诗提供了研究范本，可以说如果唐诗没能在唐代广泛传播，就没有我们今天所理解的唐代社会、唐代文化和唐代文学。

关于唐诗传播对唐诗发展产生的影响，吴淑玲从以下四个角度进行了论证。吴淑玲认为“唐诗诗化了唐人生活”“鼓舞了唐人创作热情”“推动唐人诗艺切磋”“贮备了唐诗创作新人”。[①]唐诗在唐代的传播使得整个国度都弥漫着“诗的清香”，人们在诗化国度中耳濡目染、不断熏陶，这种有利于唐诗创作的良好文化氛围使得才人辈出；唐朝皇帝通过创新科举制度将前程、声誉与诗赋联系起来，这无疑直接提升类诗人们的创作热情；唐人喜爱以诗会友，在一次次诗艺较量中，直接推动了唐代诗人间的诗艺研磨，对提升唐人的诗歌创作水平有重要影响；在这样的环境中生存，孕育了一代又一代的创作新人，这些人成为唐代诗歌发展的生力军，推动唐诗传播更上一层楼。同时，王立增从唐诗音声传播、文本传播的角度详细研究了唐诗传播对唐诗创作产生的影响。王立增认为:“唐诗传播确定了名人名篇、普及传承了诗歌、刺激了唐诗创作、有利于唐诗形成不同风格”。[②]首先，传播使诗歌作品迅速进入接受者的视野，很快被赋予价值判断，从而得到社会的认可，成为人人皆知的名篇佳作，诗人也因此成名，从而确立其在诗坛上的地位。尤其是诗歌的音乐传播，有很强的时效性，一旦作品被传唱，作者立刻就能“走红”。[③]类似于现在的现象级综艺会使艺人迅速成为知名高人气偶像。其次，传播使诗歌不仅局限于少数人之手，同时也提高了社会大众的文化水平，经过耳濡目染，造成“全民皆能诗”的局面。诗歌的音乐传播尤能深入到社会下层，而诗歌的文本传播则更有利于别人进行模仿学习。再者，诗歌的传播实质上就是消费过程，消费的需求必然会刺激生产。如音乐传播需要大量的歌词，故许多诗作原本就是应歌而写的。一般认为，唐人之所以大量创作绝句，正与入乐演唱有关，为了使乐曲词更加朗朗上口，诗人在写作时也会更加关注对仗等修辞手法。最后，不同的传播方式对诗歌的风格产生了不同的要求。

---

① 吴淑玲：《唐诗传播与唐诗发展的关系》.北京：中华书局，2013年版。

② 王立增：《论唐诗的音乐传播与文本传播》，《南昌大学学报》，2010年第1期。

③ 马承五：《唐代艺术和诗歌文化传播》，《华中师范大学学报（哲学社会科学版）》，1999年第6期。

用于音乐传播的诗歌为了让接受者能够听懂，往往追求口头性，语态平白，形象直观。而进入文本传播渠道的诗则追求书面化，在风格上渐文渐深。

梳理了相关学者的研究，我们可以清楚地看到，唐代诗歌的传播比起前面的朝代有很大的发展。唐代的经济文化繁荣昌盛，在大一统的安定和平条件下，水陆交通发达，给诗歌的传播提供了良好的环境和条件。唐代的统治者爱好诗歌，鼓励了文人的创作。唐代科举以诗赋取士，使得士子们从小就开始写诗训练，培养了写诗的能力和热情。唐人在创作、欣赏诗歌的同时，延续了诗歌的生命，使诗歌一代又一代得以延续发展。总结来说，唐代诗歌的传播主要还是书写和口头两种方式，但在其表现上比起之前的朝代来，有其明显的特色。唐诗在传播过程中不断发展壮大，渐渐成为唐朝文化不可分割的一部分，诗歌借助多种方式传播，显示了极强的生命力和创新力。唐诗的传播是多种传播方式共同作用，同时，综合了政治、经济、文化的因素，才使得诗歌在传播手段、传播技术不发达的时代也能广为流传，造就了唐诗的辉煌。另外，唐诗传播在扩散唐诗的同时也在反哺唐诗，唐诗传播和唐诗本身便是在这种相辅相成的关系中发展，使得当代人依旧可以沐浴唐诗的光辉。

（宋璐瑶　谢清果）

第二十章　华夏佛教传播研究述评

佛教起源于印度，沿着西域诸国顺着与之相互连通的商贸路线流传到中国。在当时儒学已在大多数人的思想中根深蒂固的古代中国，佛教作为一种外来宗教想要被接受，从语言不通到观念差异都是需要被克服的艰难挑战。然而佛教传播者凭借自己的智慧，成功将佛教思想融入中华文化当中，这一抹新鲜血液使得传统中国文化在各个方面都有了新的发展方向。学界对于佛教在中国传播的观念以及传播形式有不少的研究成果，认为从中国文学艺术，到楼房建筑中都能够寻出佛教思想观念的踪迹。

20.1 佛教传播与翻译

从一些学者的研究中可以发现，早期佛教传教者在将原为梵语的佛经翻译为中国人所能理解的汉语的过程中面临许多需要解决的困境。范晶晶在《早期佛教译经与经典的书面化确立》一文中指出：汉地译经常能见到合作翻译的译场形式是由于佛经的源文本都是记音的屈折语，而汉语则是表意的综合语，而古代学习外语的条件极为有限，精通双语的译者凤毛麟角，必须以合作翻译的形式进行。另外一个翻译障碍为当时一些佛经没有写定的源文本，很多传教者都是以口述的形式进行佛经的传授，这对于重视书面传统、相信白纸黑字的中国人来说极不适应。[①] 不仅如此，在面对当时有着较深儒道学习基础的群体时，为了能让他们更能接受理解佛教思想以及佛经中所表述的意思，译者就以“格义”的方式将佛经中一些词汇以及观念用贴切儒道的表达方式去翻译，例如“教法”“觉悟”翻译为“道”，“涅槃”翻译为“无为”，而在观念上则是将一些视为冒犯了儒家道德的段落和措辞被删改或者省略了。

① 范晶晶:《早期佛教译经与经典的书面化确立》，《比较文学与世界文学》，2015 年第 2 期，第 232 页。

例如“亲吻”“拥抱”完全被清除，改变了女性的地位“丈夫赡养妻子”变为“丈夫控制妻子”。[①] 然而有学者指出格义的方式是不利于佛教真正的发展的。唐嘉在《佛教“格义”辨析》一文中写道：由于“格义”的方法大致为“配说”与“附文”，在诠释过程中，离佛理正解愈远，出现对佛教教义理解的偏差，不利于佛教独立发展。[②] 赵明在《浅析佛教传入对汉语词汇的影响》中写道，佛经中翻译过来的佛教专有名词中可以分为音译词，意译词后还发展出半音半译词。[③] 任利霞在《汉语外来词中的佛源词汇研究》中表明通过音译的大量词汇并不能够很好地准确地表达出词语原来想要表达的意思，不利于佛教在中国的传播，因此后来逐步采用意译的方式进行整理，如“泥梨”后来被翻译为“地狱”，此外文中还指出音译而来的词形式与意义之间没有直接联系，而汉语使用者往往习惯“依形辩意”，因此人们对佛语进行了改造使其适应汉语的表义特性。[④] 而通过早期对佛经的翻译所积累到的宝贵经验，促进汉字汉语以及文学作品蓬勃崭新的发展。

20.2 佛教传播与文学

佛教在中国翻译流传的过程中一部分完全融入中国文化之中，一部分被中国文学所沿袭，古代不少诗作家文学家的作品中都有佛教文化的影子，甚至通过对佛经的翻译一定程度上改变了文学的写作风格。一些学者在研究中指出，佛教文化的流传使得汉语有了更丰富的变化。在词汇方面，在程涛的研究中提道：有一些佛教的专门用语，随着佛教的传播和佛经的翻译已经以词根的形式进入了汉语词汇，但大多数人还能意识到它们是佛教用语。例如佛门、佛经、佛寺等等。还有一些是专用名词的词语变迁，例如佛教基本思想讲“缘起”，于是便出现了“因果”“缘分”等词。[⑤] 在黄霞的《佛教文化对汉语的影响》一文同样可以看到相同的描述：佛教词语成为汉语里构词能力很强的根词。[⑥] 任利霞对于有佛缘的外来词做了全面研究总结：随着佛教传入的外来语大致可以分三类：第一类是只见于佛经典籍中，并未进入汉语

---

① 芮沃寿：《中国历史中的佛教》. 北京：北京大学出版社，2017 年版。

② 唐嘉：《佛教“格义”辨析》，《中国佛学》，2015 年第 2 期，第 254 页。

③ 赵明：《浅析佛教传入对汉语词汇的影响》，《现代语文（语言研究版）》，2009 年第 8 期，第 67—68 页。

④ 程涛：《佛教文化对汉语词汇的影响》，《语文学刊》，2012 年第 6 期，第 39—40 页。

⑤ 程涛：《佛教文化对汉语词汇的影响》，《语文学刊》，2012 年第 6 期，第 39—40 页。

⑥ 黄霞：《佛教文化对汉语的影响》，《语文学刊》，2003 年第 2 期，第 11—12 页。

常用语，如荼毗、泥梨等词；第二类是在某段历史时期内所特有的词语，这类词多用来表示特定历史时代所设定的专门的佛教等级管理制度，如沙门统、维那等；第三类是经过汉语改造后，今天仍然活跃于人们口语中的词汇，一部分在今天仍然是佛教用语，如舍利子、袈裟等，另一部分则完全成为人们的日常用语，如导师、平等、悲观等。[①]

如今汉语的成语以及民间俗语中也可以看见佛教用语的影子，其中的佛教色彩已经被淡化。程涛的《佛教文化对汉语词汇的影响》一文中对日常用语中源于佛教的词语做了研究。例如汉语中常用的表示时间的词语“过去、现在、未来”是佛教徒用来表示因果轮回、个体一生的存在时间名称。[②]同样赵明也在他的文章中表明日常用语中佛语出现最多的是表示时间的词，如“刹那”“弹指”等，此外也常有成语以及民间俗语谚语运用佛教的典故去表达个中道理。例如“放下屠刀立地成佛”“阎王爷贴告示，鬼话连篇”等等。[③]这些朗朗上口的俗语，也成为佛教思想能传入民间一个最重要的纽带。

佛教传入中国后也促进了中国文学修辞手法、体裁、文风以及声韵的发展。黄霞在《佛教文化对汉语的影响》一文中写道，佛典传译输入了许多新句法，并发展了汉语固有的一些修辞方式，尤其是多用夸张，给汉语言和文章写作以巨大的影响。此外文中对佛教在音韵上对中国文学的影响也有研究。中国早期并没有声母、韵母的概念，直到唐代末年才有人收到印度梵文的启发，为汉语创制了表示声母的字母。[④]还有一些学者在研究中指出，中国文学的文风也受到佛教的文学著作特有的特点所影响。芮沃寿在《中国历史中的佛教》中对此描述道中国人喜欢简洁、求相似的隐喻、具体的形象，印度文学往往是散漫的、比喻夸张的、充满抽象，[⑤]因此在佛经流传的过程中渐渐受到印度文学的影响开始用直白的语言进行文学创作。在贾少丽的《佛教对中国传统文化的积极影响》一文中可以发现佛教传入中国之前的中国文学作品，偏重与写实，缺乏幻想力；而佛教有着丰富的幻想力，带有浓烈的浪漫色彩，

① 任利霞：《汉语外来词中的佛源词汇研究》，《现代语文（语言研究版）》，2010 年第 9 期，第 37—39 页。

② 程涛：《佛教文化对汉语词汇的影响》，《语文学刊》，2012 年第 6 期，第 39—40 页。

③ 赵明：《浅析佛教传入对汉语词汇的影响》，《现代语文（语言研究版）》，2009 年第 8 期，第 67—68 页。

④ 黄霞：《佛教文化对汉语的影响》，《语文学刊》，2003 年第 2 期，第 11—12 页。

⑤ 芮沃寿：《中国历史中的佛教》. 北京：北京大学出版社，2017 年版。

极大地推动了中国传统文学，尤其是浪漫主义文学的发展。[①] 在焦亚璐的《佛经翻译文学与中国古代小说》研究中可以发现佛教文学对中国文学体裁上的影响。受佛经的影响，一些文人对于其中结构布局的手法进行模仿把许多故事联系在一起，而每个故事设计上又各自独立。唐朝开始的一种崭新文学体裁“变文”就是继承了佛典韵散相间的体裁。宋代的白话本以及元明清时期的章回体小说在结构和体裁上都能够发现与佛经的相似之处。[②]

佛教中所描述的志怪形象以及具有佛学禅意的观念，也被中国的文学家作为文学创作的素材，甚至用诗或小说向世人传达佛教思想。焦亚璐在研究中就有提到中国古代的一些志怪小说，其对鬼怪的想象来自佛经中的描述，文中常有因果报应、鬼灵、天堂等的表达，皆是受到佛经翻译文学的影响。赵朴初在《关于佛教对中国文化的影响》研究中指出佛教为中国文化带来了新的意境，般若和禅宗思想影响了陶渊明、王伟、白居易、苏轼的诗歌。[③] 在陈莎莎《佛教价值与中国文学比照》中也可以发现相似的说法：佛教对于中国古典诗歌的影响也是无与伦比，特别般若和禅宗的思想，丰富了诗歌的内容以及意境。诗人常将山水与佛教义理相结合，师法自然，一切皆空，其诗歌所表达的独特韵味亦令人神往，到了唐代诗歌已经成为中国人寄托彼岸情怀的理想净土。[④] 杨子怡在《论苏轼交佛、辟佛、融佛及禅学思想对他的影响》中写道，佛禅中的空幻观对苏轼的创作影响颇大，诗中常以空幻虚静的意境，超然物外的意趣表达感情。[⑤] 张高评也在他的研究中指出：苏轼好禅，生活中追求“禅悦之味”，则“随处做主，立处皆真”，以禅典入诗、以禅迹入诗、以禅法入诗者，更所在多有。[⑥]

在中国古代名著中也有作者用佛教元素进行文学创作的现象。《西游记》就是一部以宗教为大背景的神魔小说。贾少丽在《佛教对中国传统文化的积极影响》中写道《西游记》以无量无数方便种种因缘、譬喻言辞，释佛法渊

① 贾少丽：《佛教对中国传统文化的积极影响》，《考试周刊》，2013 年第 22 期，第 39—40 页。

② 焦亚璐：《佛经翻译文学与中国古代小说》，《跨语言文化研究》，2016 年第 1 期，第 234—240 页。

③ 赵朴初：《关于佛教对中国文化的影响》，《出版参考》，2005 年第 35 期，第 20 页。

④ 陈莎莎：《佛教价值与中国文学比照》，《文教资料》，2012 年第 27 期，第 52—53 页。

⑤ 杨子怡：《论苏轼交佛、辟佛、融佛及禅学思想对他的影响》，《船山学刊》，2012 年第 4 期，第 121—127 页。

⑥ 张高评：《禅思与诗思之会通——论苏轼、黄庭坚以禅为诗》，《中文学术前沿》，2011 年第 1 期，第 91—101 页。

博，作品细致地展示了佛学的思想[1]。焦亚璐的研究中也可以看到《西游记》中展现的佛教元素：《西游记》中所描写的内容是以唐僧师徒西天取经的故事贯穿起来的；从语言上分析，小说中的佛语僧言比比皆是；从内容上分析，小说中的故事绝大多数源自佛经；从人物上分析，唐僧的原型直接取自名僧玄奘，孙行者的原型经考证也出自佛典。[2]宋珂君的《超越者的光辉——论〈西游记〉中的仙佛形象及其佛教渊源》也提到该著作中的仙佛从形象到动作行为都与佛经有甚深渊源。[3]而郭健在《经乃修行之总径，佛配自己之元神——〈西游记〉中的佛教现象透视》中则表明，《西游记》中确有借鉴佛经典故，但作者确实为道教内丹学家，《西游记》是一部借叙述故事阐述道教内丹学的"证道书"。[4]无论这些诗歌书籍的目的为何，书中记载不少佛教元素却是属实，这些著作从仙佛的言语到鬼怪的形象，从佛经中的典故到佛教的宗禅思想方方面面地将佛教文化传至世人。

20.3 佛教传播与音乐

学者研究中的佛教音乐在华夏历史文化中扮演了多种多样的角色。贾少丽在《佛教对中国传统文化的积极影响》中提到佛教音乐更容易进入封建时期知识文化水平较低的平民中，使其更易于推广，且对后来的音乐发展也有一定的影响。[5]佛教文化学者凌海成也说过："今天所能听到的那些古代传下来的佛教音乐几乎全部从民间音乐，戏曲音乐移植过来，具有很浓的民间味、世俗味"。[6]杨民康学者在他的研究中指出宗教音乐是介于上层文化和底层文化之间的中层文化，或传自宫廷，而又用之于社会各阶层，故杂糅各系而兼备雅俗。[7]也由此说明了佛教音乐既被统治阶级重视也活跃于民间，成为连接两方沟通的桥梁。王小盾先生在《原始佛教的音乐及其在中国的影响》中说

① 贾少丽：《佛教对中国传统文化的积极影响》，《考试周刊》，2013 年第 22 期，第 40 页。

② 焦亚璐：《佛经翻译文学与中国古代小说》，《跨语言文化研究》，2016 年第 1 期，第 236 页。

③ 宋珂君：《超越者的光辉——论〈西游记〉中的仙佛形象及其佛教渊源》，《北京科技大学学报（社会科学版）》，2000 年第 4 期，第 55—59 页。

④ 郭健：《经乃修行之总径，佛配自己之元神——〈西游记〉中的佛教现象透视》，《社会科学家》，2007 年第 1 期，第 22—25、42 页。

⑤ 贾少丽：《佛教对中国传统文化的积极影响》，《考试周刊》，2013 年第 22 期，第 39 页。

⑥ 《佛教文化》，1999 年第 3 期。

⑦ 杨民康：《论仪式音乐的系统结构及在传统音乐中的核心地位》，《中国音乐学》，2005 年第 2 期，第 22—31 页。

明原始佛教的音乐系统大致包括三方面内容：其一是游方艺人表演的、以民间歌舞为主要成分的供养音乐，其二是佛陀所采用的、使用丰富拟声手法和声控修饰方法的说法音声，其三是众比丘共同创造的、用弦乐伴奏因而富于吟诵性的呗赞音乐。[①] 项阳在《佛教戒律下的音声理念——云冈石窟伎乐雕塑引发的思考》一文中也同样对中国古代的佛教音乐有三个层面的分类，僧尼声明、僧尼呗赞以及世俗人等在寺院的伎乐供养。[②] 此外还对梵呗有详细的说明，印度与即为梵语，呗是印度所有歌唱音调的统称，可以看到梵语就是当时佛教僧徒用以诵经的语言以及音调，不算真正意义上的音乐。

然而跟语言文字同样的，佛教音乐刚进入华夏土地之时也面临着被本地人接受的困难，项阳在《"释俗交响"之初阶——中国早期佛教音乐浅识》中就佛教音乐传入中国之初梵音与华言之矛盾性进行了解析。他分析道：佛教入中土，其中的诵经由于语言声韵之不同，用华言诵经已经没有了元老早天竺之时的宫商体韵，因称之为"转读"。[③] 而佛教最初传入中国的时候人们并没有清楚地意识到这一点，梵呗还是继续使用梵文演唱为主，所唱之也都是来自西域传经的高僧。但这样的做法阻碍了人们对佛教的全面认识，于是才将梵语唱颂赞偈的演唱方法创制中式梵呗的"华化"过程。为了能使佛教更加普及于世，让更多人接受了解佛教观念便于诵经，佛教音乐在中土开始发展起来。但是事实上，让世俗音乐与佛寺相融合对于佛门僧尼来说是需要经受考验的。项阳通过研究佛经中关于佛教戒律的宗卷发现，佛教中有明文规定，僧尼不得动乐，甚至不能够观听，违背者是要受到惩戒的。因此他认为早期寺庙中的伎乐供养的演奏者不是一般僧尼，而是由专门选出的音声人演奏，伎乐供养也不是针对一般僧尼为用者。[④] 并且关于演奏的群体，项阳先生通过各种材料发现有些是对音声既有理念之人，统治阶级也会将专业贱民乐人赐予寺庙中进行音声供。圣凯先生的研究认为这是由"罪民""贱民"组成的群体。[⑤] 但随着民间大众对佛教音乐的运用越来越多，佛教音乐也逐渐开始

① 王小盾：《原始佛教的音乐及其在中国的影响》，《中国社会科学》，1999 年第 2 期，第 153—168 页。

② 项阳：《佛教戒律下的音声理念——云冈石窟伎乐雕塑引发的思考》，《中国音乐》，2013 年第 2 期，第 1—10、15 页。

③ 项阳：《"释俗交响"之初阶——中国早期佛教音乐浅识》，《文艺研究》，2003 年第 5 期，第 76—86 页。

④ 项阳：《佛教戒律下的音声理念——云冈石窟伎乐雕塑引发的思考》，《中国音乐》，2013 年第 2 期，第 1—10、15 页。

⑤ 圣凯：《论中国佛教对生产作务态度的转变》，《法音》，2000 年第 8 期，第 24 页。

染上很浓世俗气息，佛门对于佛教僧徒严格的音乐戒律也逐渐开襟，甚至从宋元之后越来越多的僧尼在演奏音乐，还形成了乐僧群体。项阳在《关于音声供养和音声法事》中也对这一点做出了分析，他认为导致这一局面的因素主要有三。其一，为适应社会和佛教在中国的发展；其二，受经济状况制约下的行为；其三，一些寺庙受经济状况的制约，强烈地意识到佛教应该更多地与世俗结合，才能保证自身生存与发展的需要。①

另外，佛教音乐除了向世人弘扬佛法的功能以外，还能让世人从中获得心灵的清净，以及为诗歌、艺术的发展带来影响。任海兰在《浅论佛学音乐哲学研究》中提到佛学音乐能展现佛学音乐的世界观，突破传统音乐境界的局限。往往这些音乐的境界并不全是高深的，而是具有一定的普适性，让众生都能感悟。② 王小盾，金溪研究了呗赞与诗歌之间的联系，指出佛教对中国韵学的影响主要不是通过呗赞、转读，而是通过佛经翻译体现出来的；经呗新声和永明诗歌具有同样的创作宗旨和创作方式；经呗新声对永明诗歌的影响主要表现在语言手段方面，即确立了吴地佛经吟诵方式的官方地位，从而推动了同样以吴地放音为语言基础的、新的诗歌吟诵方式的形成。③ 而在叶明春的《唐代敦煌壁画“迦陵频伽”造像与佛教音乐美学》一文中，学者通过对敦煌壁画造像的研究发现，画中的礼佛乐队是受往生极乐世界的礼佛心理所驱使，透过其行为方式和宗教观念通过佛教造像体现了唐代佛教音乐美学的审美理想与追求。④ 杨民康则是在他的《云南与东南亚傣仂南传佛教文化圈寺院乐器的比较研究——以太阳鼓及鼓乐的传播与分布为例》中，通过比较云南与周边相连国家的相似点总结出佛教代表打击乐器宗教性、娱乐性、艺术性功能与作用。⑤

20.4 佛教传播与建筑

随着佛家在中原发展愈见兴盛，为了弘扬佛法，大批组织者开始兴建寺

① 项阳：《关于音声供养和音声法事》，《中国音乐》，2006 年第 4 期，第 13—22 页。

② 任海兰：《浅论佛学音乐哲学研究》，《黄河之声》，2017 年第 22 期，第 170 页。

③ 王小盾，金溪：《经呗新声与永明时期的诗歌变革》，《文学遗产》，2007 年第 6 期，第 25 页。

④ 叶明春：《唐代敦煌壁画“迦陵频伽”造像与佛教音乐美学》，《交响（西安音乐学院学报）》，2013 年第 4 期，第 26 页。

⑤ 杨民康：《云南与东南亚傣仂南传佛教文化圈寺院乐器的比较研究——以太阳鼓及鼓乐的传播与分布为例》，《中央音乐学院学报》，2013 年第 2 期，第 52—61、83 页。

庙，每个时代的寺庙也拥有着它特有的时代特点。清华大学教授王贵祥先生对从佛教初传入中国到隋唐佛教繁荣时期的寺庙分布以及建筑特点都做了详细的梳理。他将中原佛教建筑的发展大致分为十世纪之前的前期，隋唐盛世之后北宋王朝建立到元代灭亡的中期和明清时期的佛教建筑发展晚期，到晚期阶段我们今天所熟悉的寺庙佛塔已经基本定型。在他的《佛教初传至西晋末十六国时期佛寺建筑概说》一文中梳理出了一条中国早期佛教建筑传播发展路线——从安清的行传路线，他认为这条路线很可能也隐喻了中国佛教一开始就是从南北方向进行传播的。他还在文中指出了西晋之前的寺庙特点：这一时期的佛寺，还不是以佛语菩萨的殿堂为主要建筑要素的，因此佛寺中的“形象尚少”。① 而在《东晋及南朝时期南方佛寺建筑概说》一文中，王贵祥先生同样详细说明了此时期寺庙的分布、大致数量以及建筑特点。西晋时期的两京共建有佛寺 180 所，译经者 13 人，而东晋时期共建有寺院 1786 所。译经者 27 人，可以看到佛教在此期间正在快速地发展。② 通过对这个时期的寺院结构、名称的研究可以追溯到某些佛教信仰的缘起以及探寻他们的日常佛学活动。到了隋唐佛教发展鼎盛阶段，全国有寺 5358 所，已经开始出现定型化趋势且统治者多次以国家名义在全国范围内广泛建造寺塔。王贵祥先生在该文中特别将唐代的佛教发展分为五个时期，并对从南北朝到隋代这一时期的佛寺平面布局做了简单的梳理。关于塔庙建筑中的朱粉装饰，王贵祥在文中表明主要目的有二，其一为了加以防治，起到保护建筑物的作用；其二则是摇动物敬，通过装饰引起信仰者对塔庙建筑的崇敬之心。③ 其他也有一些学者对佛教建筑做出研究，他们通过分析佛教建筑或者建筑中的佛教元素认为从建筑中可以明确看出某些佛教观念的身影。高姗在《苏鲁地区东汉魏晋南北朝墓佛教元素的考古学研究》中说到东汉时期仿生活住宅化的墓室设计可能与佛教带来的明确天堂地狱观有关。且南北朝墓中的装饰存在大量的佛教元素，可以看出佛教在中国初期的传播史。④ 陈术石，佟强在《兴城白塔峪

① 王贵祥：《佛教初传至西晋末十六国时期佛寺建筑概说》，《中国建筑史论汇刊》，2012 年第 1 期，第 3—35 页。

② 王贵祥：《东晋及南朝时期南方佛寺建筑概说》，《中国建筑史论汇刊》，2012 年第 2 期，第 3—62 页。

③ 王贵祥：《隋唐时期佛教寺院与建筑概览》，《中国建筑史论汇刊》，2013 年第 2 期，第 3—64 页。

④ 高姗：《苏鲁地区东汉魏晋南北朝墓佛教元素的考古学研究》，《文教资料》，2013 年第 17 期，第 59—62 页。

塔地宫铭刻与辽代晚期佛教信仰》中也同样地指出白塔峪塔地宫铭刻内容充分反映出辽代晚期佛教信仰的内涵。①

此外还有不少研究者从描述禅院生活的图画中研究中国古代的家具与佛教文化之间的关系。邵晓峰通过对《五山十刹图》的研究剖析了图中的家具在造型装饰上与佛教环境和文化之间的内在联系。秦超、张响三在《汉地佛教家具特征探析》一文中认为佛教家具的传入对当时汉地家具的形制及装饰带来了极大地改变，佛座则是其中典型的代表，随着佛教文化进入人们生活，高型家具的形式也随之出现。不仅是家具的形，纹案上也有影响，家具上出现了许多与佛教相关的装饰纹样，以此来烘托佛教家具的特点，例如莲花纹。② 周珞璟在《佛教的传入对中国古代家具演变的影响》研究中通过对石窟中彩塑壁画上艺术特点的分析认为高型家具的出现是由释迦牟尼坐在高耸的莲花座中的画像而来的，但人坐高了不舒服又容易摔，所以有了后来凳子左右和后背加了扶手，前面加了登榻的样式。③ 同样的，佚大鹏在《我国古代家具与佛教文化的渊源》还提到在石窟壁画里可以看到伴随佛语菩萨多带来的域外高型坐具：绳床——椅子、佛座——墩、胡床、方凳等。④ 可见当时的家具中随处可见佛教元素的变形产物。

20.5 佛教传播与艺术

对于佛教艺术传播的研究，有不少对石窟中的佛教画像以及佛教元素的考究，学者们从画中的人像、植物纹案、颜料用色以及画像中人物服饰纹样的各方面角度都有不同的研究成果。他们认为从对石窟壁画的研究中，一定程度可以反映出当时的佛教传播方式以及佛教对人们生活的影响。古代的一些物品上也出现了许多佛教的纹样，此外从造像上也可以发现许多当时的艺术审美特点以及当时的社会状况。华艳芬在《巍山（山龙）（山于）图山出土佛教石刻造像初步研究》中写道，造像的出土不仅为研究当时的宗教、文化

---

① 陈术石，佟强：《兴城白塔峪塔地宫铭刻与辽代晚期佛教信仰》，《辽金历史与考古》，2013 年第 00 期，第 219—242、6—7 页。

② 秦超，张响三：《汉地佛教家具特征探析》，《家具与室内装饰》，2012 年第 3 期，第 26—28 页。

③ 周珞璟：《佛教的传入对中国古代家具演变的影响》，《美术教育研究》，2014 年第 19 期，第 70 页。

④ 佚大鹏：《我国古代家具与佛教文化的渊源》，《中国民族报》，2012 年 7 月 17 日，第 007 版。

提供了有力的实物佐证，同时也为研究云南佛教史及佛教传播路线提供了实物依据。[①] 孙建芬的《浅谈巍山垅圩图山出土文物——佛教石刻造像》一文中说到，从艺术风格来看，垅圩图山的这批佛像造像，无一不使每位文化工作者感悟到浓郁的先唐气息，无论是从人物结构比例到雕刻手法、动态神情、艺术情调都可以看出当时造像的艺术特点。[②] 丁杰的《论佛教造像衣纹造型特征》则是具体通过衣物纹理的造像去说明不同时期中国绘画线条以及雕刻风格的特点。尹远洋在《从临摹到创作——以唐代佛教造像为例谈衣纹研究》中重点说明了盛唐时期的造像佛像衣纹的处理手法。

除壁画造像之外，古代的一些物品上也出现了许多佛教的纹样，兰惠英在《福建古代瓷器的佛教文化因素》中发现随着佛教的中国化以及世俗化，中国的陶瓷器的制作逐渐融入了佛教元素，在形制和纹饰上受到佛教的影响。[③] 谷莉在《宋辽夏金装饰纹样研究》中指出辽代金银器在佛教纹样应用较多，从出土的大量佛教供养器可以看到佛教纹样的流行。[④] 在高姗的研究中也同样可以看到南北朝出土的文物中有许多带有佛教元素花纹的铜镜，尖帽胡人俑皆可证明当时佛教对人们的日常生活都有不小的影响力。[⑤] 丁杰的《论佛教造像衣纹造型特征》则是具体通过衣物纹理的造像去说明不同时期中国绘画线条以及雕刻风格的特点。尹远洋在《从临摹到创作——以唐代佛教造像为例谈衣纹研究》中重点说明了盛唐时期的造像佛像衣纹的处理手法。

对于宗教图像功能的描述，才华加在他的研究中以生死流转图的解读为例，说明了图像传播的三大功能：第一，教育提醒功能，令观画人产生敬畏；第二，文化传播功能，图画承载着其中所蕴含的文化知识；第三，艺术审美功能，图像无论从构图、创意、色彩，都是体现了佛教的审美艺术。[⑥] 唐小蓉在《图像中的信仰与信仰中的图像》则对于图像传播的功能对信仰者和非信

---

① 华艳芬：《巍山（山龙）（山于）图山出土佛教石刻造像初步研究》，《文物鉴定与鉴赏》，2018 年第 3 期，第 86—88 页。

② 孙建芬：《浅谈巍山垅圩图山出土文物——佛教石刻造像》，《大众文艺》，2016 年第 2 期，第 47 页。

③ 兰惠英：《福建古代瓷器的佛教文化因素》，《南方文物》，2017 年第 3 期，第 293—296 页。

④ 谷莉：《宋辽夏金装饰纹样研究》，苏州大学，2011 年论文。

⑤ 高姗：《苏鲁地区东汉魏晋南北朝墓佛教元素的考古学研究》，《文教资料》，2013 年第 17 期，第 59—62 页。

⑥ 才华加：《藏传佛教生死流转图及其功能解读》，《青海师范大学学报（哲学社会科学版）》，2012 年第 3 期，第 31—36 页。

仰者的侧重意义有所见解。她认为宗教图像对信仰者与非信仰者而言会引起不同的心理反应，对于信仰者来说宗教图像是获得心理认同的符号，他们在图像中看到宗教规界的生活，在信仰者那里图像是神圣的，是膜拜和供奉的对象；对非信仰者而言，他们往往按照世俗价值观来获得心理体验，宗教图像提供的主要是艺术审美价值。[①]张建宇在《舍身饲虎本生图流变折射佛教信仰变迁》说到，通过比对情节取舍和图像细节，考察其流变历史，我们不仅可以判断其所依据的经本来源，亦能进一步考察其背后的历史、社会及宗教信仰变迁。[②]

20.6 佛教传播与民俗活动

随着佛教越来越向中国化民俗化发展，佛教文化也已经渐渐融入普通群众日常生活中，从一些民俗活动中都可以看到佛教元素甚至一些节日的兴盛，也都源起于佛教传播。侯旭东的《北朝民间佛事活动与民众佛教信仰》一文中有写道，北朝时期由于佛教的推动福业成风，民间从事的佛教功德活动，大致包括：写经、造像供养、凿井修桥、救济、斋会等。[③]梁晓虹在《从民间丧俗看佛教对中国文化的影响》中认为今天的一些民间丧俗的广泛流行也是由于受到了佛家的影响，例如火葬、做七等等。[④]太史文的《中国中世纪的鬼节》中也有详细的说明盂兰盆节与佛教之间的联系。[⑤]

学界目前对于佛教这一主题从文学、音乐、艺术、建筑、民俗活动等多方面都有不少的研究成果。其中最多的是将佛教与中国文字结合起来探寻佛教文化对中国语言在遣词造句以及文学创作的影响，也有非常多的学者讨论了佛教文学的传播与佛教发展之间的关系。佛教建筑以及佛教艺术的传播可以相结合来看，通过这些方面的研究可以了解到当时佛教文化的发展状况以及艺术创作特点。一些学者在研究中有提到随着佛教越来越广泛的传播，佛教逐渐中国化、民俗化，但是对于民俗与佛教传播方面的研究却很少有学者

---

① 唐小蓉：《图像中的信仰与信仰中的图像——藏传佛教六道轮回图释义》，《宗教学研究》，2007年第3期，第189—193页。

② 张建宇：《舍身饲虎本生图流变折射佛教信仰变迁》，《中国社会科学报》，2015年1月21日，第A08版。

③ 侯旭东：《北朝民间佛事活动与民众佛教信仰》，《文史知识》，2000年第8期，第15—22页。

④ 梁晓虹：《从民间丧俗看佛教对中国文化的影响》，《宁波师院学报（社会科学版）》，1991年第2期，第61—64页。

⑤ 太史文：《中国中世纪的鬼节》．上海：上海人民出版社，2016年版。

去做。此外虽然有些没有专门指出研究佛教文化的传播问题，但从研究的成果中看，也能发现其中佛教传播的踪影。

（李谨如　谢清果）

第二十一章　丝绸之路的文化传播研究述评

在华夏跨文化传播史上，毫无疑问，丝绸之路发挥着重要作用。无论是中华文化向外传播，还是中国接收和理解世界文化，都具有重要意义。回顾丝路的发展，就如培根在《论读书》中说的一样——“读史使人明智”，观丝路之发展能够总结出古代文化传播与交流的历史经验，并借鉴到当今，从而促进中国文化在世界范围内更好地传播。所以很多学者都发表了有关丝绸之路的文献和著作，本章就是旨在整合他们的研究成果，主要回顾陆上丝绸之路的历史发展，在历史进程的研究中，梳理进丝绸之路上的华夏跨文化传播研究。

丝绸之路是指起始于古代中国，连接亚洲、非洲和欧洲的古代路上商业贸易路线。从运输方式上分为陆上丝绸之路和海上丝绸之路。陆上丝绸之路起于西汉都城长安（东汉延伸至洛阳）。丝绸之路是一条东方与西方之间经济、政治、文化进行交流的主要道路。它的最初作用是运输中国古代出产的丝绸。因此，当德国地理学家费迪南·李希霍芬男爵最早在19世纪70年代将之命名为“丝绸之路”后，即被广泛接受。[①]“丝绸之路”因其名中的“丝绸”一词，长久以来被人们普遍认为是一条古代中国与西方世界进行丝绸贸易的通道。然而，牛津大学拜占庭研究中心主任彼得·弗兰科潘认为，丝绸之路不只是一条连接东西方的贸易道路，而是贯穿推动2000年人类文明历程和世界史的伟大道路：“丝绸之路并不处在世界的边缘，恰恰相反，它一直是世界的中心，而且它还将持续影响当下的世界。”所以笔者将回顾陆上丝绸之路的历史发展，基于历史进程的研究，梳理进丝绸之路上的华夏跨文化传播研究。

① 李福莹：《带你重走中国谷古代丝绸之路》，《深圳晚报》，2017年5月15日。

21.1 丝路的前史研究

在丝绸之路出现之前，不论是中国还是世界的文化传播大多都处于只局限于自身内部交流与传播的模式。佘树声早在1991年的《丝绸之路：外层文化圈的建构——兼论中国古代文化发展历史特点》就提出了“内融型文化”。[①]他把丝路出现以前归为中华文化的内融阶段，主要包含三个时期：第一个时期，黄帝至夏禹时期，中华文化的起源，文化间的交融表现在氏族与氏族之间、部落与部落之间；第二个时期，夏、商、周时期，原始文化进入文明社会的转变期，文化间的交融表现在居于中心区域的华夏民族同居于边缘的华夏民族、中心区域的主华夏文化同边缘区域的亚华夏文化；第三个阶段，汉代前期，华夏文化的壮大阶段，区域文化进行交融与碰撞。

其实这种“内融型文化”的阶段性划分也不尽然。张国刚在《丝绸之路和与中西文化交流》一文中写到，“春秋战国时期，东西方之间已沿着如今被称为丝绸之路的亚欧大陆的交通路线开展丝绸贸易。”[②]谭元亨在《海国商道——来自十三商行后裔的报告》也说明“在4000年前，中国的丝绸之路遍传到了欧洲。”[③]这些都证明，丝路开端以前中国与世界是存在贸易往来的，往来必有交流，虽然这种形式的文化传播趋于少数。

傅梦孜在《对古代丝绸之路源起、演变的再考察》说过“丝路最早的表现只是为了实现外族、外域交往的各种交通路线。”[④]换句话说，这些交通路线也就是丝绸之路的前身。不得不说明，笔者在这划分的“丝路之前”不代表这段时期不存在丝绸之路，而是针对众多学者把丝绸之路的开端定为“张骞出使西域”时期，而把这段时期之前的时期归纳为“丝路之前”。

21.2 丝路的历史变迁研究

21.2.1 丝绸之路的开端——张骞出使西域

很多学者都认为张骞是丝绸之路的开拓者，但在《华夏传播论》一书中，

① 佘树声：《丝绸之路：外层文化圈的建构——兼论中国古代文化发展历史特点》，《唐都学刊》，1991年第2期。

② 张国刚：《丝绸之路和与中西文化交流》，王炳华著：《丝绸之路考古研究》. 乌鲁木齐：新疆人民出版社，2009年版。

③ 谭元亨：《海国商道——来自十三商行后裔的报告》. 北京：人民出版社，2014年版。

④ 傅梦孜：《对古代丝绸之路源起、演变的再考察》，《太平洋学报》，2017年第1期。

孙旭培提出不同看法，他认为张骞应该是丝绸之路的促进者。[①]芦苇在《丝绸之路的出现和开通》也与孙旭培的看法一致，“在张骞出使西域以前，丝绸之路已经出现；张骞出使西域以后，丝绸之路才实现了繁荣和畅通”。[②]魏琢在《中国古代气势恢宏的对外开放之路》中也提到，丝绸之路形成的初衷不是为了丝绸交换，而是汉朝为了联合西域诸国削弱匈奴的军事压力。从目的上讲，政治军事因素还是占绝大多成分，但也不能否认汉武帝派遣张骞出使西域此举对于推动中华文化发展有着重要意义。军事与贸易往往互助，贸易又会推动文化传播。

汉朝实行的是文化宽容政策，这种政策无疑是极大地促进了各种地域文化、外国文化有效地融合于华夏文化之中，使中华文化焕发出生机与活力，也促使汉朝的经济和政治走向鼎盛，二者相辅相成。余树声还总结出，丝路的开辟改变了中国以至世界文化发展的性质和结构格局，引起了以西亚阿拉伯文化为中心的（不是以中华文化为中心的），与中华文化、中亚文化、印度文化、埃及文化以及罗马文化为代表的西方文化的六大文化类型之间的交融与碰撞。[③]

21.2.2 丝绸之路的发展时期——汉

《射阳日报》（2017 年 6 月 24 日）的《中国古代丝绸之路》中报道过，自从张骞出使西域后，中国和中亚及欧洲的商业往来迅速增加，通过这条贯穿亚欧的大道，中国的丝、绸、绫、缎、绢等丝制品，源源不断地运向中亚和欧洲。东汉时期，班超重新打通西域，而且线路一直延伸至欧洲，罗马帝国也顺着这条路线到访当时的东汉洛阳，这也是欧洲和中国的第一次交往。著名《百家讲坛》主讲人之一于赓哲在《丝路与中国古代日常生活》这一专栏文章中，论述了丝路对沿途国家和民族的文化影响。其中，他提到丝绸之路丰富了我们的饮食，张骞当时出使西域带回了许多“奇珍异宝”，比如石榴、大蒜、香菜、黄瓜（在汉朝的时候称作“胡瓜”）、核桃（胡桃）等等；中国的宗教几乎都是顺着丝绸之路传进来的，佛教在东汉传到中国，中国的

① 孙旭培：《华夏传播论——中国传统文化中的传播》. 北京：人民出版社，1997 年。

② 卢苇：《丝绸之路的出现和开通》，《史学月刊》，1981 年第 4 期。

③ 余树声：《丝绸之路：外层文化圈的建构——兼论中国古代文化发展历史特点》，《唐都学刊》，1991 年第 2 期。

第一座寺庙也是在东汉时期建立。[①]

21.2.3 丝绸之路的繁荣鼎盛时期——隋唐

陆上丝绸之路开辟之后，连接了中亚、西亚、地中海各国的陆上通道，通过这条路线，各国家、各民族相互学习与交流，不同文化相互融合，在唐朝丝路对经济贸易和文化传播的作用可谓是达到了顶峰，在这一时期的研究成果也可谓是丰硕。

唐初时玄奘去西天取经，并把经历著成《大唐西域记》，为后人研究中国与印度之间的丝路往来提供大量参考。季羡林对《大唐西域记》做了细致研究，撰写《大唐西域记校注》，明确了唐初丝绸之路中亚段的走向。季羡林还主编了一本《丝绸之路文化大辞典》，这本书十分详细和全面地收集了国内外关于丝路重要的研究成果，可谓是对丝绸之路研究道路上的一个重大推动。

前文提到的张国刚的《丝绸之路和与中西文化交流》中，也有对唐朝丝路的论述，“汉唐时期，丝绸不仅是北方陆路交通线上的主要贸易品，也是中国政府赠西方国家的重要礼品”。[②]《华兴时报》报道的《史籍中的丝路故事》（2017 年 4 月 26 日）也有讲过一个故事——公元 609 年，为了进一步拓展丝绸之路，打破与西域的贸易壁垒，隋炀帝西巡至张掖（甘肃省），召开了“万国博览会”，西域 27 国君主、使臣受邀前来。从这些都可以看出隋唐时期对于跨文化交流是十分重视的。罗易智在《唐代丝绸之路中外文化交流分析》中对唐时期的华夏跨文化交流有着简要概述，他主要是从唐代丝绸之路文化交流对中原和对其他民族的影响这两方面来进行论述。他提到，唐朝的物质和技术水平已有很大发展，可供交换的商品种类得到扩大，也存在着像造纸术这样的技术输出，跨文化传播给其他民族带来了丰富的生活体验。与此同时，唐与外界的先进文化交流，丰富自身文化，获得生命力，才会开拓思维，带来繁荣。[③] 荣新江在《丝绸之路与东西文化交流》中提出丝绸之路是一条活的道路和丝路文化交流的流动性，其中主要以隋唐时期的例子来论证其观点。其中提到，北朝至隋朝期间，中国与波斯关系友好，波斯的物质和精神文化相继传入中国，比如金银器、宗教（景教、摩尼教），波斯和中国两种文化在

---

① 于赓哲：《丝路与中国古代日常生活》，《meiwen》，2017 年第 11 期。

② 张国刚：《丝绸之路和与中西文化交流》载王炳华著：《丝绸之路考古研究》. 乌鲁木齐：新疆人民出版社，2009 年版。

③ 罗易智：《唐代丝绸之路中外文化交流分析》，《知音励志》2016 年 11 月 30 日。

唐朝交融，交融的成果又从长安传到日本，即丝绸之路文化的流动性。荣新江对隋唐丝绸之路的研究有很大贡献，还撰写有著作《唐代安西都护府与丝绸之路——以吐鲁番出土文书为中心》《波斯与中国：两种文化在唐朝交融》《唐朝与黑衣大食关系史新证——记贞元初年杨良瑶的聘使大食》《敦煌文献所见晚唐五代宋初中印文化交往》等等。

21.2.4 丝绸之路的转变期——宋元

与宋元时期海上丝绸之路的鼎盛形成鲜明对比，唐朝以后，陆上丝路的盛况便不复从前，有关的研究成果便随着这一盛况的衰落而逐渐减少，在许多研究丝绸之路的论著中，对宋、元时期的介绍几乎都是简要带过，更别提有专门性的华夏跨文化传播研究了。

随着"安史之乱"的爆发，唐朝失去对西域的控制，北宋建立前，中国历经两百年的分裂割据时期。白寿彝在《中国文化史丛书——中国交通史》就提到"宋亡一百五十年间，南北交通为之隔绝"，陆路交通中断，宋又不断发展海上贸易往来，开拓太平洋、印度洋沿岸的海外贸易区，陆上丝绸之路便逐渐被取代，海上丝绸之路便成为这一时期对外贸易和文化传播的主要通道。[①] 由李明伟主编的《丝绸之路贸易史》，虽然是以贸易作为主要的研究方向，但此书有专门针对宋、元时期丝绸之路的章节并有着较为详细的研究。其中李明伟的很多观点都十分有见解，比如作者总结出宋、元丝路衰落的原因之一就是远距离长途贩运的丝路贸易在这段时期并没有得到基础条件的保障。[②] 李连环也在他的论文《从宋代海上丝绸之路看中国对外交往》总结出三点宋元时期陆上丝绸之路衰落的原因——第一，宋代当时主要出口的丝、茶、陶瓷等物品的产地主要在东南沿海地带，而陆上丝绸之路处于西北，以内路向西为核心；第二，陆上丝路所经之路的国家经常发生动乱，还有垄断者操控丝路；第三，陆上丝路自然条件恶劣，不适宜大批量运输。[③] 荣新江通过参考敦煌保存下来的文献和绘画材料，在《敦煌文献和绘画反映的五代宋初中原与西北地区的文化交往》中研究五代及宋初时期中原与西北地区的文化交往，并总结得出虽然当时中华处于分裂割据的状态，对民族之间的交往有一

---

① 白寿彝：《中国文化史丛书——中国交通史》. 上海：上海书店出版社，1984 年版。

② 李明伟主编《丝绸之路贸易史》. 银川：甘肃人民出版社，1997 年版。

③ 李连环：《从宋代海上丝绸之路看中国对外交往》，外交学院，2015 年硕士学位论文。

定的阻碍，但没有办法完全断绝各民族之间的文化传播。①

21.2.5 丝绸之路的衰落时期——明清

明朝郑和七次下西洋，打通了从中国到东非的航路，而此时的古代陆上丝绸之路却逐渐走向终结。王健在《"近代丝绸之路"：从"丝绸之路"到"一带一路"历史跨越的重要节点》中总结很多学者的观点得出，唐朝是丝绸之路的盛世，到五代十国分裂之后就结束了，到了元代又有恢复与发展，许多学者一般认为最晚到明初郑和七下西洋中止之后，由于明清长期闭关锁国，丝绸之路完全衰落。② 傅梦孜也在《对古代丝绸之路源起、演变的再考察》阐述了古代丝绸之路受到干扰或中断的历史背景，其中总结出战争、政变、分裂割据是丝绸之路中断最为直接的原因。③ 明朝永乐之后，中国在西北方向采取守势，退入嘉峪关自保，陆上丝绸之路彻底衰落。④ 薛东前的《文化交流、传播与扩散的通道——以中国丝绸之路为例》中提到，清朝茶马古道与西南丝绸之路相接，中华文化与印缅文化相互交流，使得楚文化、巴蜀文化、青铜文化、佛教文化得以沉淀。⑤ 作者还提到，通过丝绸之路，物质文化、精神文化、制度文化相互渗透，所以使跨文化传播在更深、更远的方向进行。

21.3 丝绸之路上的文化传播

一个民族的文化是多层面的，宗教可以说是在其中占据着不可忽视的重要地位，所以笔者试图以宗教为切入点来进行这一部分的介绍。丝路东起长安西至罗马，在古往今来几千年的发展，不仅推动经贸往来，更重要的是多元文化的融合，所以说丝绸之路也是一条宗教的传播之路。印度的佛教、印度教、耆那教，波斯的沃教、景教、摩尼教，西亚的伊斯兰教，以色列的犹太教，欧洲的基督教、天主教，以及中国的道教等等，都在丝绸之路上传播与交融。杨富学在《丝绸之路与宗教文化的传播交融》一文中提到过商人作

① 荣新江：《敦煌文献和绘画反映的五代宋初中原与西北地区的文化交往》，《北京大学学报》，1988 年第 2 期。

② 王健：《"近代丝绸之路"：从"丝绸之路"到"一带一路"历史跨越的重要节点》，《南京社会科学》，2017 年第 3 期。

③ 傅梦孜：《对古代丝绸之路源起、演变的再考察》，《太平洋学报》，2017 年第 1 期。

④ 何芳川：《中外文化交流史》. 北京：国际文化出版公司，2008 年版。

⑤ 薛东前：《文化交流、传播与扩散的通道——以中国丝绸之路为例》，《西北大学学报》2013 年第 5 期。

为宗教教徒和僧人关系紧密，他们对丝路上的宗教传播都做出重要贡献，僧人得到商人的经济援助，商人从僧人那里得到精神慰藉，另一方面，商人又继续作为传教士传播宗教文化。[①]宗教的具体表现形式是文化的一部分，宗教又是集语言、文字、思想、艺术于一体的文化载体，各种宗教即代表他所处国家的文明。杨富学还说过“宗教是某一时期一种文明在意识形态、思维方式、价值观和道德观等方面的集中反映。”

文学也是丝绸之路文化传播研究的一个重要方面，大体可以分为散文、诗词歌赋、戏剧、小说、神话传说这几大类。但长期以来，虽然也有学者对丝路文学进行相关整理和研究，但依然没有引起足够重视，也没有形成系统的研究体系。喻忠杰在《古代丝绸之路文学概述》一文中把文学按地理位置分成三段——自长安止于玉门关的东段为中原文学，以新疆为主的中段为民族文学，新疆以西的中亚至印度、欧洲的西段为域外文学，这三段可以说共同构成中国古代文学。[②]他还提到“不同的风土人情、宗教信仰、道德观念、节庆仪式等民风异俗，是民族历史、文化传统和心理素质的具体表现，大多在文学作品中得到了具体的体现。”所以，文学作品不仅作为载体来进行丝路上的文化传播，还在传播的过程中反映本身作为宗教、民俗的性质和特征。古代丝路文学历经了一个长期的发展过程，丰富的文学内容构成一个庞杂的丝路文学复合体，具有复杂的艺术特征，在研究这一复合体时就要求有明确的方向性和针对性。古代丝路文学品类众多，可以通过比较各个品类，探究不同文化的异同和不同文化是如何相互交融和借鉴的，为华夏跨文化传播提供大量的研究材料。

物质交换促进精神交流，在古代丝绸之路上，丝绸、瓷器、茶叶共同成为中国文化的三个代表符号。鲍志成在《跨文化视域下丝绸之路的起源和历史贡献》写道“这三大发明原创在中国属于中国特有的文明成果，它们作为商贸交流的大宗物品经过丝绸之路输出，传播到世界越来越多国家和地区，在历史上不同时期不同地方形成高潮迭起的‘中国风’，具有独特鲜明的象征文化的符号意义。”[③]的确如此，虽然中国有四大发明，但丝绸、瓷器、茶叶能同时兼具中国特色、艺术魅力和商业价值于一体，借助丝绸之路加以传播，使各国各族人民切身感受物品中的文化内涵。所以说物质也是最好的文化体

① 杨富学：《丝绸之路与宗教文化的传播交融》，《中原文化研究》，2014 年第 5 期。
② 喻忠杰：《古代丝绸之路文学概述》，《长安大学学报（社会科学版）》，2015 年第 3 期。
③ 鲍志成：《跨文化视域下丝绸之路的起源和历史贡献》，《丝绸》，2016 年第 1 期。

现。随着当代中国大力发展“一带一路”倡议，对丝绸之路的研究越来越多，然而在查找文献、论文资料的过程中，发现在这个“丝绸之路”的大主题下，有深度的研究很少，广度也有局限性，很多重复的研究内容，对丝路的衰竭时期研究不足，在华夏跨文化传播上更是难以找到专门或深入的研究。

通过阅读大量文献，主要总结出对丝绸之路的文化传播研究的以下几点不足：(1) 历史的研究主要集中在汉、隋唐时期，对五代、宋及明、清的文化传播研究较少。(2) 在国内，对于丝绸之路文化传播的研究缺少系统、有组织的研究，研究成果呈现无序状态，杂而散乱的研究导致研究的不深入。(3) 对丝绸之路的研究着重在道路的考证、区域的划分，缺少对文化、精神、文学艺术传播的探究。(4) 缺少外国与中国的物质、文化传播在丝绸之路上的比较研究。

（张羽婷　谢清果）

参考文献

[1] 邵培仁：《传媒的魅力——邵培仁谈传播学的未来》．北京：首都经济贸易大学出版社，2014 年版。

[2] 田中阳：《关于传播学本土化问题的思考》，《湖南师范大学社会科学学报》，2002 年第 2 期。

[3] 谢清果：《华夏传播学引论》．厦门：厦门大学出版社，2017 年版。

[4] 黄星民：《华夏传播研究刍议》，《新闻与传播研究》，2002 年第 4 期。

[5] 黄旦：《问题的中国与中国的问题——对于中国大陆传播研究本土化讨论的思考》，见黄旦，沈国麟：《理论与经验——中国传播研究的问题及路径》．上海：复旦大学出版社，2013 年版。

[6] 翟学伟：《人情、面子与权力的再生产》．北京：北京大学出版社，2005 年版。

[7] 陈月明：《传播学研究本土化再认识》，《东南传播》，2009 年第 9 期。

[8] 汪琪：《本土研究的危机与生机》．上海：华东师范大学出版社，2016 年版。

[9] 刘海龙：《重返灰色地带——传播研究史的书写与记忆》．北京：北京大学出版社，2016 年版。

[10] 胡翼青：《传播学：学科危机与范式革命》．北京：首都师范大学出版社，2004 年版。

[11] 祝建华：《传播学研究的本土化与国际化》，见李彬，杨芳，尹丽娟：《清华新闻传播学前沿讲座录》．北京：清华大学出版社，2001 年版。

[12] 陈世敏：《华夏传播学方法论初探》，《新闻学研究》，2002 年第 71 期。

[13] 刘海龙：《传播研究本土化的两个维度》，《现代传播（中国传媒大学学报）》，2011 年第 9 期。

[14] 李彬：《反思：传播研究本土化的困惑》，《现代传播（北京广播学院

学报)》，1995 年第 6 期。

[15] 王怡红：《对话：走出传播研究本土化的空谷》，《现代传播（北京广播学院学报)》，1995 年第 6 期。

[16] 孙旭培：《华夏传播论》. 北京：人民出版社，1997 年版。

[17] 胡翼青：《传播研究本土化路径的迷失——对“西方理论，中国经验”二元框架的历史反思》，《现代传播（中国传媒大学学报)》，2011 年第 4 期。

[18] 吴予敏：《无形的网络》. 北京：国际文化出版公司，1988 年版。

[19] 陈国明：《中华传播理论与原则》. 台北：五南出版社，2004 年版。

[20] 金冠军，戴元光：《中国传播思想史》. 上海：上海交通大学出版社，2005 年版。

[21] 隋岩：《符号中国》. 北京：中国人民大学出版社，2014 年版。

[22] 谢清果，祁菲菲：《华夏传播理论的内涵、特征及其未来展望》，《今传媒》，2017 年第 1 期。

[23] 李彬：《唐代文明与新闻传播》. 北京：人民大学出版社，2014 年版。

[24] 张翅，闻娱：《春秋战国传播活动初探》，《安徽教育学院学报》，2002 年第 2 期。

[25] 于倩：《传播学中国化研究的新探索》，四川社会科学院，2010 年论文。

[26] 巫称喜：《殷商文化传播史稿》. 广东：暨南大学出版社，2015 年版。

[27] 尹连根：《审慎对〈庄子〉进行传播学层面的“本土化”——与邵培仁、姚锦云两位老师商榷》，《国际新闻界》，2017 年第 5 期。

[28] 邵培仁，姚锦云：《传播模式论：〈论语〉的核心传播模式与儒家传播思维》. 浙江大学学报)》，2014 年第 4 期。

[29] 谢清果：《作为儒家内向传播观念的“慎独”》，《暨南学报（哲学社会科学版)》，2016 年第 10 期。

[30] 余晓莉：《反传播还是愚民政策？——试论道家的传播观》，《阜阳师范学院学报》，2004 年第 2 期。

[31] 谢清果：《内向传播的视阈下老子的自我观探析》，《国际新闻界》，2011 年第 6 期。

[32] 王国庆：《佛教传播系统研究》，吉林大学，2015 年论文。

[33] 贾兵：《先秦诸子政治传播观念研究》，上海大学，2011 年论文。

[34] 汤景泰，刘海贵：《皇权专制与政治传播——以清朝前中期为例》，《国际新闻界》，2012 年第 3 期。

[35] 陈谦:《传播、政治传播与中国古代政治传播制度体系》,《广西社会科学》,2006 年第 1 期。

[36] 白文刚:《政治传播在中国古代政治中的地位与作用》,《哈尔滨工业大学学报》,2013 年第 2 期。

[37] 潘祥辉:《官僚科层制与秦汉帝国的政治传播》,《社会科学论坛》,2010 年第 21 期。

[38] 黄星民:《礼乐传播初探》,《新闻与传播研究》,2000 年第 1 期。

[39] 陈国明:《易经八卦的人际关系发展模式》,见陈国明:《中华传播理论与原则》. 台北:台北五南图书出版股份有限公司,2004 年版。

[40] 玛丽·冯:《通过〈易经〉的精神智慧发展自我和促进沟通》,黄清译:《中国传媒海外报告》,2010 年第 3 期。

[41] 田宇:《〈周易〉的传播心理效应解析》,《今传媒》,2011 年第 5 期。

[42] 潘祥辉:《传播史上的青铜时代:殷周青铜器的文化与政治传播功能考》,《新闻与传播研究》,2015 年第 2 期。

[43] 谢清果,陈昱成:《“风草论”:建构中国本土化传播理论的尝试》,《现代传播》,2015 年第 9 期。

[44] 邵培仁,姚锦云:《寻根主义:华人本土传播理论的建构》,《新疆师范大学学报》,2013 年第 4 期。

[45] 邵培仁,姚锦云:《从思想到理论:论本土传播理论建构的可能性路径》,《浙江社会科学》,2016 年第 1 期。

[46] 廖圣清:《关于中国传播学发展问题的思考》,见中国传播学论坛:《中国传播学:反思与前瞻——首届中国传播学论坛文集》,《中国传播学论坛》,2002 年版。

[47] 戴元光:《20 世纪中国新闻学与传播学——传播学卷》. 上海:复旦大学出版社,2001 年版。

[48] 王怡红,胡翼青:《中国传播学 30 年》. 北京:中国大百科全书出版社,2010 年版。

[49] 邵培仁:《传播学本土化研究的回顾与前瞻》,《杭州师范学院学报》,1999 年第 4 期。

[50]《传播学的历史,现状与未来——访中国社科院新闻与传播研究所传播学研究室主任明安香》,见袁军:《传播学在中国:传播学者访谈》. 北京:北京广播学院出版社,1999 年版。

[51] 王海燕:《中国文化传播软实力研究》. 北京：社会科学文献出版社，2016 年版。

[52] [美] 爱门森:《探足于“后现代”“后美国”与“复变”的交叉河流》，见 [美] 赵晶晶:《传播理论的亚洲视维》. 杭州 : 浙江大学出版社，2008 年版。

[53] [日] 三池贤孝:《对人性、文化和传播的重新思考：亚洲中心的评论与贡献》，见 [美] 赵晶晶:《传播理论的亚洲视维》. 杭州：浙江大学出版社，2008 年版。

[54] 陈国明:《一个有关人类传播的亚洲研究方法的对话》，见 [美] 赵晶晶:《传播理论的亚洲视维》. 杭州：浙江大学出版社，2008 年版。

[55] 刘海龙:《超越二元对立 : 多元竞合的中国传播研究》，《青年记者》，2014 年第 16 期。

[56] 邵培仁，姚锦云:《为历史辩护 : 华夏传播研究的知识逻辑》，《社会科学战线》，2016 年第 3 期。

[57]《传播学研究要结合中国实际——访中国社科院新闻与传播研究所研究员徐耀魁》，见袁军:《传播学在中国：传播学者访谈》. 北京：北京广播学院出版社，1999 年版。

[58]《华化传播研究：挑战目标与取径——汪琪》，见黄旦，沈国麟:《理论与经验——中国传播研究的问题及路径》. 上海：复旦大学出版社，2013 年版。

[59] 陈力丹:《关于传播研究的一些想法》，见中国传播学:《反思与前瞻——首届中国传播学论坛文集》，《中国传播学论坛》，2002 年版。

[60] 纪金庆:《反思人文学与科学的边界》，见谢清果:《中华文化与传播研究》. 厦门：厦门大学传播研究所，2014 年版。

[61] 马成龙:《传播学的中国化》，见谢清果:《中华文化与传播研究》. 厦门：厦门大学传播研究所，2014 年版。

[62] 邵培仁 , 姚锦云:《传播理论的胚胎 : 华夏传播十大观念》，《浙江学刊》，2016 年第 1 期。

[63] [美] 罗伯特 ·K. 默顿:《社会理论和社会结构》，唐少杰，齐心译 . 南京：译林出版社，2008 年版。

[64] 胡翼青 , 吴越:《凯瑞的“仪式观”: 美国文化研究本土化的困局》，新闻与传播研究》，2014 年第 6 期。

[65] 姚锦云：《华夏传播知识论：从问题意识到概念化——对尹连根教授商榷文的回应》，http://www.yunzhan365.com/basic/77736787.html，2018-01-01/ 2018-04-03。

[66] 陈韬文：《理论化是华人社会传播研究的出路：全球化与本土化的张力处理》，中国传播学论坛：《中国传播学：反思与前瞻——首届中国传播学论坛文集》，中国传播学论坛，2002 年第 12 期。

[67] 谢清果：《华夏文明与传播学本土化研究》. 北京：九州出版社，2016 年版。

[68] 谢清果：《传播学“中华学派”建构路径的前瞻性思考》，《新疆师范大学学报）》，2017 年第 6 期。

[69]《传播学研究之我见——访香港中文大学新闻与传播学院副教授苏钥机》，见袁军：《传播学在中国：传播学者访谈》. 北京：北京广播学院出版社，1999 年版。

[70] [日] 三池贤孝：《传播理论的亚洲中心典范》，见陈国明：《中华传播理论与原则》. 台北：五南出版社，2004 年版。

[71] 李少南：《中国传播学的省思与传播学的范式转移》，见冯应谦，黄懿慧：《华人传播想象》. 香港：香港中文大学香港亚太研究所，2012 年版。

[72]《本土化的关键在于结合中国的传播实践——访暨南大学新闻系教授吴文虎》，见袁军：《传播学在中国：传播学者访谈》. 北京：北京广播学院出版社，1999 年版。

[73] 汪琪，沈清松，罗文辉：《华人传播理论：从头打造或逐步融合？》见陈国明：《中华传播理论与原则》. 台北：五南出版社，2004 年版。

[74] 赵雅丽：《实践取向的华人传播研究——意义科学的观点》，见黄旦，沈国麟：《理论与经验——中国传播研究的问题及路径》. 上海：复旦大学出版社，2013 年版。

[75] 吴飞：《传播学研究的自主性反思》，《浙江大学学报》，2009 年第 2 期。

[76] 陆晔：《全球化时代的理论旅行与中国传播研究反思》，见黄旦，沈国麟：《理论与经验——中国传播研究的问题及路径》. 上海：复旦大学出版社，2013 年版。

[77]《对台湾传播学研究的思考和建议——访台湾学者汪琪》，见袁军：《传播学在中国——传播学者访谈》. 北京：北京广播学院出版社，1999 年版。

[78]《既要本土化，又要国际化，访中国社科院新闻与传播研究所研究员孙旭培》，见袁军：《传播学在中国——传播学者访谈》. 北京：北京广播学院出版社，1999 年版。

[79] 单波：《如何表现中国传播研究的智慧 ?》，《新闻大学》，2008 年第 2 期。

[80] 吴晓明：《论中国学术的自我主张》，《学术月刊》，2012 年第 7 期。

[81] 李彬，刘海龙：《20 世纪以来中国传播学发展历程回顾》，《现代传播（中国传媒大学学报）》，2016 年第 1 期。

[82] 谢清果，祁菲菲：《中西传播理论特质差异论纲》，《现代传播（中国传媒大学学报）》，2016 年第 11 期。

[83] 李智：《在“理论”与“经验”之间——对中国传播研究二元路径的再思考》，《国际新闻界》，2011 年第 9 期。

[84] [英] 卡尔 · 波普尔：《科学发现的逻辑》，查汝强，邱宗仁，万木春译 . 杭州：中国美术学院出版社，2008 年版。

[85] [美] 托马斯 · 库恩：《科学革命的结构》，金吾伦、胡新和译 . 北京：北京大学出版社，2003 年版。

[86] [匈] 伊姆雷 · 拉卡托斯：《科学研究纲领方法论》，兰征译 . 上海：上海译文出版社，1986 年版。

[87] 冯契，徐孝通：《外国哲学大辞典》. 上海：上海辞书出版社，2000 年版。

[88] 费孝通：《乡土中国》. 北京：中华书局，2013 年版。

[89] 张国良：《传播学的特点及其对中国的贡献》，《国际新闻界》，2018 年第 2 期。

[90] 喻国明：《传播学的学术创新：原点、范式与价值准则》，《国际新闻界》，2018 年第 2 期。

[91] 吴予敏：《从“零”到一：中国传播思想史书写的回顾与展望》，《国际新闻界》，2018 年第 2 期。

[92] 单波：《从新体用观的角度建构中国传播学的反思性》，《国际新闻界》，2018 年第 2 期。

[93] 吴飞：《回首与展望：反思传播学话题引言》，《国际新闻界》，2018 年第 2 期。

[94] 吴予敏：《重构中国传播学的时代场景和学术取向》，《国际新闻界》，

2018 年第 2 期。

[95] 邵培仁：《携手共同构建人类整体传播学》，《国际新闻界》，2018 年第 2 期。

[96] 张涛甫：《影响的焦虑——关于中国传播学主体性的思考》，《国际新闻界》，2018 年第 2 期。

[97] 李彬：《重思中国传播学》，《当代传播》，2015 年第 4 期。

[98] 胡翼青，张婧妍：《中国传播学 40 年：基于学科化进程的反思》，《国际新闻界》，2018 年第 1 期。

后记

今年是改革开放四十周年，也是传播学中国化研究四十周年，是个值得特别纪念的年份。

从20世纪70年代末开始，我国的传播学中国化逐渐兴起，并且日益成为学界的研究热点，经历了四十年的发展，诸多学者参与了这一论题的研究与讨论，且至今各个层面的论争依然在延续中。为了更好地推进传播学本土化研究，理清过往，正视当下，展望未来，本书就此问题开展研究。本书分上中下三篇。上篇，采用历史回溯与理论前瞻的方式，审思了传播学中国化的四十年历程，以及在这历程中的异彩纷程的观点及其论争，进而展望这传播学本土化议题阐述了我们的理解与希望。本篇采用文献分析法，首先从纵向维度切入，根据不同的历史语境与发展特征，将我国的传播学本土化分为三个主要阶段：从伴随意识形态对抗动机，偏重政治话语的萌发初期，到伴随学术自觉，进入文化层面的发酵、争论期，再到现今伴随传播话语权，掺杂政治动机的多元反思阶段。然后从横向维度出发，围绕传播学本土化中的几个核心问题：什么是传播学本土化，要不要进行传播学本土化，为什么进行传播学本土化，以及怎样进行传播学本土化，对传播学界的诸多观点与论争进行系统梳理与分析。在此过程中，针对传播学本土化的实现路径问题，我们将全球与地方、西方与中国两个方面的张力作为主要着力点，对其进行详细阐述。最后，本书在对诸多学术论争与观点进行梳理的基础上，对传播学本土化提出了自己的看法与反思：首先，从知识论层面，对本土化研究的基本问题进行多重反思；其次，对国传播学本土化研究的目标进行明确界定；第三，要正视传播本土化研究中客观存在的民族感；第四，对传播学本土化的几个主要层面进行了新的整理与解读；最后，针对传播学本土化的研究路径问题，强调语境、多维、互动等几个重要范畴，对中国这个字眼进行了全面解读。希望能够在传播学本土化四十年的历史阶段对其进行总体回顾、展望与分析，为以后的传播学本土化研究提供一定参考。

中篇，采用对传播学本土化四十年中最有特色的华夏传播研究进行历史白描的方式，管窥华夏传播研究的成果，尤其是进入21世纪后，该研究领域突飞猛进的历史画卷。这是不仅因为华夏传播研究是厦门大学传播研究所（创立于1993年）工作的重点，而且因为中国社会科学院王怡红等人曾出版了一本《中国传播学30年》，已经对中国传播学的进展有了较为全面的编年与深刻的论述，甚至还有知名学者的回忆文章。此外还有袁军、龙耘、韩运荣主编的《传播学在中国——传播学者访谈》（北京广播学院出版社，1999）与段鹏、韩运荣、田智辉编的《传播在世界》（中国传媒大学出版社，2005）。近年来更有李彬、刘海龙、胡翼青、吴飞、吴予敏等一批学者撰写了许多有分量的论文。当然也因为在上篇已有所回应，所以中篇就只选择传播学界相对忽视的华夏传播研究这一领域，进行有针对性的回顾。且作者已曾在《华夏传播学引论》（厦门大学出版社，2017年）《华夏文明与传播学本土化研究》（九州出版社，2016年）两书的前言中已对华夏传播研究进行过分阶段的集中阐述，因此本书这部分从1996至2017年间的华夏传播研究进行概述。以期以另一种形式展现华夏传播研究成果。

下篇，继续对华夏传播研究四十年成果的介绍，本部分则通过对一些核心议题进行专题的回顾，力争更细致地展现华夏传播研究的新成果，期望能够吸引更多的学者关注和拓展该领域及其各方向的研究，并进可能在开展理论创新，进行中西对话，既增强自身的文化自信，理论自信，又切实地回应中国社会深刻变革对学界理论阐述的需求。

我们呼吁，传播学界应该有责任能够用中华术语建构出自己的传播学话语体系，从而为解决当代中国社会问题提供“传播方案”。从一定意义上，社会问题产生的根源在于“传播”。因为“传播”是人的基本活动，是建构人与人关系的基础，只有传播通畅了，关系就和谐了，制度就健全了，社会就稳定了，世界就安宁了。当然，传播式地解决社会问题是个过程，没有一劳永逸的。但“传播”抑或“沟通”永远在路上。现实又必定是从过去延伸而来，只有历史地思考，方能坚定地走向未来。而这正是华夏传播研究乃至整个中国传播学界的责任所在。

谢清果

2018年8月22日

谨识于厦门若水居